Subcomandante
Insurgente Marcos

Botschaften aus dem Lakandonischen Urwald

Aus dem Spanischen
übersetzt von
Horst Rosenberger

Edition Nautilus

Subcomandante Insurgente Marcos, inoffizieller Sprecher des Geheimen Revolutionären Indigenen Komitees – Generalkommandantur des Ejército Zapatista de Liberación Nacional, Chiapas, Mexiko, weiteres nicht bekannt.

Die meisten der hier vorliegenden Texte, Briefe und Erklärungen wurden in der mexikanischen Tageszeitung *La Jornada* veröffentlicht.

Übersetzung des Textes *Ein Video lesen*: Andreas Löhrer
Übersetzung der Eröffnungsrede zum CND in Aguascalientes und redaktionelle Bearbeitung dieser Buchausgabe: Günter Meyer
© der auf S. 256-260 abgedruckten Fotos: Günter Meyer

Edition Nautilus GmbH
Schützenstraße 49a · 22761 Hamburg
www.edition-nautilus.de
Alle Rechte vorbehalten
© Edition Nautilus 1996/2005
Umschlaggestaltung: Maja Bechert (www.majabechert.de)
Druck und Bindung: CPI – Clausen & Bosse, Leck
3. Auflage Dezember 2023
ISBN 978-3-89401-471-7

Subcomandante Insurgente Marcos (Dezember 1995)

VORWORT

An alle großen, mittleren, kleinen, marginalen Verlage, an Raubdruck-, Pirateneditionen und gedruckte Etceteras, die die Kommuniqués und Briefe der EZLN veröffentlichen und nach einer Einführung oder einem Vorwort für ihre jeweilige Buchausgabe angefragt haben und die Exklusivrechte und die Etceteras dafür fordern

Von: Subcomandante Insurgente Marcos. Ejército Zapatista de Liberación Nacional. Hauptquartier. Berge des mexikanischen Südostens, Chiapas, Mexiko

Ich erhielt die Anfrage nach einer Art Vorwort oder Präsentation des Buches, das der Verlag … (Vorsicht: den Leerraum mit dem Namen des großen, mittleren, kleinen, marginalen, Raubdruck-, Piratenverlags etcetera einfügen, der nach dieser natürlich absolut exklusiven Einführung anfragt) mit den Kommuniqués, Briefen und anderen Materialien vorbereitet.

Wie ich feststellen kann, reicht der mir anhaftende Ruf, zerstreut zu sein, nicht aus, um Sie davon abzuschrecken, mir Fragen und Probleme über Editionen, Vorworte und andere gleichfalls absurde Dinge zu stellen. So werde ich also in einem Ad-hoc-Ton auf diese so transzendenten Probleme antworten. Und dafür gibt es nichts Besseres, als Ihnen diese kleine Geschichte zu erzählen, die uns vor nicht wenigen Monden widerfuhr.

Wir schrieben das Jahr 1986. Ich zog mit einer Kolonne von Kämpfern zu einer Erkundung aus, die etwa einen Tagesmarsch von unserem Basislager entfernt lag. Alle meine Jungs waren Neulinge; die meisten waren noch nicht einmal einen Monat dabei und sie schlugen sich noch mit Durchfall und Heimweh herum, zwei Phänomene, die die Neuen gewöhnlich in ihren ersten Tagen der Eingewöhnung begleiten. Die „Ältesten" der Gruppen hatten sich vor gerade 2 bis 3 Monaten angeschlossen. Hier haben Sie mich also, der ich sie in ihrem politischen und militärischen Schulungsprozeß ab und an hinter mir herzog, ab und an vorwärtstrieb. Unsere Mission bestand in der Öffnung einer neuen Route für unsere Truppenbewegungen und darin, sie im Auskundschaften, in Märschen und im Lageraufschlagen zu trainieren. Die Arbeit wurde dadurch erschwert, daß es kein Wasser gab und wir den Verbrauch des Wassers, das wir vom Basislager mitgebracht hatten, rationieren mußten. So wurde also das Training um Überlebensübungen erweitert, denn die knappe Wasserration hinderte uns daran zu kochen. Kurz und gut, die Erkundung sollte 4 Tage dauern, mit etwa 1 Liter Wasser täglich pro Person und gezuckerter Pinole als einzigem Nahrungsmittel. Eine Stunde, nachdem wir die Basis verlassen hatten, mußten wir feststellen, daß unsere Route durch zerklüftete Hügel führte. Die Stunden vergingen und wir stiegen die Berge hoch und runter über Wege, die selbst die geschicktesten Ziegen abgeschreckt hätten.

Endlich, nach sieben Stunden ständigem Rauf und Runter, kamen wir auf eine Anhöhe, auf der ich beschloß, das Lager aufzubauen, denn der Nachmittag trat bereits zugunsten der Schatten der Dämmerung zurück. Die Wasserration wurde verteilt, und die meisten brachen trotz meines Ratschlags, etwas Flüssigkeit für die Pinole aufzuheben, „alle Brücken hinter sich ab" und schütteten ihre ganze Wasserration in sich hinein, denn sie hatten nun mal starken Durst, und der psychologische Effekt des Wissens um die Rationierung trug das Seinige dazu bei. Als die Pinole an der Reihe war, merkten sie die Folgen ihrer fehlenden Umsicht: Sie kauten mühselig auf ihrer gezuckerten Pinole herum, ohne sie herunterzubekommen und ohne Wasser, das ihnen hätte helfen können, die Barriere der Kehle zu überwinden. Kurz und gut, es waren zwei Stunden eines derartigen Schweigens, daß man deutlich das Knirschen der Zähne und die Geräusche der Kehle hören konnte, wenn es ihnen gelang, ein Stück gezuckerten Pulvers herunterzuschlucken. Am nächsten Tag, und durch die Erfahrung gewarnt, hoben alle einen Teil ihrer Wasserration für die morgendliche Pinole auf. Wir gingen um 09:00 Uhr auf Erkundung und kehrten um 16:00 Uhr zurück. Wir verbrachten also sieben Stunden mit Wandern und Machetenhieben, die Berge rauf und runter, nur mit dem Wasser, das wir reichlich ausschwitzten.

So vergingen drei Tage, am vierten war die Schwäche bereits in der ganzen Kolonne deutlich erkennbar, und beim Essen (?!) kamen Anzeichen von Sado-Masochismus zum Vorschein, der die Aufständischen auszuzeichnen scheint: Zwischen etwas Pinole und einem Schlückchen Wasser wurde von Maispasteten, Kuchen, Filets, Limonade und anderen Dingen gesprochen, die uns zum Lachen brachten, denn der Wassermangel hinderte uns am Weinen. Zu allem Überfluß stießen wir am Tag, als wir zur Basis zurückkehren wollten, auf einen Bach und in der Nacht zuvor hatte der Spott der Berge uns mit einem kräftigen Regenschauer beschenkt, der uns durchnäßte, bevor wir irgendwo unterschlüpfen konnten. Wir verloren nicht unsere gute Laune und verfluchten wahlweise den Regen, den Urwald, die Dächer und ihre jeweiligen und nassen Anverwandten. Nun denn, all dies war Teil des Trainings und überraschte uns nicht. Die Arbeit wurde ausgeführt, die Leute reagierten im allgemeinen gut, auch wenn der eine oder andere ernsthafte Anstalten machte, ohnmächtig zu werden, wenn wir beladen eine besonders steile Anhöhe hinauf mußten.

All dies ist lediglich das „Bühnenbild" für die Geschichte, die ich Ihnen erzählen wollte. An einem dieser Erkundungstage kehrten wir, wie immer erschöpft, ins Lager zurück. Während die Wasser- und Pinolerationen verteilt wurden, stellte ich den Kurzwellenapparat an, um die Abendnachrichten zu hören, aber als ich das Radio anmachte, kam ein schriller Gesang von kleinen Papageien und Aras heraus. Dabei erinnerte ich mich an einen Text von Cortázar („Ultimo Round", „El libro de Manuel", „Historias de Cronopios y de Famas"?), der davon handelt, was passieren würde, wenn die-Dinge-nicht-mehr-anihrem-Ort-wären. Aber ich ließ mich von so einer Kleinigkeit nicht aus der Fassung bringen, wo ich doch daran gewöhnt war, in diesen Bergen so scheinbar absurde Dinge zu sehen wie ein Reh mit einer roten Nelke im Maul (wahrscheinlich verliebt, warum denn sonst eine rote Nelke?), einen Tapir mit violetten Tanzschuhen und eine Wildschweinherde, die Ringelreihen tanzt und den Takt von „Wir zerschlagen einen Pfeiler, um Doña Blanca zu sehen" mit den Zähnen und Klauen schlägt. Wie gesagt, ich ließ mich nicht überraschen und bewegte die Skala auf der Suche nach einem anderen Sender, aber, nichts zu machen, alles war Gesang von kleinen Papageien und Aras. Ich schaltete auf die Mittelwelle um – mit gleichem Ergebnis. Ohne mich entmutigen zu lassen, schickte ich mich an, den Apparat auseinanderzubauen, um den wissenschaftlichen Grund für diesen mißtönigen Gesang zu finden.

Als ich den hinteren Deckel öffnete, kam der logische und dialektische Grund für die ungewöhnliche Übertragung zum Vorschein: eine Schar kleiner Papageien und Aras kam schreiend und voller Freude über die wiedergewonnene Freiheit herausgeflogen. Es gelang mir, 17 kleine Papageien, 8 weibliche Aras und 3 männliche zu zählen, die alle überstürzt herauskamen. In einer verspäteten Selbstkritik darüber, den Apparat nicht gereinigt zu haben, machte ich mich behend daran, ihm die angemessene Wartung zukommen zu lassen. Während ich Federn und Kacke herausholte (und sogar das Skelett eines kleinen Papageis, dem die anderen freundlicherweise ein christliches Begräbnis hatten zuteil werden lassen, denn sein Grab, das sich in einer Ecke des kleinen Apparats befand, war mit einem sorgfältig geschnitzten Kreuz und einer Grabplatte mit der lateinischen Inschrift *Requiescat in Pace* verziert), stieß ich auf ein kleines gräuliches, blaugrün-gepunktetes Ei. Daneben lag ein kleiner Briefumschlag, den ich mit kaum verhohlener Erregung öffnete. Es war ein Brief „An den, den es angeht". In einer winzigen Schrift erzählte eine kleine Papageiin ihre traurige und trostlose Geschichte.

Sie hatte sich zutiefst in ein junges, stattliches Aramännchen (so der Brief) verliebt. Aber die eifersüchtig auf die Reinheit der Rasse bedachten kleinen Papageien billigten diese skandalöse Romanze nicht und verboten der kleinen Papageiin strikt, das junge und stattliche Aramännchen (so der Brief) zu sehen. So zwang also die große Liebe, die das Paar vereinte (so der Brief), sich im Geheimen hinter den Transistoren des Radios zu treffen. Da der Ara Feuer ist und die kleine Papageiin Span, kommt der Teufel und, Plam! (so der Brief), sie verwickelten sich immer mehr, und dieses kleine Ei, das ich nun in meinen Händen hielt, war die verbotene Frucht dieser irregulären Beziehung. Die kleine Papageiin bat (so der Brief) den unbekannten Finder, dem kleinen Wesen Schutz und Unterhalt zu gewähren, bis es für sich selbst sorgen könnte (so der Brief), und neben einer verzweifelten Klage über ihr grausames Schicksal etcetera (so der Brief) gab sie schließlich noch eine Reihe mütterlicher Empfehlungen.

Bedrückt von dieser gewaltigen Verantwortung, Adoptivvater zu werden, und unter Flüchen über meinen Einfall, das Radio zu reinigen, suchte ich moralischen und materiellen Beistand bei einem meiner Kämpfer. Aber alle schliefen schon und träumten wahrscheinlich von Quellen aus Milchkaffee und Coca-Cola- und Limonade-Flüssen. Unter Befolgung des vielzitierten Wahlspruchs „Wie groß ein Problem auch sein mag, immer läßt es sich wenden" legte ich das Ei neben meine Hängematte und schickte mich an, eine wohlverdiente Ruhe zu genießen. Es war nutzlos, die Gewissensbisse ließen mich nicht schlafen und bald (im Grunde, ganz weit unten, habe ich eine gute und edle Seele) hob ich das Ei auf und legte es auf meinen Bauch. Um Mitternacht, in dieser unheilvollen Stunde, begann sich etwas zu bewegen. Ich dachte erst, es wäre mein Magen, der gegen den Nahrungsmangel protestierte, aber nein, es war das kleine Ei, das sich bewegte und am Platzen war. Mit einem unerklärlichen mütterlichen Instinkt schickte ich mich an, dem heiligen Moment beizuwohnen, in dem ich zur Mutter ... was sage ich, zum Vater werden sollte. Wie soll ich meine Überraschung beschreiben, als ich sah, daß aus der Schale weder ein Ara noch ein kleiner Papagei schlüpfte, nicht einmal ein Hühnchen oder ein Täubchen. Nein, was aus dem Ei schlüpfte, war ... ein kleiner Tapir! Ernsthaft, es war ein Tapir mit grünen und blauen Federn. In einem Anfall von Geistesschärfe (die übrigens immer weniger werden) verstand ich den wahren Hintergrund dieser schaurigen Geschichte, „des Pudels Kern", wie ich-weiß-nicht-wer gesagt hat. „Heureka!" rief ich aus, wie der rief, an den ich mich auch nicht erinnern kann.

Es war so, daß die kleine Papageiin eine „Doublette" gemacht hatte, das heißt, sie hatte sich mit einem männlichen Tapir „liiert", sie sündigten und sie wollte dem Ara die „Schuld in die Schuhe schieben", aber daraus wurde nichts, weil das Radio und etcetera. „Sie sind alle gleich", seufzte ich. Nachdem das Geheimnis entschlüsselt war, blieb nur noch zu klären, was zum Teufel mit dem Bastardtapir geschehen sollte ... Und damit bin ich immer noch beschäftigt. Vorläufig verstecke ich ihn in meinem Rucksack und gebe ihm etwas von meinem Essen ab. Ich leugne nicht, daß wir uns sympathisch sind, und mein mütterlicher, Verzeihung, väterlicher Instinkt hat einer ungesunden Leidenschaft zum Tapir Platz gemacht, der mich mit glühenden Blicken beschenkt, die wenig mit Dankbarkeit und viel mit einer schlecht verhohlenen Leidenschaft zu tun haben. Mein Problem ist schwerwiegend, denn wenn ich in Versuchung falle, dann begehe ich neben einer Sünde gegen die Natur auch noch einen Inzest, denn ich bin ja der Adoptivvater. Ich habe daran gedacht, ihn zu verlassen, aber ich kann nicht, es übersteigt meine Kräfte. Kurz und gut, ich weiß einfach nicht, was ich machen soll ...

Wie Sie sehen, habe ich zu viele Probleme, um mich um die Ihrigen zu kümmern. Ich hoffe, daß Sie nun mein wiederholtes Schweigen auf die Fragen verstehen, die Sie mir immer wieder stellen. Übrigens, das CCRI-CG der EZLN hat Ihren Antrag auf die Veröffentlichung der Materialien gebilligt und daß ich so etwas wie ein Vorwort oder eine Einführung schreibe.

Nichts zu danken.

Nun denn. Ansonsten und suchen Sie bitte selbst wer sagte: „Bücher sind Freunde, die einen niemals hintergehen." Salud und schicken Sie mir bitte irgendein Veterinärhandbuch für wilde Tropentiere (suchen Sie unter „T" wie „Tapir" und „V" wie „Verzweiflung").

Aus den Bergen des mexikanischen Südostens
Subcomandante Insurgente Marcos

P.S. RIESENVERSÄUMNIS. Ja, doch. Ich habe vergessen, der Gegenstand des vorliegenden Briefes ist: die Einführung bzw. das Vorwort zu den Kommuniqués des Buches:
„Von der Ersten zur Vierten Erklärung aus dem Lakandonischen Urwald", oder wie Sie auch immer das Buch des Verlags ... nennen werden (noch einmal Vorsicht: in den freien Raum den Namen des Verlags Etcetera usw. eintragen).

Ich stelle mir also vor, daß den Lesern irgendetwas gesagt werden muß. Ich nutze die Atempause zwischen Flugzeugen, Tapiren und Kommuniqués und schreibe diesen als Postskriptum verkleideten Brief.

An die Leser dieses Buches (wie es auch heißen mag)
Von: Sup Marcos

... Hinsichtlich der Kommuniqués des Geheimen Indigenen Revolutionären Komitees – Generalkommandantur der EZLN lohnt es sich, einige Ausführungen über den Mechanismus zu machen, wie diese Stellungnahmen entstehen. Alle mit CCRI-CG der EZLN unterzeichneten Kommuniqués sind von Mitgliedern des Komitees bewilligt worden, manchmal von allen, manchmal von Vertretern desselben. Das Abfassen der Texte ist eine meiner Aufgaben, aber das Kommuniqué als solches entsteht auf zwei verschiedenen Wegen:
Der eine ist, daß Mitglieder des Komitees oder das Kollektiv des Komitees die Notwendigkeit sehen, zu etwas Stellung zu nehmen, „ihr Wort zu sagen". Dann werden die Hauptpunkte dessen, was gesagt werden soll, vorgeschlagen und diskutiert, und mit diesen allgemeinen Vorgaben ordnen sie mir an, daß ich einen Text abfasse. Danach lege ich das Kommuniqué vor, sie gehen es durch, nehmen etwas weg oder fügen etwas hinzu, und sie bewilligen es oder weisen es zurück.
Der andere Weg ist, daß, nachdem ich Informationen von verschiedenen Seiten erhalten habe bzw. diese durch einen besonderen Umstand bestätigt werden, der es angebracht erscheinen läßt, daß wir uns dazu äußern, ich dem Komitee vorschlage, daß wir ein Kommuniqué herausgeben sollten. Ich verfasse es und lege den Vorschlag vor. Er wird diskutiert und bewilligt oder zurückgewiesen.
Habe ich gesagt „er wird zurückgewiesen"? Ja, auch wenn die Umstände zu dem Schein beitragen, daß der Subcomandante I. Marcos der „Rädelsführer" oder „Anführer" der Rebellion wäre und das CCRI nur das „Bühnenbild", ist die Autorität des CCRI in den Gemeinschaften unbestreitbar, und es ist unmöglich, einen Standpunkt ohne die Unterstützung dieses indigenen Führungsorgans aufrechtzuerhalten. Verschiedene mei-

ner Kommuniquévorschläge wurden zurückgewiesen, einige, weil sie „sehr hart" waren, andere, weil sie „sehr weich" waren, und andere, „weil sie mehr verwirren als klären". Verschiedene Kommuniqués wurden entgegen meiner Ansicht abgegeben. Die Beispiele dafür tun hier nichts zur Sache, aber die Richtigkeit der Einschätzungen meiner Compañeros vom Komitee ist im Verlauf dieser sechs Kriegsmonate deutlich geworden.

Dann gibt es auch die Texte, die ich gewöhnlich als Begleitschreiben zu den Kommuniqués verfasse. In diesen Texten bin ich etwas „ungebundener", aber die Aufsicht des Komitees bleibt bestehen. Mehr als einer dieser „Präsentationsbriefe" wurde von den Mitgliedern des CCRI mißbilligt.

Die Form, in der die Kommuniqués ankommen, ist ziemlich zufällig und nimmt viel Zeit in Anspruch. Diese „ungünstige" Eigenschaft unserer Stellungnahmen ist etwas, was wir ohne jeglichen Erfolg zu beheben versucht haben. Daß einige Kommuniqués die Presse sehr schnell erreichten, war glücklichen Umständen zuzuschreiben und bedauerlicherweise niemals Teil unserer Pläne.

Ich glaube jedoch, daß der Mangel an „Schnelligkeit" der zapatistischen Antworten für die meisten Leser, die heute dieses Buch vor sich haben, verständlich sein wird. Was allerdings nicht verständlich sein kann, ist die schwierige und anonyme Heldentat der Verbindungsleute, die diese weißen Blätter mit schwarzen Buchstaben, die unser Denken aussprechen, von unseren Linien in die Stadt transportieren. Es gibt verschiedene Anekdoten über diese anonymen Zapatisten, die alles riskieren, um die feindlichen Linien das eine um das andere Mal zu überwinden, wobei sie ihre Reittiere zu Tode gejagt haben, ihre Füße durch die Regenfälle und Kälte im Januar und Februar und durch die Hitze und Dornen in den darauffolgenden Monaten ruiniert haben. Die Routen des Elends und Vergessens, das heißt, die Hauptstraßen und Bergwege, haben die Worte der Würde und Rebellion der Zapatisten aus dem Wald auf den Asphalt geführt. Bis jetzt gibt es weder Kameras noch Aufnahmegeräte für diese Verbindungsleute, weder Briefe noch Interviews, in ihrer Anonymität wird kein *sex appeal* ausgemacht, es gibt keinerlei Anerkennung für ihre Bemühungen, damit unser Wort, ihr Wort, andere Ohren erreicht. Mögen diese Zeilen als Anerkennung für ihr schweigsames ... und effektives Tun gelten.

(...)

Es gibt noch einen anderen Teil dieses mühseligen Umfüllens der Worte. Etwas, was in keinem Postskriptum oder Kommuniqué erscheint. Es ist die Beklemmung, die Ungewißheit, die zwischen Fragezeichen galoppierend uns jedesmal befällt, wenn sich die Verbindungsleute verabschiedet und ein oder mehrere Kommuniqués mitgenommen haben. Fragen über Fragen, die unsere Nächte bevölkern, uns beim Abschreiten der Wachposten begleiten, sich neben uns auf irgendeinen zerbrochenen Stamm setzen, um auf den Teller mit Essen zu starren, die die Hand dazu bringen, das Essen beiseite zu schieben, und die Füße zum Hin- und Herlaufen bewegen. „Waren diese Worte die besten, um zu sagen, was wir sagen wollen?", „Waren sie angebracht?", „Waren sie verständlich?" Nie sind wir mit einem Kommuniqué zufrieden gewesen, nachdem wir es abgeschickt haben.

Im Allgemeinen haben wir uns bemüht, die Kommuniqués des CCRI-CG von den Begleitbriefen zu unterscheiden. Während die ersten in Großbuchstaben geschrieben und vom Komitee unterzeichnet sind, sind die zweiten in Groß- und Kleinbuchstaben geschrieben und vom Subcomandante Insurgente Marcos unterzeichnet. Wir glauben, daß beide Worte und die Dualität der Botschaften ihre Aufgabe erfüllt haben. Ihre Zukunft in der gegenwärtigen Form ist ungewiß, aber das Wort derer, die mit Wahrheit sprechen, wird immer den richtigen Weg finden.

Es ist noch etwas hinzuzufügen: Die zapatistische „Verlagslinie" folgt der Parole „Jetzt oder vielleicht nie". Als Produkt der Kriegsbedingungen und der Isolierung, in der wir uns befinden, legen wir unsere Worte nicht auf die „Waagschale" und versuchen, alles auf einmal „loszuwerden" ... denn es könnte das letzte Mal sein.

Daher kommt es, daß die Standpunkte der EZLN in den ersten Kommuniqués festgelegt worden sind und seitdem ständig die gleichen Ideen wiederholt werden. Dieses begierige, immer übersprudelnde Wort entspringt einer Lage, die nur die in ihrem ganzen Ausmaß verstehen können, die sich in gleichen Umständen befinden oder befunden haben. Einerseits können wir uns den Luxus der Lüge nicht leisten. Wenn man auf dem schmalen Grat des Krieges lebt, wird man spontan, und wir haben festgestellt, daß die Lüge ein Minimum an Planung erfordert.

Andererseits können wir unser Wort auch nicht „dosieren" und den „geeigneten Augenblick" abwarten, um es zu sagen, oder listig auf günstige Bedingungen warten. In diesen Augenblicken, wenn die innere Unruhe die Finger über die Tasten der Schreibmaschine bewegte, schien es mir, daß es keine andere Form gäbe, es zu sagen. Es geht dabei nicht um Pessimismus oder Optimismus, es ist etwas ... etwas Unmittelbareres, eine undramatische, spontane Bewertung dessen, was geschehen war oder was hätte geschehen können. Es tut mir leid, falls ich jemanden mit diesem „fürchterlichen" Geheimnis enttäusche, aber wir planen nie im Voraus, was wir sagen, noch die Form, in der wir es sagen. Wir waren und sind uns im Klaren darüber, was wir sind und was nicht, was wir machen können und was nicht und was wir machen sollen und was nicht.

In diesem allgemeinen Rahmen bzw. auf dieser Grundlage wurden die Kommuniqués und Briefe gemacht, so wie unsere Schritte in den Bergen: Man kümmert sich um den Schritt, den man gerade tut, und „plant" nicht die darauffolgenden, man begnügt sich mit dem Wissen, daß man geht, danach ... danach ... vielleicht gibt es kein Danach.

Auch ist da in diesen Kommuniqués und Briefen die wiederholte Anwesenheit des Todes. Ich weiß, daß dies mehr als einen stört, aber auf dieser Seite des Krieges kommen diese Dinge einfach so heraus; auf die gleiche Weise, wie man „Buch", „Waffe", „Liebe" sagt, sagt man „Tod" und schreibt es. Ich erinnere mich daran, daß ich mir einmal vorgenommen hatte, dieses Thema nicht anzusprechen, und ich erinnere Sie daran, was ich weiter oben über die „zapatistische Verlagslinie" erklärt habe. Später, als ich den Brief dann in der Zeitung las, stellte er sich als einer der unheilvollsten heraus, den ich je geschrieben habe. Nun denn, da wir eben nicht schreiben, um zu gefallen, sondern um zu erklären, läßt sich über die Besorgnis hinwegsehen, so zu schreiben, wie man glaubt, daß das Publikum will, daß man schreiben soll.

Also gut. Salud und guten Appetit, die Lektüre ist eine Nahrung, die glücklicherweise nie sättigt.

Ich weiß nicht, ob diese Hinweise die Lektüre der in diesem Buch zusammengefaßten Materialien erleichtern oder sie erschweren. Ich habe soweit wie möglich versucht, ein „Kommuniqué" über die Kommuniqués zu machen und einen „Brief" über die Briefe. Ich stelle mit Vergnügen fest, daß sich erneut die „zapatistische Verlagslinie" durchgesetzt hat und ich das geschrieben habe, was mir jetzt zu diesen Texten eingefallen ist. Deshalb gebe ich für den unwahrscheinlichen Fall, daß eine spätere Einführung gebraucht wird und daß der Zufall mich dazu bringen sollte, eine andere zu machen, für dieses Vorwort Datum, Stunde und Ort an, damit die Leser wissen, daß ich es in den frühen Morgenstunden des 28. Juni 1994 geschrieben habe, meine linke Armbanduhr zeigt 02:30 Uhr, es hat ziemlich geregnet und es ist bereits eine Weile her, daß Tacho mir mitteilte, daß er schlafen ginge. Der Ort ist der Abwechslung halber

in den Bergen des mexikanischen Südostens
Subcomandante Insurgente Marcos

P.S. ÜBER DIE P.S. – Selbstverständlich muß eine nachträgliche Bemerkung über Nachträge in einen Nachtrag kommen. Es ist einfach so, daß immer noch etwas zwischen den Fingern brennt, daß noch einige Worte in der Luft schweben und einen Raum zwischen den Sätzen suchen, daß man die Taschen der Seele noch nicht richtig geleert hat, aber es ist nutzlos, es wird kein Postskriptum geben, das so viele Alpträume ... und so viele Träume umfassen könnte.

CHIAPAS:
DER SÜDOSTEN IN ZWEI WINDEN, EINEM
STURM UND EINER PROPHEZEIUNG

Sehr geehrte Herren,

nun, da Chiapas ins nationale Bewußtsein geplatzt ist, entstauben viele und verschiedenste Autoren ihren kleinen „illustrierten Larousse", ihr „México desconocido", ihre Disketten mit statistischen Daten des INEGI oder der Fonapo oder sogar die klassischen Texte, die auf Fray Bartolomé de Las Casas zurückgehen. Mit dem Wunsch, etwas zu diesem Wissensdurst bezüglich Chiapas beizutragen, schicken wir Ihnen ein Schreiben, das unser Compañero Sc. I. Marcos Mitte 1992 für die Genossen verfaßte, die sich damals für unseren Kampf zu interessieren begannen.

Wir hoffen, daß das Material einen Platz in einer der Rubriken oder Beilagen Ihres geschätzten Blattes findet. Die Autorenrechte gehören den Aufständischen, die sich belohnt fühlen, etwas aus ihrer Geschichte auf nationaler Ebene zirkulieren zu sehen. Vielleicht werden dadurch weitere Genossen ermutigt, über ihre Bundesstaaten und Orte zu schreiben, in der Hoffnung, daß sich andere Prophezeiungen, ebenso wie die chiapanekische, erfüllen werden.

Abteilung für Presse und Propaganda, EZLN,
Lakandonischer Urwald, Mexiko, Januar 1994

Erster Wind
DER VON OBEN

Erstes Kapitel

Welches erzählt, wie das indianische Elend in Chiapas die oberste Regierung rührte und diese in ihrer Güte die Gegend mit

Hotels, Gefängnissen, Kasernen und einem Militärflughafen versah; auch wird erzählt, wie die Bestie sich vom Blut dieses Volkes ernährt, nebst anderen höchst unglückseligen und bedauerlichen Ereignissen.

Angenommen, Sie wohnen im Norden, im Zentrum oder im Westen des Landes. Angenommen, Sie nehmen sich den alten Spruch der mexikanischen Tourismusbehörde Sectur „Lernen Sie zuerst Mexiko kennen!" zu Herzen. Angenommen, Sie entschließen sich, den Südosten des Landes zu bereisen, und angenommen, Sie wählen den Bundesstaat Chiapas. Gehen wir also davon aus, Sie reisen auf der Landstraße – Chiapas auf dem Luftweg zu erreichen, ist nicht nur teuer, sondern auch unwahrscheinlich: es gibt nur zwei zivile und einen militärischen Flughafen. Angenommen, Sie kommen auf der transisthmischen Autobahn. Sie beachten also jene Kaserne des Artillerie-Regiments der Bundesarmee auf der Höhe des Ortes Matías Romero nicht und fahren weiter Richtung La Ventosa, nehmen auch das Kontrollhäuschen, das die Einwanderungsbehörde des Innenministeriums hier aufgestellt hat und das einen glauben läßt, ein Land zu verlassen und ein anderes zu betreten, nicht wahr. Sie biegen links ab und fahren entschlossen Richtung Chiapas. Einige Kilometer weiter verlassen Sie Oaxaca und finden ein Schild mit der Aufschrift: „Willkommen in Chiapas". Gefunden? Gut, Sie befinden sich auf einer der drei Landstraßen, die in den Bundesstaat führen. Eine Straße im Norden, eine entlang der Pazifikküste und diejenige, von der wir annehmen, daß Sie auf ihr gekommen sind, verbinden den Rest des Landes mit dieser südöstlichen Ecke. Der Reichtum verläßt dies Land aber nicht nur auf diesen drei Landstraßen. Chiapas verblutet auf tausend Wegen: Öl- und Gaspipelines, Stromleitungen, Eisenbahnwagen, Bankkonten, Last- und Lieferwagen, Schiffe und Flugzeuge, klandestine Pfade, unbefestigte Straßen, Breschen und Schneisen. Dieses Land zahlt den Imperien weiterhin seinen Tribut: Öl, elektrische Energie, Vieh, Geld, Kaffee, Bananen, Honig, Mais, Kakao, Tabak, Zucker, Soja, Sorghum, Melonen, Mamey, Mango, Tamarinde, Avocados und chiapanekisches Blut fließen durch die tausendundeinen, in die Gurgel des mexikanischen Südostens geschlagenen Reißzähne der Plünderung. Milliarden Tonnen an Rohstoffen werden zu den mexikanischen Häfen, den Eisenbahn-, Flug- und Lastwagenterminals geschafft. Es gibt viele Bestimmungsorte – USA, Kanada, Holland, Deutschland, Italien, Japan –, aber ein einziges Ziel: das Imperium. Der Anteil, den der Kapitalismus dem Südosten abverlangt, versickert wie von Anfang an in Blut und Schlamm.

Eine Handvoll Kaufleute, unter ihnen der mexikanische Staat, holen sich aus Chiapas den ganzen Reichtum und hinterlassen eine tödliche, stinkende Spur: 1989 waren es 1.222,6 Milliarden Pesos*, die sich die Bestie in Chiapas einverleibte; verteilt wurden per Kredit und Leistungen aber nur 616,3 Milliarden Pesos. Mehr als 600 Milliarden verschwanden im Bauch der Bestie.

In den chiapanekischen Böden, genauer denen der Gemeinden Estación Juárez, Reforma, Ostuacán, Pichucalco und Ocosingo, stecken 86 Fördertürme der Pemex, die täglich 92.000 Barrel Öl und 19 Milliarden Kubikmeter Gas aus der Erde saugen. Im Tausch hinterlassen sie den kapitalistischen Stempel: ökologische Zerstörung, Landvertreibung, Hyperinflation, Alkoholismus, Prostitution und Armut. Doch die Bestie ist nicht zufrieden und streckt ihre Tentakel weiter in Richtung Lakandonischen Urwald aus: Pemex-Teams forschen an acht weiteren Orten nach Ölvorkommen. Macheten öffnen für sie die Schneisen, geschwungen von denselben Bauern, denen die unersättliche Bestie ihr Land genommen hat. Die Bäume fallen, und Sprengstoffexplosionen hallen in Gegenden wider, wo es den Bauern verboten ist, Bäume zu fällen, um zu säen; mit jedem Baum, den sie schlagen, riskieren sie eine Strafe von zehn Mindestlöhnen und Gefängnis. Der Arme darf keine Bäume fällen, die Öl-Bestie, immer mehr in ausländischen Händen, darf es schon. Der Bauer fällt, um zu leben, die Bestie, um zu plündern.

Auch der Kaffee ist ein Reichtum, an dem Chiapas verblutet. 35 Prozent der nationalen Kaffeeproduktion stammen aus dieser Region. 47 Prozent der Produktion gelangen auf den nationalen Markt und 53 Prozent ins Ausland, vor allem in die

* nach damaligem Umrechnungskurs ca. 490 Millionen US-Dollar

USA und nach Europa. Mehr als 100.000 Tonnen verlassen den Bundesstaat, um die Bankkonten der Bestie zu mästen: 1988 verkaufte sich das Kilo Rohkaffee im Ausland für durchschnittlich 8.000 Pesos, dem chiapanekischen Produzenten blieben ganze 2.500 Pesos, oft auch weniger. 87.000 Personen sind in der Kaffeeproduktion beschäftigt.

Zweitwichtigstes Plünderungsgut ist das Vieh. Drei Millionen Kühe warten auf die Koyoten und die kleine Gruppe von Viehbaronen, um die Kühlhäuser in Arriaga, Villahermosa und Mexiko-Stadt zu füllen. Die Kühe werden den verarmten Ejido-Bauern zu 1.400 Pesos das Kilo abgeluchst und von den Zwischenhändlern zum bis zu zehnfachen Preis weiterverkauft.

Der Tribut, den der Kapitalismus von Chiapas fordert, findet in der Geschichte keinen Vergleich. 55 Prozent der in Mexiko verbrauchten hydroelektrischen Energie stammen aus diesem Bundesstaat, hier werden 20 Prozent der gesamten Elektrizität produziert. Doch nur ein Drittel der chiapanekischen Haushalte verfügt über elektrisches Licht. Wohin gehen die jährlich in Chiapas produzierten 12.907 Gigawatt?

Trotz der ökologischen Mode wird die Plünderung der chiapanekischen Wälder fortgesetzt. Zwischen 1981 und 1989 verließen 2.444.700 Kubikmeter Edel-, Nadel- und Tropenhölzer den Bundesstaat Richtung Bundesdistrikt, Puebla, Veracruz und Quintana Roo. 1988 erwirtschaftete die Holzindustrie einen Gewinn von 23,9 Milliarden Pesos, 6.000 Prozent mehr als 1980.

Der Honig, der in den 79.000 Bienenstöcken des Bundesstaates produziert wird, gelangt vollständig auf die US-amerikanischen und europäischen Märkte. Die jährlich 2.756 Tonnen Honig und Wachs verwandeln sich in Dollars, die die Chiapaneken nie sehen werden.

Mehr als die Hälfte des Mais-Ertrags landet auf dem mexikanischen Markt. Chiapas gehört zu den meistproduzierenden Bundesstaaten. Der größte Teil des Sorghums geht nach Tabasco. 90 Prozent des Tamarindo werden im Bundesdistrikt und anderen Regionen verkauft. Zwei Drittel der Avocados und die gesamte Mamey-Produktion werden außerhalb von Chiapas abgesetzt. 69 Prozent des Kakaos fließen auf den nationalen Markt, 31 Prozent ins Ausland, in die USA, nach Holland,

Japan und Italien. Der größte Teil der jährlich produzierten 451.627 Tonnen Bananen wird exportiert.

Und was gibt die Bestie im Tausch für das, was sie nimmt?

Chiapas ist mit 75.634,4 Quadratkilometern Fläche der achtgrößte Bundesstaat; seine 111 Gemeinden werden für die Plünderung neun ökonomischen Regionen zugeteilt. Hier finden sich 40 Prozent der in Mexiko vorkommenden Pflanzenarten, 36 Prozent der Säugetiere, 34 Prozent der Amphibien und Reptilien, 60 Prozent der Vögel, 20 Prozent der Süßwasserfische und 80 Prozent der Schmetterlinge. 9,7 Prozent des landesweiten Regens fallen auf diese Erde.

Aber den größten Reichtum stellen die 3,5 Millionen Chiapaneken dar, von denen zwei Drittel auf dem Land arbeiten und sterben. Die Hälfte der Chiapaneken kennen kein fließendes Trinkwasser, zwei Drittel keine Abwassersysteme. 90 Prozent der Landbevölkerung haben minimale oder gar keine Einkommen. Die Verkehrsverbindungen sind eine groteske Karikatur für einen Bundesstaat, der Öl, elektrische Energie, Kaffee, Holz und Vieh für die hungrige Bestie produziert. Nur zwei Drittel der Hauptgemeinden sind auf asphaltierten Straßen erreichbar; 12.000 Dörfer haben keine andere Verbindung als die jahrhundertealten königlichen Saumpfade. Die Eisenbahnlinie folgt, seit den Zeiten des Porfirismus, nicht den Bedürfnissen der chiapanekischen Bevölkerung, sondern denjenigen der kapitalistischen Plünderung. Der Schienenweg entlang der Küste (es gibt nur zwei; der andere durchquert den Norden des Bundesstaates) stammt aus den Anfängen dieses Jahrhunderts; die alten, porfiristischen Brücken, die die Flüsse des Südostens überqueren, schränken das Ladegewicht der Züge ein. Der einzige chiapanekische Hafen, Puerto Madero, ist nur ein Ausgang mehr, durch den die Bestie das Geraubte entführt.

Erziehung? Die schlechteste Mexikos. Von hundert Kindern beenden 72 das erste Jahr Grundschule nicht. Über die Hälfte der Schulen unterrichten nur bis zur dritten Klasse und verfügen über einen einzigen Lehrer für alle Schüler. Die Dunkelziffer der Schulabbrecher, vor allem Kinder, die früh der Ausbeutung unterworfen werden, ist sehr hoch. In jeder indiani-

schen Gemeinde begegnet man gewöhnlich während der Schul-
stunden Kindern, die Holz oder Mais tragen, kochen oder Kleider waschen. Von den 16.058 Schulhäusern, die es 1989 gab,
befanden sich nur 1.096 in indianischen Gebieten.

Industrie? Schauen Sie: 40 Prozent der chiapanekischen „Industrie" besteht aus Maismühlen, Tortillabäckereien und
Holzmöbelwerkstätten. Das größte Unternehmen, 0,2 Prozent,
gehört dem Staat (und wird bald in ausländischen Händen sein):
die Öl- und Elektrizitätsproduktion. Zuckermühlen, Fisch- und
Meeresfrüchte-, Mehl-, Milch- und Kaffeeverarbeitung stellen
als mittlere Industrie 0,4 Prozent. Der größte Teil, 94,8 Prozent,
zählt zur Mikroindustrie.

Die kapitalistische Spur zeigt sich deutlich an der Gesundheit
der Chiapaneken: 1,5 Millionen Menschen haben keinerlei Zu-
gang zur medizinischen Versorgung. Auf tausend Einwohner
kommen 0,2 Ambulatorien, fünfmal weniger als im nationalen
Durchschnitt, 0,3 Krankenhausbetten, dreimal weniger als im
Rest von Mexiko, 0,5 Ärzte und 0,4 Krankenschwestern,
zweimal weniger als landesweit üblich. Für 100.000 Einwohner steht ein Operationssaal zur Verfügung.

Mit der Armut gehen Gesundheit und Ernährung bekanntlich
Hand in Hand. 54 Prozent der chiapanekischen Bevölkerung
sind unterernährt, im Hochland und im Lakandonischen Urwald
sind es vier Fünftel der Menschen. Die Durchschnittsmahlzeit
eines Bauern besteht aus Kaffee, dem Maisgetränk Pozol, Tortilla und schwarzen Bohnen.

All dies hinterläßt der Kapitalismus als Bezahlung für das, was
er nimmt.

Dieser Teil des mexikanischen Territoriums, der sich 1824 aus
freiem Willen der jungen unabhängigen Republik Mexiko
angeschlossen hatte, erschien in der mexikanischen Geographie
erst, als der Ölboom die Nation daran erinnerte, daß es einen
Südosten gibt (hier befinden sich 82 Prozent der von Pemex in-
stallierten Petrochemie-Kapazitäten; 1990 flossen zwei Drittel
der öffentlichen Gelder in den Energiesektor). Doch dieser Bundesstaat folgt nicht den Sechsjahresmoden*, seine Erfahrungen

---

* Die Amtszeit des mexikanischen Präsidenten beträgt sechs Jahre. Eine
Wiederwahl ist nicht möglich.

mit Plünderung und Ausbeutung sind jahrhundertealt. Wie heute flossen auch früher Holz und Früchte, Vieh und Menschen durch die Adern der Plünderung in die Metropolen. Ähnlich wie die Bananenrepubliken aber auf dem Höhepunkt des Neoliberalismus und der „Revolution der Freiheit", exportiert der Südosten weiterhin Rohstoffe und Arbeitskräfte, um wie vor 500 Jahren das zentrale Gut der kapitalistischen Produktion zu importieren: Elend und Tod.

Eine Million Indígenas wohnen auf diesem Boden und teilen mit Mestizen und Ladinos einen verrückten Alptraum: 500 Jahre nach dem „Zusammentreffen zweier Welten" bleibt ihnen hier nur die Wahl, entweder am Elend oder an der Repression zu sterben. Das Programm zur Verminderung der Armut – dieser kleine sozialdemokratische Fleck, der nun dem Staat anhaftet und unter Salinas de Gortari den Namen PRONASOL trägt – ist eine Karikatur, die von denjenigen, die unter diesem Regen und dieser Sonne leben, blutige Tränen fordert.

Willkommen! Sie haben den ärmsten Bundesstaat
des Landes erreicht: Chiapas

Nehmen wir also an, Sie fahren weiter, von Ocozocoautla runter nach Tuxtla Gutiérrez, der Hauptstadt des Bundesstaates. Halten Sie sich nicht zu lange auf, Tuxtla ist nichts als eine riesige Lagerhalle, wo die regionale Produktion angehäuft wird. Hierhin gelangt ein Teil des Reichtums und wird später dorthin verschickt, wo es den kapitalistischen Interessen beliebt. Halten Sie sich nicht auf, hier berühren Sie kaum die Lippen des blutigen Raubtiermauls. Fahren Sie weiter nach Chiapa de Corzo, ohne der Nestlé-Fabrik allzugroße Beachtung zu schenken, und hinauf in die Berge. Was sehen Sie? Ja, Sie betreten eine andere, die indigene Welt. Eine andere Welt, aber die gleiche, in der auch im Rest des Landes Millionen leben.

In Chiapas wird diese indigene Welt von 300.000 Tzeltalen, 300.00 Tzotzilen, 120.000 Cholen, 90.000 Zoquen und 70.000 Tojolabalen bevölkert. Die Oberste Regierung gibt vor, daß „nur" die Hälfte dieser Million indigener Menschen Analphabeten sind.

Fahren Sie auf der Landstraße weiter ins Gebirge und hinauf

ins sogenannte Hochland von Chiapas. Hier waren die Indígenas vor 500 Jahren in der Mehrheit, Hüter und Herren von Land und Wasser. In der Mehrheit sind sie jetzt nur noch zahlenmäßig und bezüglich ihrer Armut. Fahren Sie weiter und Sie erreichen San Cristóbal de Las Casas, bis vor hundert Jahren Hauptstadt des Staates. Kämpfe zwischen verschiedenen Fraktionen der Bourgeoisie erlösten sie vom zweifelhaften Ruf, Hauptstadt des ärmsten mexikanischen Bundesstaates zu sein. Nein, halten Sie sich nicht auf, denn wenn Tuxtla eine große Lagerhalle war, so ist San Cristóbal ein großer Markt: Auf tausend Pfaden gelangt der indigene Tribut zum Kapitalismus; Tzotzilen, Tzeltalen, Cholen, Tojolabalen und Zoquen, alle bringen sie etwas: Holz, Kaffee, Vieh, Stoff, Kunsthandwerk, Früchte, Gemüse, Mais … Und alle nehmen sie etwas mit: Krankheiten, Ignoranz, Spott und Tod. Im ärmsten Bundesstaat Mexikos ist dies die ärmste Region. Willkommen in San Cristóbal, „Kolonialstadt", wie die *Coletos* sagen, doch die Mehrheit der Bevölkerung ist indigen. Willkommen auf dem großen Markt, den Pronasol verschönert. Hier kauft und verkauft sich alles, außer der indigenen Würde. Hier ist alles teuer, außer dem Tod. Aber verschwenden Sie Ihre Zeit nicht, fahren Sie auf der Überlandstraße weiter, bewundern Sie die touristische Infrastruktur. 1988 verfügte der Bundesstaat über 6.270 Hotelzimmer, 139 Restaurants, 42 Reisebüros; in diesem Jahr kamen 1.058.098 Touristen und ließen 250 Milliarden Pesos in den Händen der Hotel- und Restaurantbesitzer. Haben Sie mitgerechnet? Richtig: auf tausend Touristen kommen sieben Hotelzimmer, auf dieselbe Anzahl Chiapaneken aber nur 0,3 Krankenhausbetten. Aber lassen wir die Rechnerei. Fahren Sie weiter und überholen Sie vorsichtig diese drei Kolonnen Polizisten, die mit ihren gescheckten Mützen am Rande der Straße entlangtrotten, lassen Sie die Kaserne der öffentlichen Sicherheitstruppen hinter sich und fahren Sie weiter zwischen Hotels, Restaurants und großen Geschäften. Und nun biegen Sie ab Richtung Comitán. Den „Kessel" von San Cristóbal verlassend, sehen Sie die berühmten Grotten, umgeben von dichten Wäldern. Sehen Sie dieses Schild? Nein, Sie irren sich nicht, diesen Naturpark verwaltet wirklich die Armee! Akzeptieren Sie die leichte Verwirrung und fahren Sie weiter. Sehen Sie? Moderne Gebäude, gute Häuser, asphaltierte

Straßen … Eine Universität? Eine Arbeiterkolonie? Nein, beachten Sie das Schild am Rande des Tals gut und lesen Sie: Hauptquartier der 31. Militärzone. Noch immer das schmerzende Olivgrün auf der Netzhaut, gelangen Sie zu einer Kreuzung und entscheiden, nicht nach Comitán zu fahren. So bleibt Ihnen ein paar Meter weiter jener Hügel erspart, genannt „Der Ausländer", wo das US-amerikanische Militärpersonal eine Radar-Anlage betreibt und die mexikanischen Kumpane unterrichtet.

Besser, wir wenden uns nach Ocosingo. Die Ökologie und dieser ganze Quark sind ja mittlerweile schwer in Mode. Schauen Sie mal diese tollen Bäume, atmen Sie tief durch. Fühlen Sie sich nun besser? Dann halten Sie den Blick nach links gerichtet, sonst sticht Ihnen bei Kilometer sieben eine wunderbare Konstruktion mit dem noblen Symbol der „Solidarität" ins Auge. Gucken Sie nicht hin, ich sage Ihnen, drehen Sie sich auf die andere Seite, Sie sollen nicht sehen, daß dieses neue Gebäude, jawohl, ein Gefängnis ist. Böse Zungen behaupten, dies sei die große Leistung von Pronasol: die Bauern müssen nun nicht mehr bis nach Cerro Hueco reisen, das Gefängnis in der Hauptstadt Tuxtla. Nein, Mensch, lassen Sie sich nicht entmutigen, das Schlimmste ist immer versteckt, denn das Ausmaß der Armut würde ja die Touristen abschrecken … Fahren Sie weiter, runter nach Huixtán und rauf nach Oxchuc, betrachten Sie den schönen Wasserfall, wo der Río Jataté entspringt, dessen Wasser den Lakandonischen Urwald durchqueren, passieren Sie Cuxuljá und biegen Sie nicht nach Altamirano ab, fahren Sie weiter bis Ocosingo, dem „Tor zum Lakandonischen Urwald". Gut, gut, machen wir halt einen schnellen Rundgang durch die Stadt. Wichtigste Sehenswürdigkeiten? Nun, diese beiden großen Gebäude am Eingang sind Bordelle, jenes ein Gefängnis, das dort drüben eine Kirche, das andere ein Umschlagplatz der Viehzüchter, dort eine Kaserne der Bundesarmee, hier die Polizei, das Rathaus, weiter drüben Pemex, alles übrige sind dichtgedrängte Hütten, die bei der Durchfahrt der gigantischen Pemex-Lastwagen und der Transporter der Großgrundbesitzer erzittern. Was halten Sie davon? Eine Hacienda aus den Zeiten von Porfirio Díaz? Ach was, das ist doch schon seit fünfundsiebzig Jahren vorbei!

Nein, fahren Sie nicht auf dieser Naturstraße bis nach San Quin-
tín, dem Dorf gegenüber dem Biosphären-Reservat Montes
Azules. Fahren Sie nicht bis dahin, wo die Flüsse Jataté und
Perlas zusammenfließen, gehen Sie nicht da hinunter, und
laufen Sie nicht drei mal acht Stunden bis hinunter nach San
Martín, damit Sie nicht sehen, wie klein und arm dieses Ejido
ist. Nähern Sie sich nicht diesem traumhaften Haus da, das fast
auseinanderfällt und mit löchrigem, rostigem Wellblech bedeckt ist. Was das ist? Manchmal Kirche, manchmal Schule,
dann Versammlungsraum. Gerade jetzt, elf Uhr morgens, ist es
ein Schulhaus. Nein, gehen Sie nicht hinein, schauen Sie nicht
rein, keinen Blick auf diese vier von Würmern und Läusen
strotzenden, halbnackten Gruppen von Kindern und die vier
jungen indianischen Lehrer, die hier gegen ein miserables Ent-
gelt arbeiten, das sie nach drei Tagesmärschen – diejenigen, die
Sie gerade vermieden haben – abholen können. Bis zu welchem
Jahr hier unterrichtet wird? Bis zur dritten Klasse. Nein, lassen
Sie diese Broschüren, wo sie sind, sie sind das einzige, was
diese Kinder von der Regierung erhalten haben: Materialien zur
AIDS-Prävention …
Kehren wir lieber zur asphaltierten Straße zurück. Ja, ich weiß,
sie befindet sich in einem schlechten Zustand. Verlassen wir
Ocosingo und bewundern wir diese schönen Ländereien. Die
Eigentümer? Ja, Großgrundbesitzer. Produktion? Vieh, Kaffee,
Mais. Haben Sie die Niederlassung des nationalen Indianer-
institutes INI gesehen? Ja, die Gebäude grad bei der Ausfahrt.
Sind Ihnen die prächtigen Lastwagen aufgefallen? Die indi-
genen Bauern erhalten sie auf Kredit. Sie fahren nur mit
bleifreiem Benzin Magna-Sin, wegen Ökologie und so. Daß es
in Ocosingo kein Magna-Sin gibt? Pech gehabt … Lappalien,
Sie sagen es, die Regierung zeigt jedenfalls guten Willen.
Klar sagen böse Zungen, in diesen Bergen gäbe es Guerilleros
und das Geld der Regierung diene nur dazu, die Loyalität der
Indígenas zu erkaufen, doch das sind Gerüchte, sicher wollen
sie Pronasol in Verruf bringen. Was es mit dem Komitee zur
Bürgerverteidigung auf sich hat? Ach ja, das ist eine Gruppe
„heldenhafter" Viehzüchter, Kaufleute und Gewerkschafts-
schläger, die „Weiße Garden" organisieren, um Bauern zu
bedrohen und zu vertreiben. Nein, nein, ich sagte Ihnen doch

bereits, daß die porfiristische Hacienda vor fünfundsiebzig Jahren abgeschafft wurde … Besser, wir fahren weiter, hier können wir links abbiegen. Nein, fahren Sie nicht nach Palenque, sondern weiter Richtung Chilón. Hübsch, nicht? Ja, nun sind wir in Yajalón. Sehr modern, hat sogar eine Tankstelle, schauen Sie dort, eine Bank, drüben das Rathaus, dort die Polizei, der Umschlagplatz der Viehzüchter, hier die Armee. Schon wieder die Geschichte von der Hacienda? Gehn wir, damit Sie diesen anderen, großen und modernen Gebäudekomplex außerhalb der Stadt auf dem Weg Richtung Tila und Sabanilla nicht sehen, den wunderbaren Schriftzug „Solidarität", der auch hier den Eingang verschönert – aber gewiß, Sie haben richtig geraten: auch das ist ein Gefängnis.

Nun aber wieder zurück nach Ocosingo. Palenque? Sind Sie sicher? Gut, dann los … Ja, schöne Ländereien, hmm, Großgrundbesitzer. Richtig: Vieh, Kaffee, Holz. Und jetzt Palenque. Ein schneller Blick auf die Stadt? Also hier die Hotels, dort Restaurants, hier das Rathaus, drüben die Polizei, die Kaserne der Bundesarmee, und … was? Nein, nein, ich weiß schon, was Sie sagen wollen, nein, sagen Sie's nicht. Müde? Gut, halten wir kurz an. Bißchen Pyramiden anschauen? Nein? Auch gut. Xi'Nich? Ja, der Name für einen indigenen Marsch. Ja, bis Mexiko-Stadt. Alles zu Fuß. Wie weit? 1.106 Kilometer. Ergebnisse? Die Petitionen wurden entgegengenommen. Ja, nur das. Sie sind immer noch müde? Noch müder? Gut, warten wir. Wir könnten noch nach Bonampak. Ja, auf der Panoramaroute. Die Straße ist sehr schlecht, dort die Sperre der Bundesarmee, das andere ein Posten der Marine, hier die Polizei und dort drüben die Niederlassung des Innenministeriums. Immer so? Nein, manchmal trifft man auf Protestmärsche der Bauern. Müde? Wollen Sie zurück? Also gut. Andere Orte? Ganz andere? In welchem Land? Mexiko? Sie werden das gleiche sehen, die Farben ändern sich, die Sprachen, die Landschaften, die Namen, aber der Mensch, die Ausbeutung, das Elend und der Tod sind dieselben. Suchen Sie nur gut, in welchem Bundesstaat der Republik auch immer, und passen Sie auf sich auf. Wenn Sie mal wieder einen Reiseführer brauchen, lassen Sie es mich wissen, ich stehe zu Ihren Diensten. Ach, und noch was: Es wird nicht immer so sein. Ein anderes Mexiko? Nein, dasselbe. Ich rede von etwas anderem. Als ob hier und da andere Lüfte zu blasen beginnen, als ob ein anderer Wind sich erhebt …

Zweites Kapitel

Welches von Taten des Gouverneurs und Lehrlings des Vizekönigs erzählt, von seinem heldenhaften Kampf gegen den progressiven Klerus und von seinen Abenteuern mit den feudalen Viehherren, von Kaffee und Kaffeehandel nebst anderen ähnlich phantastischen Dingen.

Es war einmal ein König aus Schokolade mit einer Nase wie eine Erdnuß. Der Lehrling des Vizekönigs, der Gouverneur Patrocinio González Garrido, machte sich daran, nach der Art der alten Monarchen, die von der spanischen Krone mit der Conquista eingesetzt worden waren, die chiapanekische Geografie zu reorganisieren. Die Zuordnung städtischer und ländlicher Räume erfordert eine etwas ausgeklügelte Handhabung der Macht, doch unter der Fuchtel des Herrn González Garrido erreichte sie köstliche Ebenen der Dummheit. Der Vizekönig entschied, daß die Städte mit ihren Dienstleistungen und Vorteilen für diejenigen da seien, die schon alles haben. Und er entschied, daß die Mehrheit draußen zu bleiben habe, im Freien, und ihr höchstens ein Platz im Gefängnis gebühre, was aber immer noch lästig genug blieb. Deshalb entschied der Vizekönig, die Gefängnisse gehörten an den Rand der Städte, damit die Nähe dieser unerwünschten und verbrecherischen Meute die Ruhe der Herren nicht störe. Gefängnisse und Kasernen sind die wichtigsten Werke, die dieser Gouverneur in Chiapas hervorgebracht hat. Seine Freundschaft mit Großgrundbesitzern und mächtigen Kaufleuten ist ebensowenig ein Geheimnis wie seine Abneigung gegen die drei Diözesen, die das katholische Leben des Bundesstaates regeln. Die Diözese San Cristóbal, mit Bischof Samuel Ruiz an der Spitze, bedeutet eine ständige Störung des Neuordnungsprojekts von González Garrido. Willens, die abstrus zurückgebliebene Struktur von Ausbeutung und Plünderung in Chiapas zu modernisieren, stößt Patrocinio González immer wieder auf die Sturheit der Religiösen und

Kirchenleute, die den Katholizismus für die Armen predigen und leben.

Unter dem pharisäischen Applaus des Bischofs von Tuxtla, Aguirre Franco, und dem stillschweigenden Einverständnis desjenigen von Tapachula fördert und unterstützt González Garrido die „heroischen" Verschwörungen der Viehzüchter und Kaufleute gegen die Mitglieder der Diözese von San Cristóbal. „Die Mannschaften von Don Samuel", wie einige sie nennen, bestehen nicht aus unerfahrenen Gläubigen: Lange bevor Patrocinio González Garrido auch nur davon träumte, diesen Staat zu regieren, predigte die Diözese von San Cristóbal das Recht auf Freiheit und Gerechtigkeit. Für den rückständigsten Teil des Bürgertums, die Agrarbourgeoisie, können solche Worte nur eines bedeuten: Rebellion. Und die „patriotischen" und „frommen" Großgrundbesitzer und Kaufleute wissen, wie Rebellionen zu verhindern sind: Die bewaffneten „Weißen Garden", von ihnen bezahlt und von Bundesarmee und Sicherheitspolizei ausgebildet, sind den Bauern durch Drohungen, Folter, die tödlichen Schüsse, die sie von ihnen zu erwarten haben, nur allzu bekannt.

Vor Monaten wurde der Priester von Simojovel, Joel Padrón, festgenommen. Staatliche Autoritäten sperrten ihn ins Gefängnis Cerro Hueco in der Hauptstadt Tuxtla Gutiérrez, da Viehzüchter der Region ihn angeklagt hatten, Landbesetzungen angezettelt und unterstützt zu haben. Die Mobilisierung von Mitgliedern der Diözese San Cristóbal (Tuxtla und Tapachula glänzten durch Abwesenheit) und ein darauf erfolgter Bundesbeschluß erreichten die Freilassung des Priesters Padrón.

Während Tausende von Bauern in Tuxtla für die Befreiung des Padre protestierten, schickten die Viehzüchter von Ocosingo ihre funkelnagelneuen Todesschwadrone aus, um die Landbesetzer zu vertreiben. Sie kamen in das Dorf El Mamonal: Vierhundert von Großgrundbesitzern ausgerüstete bewaffnete Männer wüteten und zerstörten, verbrannten Häuser, peitschten indigene Frauen und töteten den Bauern Juan mit einem Schuß ins Gesicht. Nach dieser Räumung verunsicherten die „Weißen Garden", hauptsächlich Cowboys von den Fincas und kleinere Landbesitzer – stolz darauf, mit den Jungs der Großen in deren Pick-ups herumziehen zu dürfen –, die Straßen der

Region. Besoffen und anderweitig berauscht, prahlten sie mit ihren Waffen und schrien: „Die Viehzucht ist die Nummer Eins!" und brüllten, dies sei erst der Anfang. Die Gemeindeautoritäten von Ocosingo und die im Ort stationierten Soldaten betrachteten einigermaßen gleichmütig die Triumphparade der Pistoleros.

In Tuxtla Gutiérrez demonstrierten an die 10.000 Bauern für die Freilassung von Joel Padrón. In einer Ecke der Gemeinde Ocosingo beerdigte die Witwe von Juan einsam das Opfer der stolzen Großgrundbesitzer. Für den Tod von Juan gab es keine Kundgebung, kein Gebet, nicht einmal ein Protestschreiben. Das ist Chiapas.

Letzthin verursachte Vizekönig González Garrido einen neuen Skandal, der ans Licht der Öffentlichkeit gelangte, weil die Opfer über Mittel verfügten, um die Willkür zu denunzieren. Mit der Zustimmung des Vizekönigs organisierten die feudalen Herren von Ocosingo das „Komitee für Bürgerverteidigung", den bisher ausgereiftesten Versuch, die neoporfiristischen Todesschwadrone, die im chiapanekischen Land die Ordnung hüten, zu institutionalisieren. Wäre nicht ein Komplott zur Ermordung des Pfarrers Pablo Ibarren, der Nonne María del Carmen und des Bischofs Samuel Ruiz aufgeflogen, wäre sicherlich alles ruhig geblieben. Dem Pfarrer und der frommen Frau wurde eine Frist auferlegt, innerhalb der sie ihre Gemeinden zu verlassen hätten, doch die radikalsten Mitglieder des Komitees verlangten eine drastischere Lösung, die den Bischof der Diözese miteinbezogen hätte. Daß das Komplott aufflog, ist der ehrlichen chiapanekischen Presse – die es noch gibt – zu verdanken. Die Sache gelangte in die nationalen Blätter. Widerrufe und Dementis. Der Vizekönig erklärte, er unterhalte gute Beziehungen zur Kirche, und ernannte einen Sonderbeauftragten zur Untersuchung des Falls. Die Ermittlungen kamen zu keinem Ergebnis und die Wogen glätteten sich.

Zur selben Zeit gaben die staatlichen Stellen schauerliche Daten bekannt: In Chiapas sterben jährlich 14.500 Personen – die höchste Sterblichkeitsrate des Landes. Die Ursachen? Heilbare Krankheiten wie Erkältungen, Enteritis, Parasitosis, Amöben, Malaria, Salmonellen, Skabies, Dengue-Fieber, Lungentuberkulose, Onchozerkose, Trachomen, Typhus, Cholera und

Masern. Böse Zungen sagen, die Dunkelziffer übersteige die jährlich verzeichnete Zahl der Toten um ein Vielfaches, da in den marginalen Regionen, zu der die Mehrheit des Staates gehört, keine Sterberegister geführt würden. In den vier Jahren des Vizekönigtums von Patrocinio González Garrido starben über 60.000 Chiapaneken, hauptsächlich Arme. Der Krieg, den der Vizekönig gegen das Volk führt und der von den feudalen Herren befohlen wird, findet in subtileren Formen als der der Bombardierung statt. Weder in der lokalen noch in der nationalen Presse fand sich eine Notiz zu diesem Mörderkomplott, der Leben und Land fordert wie in den Zeiten der spanischen Conquista.

Das „Komitee für Bürgerverteidigung" führt seine Bekehrungsarbeit fort, organisiert Versammlungen, um reiche und arme Bewohner der Stadt Ocosingo davon zu überzeugen, sie müßten sich organisieren und bewaffnen, damit die Bauern, die weder Reich noch Arm respektierten, nicht die Stadt einnähmen und alles zerstörten. Der Vizekönig lächelt mit Wohlgefallen.

Drittes Kapitel

Das erzählt, welch glänzende Idee der Vizekönig hatte und wie er sie in die Tat umsetzte und auch, wie das Imperium den Tod des Sozialismus beschloß und sich enthusiastisch daran machte, diese Botschaft zu verbreiten. Es wird auch erzählt, daß gesagt wird, Zapata sei nicht tot, nebst anderen beunruhigenden Begebenheiten.

Der Vizekönig ist besorgt. Die Bauern verweigern der institutionellen Räumung, die nun im neuen Artikel 27 der Verfassung festgeschrieben steht, ihren Applaus. Der Vizekönig ist wütend. Die Ausgebeuteten sind ausgebeutet nicht glücklich. Sie wollen die mildtätigen Gaben, die Pronasol im chiapanekischen Land verteilt, nicht in einer unterwürfigen Karawane entgegennehmen. Der Vizekönig ist verzweifelt. Er befragt seine Berater. Sie wiederholen ihm eine alte Wahrheit: Um zu herrschen, genügt es nicht, Gefängnisse und Kasernen zu bauen, notwendig ist auch, das Denken der Untertanen zu beherrschen. Der

Vizekönig geht in seinem prächtigen Palast auf und ab, hält inne, lächelt und befiehlt:

XEOCH: Rap und Lügen für die Bauern

Ocosingo und Palenque, Cancúc und Chilón, Altamirano und Yajalón, überall feiern die Indígenas. Eine neue milde Gabe der obersten Regierung erfreut das Leben der Landarbeiter und Kleinbauern, der Landlosen und der verarmten Ejidatarios. Nun haben sie eine lokale Radiostation, die wirklich jede noch so abgelegene Ecke des chiapanekischen Ostens erreicht. Das Programm ist passend: Marimba- und Rap-Musik verbreiten die gute Neuigkeit. Chiapas wird modernisiert. XEOCH sendet auf 600 Megahertz vom Hauptort der Gemeinde Ocosingo aus, von vier in der Früh bis zehn Uhr nachts. Seine Nachrichtensendungen sind allerdings überfüllt mit Mühlsteinen: die Desorientierung, die „subversive" Religiöse unter den Bauern predigen, der Überfluß an Krediten (die die indianischen Gemeinden indes nie erreichen), die Existenz öffentlicher Bauten (die nirgends zu sehen sind). Der überhebliche Vizekönig nimmt sich sogar die Zeit, seine Drohungen über XEOCH selber auszustrahlen und so die Welt daran zu erinnern, daß nicht alles Lüge und Rap ist, daß es auch Gefängnisse und Kasernen gibt und ein Strafgesetzbuch, das jedwedes Zeichen von Unzufriedenheit in der Bevölkerung zu erfassen vermag: Zusammenrottung, Rebellion, Aufruf zur Rebellion, Gemenge etc. Alles, was in den Artikeln dieses Gesetzes festgeschrieben ist, bezeugt, wie sehr sich der Vizekönig darum bemuht, seine Sache gut zu machen und Punkt.

Nichts mehr vom Kampf. Der Sozialismus ist tot. Es lebe der Konformismus und die Reform, die Moderne und der Kapitalismus und die grausamen Etceteras. Der Vizekönig und seine feudalen Herren tanzen und lachen übermütig in ihren Palästen und Gutshäusern. Ihre Freude beunruhigt einige der wenigen unabhängigen Denker, die in diesen Landen leben. Unfähig zu verstehen, was passiert, geben sie sich dem Unbehagen hin, dem Selbstmitleid. Es stimmt schon, wozu kämpfen? Das Kräfteverhältnis ist ungünstig. Es ist nicht der Moment. Man muß noch warten, vielleicht Jahre. Vorsicht mit den Abenteurern! Besonnenheit! Daß in Land und Stadt nichts sich bewege, daß alles beim alten bleibe. Der Sozialismus ist tot. Es lebe das Kapital. Radio, Presse und Fernsehen proklamieren es, Ex-Sozialisten wiederholen es, besonnen und reuig geworden.

Aber nicht alle hören auf die Stimmen der Hoffnungslosigkeit und des Konformismus. Nicht alle lassen sich vom Strudel der Entmutigung mitreißen. Die meisten, Millionen, hören nicht die Stimme des Mächtigen und auch nicht die Stimmen der Wankelmütigen. Sie können nicht hören, denn sie sind taub von Klagerufen und Blut, die Tod und Elend in ihr Ohr schreien. Gibt es aber Momente der Ruhe – und es gibt sie noch –, hören sie eine andere Stimme, nicht die, die von oben kommt, sondern diejenige, die der Wind von unten heranträgt und die dem indigenen Herzen der Berge entspringt. Sie spricht von Gerechtigkeit und Freiheit, von Sozialismus, von der Hoffnung, der einzigen Hoffnung in der diesseitigen Welt. Und die ältesten der Alten erzählen in den Gemeinden von einem gewissen Zapata, der für die Seinen aufgestanden sei und der mit eher singender als schreiender Stimme ausgerufen habe: Land und Freiheit! Und diese Alten erzählen, jener Zapata sei nicht gestorben und werde zurückkehren. Und die ganz Alten erzählen, daß Wind und Regen und Sonne dem Bauern sagen würden, wann er seine Erde vorbereiten müsse, wann die Zeit zum Säen und Ernten gekommen sei. Und sie erzählen, auch die Hoffnung werde gesät und geerntet. Und die Alten sagen, daß Wind, Regen und Sonne jetzt anders mit der Erde sprechen, daß sie aus all der Armut nicht länger den Tod ernten könne, sondern daß es Zeit sei, den Widerstand zu ernten. So reden die Alten. Die Mächtigen hören nicht, sie können nicht hören, denn sie sind taub vom Stumpfsinn, mit dem die Imperien ihnen die Ohren verstopfen. „Zapata", wiederholen leise die jungen Armen, „Zapata", beharrt der Wind, der von unten kommt, der unsere.

Zweiter Wind
DER VON UNTEN

Viertes Kapitel

Welches erzählt, wie sich Würde und Widerstand im Südosten verbünden und wie die Gespenster von Jacinto Pérez und den Mapuchen in den Bergen von Chiapas umhergeistern. Auch wird erzählt von der erschöpften Geduld, nebst anderen Begebnissen, die in der Gegenwart ignoriert werden, aber absehbare Folgen haben.

Dieses Volk wurde würdig und rebellisch geboren, verbrüdert mit dem Rest der Ausgebeuteten des Landes nicht durch den Anschlußvertrag von 1824*, sondern über eine lange Folge von Erniedrigungen und Aufständen. Seit den Zeiten, in denen Talar und Rüstung diese Erde eroberten, entwickelten und vertieften sich Würde und Widerstand mit jedem Regenschauer.
Die kollektive Arbeit, das demokratische Denken, die Unterordnung unter die Mehrheitsbeschlüsse sind mehr als eine Tradition des indigenen Gebiets, sie waren die einzige Möglichkeit des Überlebens, des Widerstands, der Würde und der Rebellion. Diese in den Augen der Landbesitzer und Kaufleute „schlechten Ideen" stehen der kapitalistischen Vorschrift „Viel in den Händen Weniger" entgegen.
Es wurde irrtümlicherweise gesagt, das chiapanekische Rebellentum habe eine andere Zeit und stimme nicht mit dem nationalen Kalender überein. Lüge. Die Spezialität des chiapanekischen Ausgebeuteten ist dieselbe in Durango, Bajío oder Veracruz: kämpfen und verlieren. Wenn die Stimmen derer, die Geschichte schreiben, von der Ungleichzeitigkeit sprechen, so deshalb, weil die Stimmen der Unterdrückten nicht sprechen – noch nicht. Es gibt keinen historischen Kalender, weder national noch regional, der alle und jede einzelne der Rebellionen und Ablehnungen gegen das aufgezwungene und mit Blut und Feuer im ganzen nationalen Territorium aufrechterhaltene Sy-

---

* 1824 hatte sich das bis dahin unabhängige Chiapas Mexiko endgültig angeschlossen.

stem festhalten würde. In Chiapas wird diese rebellische Stimme nur gehört, wenn die kleine Welt der Großgrundbesitzer und Kaufleute erschüttert wird. Dann allerdings hallt das Geschrei von der indianischen Barbarei in den Mauern der Regierungspaläste wider und die Maschinerie rollt an: Drohung, glühendes Blei, Gefangenschaft, Betrug. Wenn die Rebellionen im Südosten scheitern wie diejenigen im Norden, Zentrum und Westen, so nicht wegen der zeitlichen Unstimmigkeit, sondern weil der Wind eine Frucht der Erde ist, er hat seine Zeit und reift nicht in den Büchern der Wehklagenden, sondern in den organisierten Herzen derjenigen, die nichts haben als Würde und rebellischen Geist. Und dieser Wind von unten, der Wind der Rebellion, der Würde, ist nicht nur die Antwort auf den von oben auferlegten Wind, ist nicht nur wütende Entgegnung, er enthält auch einen neuen Entwurf, er bedeutet mehr als die Zerstörung eines ungerechten und willkürlichen Systems, er ist vor allem eine Hoffnung, die Hoffnung, daß sich Würde und Rebellion in Freiheit und Würde verwandeln.

Wie wird diese neue Stimme in diesen Gegenden und all den andern Regionen des Landes zu hören sein? Wie wird dieser verborgene Wind anwachsen, der jetzt in Bergen und Schluchten säuselt, ohne in die Täler hinunterzusteigen, wo das Geld befiehlt und die Lüge regiert?

Aus den Bergen wird dieser Wind kommen, er wächst bereits unter den Bäumen und verschwört sich für eine neue Welt. So neu, daß nur eine Ahnung des kollektiven Herzens ihn anfacht …

Fünftes Kapitel

Welches erzählt, wie die indigene Würde sich in Bewegung setzte, um sich Gehör zu verschaffen, und wie kurz die Anhörung dauerte. Zudem, wie die Stimmen von früher sich heute wiederholen und wie die Indios wieder mit festem Schritt gehen und zusammen mit anderen enteigneten Füßen marschieren, um zu nehmen, was ihnen gehört, und wie die Musik des Todes, die heute nur für diejenigen spielt, die nichts haben, für andere

*spielen wird. Nebst anderen wunderlichen Dingen, die ge-
schehen und, wie gesagt wird, geschehen werden.*

Der indianische Marsch Xi'Nich (Ameise), durchgeführt von
Bauern aus Palenque, Ocosingo und Salto de Agua, zeigt die
Absurdität des Systems. Diese Indígenas mußten 1.106 Kilometer laufen, um gehört zu werden, sie gelangten bis in die
Hauptstadt der Republik, damit die Zentralmacht ihnen eine
Audienz beim Vizekönig gewährte. Sie erreichten den Bundesdistrikt, als der Kapitalismus eine erschreckende Tragödie auf
die Himmel von Jalisco* malte. Sie erreichten die alte Hauptstadt Neuspaniens, heute Mexiko, im Jahre 500, nachdem der
fremde Alptraum sich der Nacht dieser Erde bemächtigt hatte.
Sie kamen und wurden von all jenen ehrlichen und noblen Menschen gehört, die es gibt – und es gibt sie noch –, und auch von
denjenigen, die heute den Südosten, den Norden, das Zentrum
und den Westen der Heimat unterdrücken. Sie gingen weitere
1.106 Kilometer zurück, die Taschen voller Versprechungen.
Und es tat sich nichts, was neu gewesen wäre …
Im Gemeindehauptort von Simojovel griffen von Viehzüchtern
aus der Gegend bezahlte Männer die Bauern an. Die Bauern
von Simojovel beschlossen, nicht länger zu schweigen und die
Angriffe der Großgrundbesitzer zu beantworten. Bauern umzingeln den Ort, niemand kommt oder geht ohne ihr Wissen.
Die Bundesarmee bezieht ihre Kasernen, die Polizei zieht den
Schwanz ein, und die feudalen Staatsherren schreien *Feuer!*,
um Ordnung und Respekt wiederherzustellen. Verhandlungskommissionen kommen und gehen. Der Konflikt scheint gelöst,
die Ursachen bleiben, und über alles breitet sich Ruhe.
Im Dorf Betania, außerhalb von San Cristóbal, werden die Indígenas regelmäßig von Gesetzeshütern festgenommen, weil
sie Brennholz schlagen. Die Polizei erfüllt ihre Pflicht, sie
müssen die Umwelt schützen, behaupten sie. Die Indígenas
wollen nicht länger schweigen und entführen drei Polizisten.
Damit nicht zufrieden, besetzen sie die panamerikanische Über-

---

* In Guadalajara, Hauptstadt des Bundesstaates Jalisco, zweitgrößte Stadt
Mexikos, explodierte 1992 die Kanalisation mehrerer Straßenzüge, in der sich
Benzin und Gas aus undichten Leitungen gesammelt und entzündet hatte. Hun-
derte von Menschen kamen ums Leben.

landstraße und unterbrechen die Kommunikation mit den Gebieten östlich von San Cristóbal. An der Kreuzung nach Ocosingo und Comitán fesseln sie die Polizisten und verlangen, den Vizekönig zu sprechen, ansonsten würden sie die Straße nicht freigeben. Die Geschäfte geraten ins Stocken, der Tourismus bricht zusammen. Die edle Coleto-Bourgeoisie rauft sich ihre ehrwürdige Frisur. Verhandlungskommissionen kommen und gehen. Der Konflikt scheint gelöst, die Ursachen bleiben, und über alles breitet sich Ruhe.

In Marquéz de Comillas, Gemeinde von Ocosingo, fällen die Bauern Holz, um zu überleben. Die Polizei nimmt sie fest und beschlagnahmt das Holz zum Wohlgefallen ihres Kommandanten. Die Indígenas wollen nicht länger schweigen, besetzen die Lastwagen und nehmen die Beamten gefangen. Die Regierung schickt die öffentliche Sicherheitspolizei, welche auf dieselbe Weise gefangengenommen wird. Die Indígenas halten Lastwagen, Holz und Gefangene zurück. Schließlich lassen sie die Gefangenen frei. Eine Antwort erhalten sie nicht. Sie marschieren nach Palenque, um eine Lösung zu fordern. Die Armee nimmt die Anführer gefangen. Die Lastwagen werden weiterhin festgehalten. Verhandlungskommissionen kommen und gehen. Die Regierung läßt die Führer wieder frei, die Bauern geben die Lastwagen zurück. Der Konflikt scheint gelöst, die Ursachen bleiben, und über alles breitet sich Ruhe.

Im Gemeindehauptort Ocosingo demonstrieren, von verschiedenen Punkten der Stadt aus, viertausend indianische Bauern der ANCIEZ. Drei Demonstrationszüge kommen vor dem Rathaus zusammen. Der Präsident weiß nicht, worum es geht, und flieht. Auf dem Boden seines Büros bleibt ein Kalender zurück, er zeigt den 10. April 1992. Draußen tanzen indianische Bauern aus Ocosingo, Oxchuc, Huixtán, Chilón, Yajalón, Sabanilla, Salto de Agua, Palenque, Altamirano, Las Margaritas, San Cristóbal, San Andrés und Cancúc vor einem gigantischen Bild Zapatas, das einer von ihnen gemalt hat. Sie tragen Gedichte vor, singen und sprechen sein Wort. Nur sie hören sich zu. Die Großgrundbesitzer, Kaufleute und Polizisten verstecken sich in ihren Häusern und Geschäften, die Bundeskaserne scheint verlassen. Die Bauern schreien: Zapata lebt und der Kampf geht weiter. Einer von ihnen liest einen an Carlos

Salinas de Gortari gerichteten Brief vor. Darin wird dieser angeklagt, die zapatistischen Erfolge im Landwirtschaftsbereich zunichte zu machen, das Land mit dem Freihandelsvertrag zu verkaufen und Mexiko in die Zeiten des Porfirismus zurückzuversetzen. Sie erklären geradeheraus, sie würden die salinistischen Reformen des Verfassungsartikels 27 nicht anerkennen.

Um zwei Uhr nachmittags verläuft sich die Menschenmenge, auf scheinbar geordnete Weise, die Ursachen bleiben, und über alles breitet sich Ruhe.

Abasolo, Ejido in der Gemeinde Ocosingo. Vor Jahren besetzten Bauern Land, das ihnen gemäß bestehendem Recht zusteht. Drei Führer der Gemeinde wurden von der Regierung gefangengenommen und gefoltert. Die Indígenas entscheiden, nicht länger zu schweigen, und besetzen die Straße zwischen Ocosingo und San Cristóbal. Verhandlungskommissionen kommen und gehen. Die Führer werden aus dem Gefängnis entlassen. Der Konflikt scheint gelöst, die Ursachen bleiben, und über alles breitet sich Ruhe.

Antonio träumt, daß die Erde, die er bearbeitet, ihm gehört. Daß sein Schweiß mit Gerechtigkeit und Wahrheit abgegolten wird. Daß es eine Schule gibt, um die Unwissenheit zu heilen, und Medizin, um den Tod zu erschrecken. Daß sich sein Haus erleuchtet und sein Tisch füllt, sein Land frei ist und die Vernunft der Leute entscheidet, wer regiert und regiert wird. Antonio träumt, er wäre in Frieden mit sich und der Welt. Er träumt, daß er kämpfen muß für diesen Traum und daß es Tod geben muß, damit es Leben geben kann. Antonio träumt und wacht auf. Jetzt weiß er, was zu tun ist, und er sieht seine Frau kniend das Feuer anfachen, hört seine Kinder weinen, sieht die Sonne im Osten grüßen und schleift lächelnd seine Machete.

Ein Wind kommt auf und bringt alles durcheinander, Antonio steht auf und geht, um sich mit anderen zu treffen. Etwas sagt ihm, daß sein Wunsch der Wunsch vieler ist, und er wird sie suchen.

Der Vizekönig träumt, daß sein Land von einem fürchterlichen Wind durchgeschüttelt wird. Daß ihm weggenommen wird, was er geraubt hat. Daß sein Haus zerstört wird und das Reich, das er regiert, untergeht. Er träumt und kann nicht schlafen. Also geht der Vizekönig zu seinen feudalen Herren, und die sagen ihm, sie hätten dasselbe geträumt. Der Vizekönig findet keine Ruhe, er sucht seine Ärzte auf, und die sagen ihm, es handle sich um indianische Hexerei, und entscheiden, er könne sich nur mit Blut von diesem Fluch befreien. Und der Vizekönig befiehlt, zu töten und einzukerkern, und baut mehr Gefängnisse und Kasernen, und der Traum raubt ihm weiterhin den Schlaf. In diesem Land träumen alle. Es ist Zeit aufzuwachen.

Der Sturm …
… den es gibt

Er wird geboren aus dem Zusammenstoß der beiden Winde, schon naht seine Zeit, der Ofen der Geschichte wird angeheizt. Jetzt herrscht der Wind von oben, schon kommt der Wind von unten, schon naht der Sturm. So wird es sein ...

Die Prophezeiung …
... die es gibt

Wenn der Sturm nachläßt, wenn Regen und Feuer die Erde wieder in Frieden lassen, wird die Welt nicht mehr die Welt sein, sondern etwas Besseres.

DAS MEXIKO, DAS DIE ZAPATISTEN WOLLEN

An Diálogos „El México que queremos" (Das Mexiko, das wir wollen)
Zu Händen von: Primitivo Rodriguez Oseguera
Mexikanische Akademie für Menschenrechte

Von: Subcomandante Insurgente Marcos
Ejército Zapatista de Liberación Nacional
Hauptquartier, Chiapas, Mexiko

Herr Primitivo Rodriguez Oseguera,

ich habe heute erst in *La Jornada* Ihre freundliche Einladung zur Teilnahme an den Dialogen „Das Mexiko, das wir wollen" gelesen. Wir danken Ihnen, daß Sie uns in diesem pluralistischen Forum die Gelegenheit geben, eine grobe Skizze des Mexikos vorzustellen, das wir Zapatisten wollen.
Heriberto (3 Jahre, Tojolabale, Sohn von Tojolabalen) lächelt zahnlos, als er seine Schwester Eva (5 Jahre, Tojolabalin, Tochter von Tojolabalen) tröstet, die weinend aufgewacht ist, weil sie geträumt hat, daß die Katze „Wau" und nicht „Miau" gemacht hat. Heriberto erklärt Eva, daß es das Hündchen gewesen sei, das die Katze gejagt habe, und sie deshalb „Wau" gemacht habe.
Seine Schwester hat ihre Zweifel, aber Heribertos zahnloses Lächeln beginnt ihr eine reichlich komplizierte Geschichte über das Hündchen zu erzählen, das kürzlich kam und eine Süßigkeit in der Tüte brachte, und damit auch kein Zweifel aufkommt, holt Heriberto eine Süßigkeit aus der Tüte, die in seiner Hose steckt, und bietet sie Eva an, die angesichts eines solch rationalen Beweises die Tränen ableckt, sich überzeugen läßt und die Süßigkeit probiert. Heriberto spricht weiter und die

Geschichte mit dem Hündchen handelt bereits von einer Ameise, die, wie er sagt, die Verpackung der Süßigkeit wegschleppen will, und Heriberto und seine Schwester haben das Hündchen und die Katze vergessen, die „Wau" und nicht „Miau" sagt, und während sie sich die Süßigkeit teilen, beobachten sie die Ameise, die schon eine Ecke des Zellophans ausgewählt hat. Die Katze aus Heribertos Geschichte ist eine kleine Katze, anstelle von „Kätzlein" [gatito] sagt Heriberto „Abzugshahn" [gatillo]. Ein Land, in dem „gatillo" „gatito" bedeutet, ist DAS MEXIKO, DAS WIR WOLLEN.

Ein Viehzüchter erklärt, daß es keine Gleichheit geben könne, daß es immer Arme und Reiche geben werde, seine Artgenossen klatschen wild Beifall. „Dieses Land stirbt allmählich ab", erklärt Fidel, der Zapatist, während er eine ärmliche Feldscholle zwischen seinen Händen zerbröselt. In einem Luxusrestaurant entdecken hochkarätige Politiker ihre Übereinstimmung darin, daß das, was das Land brauche, eine harte Hand sei und ein gut geführter Schlag, um diese ganzen Unruhestifter ruhigzustellen. Sie lächeln zufrieden, während sie anordnen, daß die Kosten für das Essen irgendeinem Ministerium in Rechnung gestellt werden sollen. Eine Polizeipatrouille entführt eine Frau, die sich allein auf ihrem nächtlichen Nachhauseweg befindet. Die Patrouille steuert auf ein Brachland zu. „Die Modernität muß überall hinkommen", lächelt der Beamte mit sachverständigem Gesicht: „Das Herankarren von Wählern und der Urnendiebstahl gehören zur Vorgeschichte." Er rückt seine Krawatte zurecht. „Es ist viel moderner, das Wählerverzeichnis dafür zu benutzen, das ist zwar weiter ‚Schmutzarbeit', aber sehr viel hygienischer." PRONASOL ist ein modernes Regierungsprogramm: es geht nicht darum, die Armut zu beheben, sondern sie zu optimieren, zu schminken, damit sie vor den Augen eines Marktes akzeptabel wird, der mit dem überaus mexikanischen Namen NAFTA den Himmel zwischen Río Bravo und Suchiate bedroht. Die Optimierung der Armut zeigt ihre Wirkung auf dem mexikanischen Land: Die Indigenen sterben wie seit Jahrhunderten an heilbaren Krankheiten, die der Weiße gemeinsam mit Kreuzen und Schwertern eingeschleppt hat, um diese Wilden zu „zivilisieren", die ganz naiv denken, daß es das Recht der Leute ist, zu regieren und sich regieren zu lassen. In den Bergen des mexikanischen Südostens ist es billiger, zu sterben als gesund zu werden. Nach und nach schließen sich alle Türen.

Die Wehklagen der Ihrigen im Ohr kehren die seit jeher Toten zurück, um Worte des Krieges zu sprechen. Die Alten hören ihnen zu und übersetzen den Jungen die Mission, die der Wind von unten herbeiträgt. Ein Land, wo all dies nur ein Alptraum ist und keine Wirklichkeit, ist DAS MEXIKO, DAS WIR WOLLEN.

In der Morgendämmerung eines Jahres erklärt eine Armee aus Indigenen der Regierung den Krieg und kämpft für „Utopien", das heißt, für Demokratie, Freiheit und Gerechtigkeit IN DEM MEXIKO, DAS WIR WOLLEN. An der Wand eines chiapanekischen Gemeindeamtes, Kazikenpalast, steht in einem verblichenen Rot trockenen Blutes „YA BASTA!" geschrieben. Das Personal bemüht sich vergebens, es abzuwischen. „Das geht nur weg, wenn man die Mauer niederreißt", sagt sich das Personal. Irgendjemand beginnt irgendwo im Land zu verstehen ... IN DEM MEXIKO, DAS WIR WOLLEN.

Heriberto trägt als einziges Kleidungsstück ein rotes Halstuch. Bei seinen drei Jahren bedeckt das Halstuch seinen Bauchnabel und den kleinen Geschlechtsfinger. Wenn Heriberto in den Schlamm fällt, dreht er sich schnell um, um zu sehen, ob jemand ihn beobachtet oder lacht. Wenn sein Blick auf niemanden stößt, steht er wieder auf und geht zum Bach, um sich zu baden. Seiner Mutter wird er sagen, daß er sich gebadet habe, weil er angeln war. Wenn sich jemand über seinen Sturz lustig gemacht hat, holt Heriberto eine Machete von seiner Größe und richtet das Messer gegen alles, was sich in seiner Umgebung befindet. Heriberto weint. Nicht, weil ihm der Sturz weh tun würde, sondern weil der Hohn stärker schmerzt, deshalb weint Heriberto.

In DEM MEXIKO, DAS WIR WOLLEN, wird Heriberto gute Schuhe gegen den Schlamm haben, eine Hose gegen die Schrammen, ein Hemd, damit die Hoffnungen nicht entweichen können, die gewöhnlich in der Brust sitzen, ein rotes Halstuch wird lediglich ein rotes Halstuch und kein Symbol der Rebellion sein. Sein Magen wird zufrieden und sauber sein, und in seinem Denken wird es eine große Lernbegierde geben. Weinen und Lachen werden eben nur Weinen und Lachen sein, und Heriberto wird nicht so früh erwachsen werden müssen.

Eines Morgens, nach einer langen Nacht voller Alpträume und sanfter Schmerzen, wird DAS MEXIKO, DAS WIR WOLLEN, heranbrechen. Die Mexikaner werden wach werden, ohne Worte verschweigen zu müssen, ohne Masken, um ihr Leid zu verkleiden. In den Füßen wird es diesen unruhigen Drang nach Tanz geben und in den Händen das Prickeln, Freundeshände zu schütteln. An diesem Tag wird Mexikaner zu sein keine Schande mehr sein. An diesem Tag wird DAS MEXIKO, DAS WIR WOLLEN, Wirklichkeit sein und nicht mehr Thema für Gespräche über Träume und Utopien.

Viele Grüße, Damen und Herren, und ich nutze die Gelegenheit, um Sie zur Teilnahme am Nationalen Demokratischen Konvent einzuladen.

Salud und mehr von diesen Träumen, die Wirklichkeiten hervorbringen können.

Aus den Bergen des mexikanischen Südostens
Subcomandante Insurgente Marcos

AN DIE MAULWÜRFE

P.S. FÜR DIE, DIE NIEMAND SIEHT

Salud: Brüder und Schwestern Maulwürfe Zapatisten. Wir haben geleuchtet dank Eurer geduldigen und unsichtbaren Arbeit. Die dunkle Nacht der Niederträchtigkeit zieht herauf. Es nähert sich das Ende unseres Zyklus. Wir versprechen Euch, so hell zu leuchten, daß wir die Sonne blenden werden, bevor wir endgültig verschwinden. Bis zur letzten Stunde werden wir die dunkle Seite grüßen, die unseren Glanz gefördert hat. INNERES Licht, das sich durch uns gefiltert hat, um dieses Stück Geschichte zu erhellen. Wir werden an der Front stehen, wie die, die uns vorangingen. Wir werden der Würde unserer Toten zur Ehre gereichen ... Brüder und Schwestern Maulwürfe: das Ende unseres Weges ist nahe ... Dann werdet Ihr an der Reihe sein, geliebte Maulwürfe. Vergeßt nicht, worin unser Schritt bestand. Wir waren aufrichtig, als wir danach suchten, ob sich eine andere Tür öffnen würde, um den Weg für unser schüchternes Licht freizumachen. Lernt endlich aus dieser bedauernswerten Geschichte. Vergeßt nie die Worte, die uns Größe verliehen haben, auch wenn es nur für einen Augenblick war: FÜR ALLE ALLES, NICHTS FÜR UNS. Lebt wohl, Brüder und Schwestern Maulwürfe. Haltet die Fahne bereit und bereitet schon jetzt unermüdlich die vor, die Euch nachzufolgen haben. Nun seid Ihr an der Reihe, Euer Gesicht zu verhüllen, löscht schon Euren Namen aus, sagt Euch von Eurer Vergangenheit los, bereitet Eure zärtliche Wut vor, bewacht die Waffen, denn der Frieden entfernt sich so schnell, wie er gekommen ist. Erlaubt uns zuvor, ferne Maulwürfe, Euch einen letzten Gruß mit der linken Hand an der Stirn zu schicken und außerdem ...
EIN GESCHENK UND EINE POLITISCHE KLASSE. Ein kleines Stück des Mondes ... Aber in Wirklichkeit ist es nicht

ein, / sondern zwei Stücke: / Das Stück der dunklen Seite des Mondes / und das Stück der glänzenden Seite des Mondes. / Und hier muß verstanden werden, / daß das Stück Mond, das glänzt, / glänzt, weil es eine dunkle Seite gibt. / Es ist die dunkle Seite des Mondes, / die die glänzende Seite / des Mondes möglich macht. So auch wir, / wenn es uns getroffen hat, die dunkle Seite des Mondes zu sein, / so nicht deshalb, weil wir weniger sind, / sondern, weil wir bereit sind, / die dunkle Seite zu sein, / damit es möglich ist, daß alle den Mond sehen (und letztendlich / ist die dunkle Seite wertvoller, / da sie für andere Himmel leuchtet, / und um sie zu sehen, / muß man lernen, sehr hoch zu fliegen).

Und so ist es, daß / es wenige sind, die bereit sind zu leiden, damit andere nicht leiden, / und zu sterben, / damit andere leben, / und das ist so, / denn Stiefel und Mond und etcetera / und Punkt.

Macht's gut, altbewährte Maulwürfe; wir werden Euch unter der Erde wiedertreffen ...

Gezeichnet: Subcomandante Insurgente Marcos

EIN ERLEBNISBERICHT DES
SUBCOMANDANTE MARCOS

I
ES SPRICHT DAS LOGBUCH:

23. September 1985. 580 m ü.M., klarer Himmel. Zum Frühstück Pinole mit Zucker und Toastbrot. Wir brachen das Lager
ab, bereiteten Waffen und Ausrüstung vor. Um 07.00 Aufbruch
Richtung abwärts.

II
ES SPRECHEN DIE BERGE:

Die Kolonne schritt zwischen Feldern und *Acahuales* voran. Sie
kam nur mühsam vorwärts, denn der zuvor gefallene Regen hatte den Weg in Schlamm verwandelt. Als sie an der höchsten
Stelle des Hügels angekommen war, konnten wir sie gut sehen,
sie zeichnete sich am Horizont ab, alle trugen rote und braune
Uniformen. Die Waffen blitzten ab und zu im Licht auf, und
die sperrigen Rucksäcke ließen sie unter ihrem Gewicht ein-
knicken. Als sie an das Viehgehege gelangten, liefen die Kühe
und Stiere nicht weg, aber sie beäugten sie mißtrauisch und
wachsam. Durch die Bäume hindurch schlängelte sich der lange
Fluß, und die Sonne stand klar am Himmel. Kurz bevor sie an
der Häusergruppe ankamen, verloren wir sie aus den Augen,
denn wir wurden abgelenkt durch den bunten Flug eines Aras
an unseren Abhängen.

III
ES SPRICHT DER HAUPTMANN:

„Compañero Hauptmann: Die Gemeinschaft ist damit einverstanden, daß du in den Ort kommst und ihnen den Kampf mit

den Waffen zeigst. Sie werden einen Compañero zu dem üblichen Treffpunkt schicken, damit ihr zusammen kommt. Ich schicke dir Toast und Bananen. Grüße, Roberto." Ich erhielt die Nachricht, las sie und bewahrte sie in meiner Plastiktüte auf, ich fragte den Überbringer, ob es allen gut ginge, er sagte, mehr oder weniger. Drei Aufständische begleiteten mich. Wir befanden uns am Ufer des Stausees, es regnete, und auf jeden von uns kamen etwa 3 Billionen Moskitos. Einer meiner Jungs versuchte vergeblich, die Insekten mit einem Ast zu verscheuchen, ein anderer trocknete seine Waffe und verteilte außerdem die Ladung. Ich schickte R. eine Nachricht, daß es uns gut ginge, daß wir zum vereinbarten Tag und Stunde am angegeben Ort sein würden. Wir kehrten ohne Zwischenfälle ins Lager zurück.

IV
ES SPRICHT DER LEUTNANT DER INFANTERIE:

Vor mehr als einem Jahr stießen wir auf diesen Ort. Ich befand mich mit einem anderen Compañero auf Erkundung. Als ich den Kompaß einstellte, blickte ich hoch, um die Richtung zu verfolgen, und dort, etwa 5 Meter entfernt, stand ein großer Hund und beobachtete mich. Es war für nichts mehr Zeit, unmittelbar darauf kamen mehrere Kinder und hinter ihnen ein Bauer mit einem 22er Gewehr. Er sagte, daß er auf der Jagd sei, wir sagten ihm, wir auch und daß wir außerdem fischen wollten. Wir verabschiedeten uns und kehrten schnell zurück, um unsere Leitung zu informieren. Wir brachen unverzüglich das Lager ab und entfernten uns aus dem Gebiet. Wir haben danach nichts mehr von ihnen gehört. Wir wollten nicht, daß sie uns sahen.

V
ES SPRICHT ROBERTO:

Es war vor etwa zwei Jahren, ich erinnere mich nicht richtig, der Compañero, der sie gesehen hatte, erschrak sehr, er kehrte ins Dorf zurück und wir machten eine Versammlung, er sagte uns, daß sie stark bewaffnet waren. Wir beschlossen, sie am nächsten Tag suchen zu gehen, um herauszubekommen, wer sie waren. So machten wir es auch, aber wir trafen sie nicht mehr. Einige Zeit später trafen wir auf dem Weg seltsame Leute. Sie waren stark beladen, sie sagten, sie wären auf der Jagd oder auf dem Weg nach einem anderen Ort, aber das stimmte nicht. Ich dachte, daß es „Compañeros" sind. Ich ging mehrere Male auf den Weg mit der Hoffnung, sie zu treffen, aber dann dachte ich, daß es nicht klappt. Danach kam ein Bauer, der sich mit uns unterhielt und fragte, wie beschissen es uns ging, und er erzählte uns vom Kampf, und wir hörten eine Aufnahme, und ich sagte ihm, daß wir mit den Compañeros sprechen wollten, um kämpfen zu helfen. Wir gingen zu einem Ort. Dort sprachen wir mit dem Hauptmann, und wir vereinbarten, ihnen zu helfen und kämpfen zu lernen.

VI
ES SPRICHT DER HAUPTMANN:

Ich erinnere mich gut, ich ließ die Kolonne hinter mir zurück, um rechtzeitig zum Treffpunkt, einem ehemaligen Lager von uns, zu kommen. Kurz vor dem Betreten des fraglichen Ortes stieß ich auf einen Hund, der mich mißtrauisch beschnupperte. Zu anderen Zeiten und Umständen hätte dies gereicht, um so schnell wie möglich den Ort zu verlassen, aber jetzt näherte ich mich langsam. Ich war schweißgebadet, meine R-15 quer über der Brust, entsichert, für alle Fälle. In dem Ort befanden sich die aufständischen Genossen, die Unterleutnants A. und J., mit zwei weiteren Bauern. Ich sprach mit ihnen, während ich die Waffe trocknete und wir Pozol tranken.

VII
ES SPRICHT DAS LOGBUCH:

(...) Nachdem wir das Dorf betreten und alle begrüßt hatten, hielt ich einen Vortrag, M. übersetzte meine Wort in ihre Sprache. Wir teilten Gruppen ein und machten Stundenpläne für den Unterricht, für die ärztliche Untersuchung, die militärische Ausbildung und die politischen Gespräche. Wir aßen Bohnen, Tortillas und tranken Kaffee. Es regnete den Abend und die Nacht über.

VIII
ES SPRICHT
DER UNTERLEUTNANT:

Die Rede des Hauptmanns war einfach und kurz. Er sagte, daß wir Aufständische sind, daß wir gegen die Ausbeutung kämpfen und daß wir wollen, daß die Arbeiter und Bauern eine gute Wohnung und gute Ernährung haben, daß sie gesund sein sollen, daß es Schulen gibt, daß das gute Land für die armen Bauern sein soll und daß wir mit den Waffen kämpfen müssen, um dies zu erreichen. Daß es uns nichts ausmachen würde, im Kampf zu sterben, weil wir die Freiheit wollten. Er bat sie, uns zu helfen, und sagte ihnen, daß wir ihnen zeigen würden, sich zu organisieren und zu kämpfen. Ich gab ihnen Unterricht im Schießen und Nahkampf. Wir hielten auch politische Vorträge über die Gründe unseres Kampfes.

IX
ES SPRICHT DIE MEDIZINISCHE
BEAUFTRAGTE:

Wir behandelten alle Männer und Frauen und die meisten Kinder. Ihre Krankheiten sind Ergebnis der Unterernährung und der fehlenden Hygiene. Ich erklärte ihnen, daß es die Schuld der Regierung sei und wir deshalb alle kämpfen müßten. Wir gaben ihnen natürlich alles, was wir hatten, um ihre Leiden zu mildern, aber ich erklärte allen, daß die Revolution die beste Medizin sei.

X
ES SPRICHT
EINE AUFSTÄNDISCHE:

Ich beschäftigte mich mit den Kindern. Sie sind unglaublich. Ich brachte ihnen Lieder und die Vokale bei. Ich zeigte ihnen auch ein wenig Karate und sie waren glücklich, herumspringen zu können.

XI
ES SPRICHT EINE ANDERE
AUFSTÄNDISCHE:

Ich war mit den Frauen zusammen. Wir konnten nicht viel sprechen, denn die meisten hatten kleine Kinder dabei, die immer wieder anfingen zu weinen. Ich erzählte ihnen, wie ich in meinem Dorf lebte, wie beschissen es meiner Familie ginge, daß ich in der Stadt gearbeitet hatte, daß ich dann vom Kampf gehört hatte und daß ich dann in die Berge bin, um mit den anderen Aufständischen zu lernen und zu kämpfen.
Ich brachte ihnen auch etwas lesen und schreiben und addieren und subtrahieren bei. Am meisten interessierte sie zu erfahren, wie die Stadt ist.

XII
ES SPRICHT MIGUEL:

Am letzten Nachmittag versammelten wir uns alle in der Kirche, und der Hauptmann sprach zu uns. Ich verstand ihn nicht sehr gut, weil ich nicht gut Spanisch spreche, aber ein Compañero sagte uns die Worte des Hauptmanns in unserer Sprache. Er sagte, daß er sich bedankte, daß wir sie empfangen hatten und ihnen zu Essen gegeben hatten. Er bedankte sich dafür, daß wir ihn sein Wort sagen ließen und daß er uns kämpfen lehren durfte. Daß wir noch viel lernen müßten und daß wir Geduld haben sollen, um uns zu organisieren und gegen die Bundessoldaten zu kämpfen. Alles das sagte er und noch andere Sachen, an die ich mich aber nicht erinnere, weil ich nicht gut Spanisch spreche.

XIII
ES SPRICHT
DER KRIEGSBERICHT

Kriegsbericht Nr. 3 C. Culebra (Schlangencamp)
800 m ü.M., Sept. 85, 06.00 Uhr
Absender: 2. Infanteriehauptmann Insurgente Marcos

An die Generalkommandantur der EZLN:

1.– Uns geht es gut.

2.– Die politische Einnahme des Ortes B wurde ohne Zwischenfälle erfüllt. Es wurde politischer, militärischer und Schul-Unterricht erteilt und medizinische Betreuung.

3.– Sie beschlossen, uns mit Lebensmitteln und Ausrüstung zu unterstützen, und es gibt auch einige, die sich unseren Reihen anschließen wollen, aber ich sagte ihnen, daß wir später darüber sprechen würden.

4.– Wir vereinbarten, uns später mit ihnen am Stausee zu treffen.

5.– Das ist alles. Wir beginnen die Rückkehr zur Kommandantur.

2ter Infhpt. Ins. Marcos

P.S. – Ich füge Aufzählung der Ausgaben für Ausrüstung und Medizin bei und Liste der Lebensmittel, die sie uns gaben.

XIV
POSTSKRIPTUM. ES SPRICHT DER BRIEF:

Fast einen Monat später, als ich weit entfernt gemeinsam mit einer anderen militärischen Einheit auf Erkundung war, erreichte mich dieser Brief einer aufständischen Compañera. Ich füge ihn kommentarlos bei:

Dienstag, 22. Oktober 1985
Lieber Compañero Hauptmann Insurgente Marcos:

Als erstes einen militärischer Gruß und dann einen brüderlichen Gruß an Dich. Ich hoffe, daß es Dir gesundheitlich gut geht. Mir und allen anderen geht es gut. Ich möchte Dir davon erzählen, wie ich den 8. Oktober mit den anderen Compañeros verbracht habe. Der Leutnant Insurgente R. hielt dort im Dorf eine Rede darüber, was der 8. Oktober bedeutet und wer Che ist, und ich habe die ganze Zeit die Rede von R. übersetzt. Ich sagte ihnen, daß dieser Tag der Tag des heroischen Guerilleros ist und daß alle Revolutionäre diesen Tag feiern würden. Sie erklärten, daß sie gar nicht gewußt hätten, daß dieser Tag gefeiert würde. Einer von ihnen sagte: „Also gut, wo wir jetzt wissen, daß dieser Tag gefeiert wird, denke ich also, daß wir ihn auch feiern können." Das Dorf ist damit einverstanden. „Denn diese Compañeros haben uns die Wahrheit gesagt, weil wir wissen ja nichts, wir sitzen hier die ganze Zeit im Haus und wissen von nichts", antworteten die Compañeras. Als es dunkel wurde, steckten sie die Kerze an, um die Kirche zu beleuchten. Die Leute einigten sich darüber, wie das Fest vonstatten gehen sollte, zuerst müssen wir aber ein Gebet sprechen und Gott darum bitten, daß es den Guerilleros gut geht, wo immer sie auch sind, sie bitten auch die Jungfrau von Guadalupe, die Mutter von ganz Mexiko, daß sie ihre Kinder schützt, die für die Armen kämpfen. So lautete das Gebet, das sie in ihrer Sprache sprechen. Dann fragten mich der Compañero R. und die Compañera Doc., „und was haben sie gesagt", und ich erzählte es ihnen, während die Leute sagten, gut, jetzt werden wir Marimba spielen, um zu tanzen, dann gingen wir alle zur Marimba und sie spielten auf ihr, wir lasen die Gedichte von Che vor. Den Leuten bzw. den Compañeros, denn alle sind Compañeros, gefiel es sehr gut und sie klatschten. So verbrachten wir also den 8. Oktober, wir feierten ihn mit dem Dorf. Nun, das ist alles, was ich Dir zum 8. Oktober sagen und erzählen kann.

Ich hoffe, daß es Dir gut geht.

Paß gut auf Dich auf, Compañero Insurgente Hauptmann!

Brüderlich

Viele Grüße an alle Compañeros, mit denen Du zusammen bist.

geschrieben von M.

Aus den Bergen des mexikanischen Südostens
(der damalige) 2. Infanteriehauptmann Insurgente Marcos

DIE ZAPATISTEN ERGEBEN SICH NICHT, SIE LEISTEN WIDERSTAND

Damen und Herren:
Beeilt Euch! Sagt den Mazahuas Bescheid, den Amuzgos, Tlapanecos, den Nahuatlacas, den Coras, den Huicholes, den Yaquis, den Mayos, den Tarahumaras, den Mixtecos, den Zapotecos, den Mayas, den Chontales, den Seris, den Triquis, den Kumiai, den Cucapá, den Paipai, den Cochimi, den Kiliwa, den Tequistlatecos, den Pamc, den Chichimecos, den Otomies, den Mazatecos, den Matlazincos, den Ocuiltecos, den Popoloca, den Ixcatecos, den Chochopopoloca, den Cuicatecos, den Chatinos, den Chinantecos, den Huaves, den Pápagos, den Pimas, den Tepehuanos, den Guarijos, den Huastecos, den Chuj, den Jacaltecos, den Mixes, den Zoques, den Totonacos, den Kikapús, den Purépechas und den O'Odham aus Caborca!
Die Ceuisten und alle Banden sollen es wissen! Es soll den Arbeitern und landlosen Bauern zu Ohren kommen! Die vom Barzón sollen zuhören, die Hausfrauen, Siedler, Lehrer und Studenten! Die Mexikaner im Ausland sollen diese Botschaft hören! Die Bankiers und Dinosaurier aus Atlacomulco sollen sie hören! In den Gängen der Aktienbörse und in den Gärten Los Pinos soll sie widerhallen! Die Stimme soll die *Mapuchen* und die authentischen *Farabundos* erreichen. Alle Brüder und Schwestern dieser Länder sollen einen Ort in ihrem Herzen für diesen Schrei öffnen! Die Trommeln und Fernschreiber sollen erklingen! Die Satelliten sollen durchdrehen! Was? Wie lautet die Botschaft? Es gibt nur eine:
Die Zapatisten. Stop.
Ergeben sich nicht! Stop.
Sie leisten Widerstand! Stop und Ende.

Aus den Bergen des mexikanischen Südostens
Subcomandante Insurgente Marcos

P.S. der Unbesonnenheit. Sie rieten uns, zur Vernunft zu kommen und den Frieden zu unterzeichnen, sie sagen uns, wenn wir nicht den Frieden unterzeichnen, würde uns die Regierung innerhalb weniger Stunden vernichten, innerhalb von ein paar Tagen, wenn sie lange dafür brauchen. Sie raten uns, daß wir uns mit den angebotenen Versprechungen zufriedengeben und warten sollen. Sie verlangen von uns die Besonnenheit, uns zu ergeben und ... zu leben. Wer könnte mit dieser Schmach leben? Wer tauscht Würde gegen Leben ein? Diese besonnenen Ratschläge waren nutzlos. In dieser Gegend regiert seit vielen Jahren die Unbesonnenheit ... und die Würde.

P.S. Den ganzen Nachmittag haben wir im Komitee diskutiert. Wir haben das Wort für „SICH ERGEBEN" gesucht. Es gibt keine Übersetzung weder im Tzotzilischen noch im Tzeltalischen, niemand erinnert sich daran, daß dieses Wort auf Tojolabalisch oder Cholisch existiert. Seit mehreren Stunden suchen sie einen äquivalenten Ausdruck. Draußen regnet es und die Genossin Wolke neigt sich zu uns herab. Der alte Antonio wartet, bis alle verstummt sind und nur noch das vielfache Trommeln des Regens auf das Wellblechdach zu hören ist. Schweigend nähert sich der alte Antonio mit Tuberkulosehusten und sagt mir ins Ohr: „Dieses Wort gibt es in der wahrhaften Sprache nicht, deshalb ergeben sich die Unsrigen auch nie und sterben lieber, denn unsere Toten bestimmen, daß die Worte, die es nicht gibt, nicht gelebt werden." Danach geht er zur Feuerstelle, um Angst und Kälte zu verscheuchen. Ich erzähle es Ana María, sie betrachtet mich gerührt und erinnert mich daran, daß der alte Antonio schon tot ist ...
Die Ungewißheit der letzten Stunden des vergangenen Dezembers wiederholt sich. Es ist kalt, die Wachen wechseln sich mit einem Losungswort ab, das ein Murmeln ist. Regen und Schlamm dämpfen alles, die Menschen flüstern und das Wasser schreit. Jemand verlangt eine Zigarette, und das Streichholz beleuchtet das Gesicht der Kämpferin, die Posten steht, nur einen Augenblick ... der aber reicht, um ihr Lächeln zu erkennen ... Es kommt jemand mit tropfnassem Hut und Gewehr. „Es gibt Kaffee", berichtet er. Wie es in dieser Gegend Brauch ist, schreitet das Komitee zur Abstimmung darüber, ob man jetzt

Kaffee trinken oder weiter nach dem Ausdruck für „SICH ERGEBEN" in der wahrhaften Sprache suchen solle. Einstimmig wird für den Kaffee entschieden.

NIEMAND ERGIBT SICH ... Werden wir allein zurückbleiben?

DIE EZLN LÄDT ZUR TEILNAHME
AM NATIONALEN DEMOKRATISCHEN
KONVENT EIN

An: Carlos Fuentes, Mexiko
Von: Subcomandante Insurgente Marcos
Berge des mexikanischen Südostens, Chiapas, Mexiko

„Unverzüglich werden verschiedene Spannungen spürbar. Eine ist die Kontinuität des sozialen Kampfes in Mexiko: die Mexikanische Revolution (...), tatsächlich begann sie einen Tag nach dem Kniefall der Azteken vor dem Eroberer Hernán Cortés. Die zweite ist die Spannung innerhalb dieser Kontinuität zwischen der Dynamik der Modernisierung und den Werten der Tradition. Dieser Umstand hat in jeder Etappe der mexikanischen Geschichte eine Anpassung zwischen Vergangenheit und Gegenwart zur Folge, deren originellstes Merkmal die Anerkennung der Gegenwart der Vergangenheit ist. Nichts von der mexikanischen Erfahrung scheint endgültig für alle Zukunft getilgt zu sein: Lebensformen und Rechtsansprüche, die aus der Epoche der Azteken oder den Jahrhunderten der Kolonialzeit datieren, sind immer noch relevant in unserer Zeit. (...) Fast siebzig Jahre nach dem Tod Zapatas muß sich Mexiko erneut einer Krise und der Notwendigkeit einer Veränderung stellen. Zeitgleich mit einer enormen Entwicklung hat eine große Ungerechtigkeit stattgefunden. Mexiko muß erneut die Lösungen für seine wirtschaftliche Modernisierung in der politischen Modernisierung suchen. Wie 1910 hat die Gesellschaft die Grenzen der Institutionen überschritten. Aber zum wiederholten Mal läßt sich die Modernisierung nicht auf Kosten der kleinen agrarischen Gemeinden, der vergessenen Welt von Villa und Zapata erreichen (...), wenn Mexiko tatsächlich ein konstantes Wachstum erzielen soll, muß es zumindest zulassen,

daß der mächtige Zentralstaat die friedliche Herausforderung der Selbstverwaltung versteht, die von unten gestellt wird. Der kulturelle Aspekt wird erneut relevant, denn die Kontinuität der Geschichte Mexikos impliziert eine Anstrengung, die Gegenwart der Vergangenheit einzugestehen, indem die Tradition mit der Entwicklung vereint wird."

Carlos Fuentes, Vorwort zu
El México revolucionario von John Mason Hart

Ich weiß zwar nicht, wann Sie diese Zeilen geschrieben haben, aber sie lassen sich gut auf das Jahr anwenden, das uns verfolgt. Aus verschiedenen Gründen und Zufällen sehe ich mich selbst, wie ich Ihnen diesen Brief schreibe. Ich sehe mich selbst, wie ich die notwendigen Worte, Bilder, Gedanken suche, um in Ihnen das anzusprechen, was Ihre kulturelle und politische Arbeit aus Vergangenheit und Zukunft verbindet.

Ich sehe mich selbst in dem Bemühen, Sie davon zu überzeugen, daß diese neue Krise und diese Notwendigkeit der Veränderung, die die mexikanische Luft streicheln und hemmen, Ihres Blickes, Ihres Wortes bedürfen.

Ich sehe mich selbst ohne Gesicht, ohne Namen, der die Waffen und das ganze militärische Brimborium beiseite legt und versucht, mit Ihnen von Mensch zu Mensch, von Hoffnung zu Hoffnung zu sprechen.

Mir sind die Befürchtungen und das Mißtrauen bekannt, die unsere Schritte seit dem Morgengrauen des Jahres ausgelöst haben, ich weiß um die Skepsis, die unsere unbeholfene Rede und ihre Anonymität, unsere Waffen und die Anmaßung hervorruft, uns mit Schüssen einen Platz in jenem Ort zu verschaffen, der in den Schulbüchern ab und an „Vaterland" genannt wird.

Aber ich muß alles Mögliche unternehmen, um Sie davon zu überzeugen, daß, um die Waffen zum Schweigen zu bringen, die Ideen sprechen müssen, und daß sie laut sprechen müssen, lauter als die Kugeln. Ich muß Sie nicht nur davon überzeugen, daß wir nicht allein diese Fahne tragen können, die mit indigenem Blut getränkt erneut über unserem Land weht. Ich muß Sie außerdem davon überzeugen, daß wir sie gar nicht allein halten wollen, daß wir wollen, daß andere, die besser und weiser sind als wir, sie gemeinsam mit uns hissen. Ich muß Sie davon überzeugen, daß der langen Nacht der Schmach, die uns all diese Jahrzehnte unterdrückte („Wie steht es mit der Nacht?" fragt Macbeth, und Lady Macbeth urteilt: „Im Kampf mit dem Morgen, halbe halbe."), nicht notwendigerweise eine Morgendämmerung folgt, sondern daß dieser Nacht sehr wohl eine andere lange Nacht folgen kann, wenn wir ihr nicht jetzt mit der Kraft der Vernunft ein Ende bereiten.

Ich weiß, es klingt paradox, daß eine bewaffnete, anonyme und illegale Kraft zur Stärkung einer zivilen, friedlichen und legalen Bewegung aufruft, um die endgültige Öffnung eines demokratischen, freien und gerechten Raums in unserem Land zu erreichen. Ich weiß, daß es absurd erscheinen mag, aber Sie werden mit mir übereinstimmen, daß, wenn es eins gibt, was dieses Land, seine Geschichte und seine Leute unterscheidet, es dieses absurde Paradoxon von Gegensätzen ist, die sich begegnen (die zwar zusammenstoßen, aber sich begegnen): Vergangenheit und Zukunft, Tradition und Moderne, Gewalt und Pazifismus, Militärs und Zivile. Anstatt zu versuchen, diesen Widerspruch zu negieren oder zu rechtfertigen, haben wir ihn einfach aufgenommen und anerkannt und versuchen unseren Gang seinem nicht ganz so willkürlichen Diktat unterzuordnen.

Kurz und gut, ich wollte Sie zum Nationalen Demokratischen Konvent einladen. Ja, ein ziviler Konvent, einberufen von Militärs (revolutionäre, aber letztendlich Militärs). Ja, ein friedlicher Konvent, einberufen von Gewalttätern. Ja, ein Konvent, der auf die Legalität setzt und von Illegalen einberufen worden ist. Ja, ein Konvent von Männern und Frauen mit Namen und Gesicht, einberufen von unnennbaren Wesen mit negiertem Gesicht. Ja, ein paradoxer Konvent, der kohärent ist mit unserer vergangenen und zukünftigen Geschichte. Ja, ein Konvent, der Fahnen hißt, die bereits in ausländischen Ländern wehen und unserem Land verweigert werden, die Fahnen der Freiheit, Demokratie und Gerechtigkeit. Das war also mein Anliegen, Sie zu Ihrer Teilnahme einzuladen. Es wäre eine große Ehre für uns, Sie zu empfangen, und für alle, Ihnen zuzuhören.

Wir können nicht viel über uns sagen, um auf begründete Zweifel zu antworten. Wir sagen Ihnen nur, daß wir Mexikaner sind (wie Sie), daß wir Demokratie wollen (wie Sie), daß wir Freiheit wollen (wie Sie), daß wir Gerechtigkeit wollen (wie Sie). Was wäre also gegen ein Treffen solcher Mexikaner einzuwenden? Absurd und paradox? Ich weiß, aber gibt es etwas in diesem Land, was es nicht wäre?

Also gut, Herr Fuentes, wir haben das Gefühl, daß wir keinen weiteren Schritt tun können, ohne zumindest versucht zu haben, ihn gemeinsam mit Mexikanern wie Carlos Fuentes zu tun. Ich weiß nicht, ob es mir gelingt, Sie einzuladen, und noch weniger, ob es mir gelingt, Sie zu überzeugen. Auch weiß ich, daß, selbst wenn Sie teilnehmen möchten, Sie vielleicht keine Zeit haben, kurz in dieser Ecke Mexikos vorbeizuschauen.

Wie auch immer, Grüße an den Mann der Schrift, an den Diplomaten, an den Wissenschaftler und vor allem einen Gruß an den Mexikaner.

Aus den Bergen des mexikanischen Südostens
Subcomandante Insurgente Marcos

* * *

An: Elena Poniatowska

Vielfältige und aufsehenerregende Ehrerbietungen seien Eurer Schönheit übermittelt. Mögen die Fanfaren ihren unbequemen Gruß verstummen lassen. Erlaubt, daß mein Roß Rosinante seinen unbeholfenen Schritt dem Fuße Eures Fensters nähert und daß ich, begleitet von der unbequemen Drohung, auf den Boden zu stürzen (In welchem Stock lebt Eure Hoheit? Könnten wir nicht ein Erdgeschoß aushandeln? Nein? Und ein Schwimmbad in einer angemessen Entfernung? Ein freundliches Kopfkissen mit sanften Federn? Ein Feldbett vielleicht?), Euch eine formale Einladung übermittle, damit Ihr uns die Ehre gebt, die sanfte Sohle Eures blonden Fußes auf unseren rebellischen und bedrohten Boden zu setzen. Wir werden über viele Dinge sprechen, und, was am wichtigsten ist, über noch mehr schweigen können. Oder, wenn nicht, können wir uns distanziert und ernst betrachten. Aus der Ferne werde ich dann darüber wachen, daß meine Krieger Euch tausendundeine Aufmerksamkeiten widmen. Mögliches Datum, an dem die Engel auf diese Erde der Dämonen (prigione dixit)* herabsteigen? Es geht die Rede, daß Sterne, Mond, Gezeiten, Militärsperren und Räumungen eine freundliche Verbindung am 23. dieses ungewissen Juli eingehen könnten. Ort, Stunde und mögliche Tagesordnung dieses so glücklichen Ereignisses? Mit den freundlichen Überbringern dieses Schreibens. Wenn es zum angeregten Datum nicht möglich sein sollte, keine Sorge, wir Gesetzesbrecher haben keine festen Geschäftszeiten, wir arbeiten im Akkord, das heißt Vollzeit; das „Sabbatjahr" haben wir vor Jahren gegen das „Urwaldleben" eingetauscht.

Leben Sie wohl. Salud und bringen Sie einen dieser unbequemen „Schlafsäcke" mit, denn der Boden hier ist nicht nur würdig, sondern auch hart.

Aus den Bergen des mexikanischen Südostens
Subcomandante Insurgente Marcos

* * *

An: Elena Poniatowska
Von: Subcomandante Insurgente Marcos
Ejército Zapatista de Liberación Nacional
Mexiko

Der Klang Tausender Hörner erschallt in Tälern und Weidegründen. Irgendein Kandidat irgendeiner Staatspartei irgendeines Landes in irgendeiner unmittelbar bevorstehenden Wahl? Nein! Eure Ankunft kündigen sie an. Schon eilt der Hofstaat heran, schon hört man die Trompeten erklingen, schon schallen die Glocken, schon folgt mein kaputter Stiefel und die Eile drängt, mich drängt das Komitee und ich dränge das Komitee, eine Versammlung wird einberufen und abgestimmt, ob man sich zur Eile drängen lassen soll, das Komitee drängt zur Abstimmung, und gedrängt gewinnt es die Untersuchung, und so bewegen wir uns alle gedrängt und „im Konsens" unseres Dranges in Reih und Glied auf die Freizone zu, wo Eure Schön-

---

* Anspielung auf den Apostolischen Nuntius Prigione, ein Hardliner des Vatikans, der 1993 Samuel Ruiz bei einem Besuch in dessen Diözese strafversetzen wollte.

heit sich von den Qualen erholt. Nun ist es aber so, daß wir trotz drängender Abstimmung über die drängende Eile Stunden, vielleicht sogar Tage (Monate und Jahre, wenn wir Gegenwind haben) brauchen werden, bis wir uns Euch nähern können. Die Geduld ist die Tugend der Krieger, aber nicht der Schriftstellerinnen, so fiel mir ein, Euch eine drängende Blume der Dringlichkeit zuschicken, um Euch solange aufzuhalten, damit wir unsere Dringlichkeit endlich organisieren können (so wie es zur Zeit läuft, wird dies um das Jahr 2013 herum der Fall sein) und zu Eurer Gegenwart eilen (den Helm zurechtrückend, der sich durch das Rennen verschoben hat) und uns Euch buchstäblich vor die Füße werfen (sicher wird dabei der eine oder andere wegen der verrosteten Rüstung stolpern). Ich werde nicht zugegen sein können, bis die Uhr des Buckinghampalastes zwölf Mal schlägt (ich habe zwar keinen blassen Schimmer, um wieviel Uhr das sein mag, aber das mit dem „Buckingham" klingt einfach seeeehr elegant), denn vor dieser Stunde muß ich eine fürchterliche Verwünschung abschütteln, die mich seit Jahren dazu verurteilt, am Tag als Kürbis herumzulaufen, ein schöner Kürbis zwar, aber letztendlich ein Kürbis. Ich zweifle daran, daß Eure Hoheit es für schicklich erachtet, sich mit einem Kürbis zu unterhalten, zumal dieser Kürbis einen *pasamontañas* trägt. So bitte ich Sie also, diese unwahrscheinliche Stunde der unwahrscheinlichen Uhr des unwahrscheinlichen Palastes des unwahrscheinlichen „Buckingham" (wird das eigentlich so geschrieben?) abzuwarten. Übrigens, da die Hängebrücke, die über den Graben mit Krokodilen und Sirenen führt, heruntergezogen war, als Euer Hofstaat einzog, haben rätselhafte Gestalten, die sich als Journalisten bezeichnen, die Gelegenheit zur Kohabitation in dem Palast genutzt, den wir für Eure Schönheit und Euer Gefolge bestimmt hatten.

Verstellen Sie sich, meine edle Dame, tun Sie so, als wäre nichts geschehen, sagen Sie, daß Sie die Blume, die ich Ihnen geschickt habe, im ... im Bad gefunden haben. Nein? Nun, denken Sie sich selbst etwas aus, dafür sind Sie ja Schriftstellerin. Nein! Lachen Sie nicht! Sie machen sich verdächtig! Verstellen Sie sich! Ja ... genau so ... sehr gut ... Machen Sie nun dieses Gesicht des Überdrusses, das die Frauen nach mehr als

vier Jahren „glücklicher Ehe" annehmen ... gut ... sehr gut ...
Sie machen das wirklich gut ... Haben Sie vielleicht schon Erfahrungen damit gemacht? Nein, ich weiß, daß es mich nichts
angeht ... Ja, Sie stellen die Fragen, und ich antworte ... Ja, das
wird nicht mehr vorkommen ... Es sieht eben so natürlich aus.
Schon gut, schon gut. Sprechen wir nicht mehr davon ... Nun,
machen wir weiter ... Nähern Sie sich bitte einer Ecke dieses
üppigen Palastes ... Nein. Dort nicht! ... Ja, da ist es besser ...
Nun greifen Sie bitte zu der sanften bunten Straußenfeder, die
der König von Moctumbo mir zum Geschenk gemacht hatte ...
Ja, schön ... Lassen Sie sich nicht ablenken! Der Feind liegt auf
der Lauer! ... Pfeifen Sie! ... Ja! Pfeifen Sie eine Melodie, so
werden Sie ihn ablenken ... Welche? ... Was weiß denn ich ...
Hmmm ... Wie wäre es mit „Singing in the rain"? Was? ... Es
regnet nicht? ... Warten Sie nur ein wenig, und dann werden Sie
sogar eine Schwimmweste verlangen ... Gut, gut, haben Sie
denn die Schreibfeder? ... Schön, feuchten Sie die Spitze in
diesem wunderschönen Fläschchen Geheimtinte an, das mir die
Hexe des Zauberers von Oz geschenkt hat ... Nein, sie wurde
nicht zerquetscht ... Ja, sie kam hierher, um bei anderen Gesetzesbrechern Zuflucht zu finden ... Sind Sie bereit? Gut ...
Nun schreiben Sie mir bitte einige Zeilen ... Worüber? ... Worüber auch immer! ... Ich muß nur wissen, ob Eure Schönheit
auf uns warten wird und ob Ihr, wenn die Stunde geschlagen
hat, Euch von den fürchterlichen Häschern befreien könnt, die
Euch den Durchgang verweigern ... Ob ich glaube, daß sie Ver-
dacht geschöpft haben? Aber, meine Dame! Es sind Journalisten, keine Abgeordneten ... Ja, ja, ich weiß schon, keine Politik ... Gut, sind Sie fertig? Nun händigen Sie bitte dieses
Pergament dem aus, der Ihnen dieses Schreiben überbringt ...
Nein! So nicht! Diskret! Ja, so ist es besser ...

Gehaben Sie sich wohl.
Salud und einen dieser Zaubertränke, die Drachen in Frösche
verwandeln und Prinzen in offizielle Kandidaten ... So war das
nicht? Nun gut, also schlichtweg einen Gruß ...

Aus den Bergen des mexikanischen Südostens
(also ganz hier in der Nähe)
Der Sup, graduierter Kürbis, der den Berg herunterrollt

An: Eduardo Galeano, Lateinamerika
Von: Subcomandante Insurgente Marcos
Ejército Zapatista de Liberación Nacional
Hauptquartier, Chiapas, Mexiko

Ich habe die mündliche Botschaft erhalten, die Sie freundlicherweise dem Lehrer Carlos Payán mit auf den Weg gaben.
Sie lautete in etwa: „Gott hatte Erfolg, weil er sich nicht oft
zeigte" oder so ähnlich. Ich antworte mit einem „Deshalb ist
die Welt auch so, wie sie ist" oder einem ähnlichen Unsinn.
Möge dieser Brief als Berichtigung gelten. Ich verstehe, daß Sie
damit meinen Protagonismus ansprachen bzw. meine Tendenz,
zu oft in den Medien zu erscheinen. Das ist mir schon klar. Es
ist nun aber so, daß unsere Unbeholfenheit uns in unserem
geschichtlichen Auftritt unvernünftig werden läßt und, ja, zur
Übermäßigkeit im Wort und zu anderen Wiederholungen treibt.
Es kann auch sein, daß dieses ständige Bemühen, die Aufmerksamkeit zu erregen, deshalb geschieht, um anderen Zeit zu
geben, sich einzureihen und das ihnen zustehende Wort zu ergreifen. Was diese kleine Geschichte letztendlich nicht wie-
dergibt, ist, daß ich viele Dinge machen mußte, die mir nicht
gefallen haben. Nun gut, ich werde also versuchen, meinen unbeholfenen Gang mit Umsicht zu festigen. Als eine Brücke
zwischen Ihren weisen Bergungsmaßnahmen der in der Geschichte verlorenen Stimmen und meinem unbequemen Ge-
plapper übersende ich Ihnen die folgende Erzählung, die vor
neun Jahren in einem einsamen Guerillalager, fernab von Kameras, Aufnahmegeräten und Schlagzeilen, geschrieben wurde.
Hier folgen nun also ohne Anästhesie die ...

ANEKDOTEN, DIE ZUM LÄCHELN DIENEN
UND ZUM BEWEIS, DASS WIR UNBESIEGBAR SIND
UNDSOWEITER

I.

Die Kundschafter brechen frühmorgens auf, kommen spät
zurück und berichten mir:
„Wir haben in einer Bresche ein Bauernlager gefunden, es ist
etwa zwei Jahre alt und es ist klar, daß dort viele gelagert haben,

denn es gibt 15 bis 20 Hütten. Es gibt viele Bänke", erklärt der Verantwortliche des Erkundungsgangs.

„Ja", unterbricht ihn sein Begleiter. „Man sieht, daß sie sich dort hingesetzt haben, um *atole* zu trinken, und daß sie Feste gefeiert haben."

Ich stimme resigniert zu und sage zu ihnen, daß es in Ordnung sei und sie ihre Waffen reinigen sollen. Am nächsten Tag gehe ich auf Erkundung, wir finden das genannte Lager: Es gibt nur fünf Hütten und eine kleine Bank. Ich fordere sie auf, nach Schneisen in der Umgebung zu suchen, während ich mich auf die Bank setze. Es ist nutzlos, es gibt keinerlei Anzeichen dafür, daß hier Feste gefeiert und *atole* getrunken wurden. So sehr ich mich auch bemühe und konzentriere, wird in mir auch nicht die geringste Lust wach, *atole* zu trinken. Wir kehren schweigend zurück.

II.

Die Kundschafter brechen erneut auf. Sie kehren zurück und berichten mir:

„Wir haben einen großen Bach gefunden, es ist klar, daß er nicht austrocknen wird."

„Ja", sagt sein Begleiter. „Es gibt Vertiefungen, in denen man baden kann." Ich stimme resigniert zu und sage zu ihnen, daß es in Ordnung sei und sie ihre Waffen reinigen sollen. Am nächsten Tag gehe ich auf Erkundung, wir finden den erwähnten Bach: an seiner tiefsten Stelle ist er etwa fünf Zentimeter tief, fließt über eine Strecke von 20 Metern und versiegt danach. Ich folge ihm bis zu seinem Ursprung und sehe, daß er durch herabfließendes Regenwasser entsteht.

Ich sage zu ihnen: „Dieser Bach wird austrocknen."

„Er trocknet nicht aus", sagen sie zu mir.

Wir kehren schweigend zurück.

Zwei Tage später kommen die Kundschafter dort vorbei, kehren zurück und berichten mir: „Der Bach ist ausgetrocknet. Aber wir haben einen anderen großen Bach gefunden, der nicht austrocknen wird." Ich stimme resigniert zu und sage zu ihnen, daß es in Ordnung sei und sie ihre Waffen reinigen sollen.

III.

Zusammengefaßt: wir sind eine Armee der Träumer und deshalb sind wir unbesiegbar. Wie sollen wir auch nicht siegen,
wenn wir alles drehen und wenden? Wir können gar nicht verlieren. Oder besser gesagt, wir verdienen nicht zu verlieren.

November 1985
Berge des mexikanischen Südostens. Chiapas.
Mexiko. Bewölkt. 1100 m ü.M.
Nun denn, Herr Galeano, Sie sollen wissen, daß Ihre Schriften
eine Labsal in diesen Jahren einsamen Wartens waren und eine
laue Wärme in der stählernen Kälte verbreiteten, die unsere
Hände und Nächte bevölkerte.
Salud, und mehr Geschichte ist die einzige Form, damit dieser
unbeholfene Gang nach Zukunft trachten kann.

Aus den Bergen des mexikanischen Südostens
Subcomandante Insurgente Marcos

* * *

An: Gruppe Santa Julia, Mexiko, D.F.
Zu Händen von: Marcos Rascón
Von: Subcomandante Insurgente Marcos
Geheimes Revolutionäres Indigenes Komitee –
Generalkommandantur des Ejército Zapatista de Liberación
Nacional. Hauptquartier, Chiapas, Mexiko

Brüder und Schwestern:
Uns trennen kilometerweite Entfernungen. Uns verbinden ton-
nenschweres Elend, Betrug und Verachtung. Sie sagen Euch,
daß es uns gut geht, daß wir unser Stückchen Land haben, unsere Tiere, daß wir keine Miete bezahlen, daß wir keinen Smog
haben, daß wir nicht unter dem Streß der Stadt leben und daß
wir unseren Gouverneur selbst gewählt haben. Uns sagen sie,
daß es Euch gut geht, daß Ihr Licht, Telefon, Fernseher, Wasch-
maschinen, Kühlschränke habt, daß Ihr nicht zu Fuß zur Arbeit
gehen müßt, daß Ihr viele Krankenhäuser und Schulen habt, daß
Ihr gut eßt, daß Ihr vielerart Vergnügungen habt und daß Ihr

Euch nicht darum kümmern müßt, den Gouverneur zu wählen, weil der Bürgermeister vom ... Präsidenten ernannt wird. Sie sagen Euch, daß es uns schlecht geht, daß wir keine Schulen besuchen, daß wir quasi unter freiem Himmel schlafen, daß wir nicht „Kastilisch" können, daß wir keine Hygiene haben, keinen Fortschritt, daß wir Dummköpfe sind, daß uns weder die Demokratie noch die Nation interessiert, sondern nur unser Land und unsere Familie. Uns sagen sie, daß es Euch schlecht geht, daß Ihr Eure Zeit und Euer Leben mit Lastern verschwendet, daß Ihr Übeltäter seid, daß die Häuser, in denen Ihr lebt, nicht Euch gehören, daß Ihr nicht zur Schule geht, weil Ihr nicht wollt, daß Ihr ein ganz anderes Spanisch sprecht, daß Ihr schmutzig seid, daß Ihr unmoralisch seid, daß Euch weder die Demokratie noch die Nation interessiert, sondern nur Euer Viertel und Eure Familien. Euch sagen sie, daß wir die geborenen Verlierer sind, und Ihr geht konform damit. Uns sagen sie, daß Ihr die geborenen Verlierer seid, und wir gehen konform damit. Und so haben wir gedacht, daß vielleicht zwei geborene Verlierer nicht einen geborenen Verlierer im Quadrat ergeben, sondern etwas, was nicht mehr konform geht damit zu verlieren, und daß zwei Konformitäten sehr wohl eine große Inkonformität ergeben können. Und so beschlossen wir, inkonform zu werden, und wir erfuhren, daß Ihr auch beschlossen hattet, inkonform zu werden, und da sahen wir, daß unsere Inkonformitäten sich anzunähern begannen und daß eine davon die Inkonformität mit der Lüge ist, die sie uns verkaufen, Euch über uns, uns über Euch. Und wir sahen, daß es sehr gut wäre, wenn beide Inkonformitäten, die der Stadt und die des Landes, sich zusammensetzen würden und über ihre Inkonformität sprechen und daß wir vielleicht unsere Inkonformität organisieren und beginnen können, die Inkonformitäten anderer Inkonformen zu multiplizieren, und somit bewirken, daß diese nationale Inkonformität endlich die zu *inkonformieren* beginnt, die so konform mit ihren Reichtümern und ihrem Zynismus sind, die 24 Reichsten in Konformität, die die Konformität der Mächtigen jedes Jahr auswertet.

Und so wollten wir also Eure Inkonformität einladen, damit sie unsere Inkonformität besuchen kommt, denn es gibt Zehntausende von olivgrünen Gründen, die zur Zeit verhindern, daß unsere Inkonformität Eurer Inkonformität einen Besuch abstattet. Der Ort, an dem sich eine gute Anzahl von Inkonformitäten aus dem ganzen Land treffen werden, heißt *Aguascalientes*, das als Gruß an die Versammlung der Inkonformen von 1914 so genannt wird, und das Datum der Zusammenkunft ist der 6. bis 9. August des Jahres der Inkonformität 1994. Der Name dieser Makroinkonformität lautet „Nationaler Demokratischer Konvent".

Ernennt Eure inkonformen Delegierten und schickt sie hierher; sie werden als das empfangen werden, was sie sind: als Brüder und Schwestern in der Inkonformität.

Macht's gut, das Vaterland und die Inkonformität gehört allen, nicht nur den 24 Konformisten*. Salud und Gummistiefel, denn dem Schlamm gibt hier die Inkonformität die Befehle.

Aus den Bergen des mexikanischen Südostens
Subcomandante Insurgente Marcos

* * *

An: alle Banden

Bande:
Sie haben uns betrogen. Die ganze Zeit über haben wir in einer gigantischen Lüge gelebt, wir haben inmitten einer Scheiße gelebt, an deren Geruch sie uns gewöhnen wollten und den wir mit einem angenehmen Parfüm verwechseln sollten. Sie haben uns betrogen, sie haben uns die Idee verkauft, daß wir alles aushalten würden, daß unwürdig sein ein Synonym für Mexikaner sein ist, daß still sein gleich arm sein ist, daß nichts haben bedeutet, keine Stimme zu haben, daß sie uns erniedrigen können, bis sie uns zum Verschwinden gebracht haben oder uns im schimpflichsten und unwürdigsten Teil dieses Landes zusammengepfercht haben, daß Gehorsam bedeutet, den Gesetzen der Wenigen zu gehorchen, daß nicht zu gehorchen bedeutet, gegen die meisten vorzugehen, daß wir mit einer ausländischen Auf-

---

* Das US-Wirtschaftsmagazin *Forbes* berichtete 1994, daß es jetzt in Mexiko 24 US-Dollar-Milliardäre gibt (1982 gab es zwei).

machung glücklich sein würden, daß wir ohne Probleme zwischen Schlamm und Blut gehen könnten, die dieses System als stinkende Spur durch unser Land zieht, daß sie alles, absolut alles machen können, ohne daß jemand etwas dazu sagt, ohne daß jemand das „Ya Basta!" des Neuanfangs schreien würde. Sie haben sich getäuscht, der Alptraum für die Mächtigen hat gerade erst angefangen, der Traum der Hoffnung der Besitzlosen hat kaum begonnen. Wir werden uns auf den Weg machen, wir, die Kleinsten, die am stärksten Vergessenen, Marginalisierten, Verachteten, wir, Ihr.

Macht's gut, Brüder und Schwestern Banden. Salud und Geduld, um das sanfte Messer der Hoffnung zu schärfen.

Aus den Bergen des mexikanischen Südostens
Subcomandante Insurgente Marcos

MARCOS ERTEILT EINEM JUNGEN PRD-MITGLIED, DAS GEFOLTERT WURDE, RATSCHLÄGE

An: Oscar Martín Fernández, Mexiko, D.F.
Von: Subcomandante Insurgente Marcos
Geheimes Revolutionäres Indigenes Komitee –
Generalkommandantur des Ejército Zapatista de Liberación
Nacional. Hauptquartier, Chiapas, Mexiko

Oscar,
ich habe soeben die Nachricht von Deiner Verhaftung und den
Folterungen erfahren, denen sie Dich ausgesetzt haben. Ich
würde Dir gerne etwas übermitteln, um Deine Verletzungen zu
lindern und Deine Wut über die Erniedrigung anzufachen.
Etwas, was Dich stärkt und gesund macht, etwas, was Dich
unzerstörbar macht. Etwas, wie die

Anleitungen, um das Leben zu messen

Man nimmt eine beliebige Kordel und steckt sie in die rechte
Hosentasche, bis eines von beiden geschieht:
a) Die Hosentasche ist voller Kordel.
b) Man wird es leid, eine Kordel in die Hosentasche zu stopfen.
Wenn eine der beiden oben angegebenen Möglichkeiten einge-
treten ist, oder beide, warten Sie einen regnerischen Nachmittag ab. Just wenn der Regen zu zweifeln beginnt, ob er auf
die Erde herabfallen soll oder nicht, nehmen Sie die Kordel heraus und werfen sie so weit wie möglich und mit der eleganten
Geste eines Zauberers nach oben. Gleichzeitig murmeln Sie die
folgenden sechs Worte: „Ich sehe, messe, lebe das Leben."
Wenn die Anweisungen wortwörtlich befolgt worden sind, wird
die Kordel einige Augenblicke lang in der Luft stehen bleiben,

bevor sie in einem Fadenbündel zur Erde zurückkehrt. Hier haben Sie dann das Maß für ein Stück Leben. Sollte die Kordel nicht so wie oben angegeben reagieren, obwohl Sie alle Anweisungen befolgt haben, machen Sie sich keine Sorgen und versuchen Sie es mit einer anderen. Es ist nämlich so, daß es Kordeln gibt, die sich mit verblüffender Hartnäckigkeit weigern, das Leben von anderen zu messen (sie haben genug Probleme damit, Stiefel, Schuhe und andere absurde Dinge festzubinden, heißt es).

Mach's gut, Oscar. Salud und einen Taschenrechner, um die Rechnungen zu addieren, die wir eines Tages zu begleichen haben werden.

Aus den Bergen des mexikanischen Südostens
Subcomandante Insurgente Marcos

ERÖFFNUNGSREDE ZUM
NATIONALEN DEMOKRATISCHEN KONVENT
(CND) IN AGUASCALIENTES

Niemand von der Nationalen Organisationskommission hat uns
sagen können, wieviele geladene Delegierte, Beobachter, Journalisten, Schnorrer, Anhängsel, Lauscher und Verirrte in dieses
Aguascalientes gekommen sind. So daß wir nicht wissen, wie
viele es sind. Da es hier Presse aus verschiedenen Teilen
Mexikos und der Welt gibt, müssen wir ihr eine Zahl nennen.
Die Nationale Organisationskommission hat sich dumm
gestellt, so daß wir das Problem lösen mußten. Mit unserem
modernen Computersystem haben wir die Zählung gemacht
und sind zum Schluß gekommen, daß wir verdammt viele sind.
Also, für die Presse ist es offiziell: Wir sind verdammt viele!
Ich glaube, daß es nicht mehr nötig ist, daß unsere Kavallerie,
die zapatistischen Wachtposten, rufen: Wer da? Ich glaube ganz
ehrlich, daß eine der ersten Resolutionen dieses Nationalen
Demokratischen Konvents ohne jede Befangenheit erklären
wird, daß, wer da ist, wer lebt, das Vaterland ist. 1985 haben
wir das erste Mal eine Ortschaft eingenommen. Zwischen Mais-
feldern und Gestrüpp, irgendeiner Aufzucht und einer kleinen
Kaffeepflanzung erhoben sich einige kleine elende Hütten
würdevoll mit der Bezeichnung *Ejido*. Es war die Ortschaft des
alten Antonio.
Als der alte Antonio noch neun Jahre jünger war als der Tod,
der ihn 1994 in seine Arme schloß, lud er uns in sein *Ejido* ein.
Wir machten einen Plan, diese Gemeinde einzunehmen. Nachdem wir uns zunächst in einer Kaffeepflanzung verirrten, haben
wir es dann geschafft, die kleine Ortschaft des alten Antonio
einzunehmen. Wir blamierten uns, weil bei unserer Ankunft
schon die Leute mitten in der Ortschaft versammelt waren.
Mitten in der Ortschaft – in den Begriffen einer Urwald-

urbanistik – blieben sie stehen zwischen der Kirche, der Schule, dem Basketballplatz und der Kaffeepflanzung.

Wir kamen den Leuten entgegen, und der alte Antonio stellte uns vor, indem er so etwas sagte wie: „Hier sind die Compañeros, die von den Bergen kommen." Die Menschen begannen zu klatschen. Ich dachte nur, meine Güte, nein, dieses Jahr läuft total schief bei mir, ich habe noch nicht einmal gesprochen,und schon applaudieren sie mir. Nachdem sich der Applaus gelegt hatte, sagte mir der alte Antonio: „Nun sind wir mit unserer Begrüßung fertig. Jetzt kannst du deine Worte an uns richten." Da habe ich verstanden, daß in dieser Gegend die Leute klatschen, wenn sie jemanden oder etwas begrüßen.

Deshalb möchte ich hier um einen Gruß und nicht um einen Applaus bitten. Einen Gruß für alle diese Männer, Frauen, Kinder und Älteren, die in diesem Moment auf dem Land und in den Städten von Mexiko beten, fordern, bitten, die Daumen drücken, wünschen, ersehnen, daß diese erste Tagung des CND gut wird. Wenn wir hier schon verdammt viele sind, dann gibt es dort draußen mindestens doppelt so viele.

Ich bitte euch um einen Gruß für die Versammlung, die in genau diesem Moment in irgendeinem Teil der Mexikanischen Republik stattfindet, um über die Probleme der Nation zu sprechen. Ich bitte um einen Gruß für den CND, der gerade in Aguascalientes, Chiapas, Mexiko abgehalten wird.

Unsere Zapatistische Armee der Nationalen Befreiung möchte unserer Fahne und diesem CND Ehre erweisen. Ich bitte euch um Erlaubnis dafür, daß die zapatistischen Truppen, die mit der Sicherheit von uns allen betraut sind, euch den zapatistischen Gruß entbieten.

An der Spitze der zapatistischen Gewehre werdet ihr ein weißes Band sehen: Es zeigt die Berufung an, die ihr Verhalten beschwingt, es zeigt an, daß es nicht Waffen sind, um sie der Zivilgesellschaft entgegenzustellen. Es zeigt, wie alles hier, eine Paradoxie: Waffen, die danach trachten, unnütz zu sein.

Ehrwürdiger Demokratischer Konvent.
Präsidium des Demokratischen Konvents,
Delegierte, Eingeladene und Beobachter.
Brüder und Schwestern:

Mit meiner Stimme spricht die Stimme der EZLN, Aguascalientes, Chiapas, eine Kaserne, ein Bunker, eine Waffenfabrik, ein militärisches Ausbildungszentrum, ein Sprengstofflager. Aguascalientes, Chiapas, die Arche Noah, der Turm zu Babel, das Urwaldschiff von Fitzcarraldo, das Delirium des Neozapatismus, das Piratenschiff.

Die anachronistische Paradoxie, die zärtliche Verrücktheit derer ohne Gesicht, die Ungereimtheit einer zivilen Bewegung im Dialog mit einer bewaffneten Bewegung.

Aguascalientes, Chiapas, die Hoffnung in den am Hang gestaffelten Sitzreihen, die Hoffnung in den kleinen Palmenzweigen, die vor der Treppe stehen, um besser den Himmel stürmen zu können, die Hoffnung in der Meeresschnecke, die aus dem Urwald durch die Luft ruft*, die Hoffnung derer, die nicht gekommen sind, aber noch da sind, die Hoffnung, daß die Blumen, die in anderer Erde sterben, in dieser hier leben.

Aguascalientes, Chiapas, für die EZLN 28 Tage Arbeit, 14 Stunden täglich, 600 Männer und Frauen pro Stunde, insgesamt 235.200 Arbeitsstunden, 9.800 Arbeitstage, 28 Arbeitsjahre, 60 Millionen alte Pesos**, eine Bibliothek, ein Präsidium ähnlich der Brücke eines Überseeschiffes, Bänke und Stühle für 8000 Teilnehmer des Konvents, 20 Häuser für die Unterkunft, 14 Feuerstellen, ein Parkplatz für 100 Fahrzeuge und ein Areal für Attentate.

Aguascalientes, Chiapas, gemeinsame Anstrengung von Zivilisten und Militärs, gemeinsame Anstrengung für eine Veränderung, eine friedliche Anstrengung der Bewaffneten. Und vor Aguascalientes sagten sie, es wäre verrückt, niemand könnte von der Grenze aus, die von Gewehren und *pasamontañas* markiert wird, Erfolg dabei haben, eine Nationalversammlung kurz vor den Wahlen*** zusammenzurufen.

Und vor Aguascalientes sagten sie, kein besonnener Mensch würde dem Aufruf einer vom Gesetz geächteten Rebellengruppe folgen, von der man wenig oder viel weiß; das Licht,

* Bei den Mayas wurde das Gehäuse der Meeresschnecken als Blashorn zur Kommunikation und bei Feierlichkeiten benutzt. Aguascalientes hat, aus der Luft gesehen, die Form einer Meeresschnecke.
** Mit der Währungsreform Anfang 1994 wurde der Peso 1 = 1000 abgewertet.
*** Präsidentschaftswahlen am 21.8.1994

das den Januar erleuchtete, die bohrende Sprache, die alte und verschlissene Worte zurückzugewinnen versuchte: Demokratie, Freiheit, Gerechtigkeit. Die verhüllten Gesichter, der nächtliche Gang, der Berg als Hoffnung hergerichtet, der einsame indianische Blick, der uns seit Jahrhunderten verfolgt, unser übereilter Modernisierungsversuch, das sture Zurückweisen von Almosen, um das scheinbar Absurde zu verlangen: für alle alles, nichts für uns.

Und vor Aguascalientes sagten sie, daß es wenig Zeit gäbe, daß niemand sich darauf einlassen würde, sich an ein Projekt zu wagen, das – wie der Turm zu Babel – sein Scheitern gerade von dem Ort aus und zu dem Zeitpunkt ankündigte, an dem zu ihm aufgerufen wurde.

Und vor Aguascalientes sagten sie, daß die Angst, der süße Terror, der die guten Menschen dieses Landes von Geburt an ernährt, schließlich die Oberhand gewinnen würde; daß die Selbstverständlichkeit und die Bequemlichkeit des Nichtstuns und sich Hinsetzens – um auf die Akteure dieser bitteren Komödie, die man Vaterland nennt, zu warten und zu schauen, ihnen Beifall oder Buhrufe zu spenden – zusammen mit anderen Selbstverständlichkeiten herrschen würden im berühmten Namen des Volkes von Mexiko, der Zivilgesellschaft.

Und vor Aguascalientes sagten sie, daß die unüberwindlichen Meinungsverschiedenheiten, die uns zersplittern und die uns gegeneinander aufbringen, es verhindern würden, uns dem eigentlichen Punkt zuzuwenden: der allmächtigen Staatspartei und all dem, was sich in ihrer Umgebung offen potenziert: das Präsidententum, die Opferung der Freiheit und der Demokratie auf den Altären wirtschaftlicher Stabilität und Wachstums, der Betrug und die Korruption als nationale Charaktereigenschaften, die zu Almosen prostituierte Justiz, die Verzweiflung und der in den Status einer nationalen Sicherheitsdoktrin gehobene Konformismus.

Und vor Aguascalientes sagten sie, daß es kein Problem geben würde, daß der Aufruf zu einem Dialog zwischen einer Gruppe von Gesetzesbrechern und einer unförmigen, desorganisierten, bis hin zum Mikrokosmos der Familie zersplitterten Masse, der sogenannten Zivilgesellschaft, weder Resonanz noch ein gemeinsames Ziel finden würde, daß die versammelte Zersplitterung nur eine bis zur Unbeweglichkeit potenzierte Zersplitterung herbeiführen könnte.

Und vor Aguascalientes sagten sie, daß man sich der Durchführung des CND nicht widersetzen dürfte, weil er von alleine scheitern würde, daß es nichts bringen würde, ihn offen zu sabotieren, daß es besser sei, wenn er sich von innen kaputtmache, daß man in Mexiko und in der Welt sehen solle, daß die Unzufriedenen unfähig seien, untereinander zu einer Einigung zu kommen, daß sie daher unfähig seien, dem Land ein besseres Projekt einer Nation anzubieten als das, welches die institutionalisierte und stabilisierte Revolution uns Mexikanern zusammen mit dem Stolz geschenkt hat, schon 24 Vorkämpfer* des internationalen Vaterlandes des Geldes zu beheimaten.

Genau darauf setzen sie, darum ließen sie den Aufruf kursieren, darum verhinderten sie nicht, daß ihr bis hierher gekommen seid. Das vorhersehbare Scheitern des CND, so sagen sie, sollte nicht dem Mächtigen zugeschrieben werden; es sollte offensichtlich werden, daß der Schwache schwach ist, weil er unfähig ist, anders als schwach zu sein; er ist schwach, weil er es verdient und weil er so sein will.

Und vor Aguascalientes sagten wir, ja, es ist verrückt, daß man von dem Horizont aus, den Gewehre und *pasamontañas* öffnen, sehr wohl zu einer Nationalversammlung kurz vor den Wahlen aufrufen und damit Erfolg haben kann. Wollt ihr einen Spiegel?

Und vor Aguascalientes sagten wir, daß die Besonnenheit sich niederläßt, um sich im schmerzhaften Rahmen der Geschichte zu beklagen, daß die Weisheit es heute dem wiederholten Klopfen von Nichtstun, Warten und Verzweifeln erlaubt, daß die unbesonnene und zärtliche Wut des „Für alle alles, nichts für uns!" bei anderen Gehör findet und sich diese anderen [Mexikaner] dann fälschlicherweise in „wir" und „sie" spalten.

Und vor Aguascalientes sagten wir, daß man noch Zeit hatte, was jedoch fehlte, war Courage, aus Angst davor, sich als Bessere beweisen zu müssen, daß das Problem des Turms zu Babel nicht im Projekt lag, sondern im Fehlen eines guten Kommunikationssystems und eines Übersetzerteams.

Das Scheitern lag im schlechten Ansatz, in dem Sichhinsetzen,

---

* Siehe Anmerkung Seite 68

um zuzusehen, wie der Turm wuchs, zum Stillstand kam, zusammenstürzte. Das Sichhinsetzen, um zuzusehen, wie die Geschichte Rechenschaft ablegen würde, scheiterte nicht am Turm, sondern an denjenigen, die sitzend auf sein Scheitern warteten.

Und vor Aguascalientes sagten wir, daß die Angst und der verführerische Terror, den die Kloaken der Macht verbreiten und der seit unserer Geburt unser täglich Brot war, beiseite geschoben werden können und müssen, nicht vergessen, nicht übergangen, nur beiseite geschoben. Daß die Angst, Zuschauer zu bleiben, größer sein müsse als die Angst zu versuchen, ein gemeinsames Ziel zu finden, etwas, das eint, etwas, das diese Komödie in Geschichte transformieren kann.

Und vor Aguascalientes sagten wir, daß die Meinungsverschiedenheiten, die uns zersplittern und gegeneinander aufbringen, uns nicht hindern werden, uns genau dem Punkt zuzuwenden: dem System von Selbstverständlichkeiten, die kastrieren, von Beweisen, die unterdrücken, von Gemeinplätzen, die ermorden; dem System der Staatspartei und den Absurditäten, die in ihm Gültigkeit und Verfassungsmäßigkeit erlangen; der Erbdiktatur, dem Abdrängen des Kampfes für Demokratie, Freiheit und Gerechtigkeit in den Bereich des Unmöglichen und der Utopien; dem Witz, der sich Wahlen nennt, ausgedrückt im Bild einer Computeralchimie, erhoben in den Status eines nationalen Monuments; dem Elend und der Unwissenheit als historische Bestimmung der Besitzlosen; der mit importierten Waschmitteln und dem Wasser der Aufstandsbekämpfungspanzer gereinigten Demokratie.

Und vor Aguascalientes sagten wir, daß es kein Problem gäbe, daß der Aufruf zu einem Dialog zwischen den Bewaffneten ohne Gesicht und den Unbewaffneten mit Gesicht der Zivilgesellschaft zu einer gemeinsamen Sache finden würde, daß die wieder zusammengekommene und gut diskutierende Zersplitterung eine Bewegung hervorrufen kann, die endlich diese Seite der Schande in der mexikanischen Geschichte umblättern kann.

Und vor Aguascalientes sagten wir, daß man nicht gegen die feierliche Durchführung des CND sein sollte, daß es eigentlich nicht mehr und nicht weniger als eine Feier wäre, die Feier der überwundenen Angst, eines ersten und schwankenden Schrittes, der Möglichkeit, dem Land ein „Ya basta!" – Es reicht! – ent-gegenzuhalten, das nicht nur von der Stimme der Indianer und Bauern getragen wird; ein „Ya basta!", das sich summieren, multiplizieren, reproduzieren soll, das triumphieren soll, das die Feier einer Entdeckung sein kann: die Entdeckung von uns selbst, daß wir nicht mehr das Bewußtsein haben, zur Nieder-lage bestimmt zu sein, sondern an die Möglichkeit unseres Sieges denken.

Darauf setzen wir. Darum errichtete der anonyme und kollek-tive Wille, der als Gesicht nur einen kleinen, fünfzackigen roten Stern hat – Symbol von Menschlichkeit und Kampf – und der als Name vier Buchstaben hat – Symbol der Rebellion –, in diesem von der Geschichte, von Regierungsstudien, von inter-nationalen Verträgen, von Landkarten und Geldrouten vergesse-nen Ort dieses Konstrukt, das wir Aguascalientes nennen, im Gedenken an frühere Versuche, die Hoffnung zu vereinigen.

Deshalb errichteten wir, Tausende von Männern und Frauen mit verhülltem Gesicht, in ihrer überwältigenden Mehrheit Indí-genas, diesen Turm, den Turm der Hoffnung, deshalb lassen wir eine Zeitlang unsere Gewehre, unseren Groll, unseren Schmerz über unsere Toten, unsere kriegerische Überzeugung, unseren bewaffneten Schritt beiseite. Deshalb schufen wir diesen Ort für eine Versammlung, die im Fall ihres Erfolgs der erste Schritt sein wird, uns als Alternative zu negieren. Deshalb errichteten wir Aguascalientes, als Sitz einer Versammlung, die uns im Fall ihres Scheiterns erneut dazu zwingen wird, das Recht aller auf einen Platz in der Geschichte mit Feuer voranzutreiben.

Deshalb haben wir euch eingeladen, deshalb freut es uns, daß ihr bis hierher gekommen seid, deshalb hoffen wir, daß die Reife und Weisheit euch zu der Entdeckung führt, daß der Hauptfeind, der Mächtigste, der Schrecklichste, sich nicht hier unter uns befindet.

Deshalb wenden wir uns mit allem Respekt an diesen CND, um im Namen aller Männer und Frauen, aller Kinder und Älteren, aller Lebenden und Toten der EZLN darum zu bitten, all den-jenigen keinen Grund zu geben, die das Scheitern dieses Kon-vents vorhergesagt haben; das zu suchen und zu finden, was uns eint, wahrhaftig zu sprechen; nicht die Differenzen zu ver-gessen, die uns trennen und uns häufiger als erwünscht gegeneinander aufbringen; die Meinungsverschiedenheiten einen Moment, einige Tage, einige Stunden oder Minuten lang für sich zu behalten, um den gemeinsamen Feind zu entdecken. Darum bitten wir euch voller Achtung, nicht, daß ihr eure Ideale und Prinzipien, eure Geschichte verratet, nicht, daß ihr euch selbst verratet und negiert, wir bitten euch voller Achtung, daß ihr eure Ideale, eure Prinzipien, eure Geschichte voranbringt, daß ihr euch bestärkt, daß ihr konsequent seid und zur Lüge, die heute unsere Geschichte beherrscht, „Ya basta!" sagt.

Die EZLN nimmt an diesem CND mit 20 Delegierten teil, jeder mit einer Stimme. Wir möchten hier zwei Sachen klarstellen: Das eine ist unsere Abmachung mit dem CND, das andere ist unsere Entscheidung, unseren Standpunkt niemandem aufzuzwingen. Wir haben auch jede Möglichkeit zurückgewiesen, am Präsidium des CND teilzunehmen. Dies ist der Konvent der friedlichen Suche nach Veränderung, ihm dürfen unter keinen Umständen bewaffnete Personen vorstehen. Wir sind dankbar, daß ihr uns einen Platz gebt, einen mitten unter euch, um unsere Meinung zu sagen.

Wir wollen sagen, falls irgendwer daran zweifelt, daß wir es nicht bereuen, uns in Waffen gegen die oberste Regierung erhoben zu haben. Wir wiederholen, daß sie uns keinen Weg ließ, daß wir weder unserem bewaffneten Schritt noch unserem verhüllten Gesicht abschwören, daß wir unsere Toten nicht beklagen, daß wir stolz auf sie sind und daß wir auch bereit sind, mehr Blut und mehr Tod einzusetzen, wenn dies der Preis ist, um eine demokratische Veränderung in Mexiko zu erreichen.

Wir wollen sagen, daß uns die Anschuldigungen, Prediger des Martyriums oder Bellizisten zu sein, nicht treffen, daß uns die Gesänge der Sirenen und Engel nicht in eine Welt locken, die uns mit Abscheu und Mißtrauen betrachtet, die den Wert unseres Blutes schmälert und uns Ruhm anbietet im Tausch gegen Würde. Uns interessiert nicht zu leben, wie man heute so lebt. Von Leuten, die eine Bestätigung ihrer Unterstellungen suchen, ist oft mit inquisitorischer Perversität gefragt worden: Was wollen die Zapatisten mit diesem CND, was erhoffen sie sich von diesem Konvent? Einen zivilen Arm, antworten die einen. Die Titelseiten der nationalen und internationalen Presse, argumentieren die anderen. Eine neue Rechtfertigung für ihr kriegslüsternes Streben, sagen andere. Eine zivile Garantie für den Krieg, vermutet man in einer anderen Ecke. Die Plattform für die Wiederauferstehung irgendeines vom System Vergessenen, fürchten sie in irgendeiner offiziellen Partei, während sie den Preis für den zapatistischen Kopf festlegen. Einen Spielraum, um die Führungsrolle einer Linken ohne Führer zu genießen, murmelt man in der Opposition. Eine Garantie für das Nachgeben, urteilt man aus dem konspirativen Jenseits der Ultras, von denen unter Umständen die Kugel kommen kann, die uns zum Schweigen bringen möchte. Eine Plattform, damit Marcos einen Posten in der nächsten Regierung der Modernität aushandeln kann, schlußfolgert irgendeine brillante Kolumne irgendeines brillanten Analytikers, allerdings mit düsteren politischen Absichten.

Heute, vor diesem CND, antwortet die EZLN auf die Frage: Was erwarten die Zapatisten vom CND? Keinen zivilen Arm, der den unheilvollen Arm des Krieges bis in die hintersten Winkel des Vaterlandes trägt, keine journalistische Werbung, die den Kampf für die Würde auf eine sporadische Meldung auf der Titelseite reduziert, nicht noch mehr Argumente, um unser Gewand des Feuers und des Todes zu schmücken, nicht eine Stufe im Kalkül von Politikern, Gruppen und Untergruppen der Macht, nicht die zweifelhafte Ehre, historische Avantgarde der zahlreichen Avantgarden zu sein, von denen wir heimgesucht werden, nicht einen Vorwand, um unsere Ideale und Toten zu verraten, die wir stolz als unser Erbe tragen, nicht ein Sprungbrett, um einen Schreibtisch in einem Büro, in einem Amt, in einer Regierung, in einem unwahrscheinlichen Land zu bekommen, nicht die Ausarbeitung einer neuen Verfassung, nicht die Garantie für die Präsidentschaftskandidatur dieser Republik des Schmerzes und des Konformismus, nicht den Krieg.

Ja zum Beginn eines größeren Konstruktes als dem von Aguascalientes, das Konstrukt eines Friedens mit Gerechtigkeit und Würde. Ja zum Beginn einer größeren Anstrengung als der, die Aguascalientes hervorbrachte: die Anstrengung für einen demokratischen Wechsel, der Freiheit und Gerechtigkeit für die vergessene Mehrheit einschließt. Ja zum Anfang vom Ende eines langen Alptraums dessen, was sich groteskerweise die Geschichte Mexikos nennt. Ja zu diesem Moment, um allen,

allen zu sagen, daß wir weder den Platz besetzen wollen noch
können, den einige von uns erwarten, den Platz, von dem aus
alle Meinungen ausgehen, ebenso alle Wege, alle Antworten
und alle Wahrheiten. Das werden wir nicht machen.

Wir erwarten vom CND die Gelegenheit, jemanden zu suchen
und zu finden, dem wir diese Fahne übergeben können, diese
Fahne, die wir einsam und vergessen in den Palästen der Macht
fanden, die Fahne, die wir mit unserem Blut aus dem leidvollen
Gefängnis der Museen losrissen, die Fahne, die wir Tag und
Nacht hüten, die uns im Krieg begleitete und die wir auch im
Frieden haben wollen, die Fahne, die wir heute diesem CND
übergeben, nicht, damit er sie zurückhält oder dem Rest der
Nation vorenthält, nicht, um mögliche bewaffnete Vorkämpfer
oder verbürgte zivile Vorkämpfer zu verdrängen, nicht, um
Repräsentationen oder Messianismen abzuschaffen. Ja, um zu
kämpfen, damit alle Mexikaner sie wieder zu ihrer eigenen
machen, damit sie wieder zur Nationalfahne wird, eure Fahne,
Compañeros.

Wir erwarten von diesem CND die friedliche und legale Organisation eines Kampfes, des Kampfes für Demokratie, Freiheit
und Gerechtigkeit, des Kampfes, den zu eröffnen wir uns
gezwungen sahen, bewaffnet und mit verhülltem Gesicht.

Wir erwarten von diesem CND das wahrhaftige Wort, das Wort
des Friedens, aber nicht das Wort des Nachgebens im demokratischen Kampf; das Wort des Friedens, aber nicht das Wort
des Rückzugs vom Freiheitskampf; das Wort des Friedens, aber
nicht das Wort eines pazifistischen Komplizentums mit der
Ungerechtigkeit.

Wir erwarten von diesem CND die Fähigkeit zu verstehen, daß
das Recht, sich repräsentativ für die Stimmungen des Volkes zu
nennen, nicht ein Entschluß ist, der durch Abstimmung oder
Konsens angenommen wird, sondern etwas, das man noch
gewinnen muß in den Stadtvierteln, in den Gemeinden, in den
Nachbarschaften, in den indigenen Gemeinschaften, in den
Schulen und Universitäten, in den Fabriken, in den Unternehmen, in den wissenschaftlichen Forschungszentren, in den Kul-
tur- und Kunstzentren, in allen Winkeln dieses Landes.

Wir erwarten von diesem CND die Klarheit, sich bewußt zu
werden, daß dies nur ein Schritt ist, der erste von vielen, die

noch gemacht werden müssen, auch unter noch widrigeren Umständen als den gegenwärtigen.

Wir erwarten von diesem CND den Mut, die Rolle des Hoffnungsträgers zu übernehmen, als den ihn viele Mexikaner sehen wie auch wir, um uns zu zeigen, daß die besten Männer und Frauen dieses Landes ihre Mittel und Kräfte einsetzen, was die einzige Möglichkeit ist, die einzige Möglichkeit für das Überleben dieses Volkes, die Umwandlung zu Demokratie, Freiheit und Gerechtigkeit.

Wir erwarten von diesem CND die Reife, um diesen Raum nicht für die Begleichung interner, steriler und kastrierender Rechnungen zu benutzen.

Schließlich erwarten wir von diesem CND einen kollektiven Aufruf, für das zu kämpfen, was uns gehört, weil es der Grund und das Recht der guten Menschen ist, einzig für unseren Platz in der Geschichte zu kämpfen. Es ist nicht unsere Zeit, es ist nicht die Zeit der Waffen, wir treten beiseite, aber wir gehen nicht weg. Wir werden warten, bis sich der Horizont öffnet oder bis wir nicht mehr nötig sind, bis wir nicht mehr möglich sind, wir, die Toten von immer, die wir erneut sterben müssen, um zu leben.

Wir erwarten von diesem CND eine Gelegenheit, die Gelegenheit, die uns die Regierenden dieses Landes verweigern, die Gelegenheit, mit Würde zurückzukehren, nachdem wir unsere Pflicht erfüllt haben, unter der Erde zu sein, die Gelegenheit, wieder zu der Stille zurückzukehren, die wir zum Schweigen brachten, in der Nacht, in der wir weggingen, und zum Tod, den wir leben; die Gelegenheit, auf die gleiche Weise zu verschwinden, wie wir aufgetaucht sind, am frühen Morgen, ohne Gesicht, ohne Zukunft. Die Gelegenheit, auf den Boden der Geschichte, des Traums, der Berge zurückzukehren.

Es ist fälschlicherweise gesagt worden, daß die Zapatisten eine Frist gesetzt haben, um den Krieg wiederaufzunehmen, daß der Krieg aufflammen wird, wenn die Dinge am 21. August nicht so ausgehen, wie die Zapatisten es wollen. Sie lügen: dem mexikanischen Volk kann niemand, niemand, auch nicht die EZLN, Fristen aufzwingen und Ultimaten setzen. Für die EZLN gibt es keine anderen Fristen als die, die von der zivilen und friedlichen Mobilisierung bestimmt werden. Dem ordnen wir uns unter, selbst wenn wir als Alternative verschwinden sollten.

Von uns wird die Wiederaufnahme des Krieges nicht ausgehen, es gibt keine Ultimaten der Zapatisten an die Zivilgesellschaft. Wir werden warten, wir werden hoffen, wir werden widerstehen, darin sind wir Experten.

Kämpft! Kämpft ohne Unterlaß! Kämpft und besiegt die Regierung! Kämpft und besiegt den Krieg! Kämpft und besiegt uns! Niemals wird die Niederlage so süß sein wie in dem Fall, daß der friedliche Übergang zu Demokratie, Freiheit und Gerechtigkeit als Sieger hervorgeht.

Das Geheime Revolutionäre Indigene Komitee – Generalkommandantur der EZLN hat euch Aguascalientes übergeben, damit ihr euch versammelt, diskutiert und übereinstimmt, nicht in der Unbeweglichkeit, nicht im sterilen Skeptizismus, nicht im Austausch von Vorwürfen und Schmeicheleien, nicht als Tribüne für einen bellizistischen Tourismus; nicht in der bedingungslosen pazifistischen Erpressung; nicht für den Krieg, aber auch nicht für einen Frieden um jeden Preis. Wohl aber, um zu diskutieren und eine Übereinkunft zu finden für die zivile, friedliche und nationale Volksorganisation des Kampfes für Demokratie, Freiheit und Gerechtigkeit. Das Geheime Revolutionäre Indigene Komitee – Generalkommandantur der EZLN übergibt euch jetzt die Nationalfahne, um euch daran zu erinnern, was sie bedeutet: Vaterland, Geschichte und Nation, und um freizulegen, was diese Worte bedeuten müssen: Demokratie, Freiheit und Gerechtigkeit.

Salud, Brüder und Schwestern des CND. Für euch haben wir Aguascalientes errichtet. Für euch haben wir es gebaut inmitten eines Territoriums in Waffen, diesen Raum für einen Frieden mit Gerechtigkeit und Würde.

Vielen Dank! Demokratie, Freiheit und Gerechtigkeit!
Aus den Bergen des Südostens Mexikos
Geheimes Revolutionäres Indigenes Komitee –
Generalkommandantur der Zapatistischen Armee
der Nationalen Befreiung

JAHRESTAG
DER GRÜNDUNG DER EZLN

Worte zur Feier des elften Jahrestages der Gründung des Ejército Zapatista de Liberación Nacional

Aus meiner Stimme spricht die Stimme
des Ejército Zapatista de Liberación Nacional.
An das Volk von Mexiko:
An die Compañeros der Unterstützungsbasis:
An die Compañeros des Geheimen Revolutionären Indigenen
Komitees – Generalkommandantur der Zapatistischen Armee
der Nationalen Befreiung:
An die Compañeros der aufständischen Kampf- und Milizeinheiten:

Brüder und Schwestern:
Heute, am 17. November 1994, haben wir uns versammelt, um
den Beginn des zwölften Jahres des Kampfes unseres Ejército
Zapatista de Liberación Nacional zu feiern. An einem Tag wie
heute, nur elf Jahre früher, richtete eine kleine Gruppe von
Männern und Frauen, drei Indigene und drei Mestizen, alle
Mexikaner wie wir, das erste Lager im Lakandonischen Urwald
ein. An diesem Tag begann die Fahne mit dem fünfzackigen
roten Stern auf schwarzem Untergrund im letzten Winkel unseres Landes zu wehen: in den Bergen des mexikanischen
Südostens.
In den Bergen wurde die bewaffnete Hoffnung geboren, die
zehn Jahre später ihr schwaches Licht in der langen Nacht
zeigen sollte, die den Gang der Mexikaner erstickt. Mit indigenem und mestizischem Blut wurde dieser Traum begonnen.
Mit indigenem und mestizischem Blut dämmerte für alle der
schüchterne Glanz, der unsere Brust bewehrt.

Wie an jedem 17. November eines jeden Jahres spricht heute unser Herz mit dem Blick nach innen gerichtet, um in unserem Schmerz und Blut den Weg zu suchen, den unser Wort und Feuer beschreiten soll, um darüber nachzudenken, was wir gut gemacht haben und was wir schlecht gemacht haben.

Am 1. Januar 1994, nach zehnjähriger Vorbereitung, eine Stunde nach Ablauf der letzten Frist, die dieser General-kommandantur des Ejército Zapatista de Liberación Nacional durch den mehrheitlichen Willen der Völker von Chiapas ge-geben worden war, wurde der Befehl des Geheimen Revo-lutionären Indigenen Komitees erfüllt und der Krieg gegen die schlechte Regierung begonnen.

In der Morgendämmerung des Jahres in einer Aufmarsch-formation, die „Fächer" genannt wird, rückten unsere Truppen vor und eroberten sieben Gemeindesitze des südöstlichen mexikanischen Bundesstaates Chiapas. Bei ihrem Vormarsch entwaffneten sie die Weißgardisten der großen Viehzüchter und Händler, die eine große Anzahl von Waffen und Gerätschaften angehäuft hatten, die wir zur Unterstützung unseres Kampfes enteigneten.

An der Spitze der Kämpfer, in vorderster Feuerlinie, mar-schierten die militärischen und politischen Führer der EZLN. In verschiedenen Manövern, die „Umzingelung" genannt wer-den, fielen die Städte Las Margaritas, Ocosingo, Altamirano und San Cristóbal de las Casas in unsere Hände. Die ver-schiedenen Garnisonen der Landes- und Bundespolizei wurden besiegt. In Marschformationen, die „Anrücken" genannt wer-den, wurden die Gemeindesitze Chanal, Oxchuc und Huixtán im Vorbeimarsch eingenommen. Die verschiedenen Gefäng-nisse der Gemeindesitze wurden angegriffen und die Gefan-genen befreit. An den Tagen zwischen dem 2. und 6. Januar 1994, während wir uns in die Berge zurückzogen und nachdem wir das Ziel erreicht hatten, dem mexikanischen Volk und den Völkern der Welt die gerechten Gründe bekanntzugeben, die unseren Feuerlauf beseelten, eroberten die Bundestruppen die sieben Gemeindesitze zurück; eine widerstand sechs Tage lang der Regierungsbelagerung, und die übrigen wurden in einem geordneten Rückzug verlassen. In Erfüllung der Befehle der

Ersten Erklärung aus dem Lakandonischen Urwald griffen zapatistische Einheiten in einer taktischen Bewegung, die „Umklammerung" genannt wird, die Kaserne der 31. Militärzone an – nachdem sie die Garnison aufgefordert hatten, sich der gerechten Sache des Volkes anzuschließen, und nachdem sie darauf keine Antwort erhalten hatten –, und versuchten sie zur Aufgabe zu zwingen. Die Bundestruppen wehrten unsere wiederholten Angriffe ab und sprengten unsere Truppen auseinander. Nachdem der Sturm gescheitert war, begannen wir sie unter sogenanntes „Sperrfeuer" zu nehmen, um unseren Rückzug geordnet vollziehen zu können und den Druck der Bundessoldaten auf unsere Truppen zu verringern, die in Ocosingo umzingelt waren. Zwischen dem 2. und 6. Januar schossen die zapatistischen Luftabwehreinheiten sechs Kampfflugzeuge der obersten Regierung ab.

Am 13. Januar 1994, vierundzwanzig Stunden nach der von Salinas de Gortari befehligten Feuerpause, drang eine Panzerkolonne in den Lakandonischen Urwald ein, um Stellungen zu errichten. Die feindliche Kolonne wurde zurückgeschlagen und ein Panzerwagen zerstört.

Während der dreizehntägigen Kämpfe hatten wir folgende Verluste: 56 Tote, 18 Schwerverletzte und 87 Leichtverletzte. Im Verlauf unseres Vormarsches und während unseres Rückzuges schlossen sich weitere bewußte und entschlossene Mexikaner unseren Reihen an, um gemeinsame Sache mit dem Kampf um Demokratie, Freiheit und Gerechtigkeit zu machen. Hunderte von Kämpfern verstärkten die Reihen der EZLN.

Nachdem der Rückzug der Truppen, die die Gemeindesitze eingenommen hatten, abgeschlossen war, rückte die Bundesarmee zur Eroberung des Territoriums vor, das die Aufmarschbasis unserer Armee umgibt, und schloß schließlich am 10. Januar 1994 den Belagerungsring um unsere Stellungen. Seit diesem Tag erleiden unsere Truppen und die Zivilbevölkerung, die unser Ejército Zapatista de Liberación Nacional unterstützen, die Bedingungen der militärischen Belagerung. Diese ist in den letzten Wochen verstärkt worden und Qualität und Quantität der Soldaten und Militärtechnik wurde vervielfacht. Technische Stärke und strategische Kenntnisse zur Schau stellend, kesselte die Bundesarmee unsere Truppen im Lakandonischen Urwald ein. Dem Beispiel der aufständischen Armee unter dem General José María Morelos y Pavón folgend, widerstehen die zapatistischen Truppen der Belagerung, die die Regierungstruppen seit dreihundert Tagen aufrechterhalten. Bis zum heutigen Datum und unter Beachtung der Feuerpause, die die Generalkommandantur unseres Geheimen Revolutionären Indigenen Komitees erlassen hat, wachen die zapatistischen Truppen über ihre Waffen und warten auf die Befehle unserer Chefs.

In den ersten Januartagen von 1994 wurden parallel zu den Kämpfen zwischen den Kriegsparteien zwei neue Sachverhalte deutlich, die den Kurs des Krieges innerhalb weniger Tage verändern sollten: Einerseits die aufrichtige Haltung einer großen Anzahl von Mitarbeitern der Massenkommunikationsmedien, die trotz Gefahr für ihr Leben und ihre Existenz Mexiko und der Welt die Einzelheiten einer ungerechten und kriminellen Lage aufzeigten, die die heutige Zivilisation in Erstaunen versetzt hat. Auf der anderen Seite entstand eine zivile Bewegung ohne eine genau bestimmbare gesellschaftliche oder politische Herkunft, die beide Seiten zu einer Feuerpause drängte und schließlich den Weg des Dialogs als vernünftigen Weg zur Lösung der Probleme durchsetzte. Der wahrhaften Information und der zivilen Mobilisierung gelang es in diesen Tagen, die Versuche zur militärischen Lösung des Konflikts zu unterbinden. Der sogenannten Zivilgesellschaft, die aus Menschen verschiedenster sozialer Schichten und politischer Ideologien gebildet wird, gelang es, sich mit der Logik des Dialogs gegen die Logik der gewaltsamen Auseinandersetzung durchzusetzen. Wir wiederholen heute, was wir schon früher gesagt haben. Es war weder die Gutmütigkeit und Intelligenz der obersten Regierung, wie sich die Bundesregierung dümmlich brüstet, noch die politische Geschicklichkeit und Reife des Ejército Zapatista de Liberación Nacional, wie einige Analytiker behaupten, die den Schritt zum Dialog ermöglichten: Es waren die Information und Mobilisierung des mexikanischen Volkes, die ohne Unterschied von Klasse, Rasse, Religion oder Geschlecht die Tür des Krieges vorläufig schlossen. Wenn die Geschichte Mexikos jemandem zu danken hat, daß in diesen Monaten die Kampftätigkeiten nicht wieder aufgenommen worden sind und die mexikanischen Böden nicht zu bluten begonnen haben, dann dieser Zivilgesellschaft, die heute in ein maßloses Erstaunen über eine große Lüge – den Wahlprozeß im August 1994 – versunken ist, und der Rolle der Kommunikationsmedien, die heute Komplizen der Verleumdungskampagne gegen die zapatistische Sache sind.

Ende Februar 1994 entsandte das Ejército Zapatista de Liberación Nacional unter dem Druck der Volksbewegung eine Delegation nach San Cristóbal de las Casas, um mit dem Regierungsbeauftragten zu verhandeln. Das Ejército Zapatista de Liberación Nacional legte der obersten Regierung seine Forderungen in einem Paket von 34 Punkten vor, von denen die Forderungen bezüglich Demokratie, Freiheit und Gerechtigkeit für alle Mexikaner die wichtigsten waren. Die Regierung antwortete darauf mit der Weigerung, keinerlei demokratisierende Veränderungen auf nationaler Ebene zuzulassen, und beschränkte sich darauf, Versprechungen und Geld dafür anzubieten, daß alles bleibt, wie es war.

Die zapatistische Delegation informierte daraufhin die Vollversammlung des Geheimen Revolutionären Indigenen Komitees – Generalkommandantur des Ejército Zapatista de Liberación Nacional über die Antwort der Regierung und dieses beschloß, den Regierungsvorschlag der Befragung in allen zapatistischen Ortschaften zu unterwerfen. In der Zwischenzeit führte die salinistische Gier, sich an der Macht zu verewigen, zur Ermordung des PRI-Kandidaten Luis Donaldo Colosio Murrieta, als dieser versuchte, den Hochmut des Usurpators zu brechen.

In einem beispielhaften demokratischen Vorgehen berücksichtigte das Geheime Revolutionäre Indigene Komitee – Generalkommandantur des Ejército Zapatista de Liberación Nacional die Meinung jedes einzelnen Kämpfers und der Angehörigen der Unterstützungsbasis. Per Mehrheitsbeschluß stimmte der Zapatismus mit Nein auf den Regierungsvorschlag, da man der Ansicht war, daß die Hauptforderungen nach landesweiter Demokratie, Freiheit und Gerechtigkeit nicht befriedigt worden waren. Anstelle einer Wiederaufnahme des Krieges befahl die zapatistische Bevölkerung, einen neuen Gesprächspartner für eine neue Etappe des Dialogs zu suchen. Der nationale Dialog mit dem mexikanischen Volk nahm unter der historischen Obhut des Ejército Zapatista de Liberación Nacional den Namen Nationaler Demokratischer Konvent (CND) an. Die Suche nach dem Übergang zu Demokratie, Freiheit und Gerechtigkeit auf zivilen und friedlichen Wegen trat in den Vordergrund.

Die zapatistische Position im CND wurde im Voraus veröffentlicht. Der Kampf um den Übergang zur Demokratie, die elf Punkte des zapatistischen Programms, eine neue Verfassungsgebende Versammlung und eine neue Verfassung waren die zentralen Punkte, die der Zapatismus den verschiedenen sozialen Kräften vorschlug. Am 6. August 1994 begannen in San Cristóbal de las Casas, Chiapas, die Arbeiten der ersten Sitzung des Nationalen Demokratischen Konvents. Am 8. August 1994 in Aguascalientes, Chiapas, bekräftigte das Ejército Zapatista de Liberación Nacional zu Beginn der Vollversammlung des CND die Bemühungen für die demokratische Veränderung, nach der unser Land strebt. Die zapatistischen Waffen traten zugunsten der zivilen und friedlichen Mobilisierungen im Kampf für den Übergang zur Demokratie beiseite. Die in der ersten Sitzung des CND verabschiedeten allgemeinen Verlautbarungen reichten nicht aus, sofort eine Volksbewegung zu bilden, aber die organisatorischen Bemühungen, die ihr zugrunde lagen, fangen an, in verschiedenen Regionen des Landes Wurzeln zu schlagen.

Am 21. August 1994, während das System der Staatspartei auf nationaler Ebene eine ausgefeilte Maschine des Wahlbetrugs in Gang setzte, stieß der Betrug in Chiapas auf eine zivile Aufständigkeit, die bis heute ihre Ablehnung gegen Zwang und Lüge aufrechterhält.

Das am 21. August begangene Staatsverbrechen trieb breite Teile der Bevölkerung in ein Gefühl der Frustration und des Grolls. Selbst die Unentschlossensten erkannten eine Niederlage, wo nichts als eine listige Lüge war. Die Nation sah verzweifelt, daß Regierungshochmut und -macht keinerlei Gegengewicht in den zivilen und friedlichen Mobilisierungen fanden. Aber noch leuchtet in den Bergen des mexikanischen Südostens das kleine Licht der Unnennbaren, derer ohne Gesicht, der mit Feuer und Wahrheit Bewaffneten.

Um die würdige Stimme der Zapatisten zum Schweigen zu

bringen, zog die Regierung den Belagerungsring enger und verstärkte Quantität und Qualität der Truppen und Bewaffnung im mexikanischen Südosten. Diejenigen, die ursprünglich in dieses Land eingefallen waren, die Viehzüchter und großen Händler, bekennen sich wieder offen zu ihrer Vorgeschichte: sie verhalten sich hochmütig und drohend gegenüber denen, die eine andere Sprache und Hautfarbe haben, und sie zeigen sich demütig und diensteifrig gegenüber denen, die sie in einem Freihandelsabkommen geopfert haben, das sie dazu verurteilt, von den wirklichen Riesen der Ausbeutung in Mexiko verschlungen zu werden. Die endlosen internen Abrechnungen der Herrscherclique, Ergebnis ihrer Gier und ihres Strebens nach Macht, führten zu einem neuen Kandidatenmord, der bewies, daß die Gewalt dem System der Staatspartei inhärent ist und daß die regierende Clique nicht mehr in der Lage ist, der mexikanischen Nation Frieden und Stabilität zu gewährleisten. Die Ermordung von Ruiz Massieu, Generalsekretär der PRI, in die Mitglieder des salinistischen Kabinetts und hohe Bonzen der Staatspartei verstrickt sind, bestätigt die Wahrheit: das System der Staatspartei ist ausgelaugt und droht, das Land in seinem tödlichen Fall mitzureißen. Angesichts der Bedrohungen und Unsicherheit, die im Inneren des politischen Systems Mexikos vorherrschen, beschließt das Ejército Zapatista de Liberación Nacional, den Dialog mit einer Regierung abzubrechen, die keinerlei Glaubwürdigkeit mehr hat.

Schließlich zeigt Herr Salinas de Gortari, der seit 1988 den Vorsitz der Bundesexekutive usurpiert hat, eindeutige Zeichen von Wahnsinn. Mit einem klinischen Bild akuter Schizophrenie erklärt Herr Salinas de Gortari, daß er die Wirklichkeit weder sieht noch hört, erniedrigt seine Opponenten, verwischt seine Verbrechen, setzt sich mit der Komplizenschaft der Medienmonopole und der Zustimmung der Intellektuellen, die unter kugelsicheren Bettlaken Abhandlungen über Themen der Gegenwart von sich geben, auf die lange Rutschbahn der Verrücktheit und läßt sich ein Bühnenbild des Eigenlobs errichten. Die Geschicke der großen mexikanischen Nation befinden sich in den Händen einer Person, der der Hochmut der Macht bereits jegliche Möglichkeit vernunftbestimmten Denkens geraubt hat.

Auf Seiten des Ejército Zapatista de Liberación Nacional können wir sagen, daß wir viele Fehler begangen haben. Einige
sind Ergebnis unserer politischen Ungeschicklichkeit, unseres
Unwissens und der Beschränkungen durch unseren bewaffneten
Gang ohne Gesicht in einem militärischen Sperrgebiet. Andere
Fehler sind Ergebnis der protagonistischen Exzesse desjenigen,
der die Stimme des Ejército Zapatista de Liberación Nacional
ist. Viele Male war unser Wort weder das richtigste noch das
geeignetste. Derjenige, der die Stimme und das Ohr des Ejército
Zapatista de Liberación Nacional innehat, hat sich bei nicht
wenigen Gelegenheiten in seinem Wort und seinen Gesprächs-
partnern getäuscht.

Das Wort der EZLN hat nicht immer seinen richtigen Weg gefunden: der Aufruf zur Einheit aller fortschrittlichen Kräfte, die
für die Demokratie kämpfen.

Unsere Ungeschicklichkeit hat in den meisten Fällen provoziert, daß anstelle von Einheit und Klarheit die Verwirrung gefördert wurde und Streit und Feindschaft angeregt wurden, die
ja bereits reichlich unter den prodemokratischen Kräften Mexikos vorhanden sind.

Auch innerhalb des Rebellengebietes ist es zu nicht wenigen
Fehlern und Exzessen unserer Compañeros gekommen. Die
Achtung der Menschenrechte der Zivilbevölkerung, zu der uns
unsere Anerkennung der Genfer Konvention zwingt, ist nicht
vollständig unter der nichtzapatistischen Bevölkerung eingehalten worden. Bei der einen oder anderen Gelegenheit wurden
einige Bewohner, die unseren Weg des Kampfes nicht teilen,
bedroht, um sie zum Beitritt in das Ejército Zapatista de Liberación Nacional zu zwingen. In diesen Fällen dürfen wir nicht
gleichzeitig Richter und beteiligte Partei sein, dürfen wir nicht
den Fehler der Regierung wiederholen, gegen die wir kämpfen,
und unsere eigenen Willkürmaßnahmen selbst überwachen
wollen. Deshalb haben wir uns an die Nichtregierungsorganisationen für Menschenrechte gewandt und sie darum gebeten,
die Wahrung der Grundrechte aller menschlichen Wesen innerhalb des Konfliktgebiets ungeachtet ihrer politischen Ansichten, ihrer Religion, ihrer Rasse oder sozialen Klasse zu überwachen. Wir haben bereits eine zustimmende Antwort von einigen Organisationen erhalten. Nur das Klima tiefer Beunruhi-

gung und die unmittelbare Kriegsdrohung hindern uns daran, diese Beziehung zu formalisieren. Was die gute Regierung angeht, war die Achtung der Revolutionären Gesetze von 1993 nicht die gewünschte. Bei einigen Gelegenheiten wurden kleine Besitztümer angegriffen, die die in den revolutionären Agrargesetzen erlaubte Ausdehnung nicht überschritten. Das Geheime Revolutionäre Indigene Komitee – Generalkommandantur des Ejército Zapatista de Liberación Nacional prüft zur Zeit die entsprechenden Anpassungsmaßnahmen, um die Wahrung der Menschenrechte zu garantieren und zu verhindern, daß die wirklich kleinen Eigentümer angegriffen werden.

Brüder und Schwestern:
Wir haben viele Fehler begangen, aber nie haben wir dem Herzen und Wort desjenigen geglaubt, der uns schlecht regiert, unser Leben unterdrückt und unseren Tod verfügt.
Deshalb gelang es uns, unsere Fahnen auf dem gesamten nationalen Territorium bekanntzumachen. Wir sind heute mehr und stärker als im November 1993, als wir uns auf den Beginn des Krieges vorbereiteten. Heute gibt es mehr Dörfer, mehr Regionen und mehr Gebiete, in denen die würdige und rebellische Fahne des Ejército Zapatista de Liberación Nacional weht. Unsere gerechte Sache hat in allen Teilen des Landes Widerhall gefunden. Zapatistische Waffen stehen in den Bergen des mexikanischen Nordens, im Nordwesten, Süden, Osten und im Zentrum unseres Landes zum Aufstand bereit.
Die zapatistischen Truppen der 21. Infanteriedivision, die 75. Infanteriedivision, die 25. Infanteriedivision und die gemischten Verbände, die diese Einheiten des ersten Korps der Armee des Südostens begleiten, die mit der Offensive und dem Rückzug im Januar 1994 und mit der mehr als dreihunderttägigen Belagerung unter harten Bedingungen eine glorreiche Seite in der revolutionären Militärgeschichte Mexikos geschrieben haben, stehen bereit, um die Befehle unserer führenden Brüder und Schwestern zu empfangen. Als Erbe des Ruhms des Besten der Truppen von Villa und Zapata und beseelt vom Geist von Hidalgo, Morelos und Guerrero, wahrt die EZLN in ihrer bewaffneten Brust die Überzeugung von der Notwendigkeit, nutzlos und überflüssig zu werden.

Brüder und Schwestern:

Im November 1993, am Vorabend des Beginns unseres gerechten Krieges, erhielt ich von den Führern der verschiedenen indigenen Kräfte unserer Armee den Kommandostab, um die Gesamtheit der zapatistischen Truppen zu leiten und gemeinsam mit ihnen zur Erfüllung unserer Pflicht zu marschieren. Aus dem Herzen unserer höchsten tzotzilischen, tzeltalischen, cholischen, tojolabalischen, mamischen und zoquischen Führer wurde mir das Leben der seit jeher Toten, der Stolz der Erniedrigten, der Reichtum der Besitzlosen, die Stimme derer, die ohne Stimme sind, der Name der Unnennbaren, das Gesicht derer ohne Gesicht übertragen.

Heute habe ich erneut den Kommandostab von unserer indigenen Führung erhalten. Ich habe unseren größten Herren des Lebens und Todes mitgeteilt, daß wir bereit sind. Unsere Truppen haben ungeduldig die sanfte Wut gehütet, die wir von unseren Vorfahren erhielten.

Schwestern und Brüder Chefs, ihr könnt befehlen, ohne daß euer Herz Kummer leidet. Wir sind bereit.

Wir sind bereit. Unser Schritt wird nicht schwanken auf dem schmerzhaften Weg des Krieges. Wenn dies der Befehl unserer Chefs ist, werden wir, die Krieger der Berge, die seit jeher Toten, die nächtlichen Wanderer, die mit Wahrheit und Feuer Bewaffneten, die, die sterben müssen, um zu leben, erneut durch die Luft, die Schatten und über die Erde eilen, um das Wort des Feuers und Todes zu sprechen.

Wir sind bereit. Unser Herz wird nicht taub sein auf dem ungewissen Weg des Dialogs. Wenn so der Befehl unserer Chefs lautet, werden wir, die sanfte Wut, die Gesetzesbrecher gegen das Vergessen, die Professionellen der Hoffnung, die Würde ohne Gesicht, den Zorn noch zurückzuhalten wissen, den der Hohn in unserer bewaffneten Brust entfacht.

Brüder und Schwestern Chefs, möge euer Herz nicht mehr nur euer Herz sein, möge das Herz unserer Toten jetzt in eurer Brust leben, möge aus eurem Mund die Wahrheit sprechen, möge sich euer Ohr nur für das Wort der wahrhaften Männer und Frauen öffnen. Möge das Licht der Würde, das in den letzten Mexikanern lebt, in eurem Blick leuchten.

Die Usurpation beherrscht weiterhin die mexikanischen Länder.

Der wirkliche Wille der großen mexikanischen Nation wurde erneut von denen verhöhnt, die danach streben, daß das ausländische Banner und Mandat auf mexikanischem Boden regiert. Krieg will der Schmerz unserer Leute, um die Schmach des Hohnes abzuwaschen.

Wie vor dem Morgengrauen im Januar werden unsere indigenen Brüder und Schwestern aus anderen Gegenden geschlagen und ermordet; unsere Brüder und Schwestern Campesinos werden weiter von ihrem Land vertrieben, unsere Brüder und Schwestern Arbeiter leben weiter in der Armut, unsere Brüder und Schwestern vom Land und den Städten unseres Landes, das Mexiko ist, sind weiterhin der Demokratie, Freiheit und Gerechtigkeit beraubt. Nichts hat sich verändert, Brüder und Schwestern Chefs, dieses Jahr verlöscht wie andere zuvor, ohne schmerzliche Hoffnung. Ein Licht will diese Nacht, Brüder und Schwestern Chefs. Sprecht, unser Herz hört euch zu.

Sprecht, Brüder und Schwestern Chefs, es möge die Wahrheit sprechen und unsere Stimme des „Für alle alles, nichts für uns" möge immer wandern.

Wie zu Beginn eines jeden Jahres werden wir auch jetzt aufzeigen, was der Plan unseres Ejército Zapatista de Liberación Nacional ist. Heute, wie 1993, als wir den Krieg vorbereiteten, wie 1992, als wir uns für ihn entschieden, wie 1984, als wir ein Jahr alt waren, wie 1983, als das Erwachen der Hoffnung begann, ist der zapatistische Plan derselbe: die Welt verändern, sie besser, gerechter, freier, demokratischer zu machen, das heißt, menschlicher.

Brüder und Schwestern, der Krieg ist noch nicht beendet.

* * *

Die sieben Botschaften, mit denen der Kommandant Tacho im Namen der CCRI Marcos den Kommandostab zum Jahrestag der EZLN überreicht:

Nationalflagge: Auf diesem Stoff befindet sich das Wort aller armen Mexikaner und ihres Kampfes seit alter Zeit. Du sollst für sie alle kämpfen, niemals für dich, niemals für uns. Für alle alles, nichts für uns. Wir sind Mexikaner, die frei sein wollen.

Das ist die Fahne der Geschichte. Denke stets daran, daß wir für die Freiheit kämpfen.

Fahne der EZLN: In diesem Stern mit fünf Zacken befindet sich die Figur des menschlichen Wesens: der Kopf, zwei Hände und zwei Füße, das rote Herz, das alle Teile verbindet und sie eins werden läßt. Wir sind menschliche Wesen und das bedeutet, daß wir Würde haben. Dies ist die Fahne der Würde. Denke stets daran, daß wir für den Menschen kämpfen.

Waffe: In dieser Waffe befindet sich unser Kriegerherz. Es ist unsere Würde, die uns zwingt, zu den Waffen zu greifen, damit sie niemand mehr ergreifen muß. Wir sind Soldaten, die aufhören wollen, Soldaten zu sein. Das ist die Waffe des Friedens. Denke stets daran, daß wir für den Frieden kämpfen.

Kugel: In dieser Kugel befindet sich unser sanfter Zorn. Es ist unser Wunsch nach Gerechtigkeit, der diese Kugel antreibt, damit sie ausspricht, was unsere Worte verschweigen. Wir sind die Stimmen des Feuers, die Linderung suchen. Das ist die Kugel der Gerechtigkeit. Denke stets daran, daß wir für Gerechtigkeit kämpfen.

Blut: In diesem Blut befindet sich unser indigenes Blut. Es ist der von unseren Vorfahren geerbte Stolz, der zu Blut wird, das uns zu Brüdern werden läßt. Wir sind Blut, das den Boden tränkt und den Durst aller unserer Brüder herausschreit. Das ist das Blut der wahrhaften Männer und Frauen. Denke stets daran, daß wir für die Wahrheit kämpfen.

Mais: In diesem Mais befindet sich das Fleisch unseres Volkes. Wir sind die Männer und Frauen des Mais, die Söhne und Töchter der ersten Götter, der Schöpfer der Welt. Wir sind Mais, der die Geschichte nährt, der zeigt, daß man gehorchend regieren muß. Dies ist der Mais, der im Schmerz die Schmerzen aller unserer Brüder lindert. Denke stets daran, daß wir für Demokratie kämpfen.

Erde: In dieser Erde befindet sich das Haus unserer größten Toten. Wir sind die seit jeher Toten, die, die sterben müssen, um zu leben. Wir sind der lebende Tod. Dies ist der Tod, der all unseren Brüdern und Schwestern Leben spendet. Denke stets daran, daß wir für das Leben kämpfen.

Sieben Kräfte: tzotzilische, tzeltalische, tojolabalische, cholische, mamische, zoquische und mestizische. Möge der Kampf sieben mal sieben Male wachsen. Sieben Worte und sieben Wege: Leben, Wahrheit, Mensch, Frieden, Demokratie, Freiheit und Gerechtigkeit. Sieben Wege, die dem Kommandostab des Chefs der wahrhaften Männer und Frauen Kraft verleihen.

Ergreife also den Kommandostab der sieben Kräfte. Trage ihn mit Ehre und auf daß in ihm keine Worte sein mögen, die nicht die wahrhaften Männer und Frauen sprechen. Du bist nicht mehr du, jetzt und seit jeher bist du wir.

EINE KUGEL SCHEINT DER EINZIGE TROST FÜR EIN EINSAMES HERZ ZU SEIN

Die letzte Mitteilung darüber, wie die Dinge gesehen werden. Die zapatistische Bewegung hat bewirkt, daß der Preis für das Blut der mexikanischen Indianer gestiegen ist. Gestern kostete es noch weniger als Geflügel: heute ist ihr Tod die Bedingung für den schamlosesten Kredit der Weltgeschichte. Das auf die Zapatisten ausgesetzte Kopfgeld ist die einzige Hausse im Auf und Ab der Finanzspekulation. Señor Zedillo hat mit der Zahlung der Kreditschulden begonnen. Seine Botschaft ist eindeutig: entweder du sprichst voller Unterwürfigkeit und auf den Knien liegend vor der „obersten Regierung", oder ich vernichte dich mit dem Aval meiner Komplizen im Kongreß. Jetzt zaubert er den Beweis aus der Tasche, daß wir keinen Dialog wollen. Sein Ziel? Die Kreditschulden bezahlen. Irgendjemand müßte diesem Herrn erklären, wer die Zapatisten sind. Er scheint noch nie mit würdigen Menschen gesprochen zu haben. Er hat keine Erfahrung im Umgang mit menschlichen Wesen: er versteht sich auf Zahlen, makroökonomische Planspiele, lügnerische Medien und unterwürfige Kontrahenten, aber auf menschliche Wesen nicht. Hoffentlich lernt er noch etwas dazu, bevor alles kaputt geht.
Der erste und stärkste Beifall zum Ultimatum von Querétaro kam von den großen Viehzüchtern und Händlern aus dem Südosten. Sie wissen, daß ihre Privatheere keinen Mumm in den Knochen haben, um sich den Zapatisten entgegenzustellen; jetzt warten sie darauf, daß das Bundesheer die Arbeit erledigt, die sie früher unbeobachtet von den Augen der Presse gemacht haben: den Massenmord.
Die „oberste Regierung" bedroht uns ...
Die Zapatisten und nicht das, was die Hauptursache für das gegenwärtige und zukünftige Elend von Millionen von Mexi-

kanern ist, die Arbeitslosigkeit, die Senkung des Einkommensniveaus, der Vertrauensverlust in die „oberste Regierung" und ihre „Institutionen".

Die Zapatisten und nicht denjenigen, der mit dem Geld des mexikanischen Volks herumreist, um seine wirtschaftlichen Luftschlösser in anderen Ländern feilzubieten.

Die Zapatisten und nicht die Kirchen-Hierarchie, die, während wir Bohnen, Chili und Tortilla essen und sie große Banketts auf dem Tisch stehen haben, nach den „dunklen" Finanzquellen der Ehzettellen fragen.

Die Zapatisten und nicht Hank González, den das nordamerikanische Außenministerium bereits wegen seiner Drogengeschäfte verfolgt. Was eigentlich die Aufgabe der mexikanischen Justiz wäre, übernimmt die nordamerikanische Verwaltung.

Die Zapatisten und nicht die, die schon lange vorher von der Abwertung im Dezember wußten und mit Sekt das Floaten des mexikanischen Pesos feierten (eine elegante Form, um die Sturzfahrt der Währung zu beschreiben).

Die Zapatisten und nicht die, die um die große Lüge des salinistischen Aufschwungs das komplizierte Netz theoretischer Komplimente und „glänzender" und „objektiver" Analysen geknüpft haben, um das Loblied auf den Makrobetrug anzustimmen.

Die Zapatisten und nicht die, die in Chiapas, Tabasco, Veracruz, Tlaxcala, San Luís Potosí, Guanajuato, Jalisco einen größeren Betrug als den wirtschaftlichen begangen haben und erneut vorbereiten: den Betrug an den Hoffnungen auf einen friedlichen Übergang zur Demokratie.

Die Zapatisten und nicht diejenigen, die die Tzeltalinnen in Altamirano vergewaltigt haben.

Die Zapatisten und nicht diejenigen, die auf dem Markt von Ocosingo die gefangenen aufständischen Kämpfer mit einem Genickschuß hingerichtet haben.

Die Zapatisten und nicht diejenigen, die mit der eleganten Erläuterung, daß sie keine Bomben benutzen, die Zivilbevölkerung in San Cristóbal, Los Altos und im Urwald unter Streufeuer genommen haben.

Die Zapatisten und nicht diejenigen, die Jagdhunde benutzen, um sie zu verfolgen.

Die Zapatisten und nicht diejenigen, die das Indianerblut an der chiapanekischen Börse auf einen niedrigeren Preis taxiert haben als ein Hähnchen.

Die Zapatisten und nicht diejenigen, die das Geld aus den „Friedensabkommen" von San Cristóbal in die eigenen Taschen gescheffelt haben.

Die Zapatisten und nicht diejenigen, die für ein Verbrechen verantwortlich sind und heute die Verfügungsgewalt über den Energiereichtum Mexikos besitzen.

Die Zapatisten und nicht diejenigen, die aktive oder passive Komplizen des größten Verbrechens seit Porfirio Díaz gewesen sind: des Salinismus.

Die Zapatisten und nicht diejenigen, die in der „Unsicherheit" eines Monatsgehalts von mehreren Tausenden neuer Pesos leben, die sie für die „erschöpfende" Tätigkeit erhalten, die Hand zu heben, um den Ausverkauf des Vaterlands zu beschließen ...

Die Zapatisten und nicht den politischen Arm des organisierten Verbrechens und Drogenhandels, der sich zudem voller Hohn erfrecht, die Farben der Nationalflagge auf seinem Wappen zu führen.

Die Zapatisten und nicht die Handvoll amerikanischer Kapitalanleger, die den Preis für unsere Bodenschätze bereits im voraus bezahlt haben. Die Zapatisten und nicht diejenigen, die von der Empore der Massenmedien die Nation belogen haben, belügen und belügen werden.

Die Zapatisten und nicht diejenigen, die im Januar 1995 in der Schweiz vor dem IWF vorstellig wurden und erklärten, „der Präsident Salinas hat mich angewiesen ... Entschuldigung, der Präsident Zedillo ..."

Die Zapatisten und nicht diejenigen, die, von der internationalen Bank für Entwicklung aus und von ausländischen Interessen getragen, die Geschicke des Landes lenken.

Die Zapatisten und nicht die Weißgardisten.

Die Zapatisten, die Männer und Frauen, die zu den Waffen gegriffen haben, um nicht weiter auf den Knien zu leben, und nicht diejenigen, die uns über Jahrhunderte in Unwissenheit, Elend, Tod, Verzweiflung versenkt haben.

Die Zapatisten, die beschlossen haben, ihr Blut zu vergießen als

Garantie dafür, daß sie niemals mehr niemanden mit Drohungen einschüchtern können.

Die Zapatisten, die Kleinsten, die Ewig-Vergessenen, das Fleisch, das gestern noch zum Tod durch Unterernährung, Durchfallerkrankung, Vergessen in Kaffeefeldern, Plantagen, Straßen, Bergen bestimmt war.

Die Zapatisten, die Kleinsten, die Ewig-Vergessenen, das Fleisch, das morgen dazu bestimmt sein wird, als Versuchsfeld für die modernen Waffen einer Armee zu dienen, die, anstatt die nationale Souveränität zu verteidigen und ihre Waffen gegen die Verräter an unserem Land zu richten, auf ihre Brüder in Blut, Land und Geschichte zielen.

Die Zapatisten, die Millionäre nichteingehaltener Versprechen, die ihre Gesichter bedecken, damit die Brüder aus anderen Ländern sie sehen können. Die Zapatisten des „für alle alles, nichts für uns".

Die Zapatisten, die die heute Regierenden gelehrt haben, was diese nicht auf ihren Fortbildungskursen im Ausland gelernt haben und was heute nicht mehr in den Schulbüchern auftaucht, mit denen sie die mexikanischen Kinder blenden ... Die Bedeutung der sechs Buchstaben, die schon lange auf dem internationalen Markt zu Schleuderpreisen gehandelt werden: Mexiko.

Die Zapatisten, die Männer, Frauen, Kinder und Alten, die (sehr viel früher als die, die heute den Willen der mexikanischen Nation widerrechtlich an sich gerissen haben und selbst noch im Blut ihrer Vorgänger nichts als ein Traum gewesen waren) dieses Land bewohnen, in ihm leben und sterben. Die, gemeinsam mit anderem indianischen Blut, diesem Land das Bild eines Adlers, der eine Schlange verschlingt, als Nationalwappen verliehen haben.

Die Zapatisten, uns, euch, alle, die nicht sie sind ...

Nun gut, was auch immer passieren mag, ich danke euch allen für alles. Wenn wir die Uhr der Geschichte zurückdrehen könnten, würden wir, ohne eine Sekunde zu zweifeln, so handeln, wie wir gehandelt haben. Noch einmal, tausendmal, würden wir unser „Ya basta!" wiederholen.

Lebt wohl. Alles Gute und eine ganz kräftige Umarmung (gegen die Kälte und damit nicht erneut das Vergessen herrscht).

Aus den Bergen des mexikanischen Südostens
Subcomandante Insurgente Marcos

P.S.: Einen Riesenbeifall für den neuen „Erfolg" der Regierungspolizei: Ich habe gehört, daß sie schon einen neuen Marcos entdeckt haben, der aus Tampico stammen soll. Klingt nicht schlecht, der Hafen ist hübsch. Ich erinnere mich an den Ort, als ich in Ciudad Madero als Rausschmeißer in einem Bordell gearbeitet habe, zu einer Zeit, in der La Quina mit der regionalen Wirtschaft das machte, was Salinas mit der Wertpapierbörse veranstaltet hat: Geld reinpumpen, um die Armut zu verbergen. Ich verließ den Hafen, weil die Feuchtigkeit mich müde machte und die Seemuscheln mich nicht schlafen ließen.

P.S.: Trotz der widrigen Umstände hält er an seinem Narzißmus fest: Also ich meine damit: Ist dieser neue Subcomandante Marcos schön? Denn in letzter Zeit bekomme ich nichts als häßliche Gesichter serviert und mein ganzer weiblicher Briefverkehr geht mir kaputt.

P.S.: Waffen und Zeit sind begrenzt. Ich habe 300 Schuß, also sollen sie sich bemühen, mehr als 299 Soldaten und Polizisten anzukarren, um mich zu verhaften (Es heißt, daß ich nicht vorbeischieße; Wollen Sie es ausprobieren?). Warum 299, wenn ich doch 300 Kugeln habe? Naja, die letzte ist für meine Wenigkeit. Es ist nämlich so, daß unsereins sich mit solchen Dingen anfreundet, und eine Kugel scheint der einzige Trost für ein so einsames Herz zu sein.

Also noch einmal. Macht's gut. Und sollte es in Ihrer Brust nicht einen kleinen Ort für eine Erinnerung geben?

SHAKESPEARE IM
LAKANDONISCHEN URWALD

Damen und Herren,
hiermit wird mitgeteilt, wie schwarz die Dinge gesehen werden. Heute ist schon fast gestern. Der Zynismus ist verwunderlich, mit dem das Offenkundige abgestritten wird: die Entscheidung zu einer militärischen Lösung. Und wir? Gut, wir kratzen schon fast am Himmel. Das erste Mal, das etwas nach oben fällt ...
Lebt wohl. Grüße. Und ein gut geschärftes Messer, um diese Dunkelheit aufzukratzen.

Aus den Bergen des mexikanischen Südostens
Subcomandante Insurgente Marcos

P.S. *Der den Tagesablauf des 15. Februar, des sechsten Tags unseres Rückzugs erzählt.* (Wir empfehlen Ihnen die Lektüre vor jedem Essen, sie ist eine hervorragende Abmagerungskur.) „In den frühen Morgenstunden des 15. Februar schickten wir uns an, Urin zu trinken. Und ich sage ‚wir schickten uns an‘, denn wir kamen nicht dazu, weil wir nach dem ersten Schluck anfingen zu brechen. Zuvor war es zu einer Meinungsverschiedenheit gekommen. Obwohl wir alle damit einverstanden waren, daß jeder seinen eigenen Urin trinken sollte, bestand Camilo darauf, daß wir warten sollten, bis es Tag würde, damit der Urin in den Feldflaschen abkühlen könnte. Dann könnten wir trinken und uns dabei vorstellen, es wäre ein Erfrischungsgetränk. Zur Verteidigung seiner Ansicht führte Camilo an, daß er im Radio gehört habe, daß die Phantasie Berge versetzen würde. Ich war dagegen und erwiderte, daß der Geruch mit der Zeit nur noch stärker werden würde, außerdem wies ich darauf hin, daß die Sendungen im Radio in letzter Zeit nicht unbedingt durch Objektivität geglänzt hätten. Mein anderes Ich wandte ein, daß die Ruhezeit dazu beitragen könnte, daß sich das Ammoniak am Flaschenboden ablagert. ‚Das wird dann wohl das Adrenalin sein‘, meinte ich und wunderte mich darüber, daß die Skepsis von mir kam und nicht von meinem anderen Ich. Schließlich nahmen wir alle zur gleichen Zeit einen kleinen Schluck, um zu sehen, was passiert. Ich weiß nicht, wer mit dem ‚Konzert‘ anfing, aber fast auf der Stelle würgten wir wieder hervor, was wir geschluckt hatten und ein bißchen mehr. Unser Wassermangel war nur noch größer geworden, und wir wälzten uns wie Betrunkene auf dem Boden herum und stanken nach Urin. Ich glaube, wir gaben ein wenig kriegerisches Bild ab. Kurz bevor die Sonne aufging, wurden wir von einem Regenschauer durchnäßt, der den Durst löschte und den Geist aufmunterte. Gegen Abend kamen wir dann in die Umgebung eines kleinen Dorfes. Camilo ging los, um nach etwas Eßbarem zu fragen. Er kam mit etwas kaltem, zähen gebratenen Schwein zurück. Wir verschlangen es auf der Stelle, ohne irgendwelche Vorsichtsmaßnahmen. Einige Minuten später kamen die Krämpfe. Der folgende Durchfall war denkwürdig. Wir blieben am Fuß eines kleinen Hügels liegen. Etwa 500 Meter entfernt zog eine Patrouille von Bundessoldaten vorbei. Sie bemerkten uns nicht, denn Gott ist groß. Der Gestank nach Scheiße und Urin war kilometerweit zu riechen ...“

P.S. *Der sich nicht stellen wird* – Sie können ruhig noch mehr Soldaten herbeischaffen und in allen Dörfern veranstalten, was sie in Guadalupe Tepeyac gemacht haben, wo sie für jeden Einwohner – Kind oder Erwachsenen – 10 Soldaten hingestellt haben, für jedes Pferd einen Panzer und für jedes Huhn ein gepanzertes Fahrzeug. Insgesamt 5.000 Soldaten patrouillieren durch ein verlassenes Dorf und „beschützen“ einen Haufen abgemagerter Hunde und herrenloser Tiere. Auch wenn sie so in allen Ejidos verfahren würden, in allen Dörfern, in allen Hüttensiedlungen, auch wenn sie den gesamten Bundesstaat Chiapas mit Soldaten vollstopfen würden ...
Trotz allem und allen werden die Berge des mexikanischen Südostens weiterhin das Gebiet der Rebellen gegen die schlechte Regierung sein, es wird zapatistisches Gebiet bleiben.
Nichts wird sich daran ändern.

P.S. *Das erläutert und bestätigt*

Es war nicht die EZLN, die den Dialog abgebrochen und wieder auf Krieg gesetzt hat.

Es war die Regierung.

Es war nicht die EZLN, die politischen Lösungswillen vortäuschte, während sie den heimtückischen militärischen Schlag vorbereitete.

Es war die Regierung.

Es war nicht die EZLN, die eine Verschwörung erfand, um Gründe vorzeigen zu können, die das Irrationale rechtfertigen.

Es war die Regierung.

Es war nicht die EZLN, die die Zivilbevölkerung festgenommen und gefoltert hat.

Es war die Regierung.

Es war nicht die EZLN, die Leute umgebracht hat.

Es war die Regierung.

Es war nicht die EZLN, die Ortschaften bombardiert und mit Maschinengewehren beschossen hat.

Es war die Regierung.

Es war nicht die EZLN, die indianische Frauen vergewaltigt hat.

Es war die Regierung.

Es war nicht die EZLN, die Campesinos beraubt und ausgeplündert hat.

Es war die Regierung.

Es war nicht die EZLN, die den Willen einer ganzen Nation zu einer politischen Lösung des Konflikts betrogen hat.

Es war die Regierung.

P.S. *Der auf Ungereimtheiten in den Untersuchungen der Staatsanwaltschaft hinweist.*

Wenn der „Sub" unter den Sandinisten politisch und militärisch geschult worden wäre, hätte er bereits eine „Verteilung" der zurückgewonnenen Häuser organisiert und die Kritiker aus seiner Organisation ausgeschlossen. Wenn der „Sub" bei den Salvadorianern ausgebildet worden wäre, hätte er Cristiani schon seine Waffe geschenkt. Wenn der „Sub" von den Russen beraten worden wäre, hätte er schon Tschetschenien, Verzeihung, Guadalupe Tepeyac bombardiert.

Welche andere „Endzeit-" oder „fundamentalistische" Guerilla unter Führung „weißer Universitätsabgänger" hat militärische Aktionen durchgeführt wie die EZLN im Januar 1994 oder als sie die Belagerung im Dezember 1994 durchbrach? Welche andere Guerilla hat sich 50 Tage nach ihrer bewaffneten Erhebung zu einem Dialog bereit erklärt? Welche andere Guerilla hat sich nicht auf das Proletariat als historische Avantgarde bezogen, sondern auf die Zivilgesellschaft, die für die Demokratie kämpft? Welche andere Guerilla ist beiseite getreten, um eine Wahl nicht zu verhindern? Welche andere Guerilla hat eine demokratische, zivile und friedliche nationale Bewegung mobilisiert, damit der Rückgriff auf den bewaffneten Weg überflüssig wird? Welche andere Guerilla fragt ihre Unterstützungsbasis, was sie machen soll, bevor sie es macht? Welche andere Guerilla hat um einen demokratischen Raum gekämpft und nicht um die Macht? Welche andere Guerilla hat eher Worte als Kugeln sprechen lassen?

P.S. *Der sich selbst als „Sonderstaatsanwalt für den Fall des SUP" bezeichnet und die nationale und internationale Zivilgesellschaft aufruft, Gericht zu halten und ein Urteil zu fällen.* Um soundsoviel Uhr des Tages X im Monat Z des laufenden Jahres erscheint vor diesem P.S. ein Mann unbestimmten Alters, zwischen 5 und 65 Jahren, der sein Gesicht mit diesem Kleidungsstück bedeckt hält, das wie ein Strumpf mit Löchern aussieht (und das die Gringos „skimask" und die Lateinamerikaner „pasamontañas" nennen). Was die Merkmale des Gesichts angeht, ragen zwei Ausbeulungen hervor, wobei es sich bei der einen, wie nach mehrfachem Niesen gefolgert wurde, um die Nase handelt. Dem ausströmenden Rauch und dem Tabakgeruch zufolge kann es sich bei der anderen um eine jener Pfeifen handeln, die Seeleute, Intellektuelle, Piraten und Justizflüchtige benutzen. Nachdem es dazu aufgefordert worden war, die Wahrheit zu sagen und nichts als die Wahrheit, erklärte das fragliche Individuum, daß es *Marcos Montes de la Selva* heiße, Sohn des alten Antonio und der Doña Juanita sei, Bruder von Antonios Sohn, Ramona und Susana, Onkel von Toñita, Beta, Eva und Heriberto. Der mit der Stimme sagt aus, daß er sich im Vollbesitz seiner geistigen und körperlichen Kräfte befindet, und er erklärt und gesteht frei jeglichen Drucks (außer den 60.000 Bundessoldaten, die ihn tot oder lebendig suchen) das Folgende:

Erstens: Er wurde in einer Morgenstunde des Monats August 1984 im Guerillalager mit dem Namen „Agua fría" im Lakandonischen Urwald, Chiapas, geboren. Der mit der Stimme erklärt, daß er erneut am 1. Januar 1994 geboren wurde und in der Folge am 10. Juni 1994, am 8. August 1994, am 19. Dezember 1994, am 10. Februar 1995 wieder geboren wurde und von diesem Tag an täglich zu jeder Stunde in jeder Minute und Sekunde bis zum Zeitpunkt dieser Erklärung.

Zweitens: Außer seinem Namen hat er folgende *alias*: „Sub", „Subcomandante", „Sup", „Supco", „Marquitos", „Pinche Sub", „Sub ... sohn" und andere, die aufzuzählen die Scham dieses P.S.-Staatsanwaltes verbietet.

Drittens: Der mit der Stimme gesteht, daß er von seiner Geburt an gegen die Schatten konspiriert hat, die den Himmel der Mexikaner bedecken.

Viertens: Der mit der Stimme gesteht, daß er, der vor seiner Geburt alles besitzen konnte, um nichts zu haben, beschlossen hat, nichts zu besitzen, aber alles zu haben.

Fünftens: Der mit der Stimme gesteht, daß er in Gemeinschaft mit anderen Mexikanern, in überwiegender Mehrheit Maya-Indianern, beschlossen hat, ein Papier geltend zu machen, das ihnen, wie der mit der Stimme behauptet, in der Schule gezeigt wurde und die Rechte der mexikanischen Bürger angibt und die „Politische Verfassung der Vereinigten Staaten von Mexiko" genannt wird. Der mit der Stimme weist darauf hin, daß es im Artikel 39 dieses Papiers heißt, daß das Volk das Recht hat, die Regierung zu wechseln. An dieser Stelle ordnete das pflichteifrige P.S. die Beschlagnahme dieses subversiven Papiers an und befahl, es schonungslos zu verbrennen. Und nachdem der Befehl ausgeführt worden war, wandte es sich wieder der Erklärung des Individuums mit der hervorstehenden Nase und der stinkenden Pfeife zu. Der mit der Stimme gesteht, daß, weil sie ihr Recht nicht auf friedlichem und legalem Weg ausüben konnten, er und seine Komplizen (die der mit der Stimme „Brüder und Schwestern" nennt) beschlossen, sich bewaffnet gegen die Regierung zu erheben und der Lüge, die dem mit der Stimme zufolge unser Schicksal beherrscht, den Schrei „Ya basta!"

entgegenzuschleudern. Das P.S. kam nicht umhin, seinen Abscheu gegen diese ungeheuerliche Blasphemie zu zeigen.

Sechstens: Der mit der Stimme gesteht, daß er, wenn er zwischen Pflicht und Bequemlichkeit wählen müsse, stets die Pflicht wählt. Diese Äußerung rief den Unmut der anwesenden Zuschauer hervor und den instinktiven Reflex des P.S., mit der Hand nach der Brieftasche zu greifen.

Siebtens: Der mit der Stimme gesteht, daß er keinerlei Ehrfurcht vor den sogenannten höchsten Wahrheiten habe, ausgenommen denjenigen, die dem Menschen eigen sind, das heißt dem Erklärenden zufolge: Würde, Demokratie, Freiheit und Gerechtigkeit. Ein abfälliges Gemurmel beherrscht den Saal der Heiligen Inquisition, Entschuldigung, das Büro der Sonderstaatsanwaltschaft.

Achtens: Der mit der Stimme gesteht, daß sie versucht hätten, ihn zu bedrohen, zu kaufen, zu bestechen, einzusperren und zu ermorden, und bis heute hätten sie ihn weder eingeschüchtert noch gekauft, noch eingesperrt, noch ermordet („bis heute" vermerkt der P.S.-Staatsanwalt drohend).

Neuntens: Der mit der Stimme gesteht, daß er seit seiner Geburt es vorziehe zu sterben, anstatt seine Würde denen auszuhändigen, die aus der Lüge und dem Verbrechen eine moderne Religion gemacht haben. Ein solch unpraktischer Gedanke brachte ihm einen zynischen Blick der Zuhörerschaft ein.

Zehntens: Der mit der Stimme gesteht, daß er seit damals beschlossen hat, bescheiden gegenüber den Unterdrückten und hochmütig gegenüber den Herrschenden zu sein. Das P.S. erweitert die Anklagen gegen den mit der Stimme um „Beamtenbeleidigung".

Elftens: Der mit der Stimme gesteht, daß er an den Menschen geglaubt hat und glaubt: an seine Fähigkeit zur unermüdlichen Suche, Tag für Tag ein wenig besser zu sein. Er gesteht, daß er eine besondere Vorliebe für die Mexikaner hegt und daß er geglaubt hat, glaubt und glauben wird, daß Mexiko mehr ist als sechs Buchstaben und ein Produkt, das zu Schleuderpreisen auf den internationalen Märkten gehandelt wird.

Zwölftens: Der mit der Stimme gesteht, daß er fest daran glaubt, daß die schlechte Regierung mit allen Mitteln und überall zu Fall gebracht werden muß. Er gesteht seinen Glauben, daß neue politische, ökonomische und soziale Beziehungen zwischen allen Mexikanern und, wenn man schon dabei ist, zwischen allen menschlichen Wesen geschaffen werden müssen. Es ist anzumerken, daß diese unzüchtigen Absichten die P.S.-Staatsanwaltschaft schaudern lassen.

Dreizehntens: Der mit der Stimme gesteht, daß er bis zur vorletzten Sekunde seines Lebens für das kämpfen wird, an das er glaubt.

Vierzehntens: Der mit der Stimme gesteht, daß er kleinlich und egoistisch die letzte Sekunde seines Lebens seinem Tod widmen wird.

Fünfzehntens: Der mit der Stimme gesteht, daß ihn dieses Verhör reichlich langweilt. Dies bringt ihm einen strengen Tadel vom P.S.-Staatsanwalt ein, der dem mit der Stimme erklärt, daß der Fall fortgeführt werden müsse, bis der Oberste Gerichtshof eine andere Geschichte findet, mit der das Publikum unterhalten werden kann.

Nach diesen Geständnissen wurde der mit der Stimme aufgefordert, auf die folgende Reihe von Anschuldigungen sich spontan für schuldig oder unschuldig zu erklären. Auf jede Anschuldigung antwortet der mit der Stimme:

Die Weißen beschuldigen ihn, Schwarzer zu sein. Schuldig.
Die Schwarzen beschuldigen ihn, Weißer zu sein. Schuldig.
Die Machisten beschuldigen ihn, Feministin zu sein. Schuldig.
Die Feministinnen beschuldigen ihn, Machist zu sein. Schuldig.
Die Kommunisten beschuldigen ihn, Anarchist zu sein. Schuldig.
Die Anarchisten beschuldigen ihn, orthodox zu sein. Schuldig.
Die Anglos beschuldigen ihn, Chicano zu sein. Schuldig.
Die Antisemiten beschuldigen ihn, judenfreundlich zu sein. Schuldig.
Die Juden beschuldigen ihn, araberfreundlich zu sein. Schuldig.
Die Europäer beschuldigen ihn, Asiat zu sein. Schuldig.
Die Reformisten beschuldigen ihn, ein Ultra zu sein. Schuldig.
Die Ultras beschuldigen ihn, Reformist zu sein. Schuldig.
Die „historische Avantgarde" beschuldigt ihn, sich an die Zivilgesellschaft zu wenden und nicht an das Proletariat. Schuldig.

Die Zivilgesellschaft beschuldigt ihn, ihre Ruhe zu stören. Schuldig.

Die Wertpapierbörse beschuldigt ihn, ihr das Frühstück zu verderben. Schuldig.

Die Regierung beschuldigt ihn, für den erhöhten Konsum von Mitteln gegen Sodbrennen in den Ministerialabteilungen verantwortlich zu sein. Schuldig.

Die Possenreißer beschuldigen ihn, ernsthaft zu sein. Schuldig.

Die Erwachsenen beschuldigen ihn, wie ein Kind zu sein. Schuldig.

Die Kinder beschuldigen ihn, wie ein Erwachsener zu sein. Schuldig.

Die orthodoxen Linken beschuldigen ihn, weil er die Homosexuellen und Lesben *nicht* verurteilt. Schuldig.

Die Theoretiker beschuldigen ihn, ein Praktiker zu sein. Schuldig.

Die Praktiker beschuldigen ihn, ein Theoretiker zu sein. Schuldig.

Alle beschuldigen ihn für alles Schlechte, das ihnen passiert. Schuldig.

P.S. Der berichtet, was er am 16. Februar, am Nachmittag des siebten Tages des Rückzugs, gehört hat.

„Und warum greifen wir nicht an, anstatt uns zurückzuziehen?" platzt Camilo auf der mittleren Höhe eines Hügels heraus, genau in dem Augenblick, als ich voll damit beschäftigt bin, die Luft anzuhalten und nicht in die Schlucht zu fallen. Ich antworte nicht sofort und gebe ihm ein Zeichen, daß er weiter den Berg hinaufsteigen soll. Als wir oben angelangt sind, setzten wir drei uns. Die Nacht erreicht die Berge eher als den Himmel und im Dämmerlicht dieser unbestimmten Stunde, in der das Licht bereits verschwunden ist und die Schatten schwanken, ist etwas aus weiter Ferne zu hören ...

Ich sage zu Camilo, daß er aufmerksam hinhören solle. „Was hörst du?"

„Grillen, Blätter, Wind", antwortet mein anderes Ich.

„Nein", bestehe ich, „streng dich an."

Jetzt antwortet Camilo: „Stimmen ... weit weg ... ein Tam-tam-

tam ... wie eine Trommel ... es kommt von dort ..." Camilo zeigt auf den Westen.

„Genau", sage ich.

„Und?" wirft mein anderes Ich ein.

„Es ist die Zivilgesellschaft. Sie rufen, daß es nicht zum Krieg, sondern zum Dialog kommen soll, daß die Worte sprechen sollen und nicht die Waffen ...", erkläre ich.

„Und das Tam-tam-tam?" will Camilo wissen.

„Das sind ihre Trommeln. Sie rufen zum Frieden auf. Es sind viele Tausende, Zehntausende, Hunderttausende. Die Regierung hört sie nicht, und dabei stehen sie vor ihr. Los, gehen wir hin, wir müssen hören, was sie zu sagen haben. Wir müssen ihnen antworten. Wir können uns nicht taub stellen wie die Regierung. Wir müssen ihnen zuhören, wir müssen den Krieg verhindern, bis wir keine andere Wahl mehr haben ..."

„Und dann", murmelt mein anderes Ich.

„Dann werden wir kämpfen", erwidere ich Camilo.

„Wann?" will er wissen.

„Wenn sie schweigen und müde geworden sind. Das wird die schwarze Stunde sein, in der wir sprechen werden müssen ..."

„Kämpfen", sagt mein anderes Ich.

Ich bestehe darauf: „Wir machen alles für sie. Wenn wir kämpfen, ist es für sie. Wenn wir aufhören zu kämpfen, ist es für sie. Am Ende gewinnen sie. Wenn sie uns vernichten, werden sie das befriedigende Gefühl haben, alles Mögliche gemacht zu haben, um es zu verhindern, um den Krieg zu verhindern. Deshalb haben sie sich erhoben und sie werden nicht mehr stehenbleiben. Außerdem tragen sie eine Fahne in ihren Händen, die sie zu bewachen haben. Wenn wir leben, werden sie das befriedigende Gefühl haben, uns gerettet, den Krieg verhindert und uns bewiesen zu haben, daß sie die besseren sind und die Fahne beherrschen. Egal ob wir tot oder lebendig sind, sie leben und werden durch die Erfahrung stärker werden. Für sie alles, für uns nichts ..."

Camilo meint, daß er seine Version vorzieht: „Für die Frauen ..."

P.S. *Der erneut in sein nächtliches Abschweifen verfällt*
Das Vergessen, so weit entfernte Lerche, ist die Ursache für un-

seren geschichtslosen Gang. Um das Vergessen mit ein wenig Erinnerung zu töten, schützen wir mit Blei unsere Brust und die Hoffnung. Sollte ein unwahrscheinlicher Flug uns im Wind zusammenführen, werdet ihr all die Lumpen und Masken des versüßten Betrugs ablegen und Lippen und Haut werden die Erinnerung stärken, die Erinnerung an Morgen. Deshalb eine Nachricht aus der Erde zum Konkreten. Hört gut zu!

Wie auf der Szene oft ein Dilettant,
durch Schüchternheit gehemmt in seinem Spiel;
wie der, der rast, vom Wüten übermannt,
durch Übermaß geschwächt wird vor dem Ziel:

ganz so verfehle ich, von Angst beklommen,
zu tun, was Liebessitte sonst begründet,
und alle Leidenschaft erscheint verglommen,
weil sie zu heftig in mir angezündet.

Drum soll mein Lied für meine Liebe zeugen
und leise künden meinen lauten Drang,
den schüchtern meine Lippe muß verschweigen,
der mancher kühne Ausdruck doch gelang.

O laß, was stumme Liebe schrieb, gewähren:
sie wird dich lehren, mit dem Aug zu hören.

William Shakespeare, Sonett XXIII

Mach's gut, Lerche ... suche uns nicht unterhalb deiner Flugbahn. Oben ja, wohin uns unser Schmerz erhoben hat, die Sonne, aus der die Hoffnung herabregnet.

P.S. *Der nichts zu diesem Geburtstag schenken kann*
Heriberto hat am 5. März Geburtstag. Es heißt, er wird 4 und tritt ins 5. Lebensjahr ein. Heriberto ist in den Bergen, in seinem Haus leben nun Soldaten und ein Panzer steht in seinem Hof. Das Spielzeug, das er durch die „Spielzeugaktion" an den Drei Königen erhielt, liegt jetzt wahrscheinlich in den Händen eines Generals oder wird von der Generalstaatsanwaltschaft untersucht, ob es ein Organisationsgeheimnis enthält. Heriberto, der sich so intensiv auf die Ereignisse vom 10. Februar vorbereitet hat (die Invasion der Bundessoldaten), ließ sein bestes

Spielzeug zurück, als die Stunde schlug: ein kleines Auto zum Draufsetzen, auf dem Heriberto im zementierten Hof, wo der Kaffee getrocknet wurde, spielte, daß er Chauffeur war. Man sagt mir, daß Heriberto sich selbst tröstet, indem er sagt, daß sein Wagen in den Bergen ja gar nicht fahren könne. Heriberto fragt seine Mutter, ob er sein Auto irgendwann wiederbekommen könne und ob der Sup ihm nie mehr Schokolade geben würde. Heriberto fragt seine Mutter, warum der Krieg vom letzten Jahr wiedergekommen sei. „Warum?" fragt Heriberto. Seine Mutter antwortet nicht, sie geht weiter, Kind und Schmerz auf dem Rücken ...

P.S. *Der sich an Verse von Antonio Machado erinnert, die sich auf verschiedene Sachen beziehen, aber angebracht sind, und die er aus dem Gedächtnis zitiert.*

I.
In meinem Herzen war der
Stachel einer Leidenschaft vergraben
eines Tages konnte ich ihn entfernen
nun fühle ich mein Herz nicht mehr.
Spitzer goldener Stachel
könnte ich dich nur wieder
im Herzen spüren ...

II.
Heute nacht hörte ich im Traum
Gott, der mir zurief: Alarm!,
aber dann war es Gott, der schlief,
und ich war es, der rief:
Wach auf!

P.S. *Der hilflos verblutet.*

Eine Wunde zerreißt meine Brust
Blut aus Weizen
und es gibt kein Brot
um das Verlangen zu stillen ...
Der Sub von der Höhe eines Hügels, als er sieht, wie die Sonne in den Westen einen Schimmer mitnimmt, der erlischt ...

Sub Marcos

KOMMT, BRÜDER UND SCHWESTERN

An das Volk von Mexiko:
An die Völker der Welt:
Brüder und Schwestern:
Mit altem Schmerz und neuem Tod spricht unser Herz zu Euch,
damit Euer Herz uns hört. Anwesend war unser Schmerz gewesen, schmerzend war er. Im Schweigen erlosch unsere Stimme.
Vom Frieden sprach unsere Stimme, aber nicht vom gestrigen,
nicht vom alten Frieden, der tot war. Zurückgeblieben war das
in den vergangenen Tagen gehütete Feuer, das für unsere Rasse
sprach, als alle dem Tod gegenüber taub waren. Ein anderes
Bett forderten unsere Tränen, die noch in den Bergbächen ver-
sickerten. So sprachen unsere Toten. Die Ältesten rieten uns
dann, auf den Weg der Sonne zu schauen, um die anderen Brüder der Rasse, des Bluts und der Hoffnung zu fragen, welchen
Weg unser schmerzender Schmerz, unser müder Schritt einzu-
schlagen habe. So machten wir es, Brüder und Schwestern. Das
Schweigen kam, um das Feuer auszulöschen, und es war kein
Hochmut im Wort der wahrhaften Männer und Frauen für die,
die in anderen Ländern und Rassen den Schmerz und die Lust
auf ein Morgen teilten.
Wir öffneten unser Herz, Brüder und Schwestern. Wir lernten,
andere, unterschiedliche Brüder und Schwestern zu sehen und
ihnen zuzuhören. Wir hörten ihr Wort und sahen ihr Herz. Und
wir sahen in ihrem Schritt das gleiche Streben, das das Feuer
in unsere Hände gelegt hat, das unser Gesicht solange teilte, bis
es nichts als Blick mehr war, der unseren Namen verbarg und
unsere Vergangenheit ausstrich: der Kampf um das gehorchen-
de Regieren, um das freie Wort und freie Herz, um Verdientes
zu geben und zu empfangen. Der Kampf um Demokratie, Freiheit und Gerechtigkeit. Nicht mehr, niemals weniger.
Das Wort dieser Brüder und Schwestern, Euer Wort, forderte,

daß wir einen anderen Weg versuchen und das Feuer, das unsere Brust bewehrte, wartend zurückstellen sollten. Sprechen, und daß das Schicksal sich in den Worten erfüllen sollte. Es waren sie, Ihr, die meisten. Wie wir, die immer Vergessenen. Die immer Erniedrigten, wie wir. Die Brüder und Schwestern. So haben wir es gemacht. Unsere Stimme sprach mit dem mächtigen Herrn. Gehorchend befahlen wir unser Wort in das große Haus des Geldes. Wir sprachen und hörten zu. Wir gingen auf diesem Weg, als der Verrat erneut die Waffen über die Worte erhob. Unsere Stimme erlosch durch den Lärm der Gefechtswagen. Erneut herrschte der Terror in den mexikanischen Ländern. Der, der von Hochmut und Macht heraus verächtlich auf uns hinabblickt, uns den Namen verweigerte und Tod als Antwort auf unser Denken verteilte.

Es reichte ihm nicht, uns Gesicht und Leben zu verweigern, er wollte unseren würdigen Schritt erniedrigen, unsere gerechten Forderungen mit den Füßen treten, unserem Gesang die Wahrheit rauben, unsere Fahne im Vergessen versenken. Mit der Komplizenschaft des großen Geldes und der Auslandshörigkeit wollte er uns erniedrigende Bedingungen allein zum Sprechen aufzwingen. Das Rad der Geschichte zurückdrehend, wollte er uns durch die Macht seiner Bajonette zwingen, unserer Geschichte abzuschwören. Unsere Frauen litten unter der Verfolgung und der Erniedrigung der Kriegsmaschinen. Unsere Kinder wuchsen mit Groll und Ohnmacht in den Händen auf. Einige, die, die nicht starben. In den Menschen schärfte der Haß den Mut. Die größten Großväter schauten erneut auf die Erde und baten die ersten Toten um Rat. Sie sprachen. Die ewigen Toten. Wir. So sprachen sie:

„Unsere Hand erhob sich nicht bewaffnet, um auf den Knien liegend Beleidigungen und Erniedrigungen zu hören. Unser Gang erhob sich nicht, damit der mit doppeltem Gesicht und Wort uns erniedrigt, indem er die Hoffnung mit Lügen füllt.

Für Gerechtigkeit bewaffnete sich unsere Hand und erhob sich unser Schritt. Und die Gerechtigkeit ist nur ein falsches Versprechen desjenigen, den der Mächtige einkleidet.

Für die Freiheit bewaffnete sich unsere Hand und erhob sich unser Schritt. Und die Freiheit wird für eine Handvoll Münzen an die ausländische Haut verkauft.

Für Demokratie bewaffnete sich unsere Hand und erhob sich unser Schritt. Und die Demokratie ist weiter abwesend durch die Taten desjenigen, den Zynismus, Verbrechen und Lüge an die Regierung gebracht haben.

Alles, Brüder und Schwestern, nur nicht die Würde erneut mit Füßen getreten.

Alles, Brüder und Schwestern, nur nicht die Lüge erneut auf unserem Tisch.

Alles, Brüder und Schwestern, nur nicht das Vergessen erneut im Morgen."

So sprachen sie. Das sagten unsere Toten. Es kam der Krieg. Dann sahen wir den Bruder in einem anderen Kleid kommen. Zum Töten kam er. Zum Sterben. Unsere Hand wollte sich nicht erneut dem entgegenstellen, der zum Töten und zum Sterben unter seinesgleichen befehligt war. Deshalb ging unsere Vergangenheit in die Berge, in die Höhlen der Vorfahren gingen wir. Der Tod umzingelte uns und verfolgte Leben, die stets dunkel erlöschen, Schatten des Todes, Schatten des Schattens eines der Erinnerung beraubten Landes. Es kam der Tod, um erneut seine Schneide des Vergessens zu schwingen. Die Erinnerung zu töten, kam er. Unsere Hände füllten sich bereits erneut mit Feuer, um den Schmerz der Unsrigen zu rächen, die erneut wie Tiere Erde aßen, als Verfolgte und Vergessene starben.

Schon riefen die Kriegstrommeln wieder. Schon bereiteten die Fledermausmänner und -frauen wieder ihren Flug des tödlichen Todes vor. Schon kam erneut die Nacht des Schmerzes, um die Rache der wahrhaften Männer und Frauen zu bedecken ...

Aber auf dem Weg der Sonne kam eine andere Stimme heran, die nicht eine Stimme des Todes war. Groß kam sie heran, mit dem Wind kam sie. Unser schmerzendes Herz wartete und hörte, was diese Stimme sagte. Daß der Krieg nicht herrschen möge, sagte sie. Daß der Tod warten sollte. Daß er noch nicht zum Spiegel für den Schmerz des Herzens der wahrhaften Frauen und Männer werden sollte. So machten wir es. Der Zorn wurde in den Höhlen aufbewahrt und unser Schmerz wartete, daß diese Stimme schrie. Laut sprach diese Stimme. Wie konnte man sie nicht hören! Viele Schritte war diese Stimme. Groß der Gesang ihrer Trommeln. Nur der Hochmütige schloß sein

Herz. Ohne Feuer, mit Gesicht und Namen, erhob diese Stimme erneut die Fahne der menschlichen Würde. Für die Stimme waren wir keine Tiere. Wir waren wieder Männer und Frauen. Aus anderen Ländern kam diese Stimme. Von weit her. Aus dem Herzen anderer Länder, anderer Berge, aus anderen Hoffnungen, die mit unseren verschwistert sind. Laut wurde sie und groß. Stimme ist sie. Die Linderung erreichte unseren Schmerz und das Warten erntete Hoffnung. Samen war diese Stimme im kollektiven Herzen, das mit unserem Schritt geht.

Brüder und Schwestern:

Einen Namen gibt uns diese Stimme. Wir sind nicht mehr die Unnennbaren, einen Namen haben wir, die Vergessenen. Unsere Fahne kann bereits, ohne sich zu verstecken, unsere Toten und unsere Geschichte bedecken. Wir haben bereits einen Ort im Herzen unserer Brüder und Schwestern, Ihr, und einen kleinen Winkel in der Geschichte, die tatsächlich zählt: die, die erkämpft wird. Da wir nun einen kollektiven Namen haben, entdecken wir, daß der Tod sich zusammenzieht und klein wird. Der schlimmste Tod, der des Vergessens, flieht, damit die Erinnerung an unsere Toten niemals mehr gemeinsam mit ihren Knochen begraben wird. Wir haben bereits einen kollektiven Namen und Herberge hat unser Schmerz. Wir sind schon größer als der Tod. Wir haben auch die Hoffnung, daß, so wie wir einen Namen bekommen haben, diese Brüder und Schwestern, Ihr, uns morgen ein Gesicht gebt, das Feuer in unseren Händen löscht und uns statt Vergangenheit eine Zukunft gebt.

Es lächeln diese morgigen Lebenden und ewigen Toten. Es träumen die Knochen der Bergmenschen des Holzes. Es tanzen die Männer und Frauen des Mais. Freudig ist unser Herz, auch wenn der Körper schmerzt. Ein Licht beleuchtet diese Schatten, die stets mit den Toten tanzen, die wahrhaften Männer und Frauen, die immerwährenden.

Wir sind benannt.

Wir werden nicht mehr sterben.

Kommt hierher, Brüder und Schwestern, wir können nicht zu Euch gehen. Groß ist Eure Kraft, wenn sie zu einer einzigen wird. Kommt, Euer Schritt wird weder mit Feuer empfangen

werden, noch wird unser Herz Eurem Wort verschlossen sein.
Kommt.
Einen Namen haben wir. Sterben werden wir nicht mehr. Laßt
uns tanzen.
Sterben werden wir nicht mehr. Einen Namen haben wir.

Salud, Brüder und Schwestern!
Es sterbe der Tod. Es lebe die EZLN!
Demokratie! Freiheit! Gerechtigkeit!

WIR BRAUCHEN NOCH VIELE „YA BASTA!"

Damen und Herren,
anbei ein Brief an den tatsächlich Verantwortlichen, den Krieg aufzuhalten. Ehre, wem Ehre gebührt.
Hier nehmen die Einfälle der Bundessoldaten zu. Ich stelle mir vor, daß sie mir Willensbekundungen der Regierung zur friedlichen Lösung des Konflikts zukommen lassen wollen. Es wäre absurd zu glauben, daß sie andere Absichten haben. Wie läuft es mit dem erneuten Gürtelengerschnallen? (Für die, die noch einen Gürtel haben.) Um dieses Wirtschaftsprogramm zu machen, braucht man also ein ausländisches Diplom*? Mit einem einfachen Fernstudium wäre etwas Besseres dabei herausgekommen. Ich habe gehört, daß die Regierung sich zu diesen Maßnahmen „gezwungen" sieht, um nicht ihre internationalen „Gläubiger" gegen sich aufzubringen. Es ist offensichtlich, daß die Regierung es vorzieht, die Unzufriedenheit des Volkes gegen sich aufzubringen. Ist Ihnen aufgefallen, wie die Sprache sich mit der neuen Sechsjahresperiode geändert hat? Was gestern „internationale Partner" waren, sind heute „internationale Gläubiger". Nun stellt sich also heraus, daß der „Wohlstand für die Familie" darin besteht, ein starkes Abführmittel zu nehmen, das, wie es heißt, uns „stärker" machen wird. Und die Arbeiter? Und die Angestellten? Und die Bauern? Und die Hausfrauen? Und die Siedler? Es ist klar, daß wir noch viele „Ya Basta!" brauchen.
Da wir gerade von Opfern sprechen, die Genossen lassen fragen, ob Salinas, nachdem er wie sie 500 Jahre im Hungerstreik war, sich bewaffnet erheben wird.** Kann jemand darauf ant-

---

* Der derzeitige Präsident Ernesto Zedillo hat sein Wirtschaftsdiplom in den USA gemacht.
** Nach den ersten Aufdeckungen von „Unregelmäßigkeiten" während des Mandats von Salinas begab sich selbiger in einen unbefristeten eintägigen Hungerstreik, um, wie er behauptete, seine Ehre reinzuwaschen.

worten? Ich nicht, ich habe Bauchschmerzen vor Lachen ...
Macht's gut. Salud und denkt daran, daß aus einem „Nein" auch
der Morgen entsteht.

Aus den Bergen des mexikanischen Südostens
Subcomandante Insurgente Marcos

P.S., das auf die offensichtlichen Vor- und Nachteile der Wet-
terberichte inmitten eines Rückzugs hinweist. Die Nacht war
ein einziges Grillengezirpe um diese Stunde.
„Sollte es etwa anfangen zu regnen?" fragt Camilo beim Ver-
such, den Himmel zu sehen, der kaum zwischen den hohen
Ästen zu erkennen ist.
„Wo denkst du hin", antwortet mein anderes Ich bestimmt.
Kurz danach ... der große Wolkenbruch.
Kaum hatte er die Plastikfolie herausgeholt, wiederholt Camilo
spöttisch: „Von wegen ‚Wo denkst du hin', häh?" Mein anderes
Ich schweigt und wird naß, allerdings nicht in dieser Reihen-
folge.
Das Wasser füllt meine Kappe mit Schnecken und Seesternen.
„Komm schon", ruft mir mein anderes Ich von seinem Plastik-
dächlein aus zu.
„Wo denkst du hin", sage ich, während ich geduldig warte, daß
an meiner Brust eine verirrte Sirene hängenbleibt.

P.S., das zwar verwirrt tanzt, aber tanzt. In dieser Nacht kamen
wir an einem Ort vorbei, an den sich die Compañeros der
Unterstützungsbasis aus cincr der von den Bundessoldaten besetzten Ortschaften geflüchtet hatten. Er liegt hoch im dicht-
bewachsenen Gebirge.
Ein wachhabender Milizionär hält uns an. Nach dem Losungswort ruft er einen der Verantwortlichen. Wir begrüßen uns. Er
erzählt, daß der Abzug schnell und problemlos vonstatten
gegangen sei, aber daß sie beim Aufstieg zu kämpfen gehabt
und lange gebraucht hätten.
„Gibt es Kinder und Frauen?" frage ich.
„Ja, aber nicht deswegen haben wir lange gebraucht ..."
antwortet Ricardo, denn so heißt der Verantwortliche des
Dorfes.

„Warum denn?" beharre ich.

„Nun, die Marimba war sehr schwer und sie verwickelte sich ständig in den Schlingpflanzen ...", sagt er betrübt.

„Habt ihr etwa die Marimba mit in die Berge genommen?" fragt mein anderes Ich ungläubig.

„Nun ja. Wir können sie doch nicht den Soldaten überlassen", lautet die verteidigende Antwort Ricardos.

„Das ist klar", wirft mein anderes Ich ein, als wäre es überhaupt nicht überrascht.

Ich kratze mich am Kopf und schließe mich der Atmosphäre der Selbstverständlichkeit dieses Umstands an. Als Herausforderung sage ich zu ihm:

„Na gut, sag ihnen, daß sie mal die ‚Cartas marcadas' aufspielen lassen sollen."

„Ist gut", erklärt der Compa und geht weg.

Ich stelle mir schweigend die Szene einer ganzen Ortschaft im Exodus vor, beladen mit der Marimba.

Bald sind die ersten Töne von „Für die ganze Schmach, die du mir angetan hast ..." zu hören.

Mein anderes Ich kann der Versuchung nicht widerstehen und beginnt in Begleitung einiger Tropenblätter zu tanzen. Camilo simuliert mit zwei Stöckchen ein Schlagzeug. Der Genosse kommt zurück.

„Schon passiert", sagt er und fügt hinzu: „Es klingt nicht ganz so gut, weil wir ein paar Tasten auf dem Weg verloren haben, aber es werden schon neue gemacht."

Ich warte, bis die Hymne, Verzeihung, das Lied vom Sub beendet ist, und sage zu Ricardo:

„Gut, wir gehen weiter."

„Bleibt ihr nicht zum Fest da?" fragt Ricardo enttäuscht.

„Fest? Weshalb?" will Camilo wissen.

„Weil wir alle zusammen sind, es muß doch gefeiert werden, daß wir zusammen sind", antwortet Ricardo.

Ich verstehe und sage zu ihm: „Wir können nicht. Aber macht ihr nur. Seid nur nicht so laut. Die Soldaten glauben immer noch, daß sie Aguascalientes zerstört haben."

Wir gingen los. Zwischen den Büschen zogen verwunderte Leuchtkäfer ihre Lichtspiralen. Selbst auf dem gegenüberliegenden Hügel hörte man noch die klingenden Hölzer.

Diese Nacht lächelten wir das erste Mal nach einhundertzwanzig Stunden. Wir gingen weiter, wir waren nun stärker geworden ...

P.S., das als schüchternes Taschentuch sich anbietet, die Tränen zu trocknen, die ein vermeintlicher Erdrutsch unter den guten Leuten auslöst. Eine weitere Nacht dieses endlosen Hin- und Hergehens. Von uns dreien schläft einer, der andere liest im Kerzenlicht ...

„Hier steht, daß die Armee Aguascalientes zerstört hat, daß nichts mehr davon übrig ist ... Sie haben anscheinend unser Schiff versenkt", sagt das andere Ich und blickt von der Zeitung auf.

Der Sub lacht.

„Das scheint dir ja nichts auszumachen", bemerkt tadelnd das andere Ich.

„Komm mit", sagt der Sub. Er steigt auf die höchste Stelle des Hügels. Der Sub beginnt seine Hosentaschen auszuräumen: eine Murmel, eine Kordel, ein Steinchen, ein dritter Knopf der Hose, Tabakpäckchen, trockene Blätter, ein verrostetes Messer, ein abgebrochener Bleistift und ein zerbrochener Spiegel. Der Sub hebt ihn hoch: die Vorderseite ist ein Spiegel wie eine beliebige Spiegelscherbe. Der Sub legt ihn auf den Boden, mit der trüben Seite nach oben.

„Schauen wir einmal, was wir auf der dunklen Seite des Mondes haben", erklärt er und bläst ein wenig Pfeifenrauch über die dunkle Fläche ...

Ein smaragdgrünes, glühendes Licht erscheint. Es dreht sich wirbelnd und breitet sich wie eine riesige Schnecke aus. Es bedeckt den Berg. Plötzlich ist es kein Licht mehr, es ist Wasser, Meer ... Riesige Wellen erschüttern den nun zum Riff gewordenen Berg. Ein wütender Wind fegt über einen Strand spitzer Korallen, von Felsen, die kaum ihre Spitzen herausragen lassen, wie Köpfe von Meerungeheuern. Es ist ein Sturm, da gibt es keinen Zweifel. Der Himmel ist mit einem mattschwarzen Mantel bedeckt, und die Nacht ist so sehr Nacht, daß das Meer nicht zu erkennen ist. Nur der Schaum der sich am Riff brechenden Wellen zeigt den Unterschied zwischen der unteren und oberen Undurchsichtigkeit an. Ein kleines Licht in der Ferne flimmert wie eine aufflackernde Hoffnung. Ein Schiff? Hier? Schauen wir mal hin ...

Auf dem Deck und den glänzenden Handhaken am Steuerrad eingehakt, versteckt der Subpirat sein einziges Auge vor dem rauhen Streicheln des Windes. Ab und an rutscht sein Holzbein im rohen Schlingern des Kahns weg. Das Segeltuch ist kaum mehr als ein baumelnder Fetzen, ein zerrissenes Gespenst, ein gräuliches Weiß innerhalb der ganzen Schwärze. Ein Blitz erhellt einen Augenblick lang die Umrisse des Schiffs. Die *Aguascalientes*! Eine Grimasse, die ein Lächeln sein soll, verzerrt das bärtige Gesicht des Kapitäns, des verfolgten Piraten. Das Ruder steht fest. In der Ferne, in weiter Ferne, kündigt eine helle Stelle ruhige See an. Der Kurs? Die Hoffnung. Die *Aguascalientes* ... aber das muß eine Halluzination sein ... Das Schiff wurde vor ein paar Tagen von den feindlichen Truppen torpediert ... Nein, es gibt keinen Zweifel ... Es ist die *Aguascalientes* ... Sie sieht zwar etwas mitgenommen aus, aber sie ist es. Das aberwitzige Paradox des zapatistischen Urwalds. Jetzt bewegen sich die Lippen des Piraten. Eine lange Litanei, die kein Gebet ist, sondern heidnischer Bittgesang, beginnt die Nacht zu verletzen und aufzureißen. Bruchstücke dieser wilden und respektlosen Messerstiche gegen das Vergessen schweben über Luft und Wellen ...

> Es kommt vor, daß ich des Menschseins müde bin ...[1]

> Und wenn der Tag der letzten Reise gekommen
> und zur Abreise bereit das Schiff ohne Wiederkehr
> werdet ihr mich leicht bepackt an Bord stehen sehen
> fast nackt, wie die Söhne des Meeres.[2]

> Siehst du nicht die Wunde, die ich habe
> von der Brust bis zur Kehle?
> Dreihundert dunkle Rosen
> trägt dein weißes Brusttuch.
> Das Blut sickert und riecht
> um deine Schärpe herum.
> Aber ich bin nicht mehr ich
> noch ist mein Haus mein Haus ...[3]

Es sind Rosen oder Geranien, Nelken oder Tauben,
Siegesgrüße und herausfordernde Fäuste.
Es sind die entschlossenen Stimmen, Arme und Füße
und die ungewisse Taktik derer, die dich heute hassen,
um dich morgen zu lieben, wenn das Morgenrot Morgenrot
sein wird
und nicht Schwall von Beleidigungen, und nicht Fluß der
Mühen,
und nicht ein falscher Ausgang, um auf den Knien zu fliehen[4]

Die Welt ist eine slot machine,
Seemann, du hast eine Münze in der Tasche.
Drop a star![5]

Der Kapitän raunt weiter vor sich hin, er segelt weiter ...
Das entfernte Licht kehrt zurück, wirbelnde Schnecke, die sich
um sich selbst dreht. Sie füllt erneut den Berg aus. Die Stärke
des Lichts verwischt alles. Es erlischt grün in verblichenem
Grün. Mit den letzten Wellen erlischt der Ton. Ein letzter
Sinnspruch verziert den flimmernden Smaragd:

Die Bibliothek existiert *ab aeterno*[6]

So wie es kam, ist es gegangen. Die dunkle Seite des Spiegels
ist wieder die dunkle Seite des Spiegels. Der Sub hebt ihn auf
und steckt ihn wieder in seine Hosentasche.
„Siehst du?" sagt er zu sich und ihm.
„*Aguascalientes* ist nicht zerstört worden", sagt er, den Blick
gen Westen gerichtet. Und fügt hinzu: „*Aguascalientes* sind wir
alle."
Oben der Mond ist ein aufgeblähtes Segel und ernster Absicht,
sich voll ... zu sehen. Ein Wellengeräusch ist weiter unten zu
hören ...
Macht's gut. Salud und eines dieser Lächeln, die gewöhnlich
hinter den Tränen zum Vorschein kommen.

Der Sub mit einem Stern am Handhaken

---

1. Pablo Neruda, *Walking around*. 2. Antonio Machado, *Retrato*. 3. Federico
García Lorca, *Romance sonámbulo*. 4. Efraín Huerta, *Declaración de odio*.
5. León Felipe, *Drop a star*. 6. Jorge Luis Borges, *Die Bibliothek von Babel*

DER NEOLIBERALISMUS, AUS DEM
LAKANDONISCHEN URWALD GESEHEN

Damen und Herren,
es zeigt sich, daß der Mensch das einzige Tier ist, das zweimal
riskiert, in dieselbe Falle zu gehen. Es wäre übrigens nicht
schlecht, wenn Sie den Soldaten eine Kopie des vielgenannten
Gesetzes schicken würden. Sie scheinen sich nicht angesprochen zu fühlen, sie rücken nämlich weiter vor. Wenn wir
uns weiter zurückziehen, werden wir irgendwann auf ein Schild
stoßen, auf dem es heißt: „Willkommen an der Grenze von
Ecuador-Peru." Wir haben ja nichts gegen eine Reise nach Süd-
amerika, aber von drei Seiten unter Beschuß genommen zu werden, dürfte nicht sehr angenehm sein.
Uns geht es gut. Hier im Urwald läßt sich die Verwandlung des
Menschen in einen Affen in all ihrer Härte beurteilen (nicht für
Anthropologen). Macht's gut. Grüße und eines dieser Gläser,
mit denen man das Heute und Morgen sehen kann.

Aus den Bergen des mexikanischen Südostens
Subcomandante Insurgente Marcos

P.S. *Der nur aus Neugier fragt:*
Wie heißt eigentlich der General der Bundesarmee, der, bevor
er seine Truppen aus der Gemeinde Prado abzog, den Befehl
gab, alle Gebrauchsgegenstände in den Häusern der Indianer zu
zerstören und mehrere Hütten anzustecken? In Prado verdient
eine Familie durchschnittlich 200 Neue Pesos im Monat,
wieviel verdient ein General für eine solche „glänzende" Mili-
täraktion? Wird er wegen „Verdiensten im Feld" befördert?
Wußte der General, daß eines der Häuser, deren Zerstörung er
befahl, das Haus von Toñita war? Wird dieser General seinen
Kindern und Enkelkindern aus dieser „strahlenden" Seite sei-

ner Personalakte vorlesen? Wie heißt der Offizier, der, einige Tage nachdem er Häuser in der Gemeinde Champa San Augustín überfallen und zerstören ließ, mit Süßigkeiten an den Ort zurückkehrt und sich fotografieren läßt, wie er sie den Kindern gibt?

Wie heißt der Offizier, der in Nachahmung der Hauptfigur des Romans *Der Hauptmann und sein Frauenbataillon* von M. Vargas Llosa Dutzende von Prostituierten ankarrte, um die Garnison zu „versorgen", die Guadalupe Tepeyac besetzt hält? Wieviel bekommen die Prostituierten? Was verdient der General an der Spitze dieser so „risikoreichen" Militäroperation? Wieviel Kommission bekommt der mexikanische Pantaleon? Sind es dieselben Prostituierten für das Offizierskorps wie für die Truppe? Gibt es diesen „Service" in allen Garnisonen des Feldzugs „zur Verteidigung der nationalen Souveränität"? Wenn das mexikanische Bundesheer dazu dient, die nationale Oberhoheit zu gewährleisten, warum begleitet es dann nicht Ortiz nach Washington, anstatt die Würde der mexikanischen Indianer in Chiapas zu verfolgen?

P.S. *Der erneut sein Herz panzert, um Folgendes zu erzählen ...*
Am 8. März kamen die letzten Einwohner von Prado aus den Bergen herunter. Die Familie von Toñita gehörte zu diesem letzten Kontingent. Als sie zu dem gelangen, was von ihrem Häuschen übriggeblieben ist, wiederholt sich die Szene der Familie Toñitas bei allen Familien von Prado: die Männer laufen ohnmächtig und wütend das Wenige ab, was noch stehengeblieben ist; die Frauen weinen, raufen sich die Haare, beten und wiederholen: „Mein Gott, mein Gott", während sie die zerfetzten Kleider auflesen, das zerstörte ärmliche Mobiliar, die verstreuten Lebensmittel voller Kot, die zerrissenen Heiligenbilder der Jungfrau von Guadalupe, die gekreuzigten Christi, die neben „fast-food"-Beuteln der US-Army auf dem Boden liegen. Diese Szene ist schon fast eine Zeremonie unter den Einwohnern von Prado. Sie haben sie 108 Mal in den letzten Tagen wiederholt, einmal pro Familie. 108 Mal Ohnmacht, Wut, Tränen, Schreie, „mein Gott, mein Gott" ...
Etwas ist dieses Mal jedoch anders. Es gibt eine kleine Frau, die nicht weinte. Toñita sagte nichts, sie weinte nicht, sie schrie

nicht. Sie stieg durch das Gewühl der Zerstörung und ging in eine Ecke des Häuschens, als würde sie etwas suchen. Dort, in der letzten Ecke, lag das Teetäßchen, zerbrochen, zertrümmert wie die zerstörte Hoffnung. Dieses Täßchen war ein Geschenk, jemand hatte es ihr geschickt, damit Toñita-Alicia eines Tages mit dem verrückten Hutmacher und dem Märzhasen Tee trinken kann. Aber dieses Mal ist es nicht ein Hase, den Toñita im März trifft. Es ist ihr Haus, das auf Befehl desjenigen zerstört worden ist, der behauptet, die Souveränität und das Recht zu verteidigen. Toñita weint nicht, schreit nicht, sagt nichts. Sie hebt die Stücke des Teetäßchens und der dazugehörigen Untertasse auf. Toñita geht hinaus, erneut vorbei an zerrissenen, schmutzigen Kleidern auf dem Boden, an den zwischen den Trümmern verstreuten Bohnen und Maiskörnern, an ihrer Mutter, Tanten und Schwestern, die weinen, schreien und wiederholen: „Mein Gott, mein Gott". Draußen, neben einem Guajavenbaum, setzt sich Toñita auf die Erde und beginnt, die Bruchstücke des Teetäßchens mit Lehm und Spucke zusammenzukleben. Toñita weint nicht, aber ein eisiger, harter Glanz liegt in ihrem Blick.

Wie es seit 500 Jahren mit den indianischen Frauen geschieht, wird Toñita brutal aus ihrem Kindsein gerissen und zu einer Frau gemacht. Es ist der 8. März 1995, Internationaler Frauentag, und Toñita ist fünf Jahre alt und wird bald sechs. Der kalte, schneidende Glanz in ihren Augen löst in der zerbrochenen Tasse ein verletzendes Aufblitzen aus. Man könnte behaupten, daß es die Sonne ist, die den Faden des Zorns abspult, den der Verrat in diesem Land gesät hat ... So als würde sie ein zerstörtes Herz bewehren, baut Toñita ihr zerbrochenes Teetäßchen mit Lehm und Spucke wieder auf. Jemand, weit weg, vergißt einen Moment lang, daß er ein Mann ist. Die salzigen Tropfen, die von seinem Gesicht rinnen, reichen nicht aus, die bleierne Brust verrosten zu lassen.

P.S. *Der „sein wertvollstes Stück" aufs Spiel setzt (das Dollarkonto?)*
Ich habe gelesen, daß es bereits eine „Subcomandante Elisa" gibt, einen „Subcomandante Germán", einen „Subcomandante Daniel", einen „Subcomandante Eduardo". Deshalb habe ich mich zu folgendem Schritt entschlossen: Ich weise hiermit das

Innenministerium darauf hin, daß ich in den Hungerstreik treten werde, wenn es noch mehr „Subs" aus dem Ärmel schüttelt. Ich verlange außerdem, daß das Innenministerium erklärt, daß es nur einen „Sub" gibt (glücklicherweise, meint mein anderes Ich, als ich diese Zeilen vorlese) und daß es mich von jeglicher Schuld für die Schwäche des Dollars gegenüber dem japanischen Yen und der deutschen Mark freispricht.

P.S. *Der den Empfang von Versprechen bestätigt, die aus einem Sonett entnommen sind, und es zurückgibt mit ...*

Wenn ich, vom Glück verschmäht und Menschenblicken,
Mein ausgestoßnes Dasein still bewein',
Und, mich betrachtend, fluche den Geschicken,
Daß taub der Himmel bleibt bei meinem Schrei'n,

Und wünsch', ich wär an Hoffnungen so reich
Wie mancher, so befreundet, so geboren,
In Kunst, in Freiheit dem und jenem gleich,
Am mind'sten froh bei dem, was ich erkoren:

Doch – denk' in solchem Selbstverachtungstraum
Von ungefähr ich deiner, jauchzt mein Leben
Wie Lerchen, die vom dumpfen Erdenraum
Frühjubelnd sich zum Himmelstore heben.
So macht Erinnrung an dein Lieben reich,
Daß ich's nicht hingäb' um ein Königreich.

William Shakespeare, Sonett XXIX

P.S. *Der erzählt, was am 17. und 18. Februar 1995, dem achten und neunten Tag des Rückzugs geschehen ist.*
„Wir folgten der doppelten Spitze eines Mondpfeils. Aufgehendes Mondviertel, die Hörner gen Osten", erinnerte ich mich und sprach es vor mich hin, als wir auf eine umzäunte Viehweide gelangten. Wir mußten warten. Oben ließ ein Militärflugzeug sein Todesmurmeln herabregnen. Mein anderes Ich beginnt zu trällern:

> „Und es schlug zehn und es schlug elf,
> es schlug zwölf, eins, zwei und drei.
> Und im Morgengrauen versteckt,
> durchnäßte uns der Regen ...“

Ich mache ihm ein drohendes Zeichen, daß er ruhig sein solle. Er verteidigt sich: „Mein Leben ist wie ein Lied von Joaquín Sabina.“

„Es ist bestimmt kein Liebeslied“, sagte ich zu ihm und vergesse mein eigenes Sprechverbot.

Camilo weist darauf hin, daß das Flugzeug verschwunden ist. Wir stiegen über den Zaun und gingen durch eine noch regenfeuchte Weide. Ich schritt mit dem Blick nach oben voran und suchte auf der dunklen Mondseite eine Antwort auf alte Fragen. „Stiergelände“, hörte ich gerade noch Camilo warnen. Aber es war bereits zu spät, als ich den Blick nach einem Streifzug über die Milchstraße senkte, stieß ich auf die Augen eines Zuchtstiers, der sich, glaube ich, genauso erschrak wie ich, denn er lief genauso schnell, aber in die entgegengesetzte Richtung. Als ich an den Zaun gelangte, schleuderte ich hastig den Rucksack über den Stacheldraht. Ich bückte mich, um unten durchzuschlüpfen. Dabei hatte ich solch eine glückliche Hand, daß sich als Kuhscheiße herausstellte, was ich für Schlamm hielt. Camilo mußte lauthals lachen. Mein anderes Ich bekam sogar Schluckauf. Beide saßen auf der Erde und ich machte ihnen ein Zeichen, daß sie schweigen sollten.

„Psst, sonst hören uns die Soldaten!“ Aber nichts zu machen, nichts als Gelächter. Ich riß ein wenig Weidegras heraus, um Hemd und Hose, soweit es ging, von der Scheiße zu säubern. Ich warf den Rucksack über und machte mich auf den Weg. Hinter mir gingen Camilo und mein anderes Ich. Sie lachten nicht mehr. Beim Aufstehen hatten sie gemerkt, daß ihr Sitzplatz aus Scheiße bestand. Die Kühe mit unserem verführerischen Geruch verliebt machend, gelangten wir an das Ende einer ausgedehnten Wiese, durch die ein Bach floß. Als wir an den Waldrand kamen, schaute ich auf die Uhr. Es war 02.00 Uhr „südöstlicher Zeit“, wie Tacho sagen würde. Mit Glück und ohne Regen würden wir vor dem Morgengrauen den Fuß des Gebirges erreichen. So war es auch. Wir betraten eine Schneise zwischen großen breitkronigen Bäumen, die bereits die Nähe des Urwalds ankündigten. Der reine Urwald, wo nur wilde Tiere, Tote und Guerilleros leben. Wir brauchten keine Leuchten, der Mond schlängelte sich noch wie eine weiße Schlange zwischen den Ästen hindurch und die Grillen verstummten bei unserem Gang über die trockenen Blätter. Wir gelangten zum großen Kapokbaum, der das Eingangstor darstellt, ruhten einen Moment aus und gingen, bereits im Morgenlicht, noch zwei Stunden weiter den Berg hinauf.

Die Schneise war zuweilen nicht mehr zu erkennen, aber trotz der langen Jahre, die dazwischen lagen, erinnerte ich mich in groben Zügen an den Weg. „Nach Osten, bis du auf eine Wand stößt", sagten wir. Vor 11 Jahren? Wir rasteten am Rand eines Bächleins, das ganz sicher die Trockenperiode nicht überstehen würde. Wir dösten einen Moment. Ich wurde durch den Schrei meines anderen Ichs wach. Ich löste die Gewehrsicherung und zielte auf die Stelle, wo ich das Seufzen gehört hatte. Ja, es war mein anderes Ich, das seinen Fuß umklammerte und jammerte. Ich ging zu ihm hin. Er hatte versucht, einfach so den Socken auszuziehen, und dabei ein Stück Haut abgerissen.

„Du bist mir einer", sagte ich zu ihm, „zuerst mußt du ihn anfeuchten."

Es war der neunte Tag mit Stiefeln an den Füßen. Stoff und Haut wachsen durch die Feuchtigkeit und den Schlamm zusammen, und die Strümpfe auszuziehen, ist wie die eigene Haut abzuziehen. Nachteile des Schlafens mit Schuhen. Ich zeigte ihm, wie er es machen sollte. Wir steckten die Füße ins Wasser und nach und nach konnten wir den Stoff abziehen. Die Füße stanken nach totem Hund, und die Haut war eine unförmige, weißliche Masse.

„Du hast mich erschreckt. Als ich sah, wie du deinen Fuß festhieltst, dachte ich, dich hätte eine Schlange gebissen", tadelte ich ihn.

Mein anderes Ich erwiderte nichts, er hielt die Füße weiter ins Wasser und die Augen geschlossen, so als würde er sie rufen. Dann unmittelbar darauf begann Camilo, mit einem Stecken auf den Boden zu schlagen.

„Was ist?" fragte ich ihn.

„'ne Schlange", sagte Camilo, während er auf Steine, Stöcke, Stiefel und alles haute, auf das er stieß. Schließlich ein Knüppelschlag auf den Kopf. Wir näherten uns ängstlich.

„Mococh", meint Camilo.

„Nauyaca", sage ich.

Hinkend näherte sich mein anderes Ich. Mit einer Kennermiene erklärt er: „Das ist die berühmte *Bao No'* oder Vier-Nasen-Schlange."

„Ihr Biß ist tödlich und ihr Gift ist sehr giftig", fügt er hinzu, wobei er den Ton eines Marktschreiers nachahmte. Wir häuteten sie. Die Schlange wird gehäutet, als würde man ihr ein Hemd ausziehen. Ihr Bauch wird wie ein langer Reißverschluß geöffnet, die Eingeweide werden herausgeholt, und dann wird sie in einem Stück abgehäutet. Danach bleibt nur noch das weiße, knorpelartige Fleisch zurück. Es wird mit einem langen dünnen Stab durchbohrt und ins Feuer gelegt. Es schmeckt nach gebackenem Fisch, nach Macabil, dem Fisch, den wir im Fluß „Namenlos" angelten. Vor elf Jahren? Wir aßen das Fleisch und etwas gezuckerten Brei, der uns geschenkt worden war. Nachdem wir uns noch etwas ausgeruht hatten, verwischten wir die Spuren und setzten den Marsch fort. Wie vor elf (?!) Jahren hieß uns der Urwald nach seinen Gesetzen willkommen: mit Regen. Der Regen im Urwald ist ganz anders. Es fängt an zu regnen, aber die Bäume wirken wie ein großer Regenschirm, nur wenige Tropfen dringen zwischen den Ästen und Blättern durch. Danach beginnt das grüne Dach auszulaufen, und dann heißt es, naß werden. Wie aus einer großen Gießkanne tropft es herunter. Drinnen regnet es weiter, obwohl es oben bereits aufgehört hat. Mit dem Regen im Urwald ist es wie mit dem Krieg: du weißt, wann er anfängt, aber nicht, wann er aufhört. Auf dem Weg erkannte ich alte Freunde wieder: den *Huapac* mit seinem bescheidenen Mantel aus grünem Moos, die eigensinnige und harte Geradlinigkeit des *Cante,* den *Hormiguillo,* den Mahagoni, die Zeder, die messerscharfe, giftige Abwehrstellung der *Chapaya,* den Fächer des *Watapil,* den unverhältnismäßigen Überwuchs der Pijblätter – die aussehen wie grüne Elefantenohren –, den sich senkrecht in den Himmel erhebenden *Bayalté,* das harte Herz der *Canolté,* den bedrohlichen *Chechém* oder „schlechte Frau", der, wie sein Name andeutet, sehr hohes Fieber mit Wahnvorstellungen und starken Schmerzen erzeugt. Bäume, nichts als Bäume. Braun und grün umhüllt erneut Augen, Hände, Schritte, Seele …

Wie vor elf (?!) Jahren, als ich zum ersten Mal hierherkam. Damals stieg ich mühsam diesen verdammten Berg hinauf und dachte bei jedem Schritt, daß es mein letzter sei, ich sagte ständig zu mir „einen Schritt weiter und ich sterbe", und ich machte einen Schritt und noch einen und ich starb nicht und ich ging weiter und fühlte, daß die Last 100 Kilo wog, und es war eine Lüge, daß ich wüßte, daß ich nur 15 Kilo trug, und „du bist eben noch ganz neu hier" sagten die Compas, die mich einholten und komplizenhaft lachten, und ich sagte weiter vor mich hin, daß der nächste Schritt endgültig der letzte sei, und verfluchte die Stunde, in der ich darauf gekommen war, Guerillero zu werden, wobei ich es doch als organischer Intellektueller so gut hatte und die Revolution viele Aufgaben hat und alle wichtig sind, und warum zum Teufel mußte ich mich in diese Geschichte stürzen, und bei der nächsten Rast sage ich ihnen, ganz sicher, bis hierher und nicht weiter und daß ich ihnen besser von der Stadt aus helfen könne, und ich ging weiter und ich fiel weiter hin und es kam die nächste Rast und ich sagte nichts, teilweise aus Scham, teilweise weil ich nicht einmal sprechen konnte und wie ein Fisch in einem zu klein gewordenen Tümpel nach Luft schnappte, und ich sagte mir, daß ich es ihnen bei der nächsten Rast aber sagen würde, und es geschah dasselbe und so verbrachte ich die zehn Stunden dieses ersten Marschtages im Urwald und bereits in der Abenddämmerung hieß es, daß wir hier bleiben würden, und ich ließ mich einfach fallen und sagte zu mir „angekommen" und ich wiederholte für mich „angekommen" und wir banden die Hängematten fest und dann machten sie Feuer und dann machten sie Reis mit Zucker und wir aßen und sie fragten mich, wie mir der Aufstieg bekommen sei und wie ich mich fühle und ob ich müde sei, und ich wiederholte nur „ich bin angekommen" und sie schauten sich an und sagten, ich sei kaum ein Tag dabei und schon verrückt.

Am nächsten Tag erfuhr ich, daß der Weg, den ich in 10 Stunden mit 15 Kilo Last zurückgelegt hatte, von ihnen in 4 Stunden mit 20 Kilogramm bewältigt wird. Ich sagte nichts. „Los geht's", sagten sie. Ich folgte ihnen und bei jedem Schritt fragte ich mich: „Bin ich angekommen?"

Heute, elf (?!) Jahre später, wiederholt sich die Geschichte der Müdigkeit. Wir kommen an. Kommen wir an? Der Nachmittag war eine Erleichterung, ein weizengelbes Licht, das viele Morgengrauen linderte, umsäumte den Ort, an dem wir lagern wollten. Wir aßen, nachdem Camilo auf Aasgeier („Greisengesicht" oder „Weißkopf") gestoßen war. Es waren sieben. Ich sagte zu Camilo, daß er nicht schießen solle, vielleicht seien sie ja hinter Wild her, und ich dachte, wir könnten etwas erwischen. Nichts, weder „Sac Jol" noch Wild. Wir brachten die Plane und die Hängematten an. Nach einiger Zeit, es war bereits dunkel, kamen die *Martuchas* (Potos flavus) und bellten uns an, und danach der Woyo oder Nachtaffe. Ich konnte nicht schlafen. Alles tat mir weh, selbst die Hoffnung ...

P.S. *Selbstkritik, die sich schamhaft hinter einem Märchen für Frauen, die zuweilen Mädchen sind, und für Mädchen, die zuweilen Frauen sind, verbirgt. Und wie die Geschichte sich einmal als Farce und dann als Tragödie wiederholt, heißt das Märchen ...*

Durito II
(Der Neoliberalismus, aus dem Lakandonischen Urwald gesehen)

Es war der zehnte Tag, der Druck hatte nachgelassen. Ich entfernte mich ein wenig, um meine Plane anzubringen und mich häuslich einzurichten. Ich stieg die Anhöhe hinauf und suchte zwei gute Bäume ohne herabhängende Äste. Deshalb war ich überrascht, als ich zu meinen Füßen eine Stimme hörte, die rief: „He, Vorsicht!"

Anfangs sah ich nichts, aber ich blieb stehen und wartete. Fast unmittelbar darauf bewegte sich ein kleines Blatt und darunter kam ein Käfer hervor, der sich beschwerte:

„Warum achten Sie nicht darauf, wo Sie mit ihren Stiefeln rumtrampeln? Beinahe hätten Sie mich zerquetscht", rief er.

Diese Klage kam mir bekannt vor ...

132

„Durito?" versetzte ich vorsichtig.

„Nebukadnezar für Sie! Keine falschen Vertraulichkeiten!" erwiderte der kleine Käfer empört.

Ich hatte nun keine Zweifel mehr.

„Durito! Erinnerst du dich nicht mehr an mich?"

Durito, ich meine, Nebukadnezar betrachtete mich nachdenklich. Er zog eine kleine Pfeife aus seinen Flügeln hervor, stopfte sie mit Tabak, steckte sie an, und nach einem tiefen Zug, der ein ziemlich ungesundes Husten hervorrief, sagte er:

„Hmm, Hmm."

Und noch einmal:

„Hmm, Hmm."

Ich wußte, daß es noch eine Weile dauern würde, und setzte mich hin. Nach mehreren „Hmm, Hmm" rief Nebukadnezar, also Durito, aus:

„Hauptmann?"

„In Person", sagte ich befriedigt darüber, daß ich erkannt worden war.

Durito (ich glaube, nachdem ich erkannt worden war, konnte ich ihn wieder so nennen) begann mit den Füßchen zu strampeln und mit den Flügeln zu schlagen, was in der Körpersprache der Käfer so etwas wie einen Freudentanz darstellt und mir immer wie eine Art von epileptischem Anfall vorgekommen ist. Nachdem er mehrmals mit verschiedenem Nachdruck „Hauptmann" wiederholt hatte, hielt er schließlich inne und warf mir die gefürchtete Frage entgegen: „Hast du Tabak?"

„Also, ich …", zögerte ich die Antwort heraus, um meinen Vorrat überschlagen zu können.

Da kam Camilo und fragte mich: „Du hast mich gerufen, Sup?"

„Nein, nicht … ich habe gerade gesungen und … nichts für ungut, du kannst gehen", antwortete ich nervös.

„Aah, gut", meinte Camilo und zog sich zurück.

„Sup?" fragte Durito verwundert.

„Ja", sagte ich zu ihm, „jetzt bin ich Subcomandante."

„Und das ist besser oder schlechter als Hauptmann?" wollte Durito wissen.

„Schlechter", sagte ich zu ihm und mir.

Ich wechselte schnell das Thema und reichte ihm den Tabaksbeutel: „Hier habe ich ein bißchen."

Um den Tabak zu erhalten, führte Durito einen neuen Tanz auf, diesmal wiederholte er ein aufs andere Mal „Danke".

Nachdem die Tabakeuphorie abgeflaut war, begannen wir mit der komplizierten Zeremonie des Pfeifenanzündens. Ich legte mich auf den Rucksack und schaute Durito an.

„Du siehst aus wie immer", sagte ich zu ihm.

„Du hingegen siehst ziemlich abgeschunden aus", erwiderte er.

„Das ist das Leben", erklärte ich abwieglerisch.

Durito begann mit seinem „Hmm, Hmm". Dann fragte er mich: „Und was bringt dich nach all diesen Jahren hierher?"

„Also, ich weiß nicht, ich war am Nachdenken, und da ich nichts zu tun hatte, sagte ich zu mir, warum drehe ich nicht eine Runde durch die alten Orte und begrüße alte Freunde", erwiderte ich.

„Alt sind die Hügel und sie ergrünen immer wieder", empörte sich Durito.

Danach kamen erneut seine „Hmm, Hmm" und seine nachdrücklichen Blicke. Ich hielt es nicht länger aus und gestand: „Die Wahrheit ist, daß wir einen Rückzug vornehmen, denn die Regierung hat eine Offensive gegen uns gestartet …"

„Du bist abgehauen!" behauptete Durito.

Ich versuchte ihm zu erklären, was ein strategischer Rückzug ist, ein taktisches Zurückweichen, und was mir sonst noch in diesem Moment einfiel.

„Du bist abgehauen", sagte Durito jetzt mit einem Seufzer.

„Also gut, ich bin abgehauen, na und", warf ich ein, mehr über mich selbst verärgert als über ihn.

Durito bestand nicht weiter darauf. Er verfiel in ein längeres Schweigen. Nur der Rauch unserer Pfeifen schlug eine gemeinsame Brücke. Einige Minuten später sagte er:

„Es gibt anscheinend noch etwas, was dich belästigt, es ist nicht nur dieses strategische Zurückweichen."

„Rückzug, strategischer Rückzug", verbesserte ich ihn. Durito wartete, daß ich fortfuhr.

„In Wahrheit ärgert mich, daß wir nicht darauf vorbereitet waren. Und es war meine Schuld, daß wir nicht vorbereitet waren. Ich glaubte, daß die Regierung wirklich den Dialog wollte, und deshalb gab ich den Befehl, die Befragungen unter den Delegierten zu beginnen. Als sie uns angriffen, diskutierten wir gerade über die Bedingungen des Dialogs. Sie überraschten uns. Sie überraschten mich …", erklärte ich mit schmerzhafter Wut. Durito zog weiter an seiner Pfeife, er wartete, bis ich ihm alle Ereignisse der letzten zehn Tage berichtet hatte. Als ich fertig war, meinte er: „Warte auf mich."

Und er schlüpfte unter ein Blatt. Kurz danach kam er mit seinem kleinen Schreibtisch wieder hervor. Danach suchte er ein Stühlchen, setzte sich, holte einige Papiere heraus und schaute sie mit besorgter Miene durch.

„Hmm, Hmm", stieß er nach jedem Stoß Papier, den er durchging, hervor. Nach einer Weile rief er aus: „Hier ist es."

„Hier ist was?" fragte ich neugierig.

„Unterbrich mich nicht", erklärte Durito ernst und feierlich. Und fügte hinzu:

„Aufgepaßt. Du hast dasselbe Problem wie viele andere auch. Es betrifft die Wirtschafts- und Gesellschaftsdoktrin, die als ,Neoliberalismus' bekannt ist …"

„Das hat mir gerade noch gefehlt … Vorlesungen über die Politische Ökonomie", dachte ich. Anscheinend hatte Durito gehört, was ich dachte, denn er tadelte mich:

„Psst, das ist keine x-beliebige Vorlesung! Das ist DER Lehrstuhl par excellence."

Das mit dem „Lehrstuhl par excellence" erschien mir übertrieben, aber ich schickte mich an, ihm zuzuhören. Durito fuhr nach einigen „Hmm, Hmm" fort:

„Das ist ein metatheoretisches Problem! Ja, denn ihr geht davon aus, daß der ,Neoliberalismus' eine Lehre ist. Und mit ,ihr' meine ich diejenigen, die an Schemata festhalten, die so starr und eckig wie ihr Kopf sind. Ihr denkt, daß der ,Neoliberalismus' eine Doktrin des Kapitalismus ist, um die Wirtschaftskrisen zu überwinden, für die der Kapitalismus den ,Populismus' verantwortlich macht. Richtig?"

Durito ließ mich nicht antworten.

„Natürlich ist das richtig! Es ist nämlich so, daß der ,Neoliberalismus' keine Theorie ist, um die Krise zu überwinden oder zu erklären. Er ist die zu Theorie und Wirtschaftslehre gewordene Krise. Das bedeutet, der Neoliberalismus hat nicht die geringste Kohärenz, weder Pläne noch historische Perspektiven. Kurz und gut, nichts als theoretische Scheiße."

„Komisch … Diese Auslegung habe ich noch nie gehört oder gelesen", warf ich überrascht ein.

„Klar! Sie ist mir auch eben in diesem Augenblick eingefallen!" meinte Durito voller Stolz.

„Und was hat das mit unserer Flucht, Verzeihung, mit unserem Rückzug zu tun", fragte ich bereits voller Zweifel an dieser neuen Theorie.

„Ah, ah! Sehr viel, mein werter Watson Sup! Es gibt weder Pläne noch Perspektiven, nur *Improvisation*. Die Regierung kennt keine Beständigkeit: heute sind wir reich, morgen arm, heute will sie Frieden, morgen Krieg, an einem Tag Fasten, an einem anderen Tag Verstopfung. Kurzum. Verstehst du, was ich meine?" will Durito wissen.

„Fast …", stammele ich und kratze mich am Kopf.

„Und folglich?" frage ich, als ich merke, daß Durito seine Abhandlung nicht fortsetzt.

„Wird alles auseinanderplatzen. Bumm! Wie ein zu stark aufgeblasener Luftballon. Das hat keine Zukunft. Wir werden gewinnen", erklärt Durito, während er seine Papiere verstaut.

„Wir?" frage ich boshaft.

„Klar, wir! Es ist ja deutlich sichtbar, daß ihr ohne meine Hilfe nicht weiterkommt. Nein, komm mir nicht mit Einwänden. Ihr braucht einen Oberberater. Ich lerne nun schon Französisch, von wegen der Kontinuität."

Ich schweige. Ich weiß nicht, was schlimmer ist: zu entdecken, daß uns die Improvisation regiert, oder mir Durito als Superkabinettssekretär einer wenig wahrscheinlichen Übergangsregierung vorzustellen.

Durito setzt nach: „Ich habe dich überrascht, he? Also mach dir keine Sorgen, solange ihr mich nicht mit euren Stiefeln zermalmt, kann ich euch immer über den Weg aufklären, den ihr im Verlauf der Geschichte nehmen müßt, der trotz aller Wechselfälle dieses Land aufrichten muß, denn vereint … denn vereint … eben fällt mir ein, daß ich meinem Weib nicht geschrieben habe", Durito bricht in Gelächter aus.

„Ich dachte, daß du es ernst meinst", erwidere ich mit fingiertem Zorn und werfe ein Blatt nach ihm. Durito weicht aus und lacht weiter.

Als er sich beruhigt hat, frage ich ihn:

„Und woher ziehst du diese Schlußfolgerung, daß der Neoliberalismus die zur Wirtschaftslehre gewordene Krise ist?"
„Aah! Aus diesem Buch, das das Wirtschaftsprojekt 1988 bis
1994 von Carlos Salinas de Gortari erläutert ...", antwortet er
und zeigt mir eine Broschüre mit dem Logotyp der Solidarität.
„Aber Salinas ist nicht mehr Präsident ... wie es aussieht", erkläre ich von einem plötzlichen Zweifel geplagt.
„Ich weiß. Aber schau mal, wer diesen Plan verfaßt hat", erwidert Durito und zeigt auf einen Namen. Ich lese.
„Ernesto Zedillo Ponce de León", sage ich überrascht. Und ich
füge hinzu: „Es hat also keinen Bruch gegeben?"
„Was es gibt, ist eine Räuberhöhle", erwidert Durito unver-
söhnlich.
„Und folglich?" frage ich mit wirklichem Interesse.
„Nichts, das politische System Mexikos ist wie dieser herabhängende Ast über deinem Kopf", sagt Durito. Ich springe auf,
schaue nach oben und sehe, daß tatsächlich ein angebrochener
Ast bedrohlich über meiner Hängematte baumelt. Ich wechsle
den Ort, während Durito erklärt:
„Das politische System Mexikos hängt mit einer Handvoll sehr
zerbrechlicher Äste an der Wirklichkeit. Ein Windstoß reicht
aus, damit es einstürzt. Klar, beim Herabfallen reißt es andere
Äste mit. Vorsicht, wer sich in seinem Schatten befindet, wenn
es zusammenbricht!"
„Und wenn kein Wind kommt?" frage ich ihn, während ich
überprüfe, ob die Hängematte gut angebunden ist.
„Er wird kommen ... er wird kommen", äußert Durito und wird
nachdenklich, so als würde er in die Zukunft schauen.
Beide waren wir nachdenklich geworden. Wir zündeten wieder
die Pfeifen an. Der Tag neigte sich seinem Ende zu. Durito
blickte auf meine Stiefel. Ängstlich fragte er:
„Und wieviele sind mit dir gekommen?"
„Noch zwei, also keine Angst wegen der Tritte", sagte ich, um
ihn zu beruhigen. Für Durito ist der methodische Zweifel eine
Disziplin, so setzte er seine „Hmm, Hmm" fort, bis er her-
vorstieß:
„Aber die, die dir folgen, wieviele sind das?"
„Ah! Die? Etwa sechzig ..."
Durito unterbrach mich:

„Sechzig! Sechzig Paar Schuhe über meinem Kopf! 120 Stiefel, die versuchen mich zu zermalmen!" schrie er hysterisch.
„Warte, du hast mich nicht ausreden lassen. Es sind keine sechzig", sagte ich. Durito unterbrach mich erneut:
„Ah! Ich wußte doch, daß soviel Unglück auf einmal nicht möglich ist … Wieviel sind es also?"
Meine lakonische Antwort lautete: „Sechzigtausend."
„Sechzigtausend", konnte Durito noch hervorstoßen, bevor er sich am Pfeifenrauch verschluckte.
„Sechzigtausend", wiederholte er mehrmals, wobei er voller Kummer seine Händchen und Füßchen verschränkte.
„Sechzigtausend", sagte er voller Verzweiflung zu sich.
Ich versuchte ihn zu trösten, ich sagte ihm, daß sie nicht alle zusammen kämen, daß es eine abgestufte Offensive sei, daß sie von verschiedenen Seiten kämen, daß sie uns erst einmal finden müßten, daß wir die Spuren verwischt hätten, damit sie uns nicht folgen könnten, kurzum, ich erzählte ihm alles, was mir einfiel. Nach einer Weile beruhigte sich Durito und verfiel erneut in seine „Hmm, Hmm". Er zog einige Papiere hervor, die, wie ich bemerkte, Landkarten zu sein schienen, und begann, mich nach den Standorten der feindlichen Truppen zu fragen. Ich antwortete darauf, so gut ich konnte. Nach jeder Antwort fügte er Zeichen und Anmerkungen in seine kleinen Landkarten ein. Nach dem Verhör brachte er eine Zeit mit „Hmm, Hmm" zu. Nach einigen Minuten und komplizierten Rechenoperationen (sage ich, denn er benutzte alle Händchen und Füßchen für das Rechnen) seufzte er:
„Vergiß nicht, sie benutzen ‚Amboß und Hammer', den ‚Schleifknoten', die ‚Kaninchenjagd' und das ‚vertikale Manöver'. Elementar, steht alles im Rangerhandbuch der *Schule der Amerikas*", sagt er zu sich und mir. Und fügt hinzu:
„Aber wir haben eine Möglichkeit, gut dabei wegzukommen."
„Ah ja? Und wie?" frage ich skeptisch.
„Mit einem Wunder …", sagt Durito, während er seine Papiere verstaut und sich zurücklegt.
Das Schweigen legte sich zwischen uns, und wir überließen uns der Abenddämmerung, die sich zwischen Ästen und Lianen ausbreitete. Später, als sich die Nacht von den Bäumen löste und im Flug den Himmel bedeckte, fragt mich Durito:

„Hauptmann … Hauptmann … Psst … Schläfst du?"
„Nein … Was gibt's", erwidere ich.
Durito fragt schmerzlich, so als hätte er Angst, mich zu verletzen: „Und was willst du machen?"
Ich rauche weiter, blicke auf die silbernen Mondlocken, die an
den Ästen hängen. Ich stoße eine Rauchwolke aus und antworte ihm und mir: „Gewinnen."

P.S.: *Der Sehnsüchte auf der Skala synchronisiert.*
Im Radio singt jemand im Bluesrhythmus den Song: „All's
gonna be right with a little help from my friends …"

P.S.: *Der sich nun aber wirklich verabschiedet und ein Herz als
Taschentuch schwenkt.*

Soviel Regen
und nicht ein Tropfen,
um die Qualen zu stillen …

Macht's gut. Grüße, und auch ihr seid getäuscht von diesem
trockenen Ast, der über euren Köpfen hängt und euch naiv mit
seinem Schatten schützen will.

Der rauchende … und wartende Sup

DIE ZAPATISTEN
BRINGEN BLUMEN UND FREIHEIT

An die Männer und Frauen, die in verschiedenen Sprachen und auf verschiedenen Wegen an eine menschlichere Zukunft glauben und die darum kämpfen, sie heute zu verwirklichen

Brüder und Schwestern:
Es gibt auf diesem Planeten, genannt Erde, und in diesem Kontinent, der der „amerikanische" heißt, ein Land, dessen Figur aussieht, als hätte es einen großen Biß im Osten bekommen und als würde es im Westen einen Arm in den Pazifischen Ozean stecken, damit die Hurrikane es nicht zu weit von seiner Geschichte entfernen. Dieses Land ist den Einheimischen und Auswärtigen als Mexiko bekannt. Seine Geschichte ist ein langer Kampf zwischen dem Wunsch, es selbst zu sein, und dem fremden Begehren, es unter eine andere Fahne zu ziehen. Dieses Land ist unser Land. Wir – damals sprach unser Blut noch aus unseren Vorvätern – gingen schon in diesem Land umher, als es noch nicht diesen Namen hatte. Aber später, in diesem immerwährenden Kampf zwischen Sein und Nichtsein, zwischen Bleiben und Gehen, zwischen Gestern und Morgen, kamen die Unsrigen, die jetzt zwei Abstammungslinien in ihrem Blut vereinten, auf den Gedanken, dieses Stück Land und Wasser, Himmel und Boden, das uns gehört, denn als Geschenk wurde es uns von den ältesten Vorfahren überreicht, „Mexiko" zu nennen. Da waren wir andere zu anderen geworden, und da war die Geschichte abgeschlossen, die uns zu anderen gemacht hatte; denn wir, die wir nun geboren wurden, hatten jetzt einen Namen. Und „Mexikaner" nennen wir uns und werden wir genannt. Später drehte sich die Geschichte erneut und voller Schmerzen. Wir wurden zwischen Blut und Schießpulver geboren, zwischen Blut und Schießpulver wurden wir groß. Immer wieder kam der Mächtige aus anderen Ländern, um unser

Morgen zu rauben. Deshalb heißt es in unserem Kriegslied, das uns vereint: „Aber sollte ein fremder Feind mit seiner Sohle deinen Boden entweihen, denke daran, unser geliebtes Land, daß der Himmel dir mit jedem Sohn einen Soldaten geschenkt hat." Deshalb kämpften wir gestern. Mit verschiedenen Fahnen und Sprachen kam der Fremde, uns zu erobern. Er kam und ging. Wir sind Mexikaner geblieben, weil wir uns mit einem anderen Namen nicht wohl fühlten und auch unter keiner anderen Fahne als der laufen wollten, die auf weißem Hintergrund und grün und rot umsäumt einen Adler zeigt, der eine Schlange verschlingt. Und so erging es uns. Wir, die ersten Bewohner dieser Gegenden, die Indianer, wurden zum Vergessen in einer verborgenen Ecke verurteilt, während die anderen begannen, groß und stark zu werden, und wir hatten nur unsere Geschichte, um uns zu verteidigen, und an ihr hielten wir fest, um nicht zu sterben. Dieser Teil der Geschichte konnte sich auf diese schon fast lachhaft erscheinende Weise entwickeln, weil ein einziges Land, das Land des Geldes, sich über alle anderen Fahnen erhob. Und dann sagten sie: „Globalisierung", und da wußten wir Bescheid, denn so nannten sie diese absurde Ordnung, in der das Geld die einzige Heimat ist, der die Leute dienen und in der die Grenzen nicht etwa aus Brüderlichkeit aufgehoben werden, sondern durch den Aderlaß, der die Mächtigen mästet. Die Lüge wurde zum universellen Zahlungsmittel und nährte in unserem Land den Boden eines Aufschwungs und Reichtums der Wenigen auf dem Alptraum der Vielen. Korruption und Falschheit waren die Hauptprodukte, die unser Land exportierte. Obwohl wir arm waren, kleideten wir unsere Mängel reich ein, und so groß und überwältigend war die Lüge, daß wir sie schließlich für die Wahrheit hielten. Wir bereiteten uns auf die großen internationalen Foren vor und die Armut wurde per Regierungsbeschluß zu einer Erfindung deklariert, die sich angesichts der von den Wirtschaftszahlen schreiend verkündeten Entwicklung in Luft auflösen würde. Wir? Wir Meisten wurden vergessen und die Geschichte erreichte uns nur noch, um vergessen und erniedrigt einfach so zu sterben. Denn sterben tut nicht weh, was schmerzt, ist das Vergessen. Wir entdeckten damals, daß wir nicht mehr existierten, daß die Regierenden uns in der Euphorie der Zahlen und Wachstumsraten vergessen hatten. Ein Land, das sich selbst vergißt, ist ein trauriges Land, ein Land, das seine Vergangenheit vergißt, kann keine Zukunft haben. Und dann griffen wir zu den Waffen und gingen in die Städte, in denen wir als Tiere galten. Wir gingen und sagten den Mächtigen: „Hier sind wir!", und der ganzen Welt riefen wir zu: „Hier sind wir!" Und schaut, wie die Dinge stehen: Damit ihr uns seht, haben wir unser Gesicht verborgen; damit ihr über uns sprecht, verweigern wir unsere Namen; und um zu leben – sterben wir. Und dann kamen die Flugzeuge und Hubschrauber, die Panzer und Bomben, die Kugeln und der Tod, und wir zogen uns zurück in unsere Berge, und bis dorthin verfolgte uns der Tod, und viele Leute aus vielen Orten sagten: „Sprich mit ihnen", und die Mächtigen sagten zu uns: „Sprechen wir miteinander", und wir sprachen miteinander, und wir sagten ihnen, was wir wollten, und sie verstanden nicht recht und wir wiederholten ihnen, daß wir Demokratie, Freiheit und Gerechtigkeit wollten, und sie machten ein Gesicht, als würden sie nichts verstehen, und gingen ihre makro-ökonomischen Pläne und ihre ganzen Aufzeichnungen über den Neoliberalismus durch und diese Wörter waren nirgendwo zu finden und „wir verstehen nicht" sagten sie zu uns und boten uns eine hübschere Ecke im Museum der Geschichte an und einen längerfristigen Tod und eine goldene Kette, um die Würde zu fesseln. Und wir, damit sie verstanden, was wir wollten, machten in unseren Gebieten also das, was wir machen wollten. Mit dem Beschluß der Mehrheit organisierten wir und machten uns daran, Demokratie, Freiheit und Gerechtigkeit zu leben. Und so geschah es: Ein Jahr lang regierte in den Bergen des mexikanischen Südostens das Gesetz der Zapatisten und sie sind nicht gewillt, es zu wissen, und ich nicht minder, es zu erzählen, aber die Zapatisten sind wir. Also wir, die weder Gesicht, Namen noch Vergangenheit haben und in großer Mehrheit Indianer sind, aber in der letzten Zeit auch durch Brüder und Schwestern aus anderen Ländern und anderer Rassen gestärkt werden. Wir sind alle Mexikaner. Als wir dieses Land regierten, verfuhren wir wie folgt: Als wir regierten, reduzierten wir den Alkoholismus auf Null, denn die Frauen hauten auf den Tisch und sagten, daß das Trinken nur dazu gut sei, daß die Männer Frauen und Kinder schlagen und lauter Dummheiten machen, und dann gaben sie den Befehl, daß es nichts mehr zu trinken gebe, und es gab nichts mehr zu trinken und wir ließen keinen Alkohol mehr durch, und die den größten Nutzen daraus zogen, waren die Frauen und Kinder, und den größten Schaden hatten die Händler und die Regierung. Und mit Unterstützung von einigen, die sich „Nichtregierungs- organisationen" nennen, einheimische und ausländische, wur- den Gesundheitskampagnen durchgeführt und die Lebens- erwartung der Zivilbevölkerung erhöht, auch wenn es unsere Lebenserwartung, die der Kämpfenden, verringert hat, die Regierung herauszufordern. Und die Frau, also die Frauen, be- gannen zu sehen, daß die Gesetze, die sie gegen uns Männer durchgesetzt hatten, befolgt wurden, und der dritte Teil unse- rer Kampfkraft sind Frauen, und sie sind sehr tapfer, und sie sind bewaffnet und sie „überzeugten" uns, ihre Gesetze anzuerkennen, und sie wirken auch an der zivilen und militärischen Leitung unseres Kampfes mit, und wir sagten nichts, was sollten wir auch sagen. Und auch das Bäumefällen wurde verboten und Gesetze zum Schutz der Wälder gemacht und die Jagd auf wilde Tiere wurde verboten, und der Anbau, Konsum und Handel mit Drogen wurde verboten, und die Verbote wurden beachtet. Und die Kindersterblichkeitsrate wurde so klein, wie es die Kinder sind. Und die zapatistischen Gesetze wurden auf alle, unab- hängig von ihrer Stellung oder ihrem Einkommen, gleich ange- wandt. Und die größten oder „strategischsten" Entscheidungen unseres Kampfes wurden nach der Methode getroffen, die „Re- ferendum" und „Volksbefragung" genannt wird. Wir beendeten die Prostitution; Arbeitslosigkeit und Bettelei verschwanden. Und die Kinder lernten Süßigkeiten und Spielzeug kennen. Und wir begingen viele Irrtümer und Fehler. Und wir machten auch das, was keine Regierung der Welt, unabhängig von ihrer poli- tischen Richtung, aufrichtig leisten kann, das heißt, die Fehler anzuerkennen und Maßnahmen zu ergreifen, um sie zu be- heben. Und damit waren wir beschäftigt, wir waren also am Lernen, als die Panzer und Hubschrauber und die Flugzeuge und viele Tausend Soldaten kamen und behaupteten, sie seien gekommen, um die nationale Souveränität zu verteidigen, und wir sagten, daß sie in den JUESÄH verletzt wird und nicht in Chiapas und daß die nationale Souveränität nicht verteidigt wird, indem man die rebellische Würde der chiapanekischen Indianer mit den Füßen tritt. Und sie hörten nicht zu, denn der Lärm ihrer Kriegsmaschinen machte sie taub, und sie kamen im Auftrag der Regierung, und für die Regierung ist der Verrat die Treppe, über die sie an die Macht steigt, und für uns ist die Redlichkeit die Ebene der Gleichheit, die wir für alle wollen. Und ihre Regierungsrechtmäßigkeit wurde von Bajonetten getragen und unsere Rechtmäßigkeit vom Konsens und der Vernunft, und wir wollen überzeugen und die Regierung uns niederschlagen, und wir sagen, daß kein Gesetz Gesetz genannt werden kann, das auf Waffengewalt zurückgreifen muß, damit es bei einem ganzen Volk befolgt wird, und daß es nichts als Willkür ist, so sehr es sich auch ins legalistische Mäntelchen hüllt, und daß derjenige, der ein Gesetz gestützt auf die Waffengewalt befiehlt, ein Diktator ist, auch wenn er behauptet, daß er von der Mehrheit gewählt worden sei. Und sie vertrieben uns aus unserem Gebiet. Und mit den Kriegspanzern kam ihr Regierungsgesetz, und das Gesetz der Zapatisten ging. Und hinter den Panzern der Regierung kamen erneut Prostitution, Suff, Raub, Drogen, Zerstörung, Tod, Korruption, Krankheit, Armut. Und es kamen Regierungsbeauftragte und erklärten, die Rechtmäßigkeit in den chiapanekischen Gebieten sei wiederhergestellt, und sie kamen mit kugelsicheren Westen und Panzern und sie blieben nur ein paar Minuten und sie waren es bald leid, ihre Vorträge vor Hähnchen und Hühnchen und Schweinen und Hunden und Kühen und Pferden und einer verirrten Katze zu halten. So handelte die Regierung, und ihr Journalisten wißt das vielleicht schon, denn viele von euch haben es gesehen und veröffentlicht. Das ist die Rechtmäßigkeit, die jetzt in unserer Gegend herrscht. Und so war der Krieg um die „Rechtmäßigkeit" und „nationale Souveränität", den die Regierung gegen die chiapanekischen Indianer führte. Auch gegen die anderen Mexikaner führt die Regierung Krieg, nur daß sie ihnen anstelle von Panzern und Flugzeugen ein Wirtschaftsprogramm beschert, das sie genauso tötet, nur langsamer …

Da es mir gerade einfällt, ich schreibe diese Zeilen am 17. März, dem Namenstag von San Patricio, und in jenem Mexiko, das im vergangenen Jahrhundert gegen das Imperium der

Streifen und trüben Sterne kämpfte, gab es eine Gruppe von Soldaten verschiedener Staatsangehörigkeiten, die an der Seite der Mexikaner kämpfte, und diese Gruppe nannte sich „Bataillon San Patricio" und deshalb haben die Compañeros zu mir gesagt: „Auf, nutze die Gelegenheit, um den Brüdern aus anderen Ländern zu schreiben und ihnen zu danken, daß sie den Krieg gestoppt haben", aber ich glaube, daß es eine List von ihnen ist, damit sie tanzen gehen können und ich sie nicht rüge, denn das Regierungsflugzeug fliegt dort herum und die Compas wollen nichts anderes als tanzen und trotz Krieg und allem sind sie ganz wild auf Marimba. Und so schreibe ich Euch im Namen aller meiner Compañeros und Compañeras, denn im „Bataillon San Patricio" wurde uns deutlich, daß es Ausländer gibt, die Mexiko mehr lieben als manche Einheimische, die heute in der Regierung sitzen und morgen im Gefängnis oder im physischen Exil, denn mit dem Herzen sind sie bereits weg. Sie wollen eine andere Fahne, die nicht die ihre ist, und ein anderes Denken, das nicht das der Ihrigen ist. Und wir haben erfahren, daß es Demonstrationen und Versammlungen und Briefe und Gedichte und Lieder und Filme und andere Sachen gegeben hat, damit es nicht zum Krieg in Chiapas kommt, dem Teil Mexikos, in dem zu leben und zu sterben unser Los ist. Und wir erfuhren, daß dies geschah und daß dieses „NEIN ZUM KRIEG" in Spanien und in Frankreich und in Italien und in Deutschland und in Rußland und in England und in Japan und in Korea und in Kanada und in den Vereinigten Staaten und in Argentinien und in Uruguay und in Chile und in Venezuela und in Brasilien gerufen wurde, und an anderen Orten wurde es nicht gesagt, aber gedacht. Und so sahen wir, daß es in vielen Teilen der Welt aufrichtige Leute gibt und daß diese Leute näher bei Mexiko leben als die, die in „Los Pinos" leben, dem Haus, in dem die Regierung dieses Landes sitzt.

Unser Gesetz ließ Bücher, Arzneimittel, Lachen, Süßigkeiten und Spielzeug blühen. Ihr Gesetz, das der Mächtigen, kam mit keinem anderen Argument als der Gewalt und zerstörte Bibliotheken, Kliniken und Krankenhäuser und brachte unseren Leuten Trauer und Bitternis. Und wir denken, daß eine Rechtmäßigkeit, die das Wissen, die Gesundheit und Freude zerstört, eine sehr kleine Rechtmäßigkeit für solch große Frauen und

Männer ist, und daß unser Gesetz besser ist, unendlich besser, als das Gesetz dieser Herren, die beseelt von ausländischem Geist erklären, daß sie uns regieren.

Und wir wollten Euch sagen, Euch allen, daß wir Euch danken. Und wenn wir eine Blume hätten, dann würden wir sie Euch schenken, und da wir nicht genug Blumen für alle haben, muß eine reichen, damit Ihr sie verteilt und jeder ein Stückchen behält und damit Ihr, wenn Ihr alte Männer oder Frauen geworden seid, Euren Enkeln und den jungen Leuten Eures Landes erzählen könnt: „Ich habe Ende des 20. Jahrhunderts für Mexiko gekämpft und seit dieser Zeit war ich auf Seiten dieser Leute, die nur das wollten, was alle menschlichen Wesen wollen, die noch nicht vergessen haben, daß sie menschliche Wesen sind, das heißt: Demokratie, Freiheit und Gerechtigkeit, und ich kannte nicht ihr Gesicht, aber ihr Herz, und das war wie unseres." Und wenn Mexiko frei sein wird (was nicht heißt glücklich oder perfekt, sondern einfach frei, also daß es seinen Weg, seine Fehler und Erfolge frei wählen kann), dann wird ein Stück von Euch, das sich auf Brusthöhe befindet und trotz der politischen Implikationen bzw. genau deshalb etwas linkslastig ist, auch ein Stück Mexiko sein und diese fünf Buchstaben werden Würde heißen und dann wird die Blume für alle sein oder nicht sein. Und eben fällt mir ein, daß Ihr aus diesem Brief eine Papierblume machen und sie, je nachdem, in das Knopfloch oder das Haar stecken und mit dieser bezaubernden Zierde zum Tanzen gehen könnt. Und ich gehe jetzt auch, denn schon wieder kommt das Flugzeug der schlaflosen Nächte und ich muß die Kerze löschen, aber nicht die Hoffnung. Die – nicht einmal, wenn ich tot bin.

Grüße. Macht's gut und die versprochene Blume: grüner Stiel, weiße Blume, rote Blätter und keine Angst wegen der Schlange, was da flattert, ist ein Adler, der sich um sie kümmern wird, also ...

Aus den Bergen des mexikanischen Südostens
Subcomandante Insurgente Marcos

WIE EL YOLMASH IN DIE HÖHLE
DES WUNSCHES KAM

Damen und Herren,
anbei ein weiterer Dankesbrief, diesmal fürs Ausland. Mal sehn, ob Gurría*, der zur Zeit nichts als Lügen in „Juropas" verbreitet, ihn zu lesen bekommt. Wir verstecken uns nicht mehr vor den Soldaten, jetzt fliehen wir vor den Abgeordneten. Es ist ein ganzer Haufen, und sie tauchen überall dort auf, wo niemand mit ihnen rechnet. Anscheinend haben sie die Frage der „Überprüfung" ernst genommen. Nicht schlecht. Es wäre die erste Kommission, die nicht nur Kunsthandwerk in San Cristóbal kauft. Wie läuft es bei den Panamerikanischen Meisterschaften? Schade, daß ich nicht teilnehmen kann. Ich bin sicher, daß ich ganz gut beim „Querfeldeinrennen" abgeschnitten hätte. Bei dem Training, das ich seit dem 10. Februar hatte!
Macht's gut. Salud und daß der Frühling seinen Adressaten im Blut findet.

Aus den Bergen des mexikanischen Südostens
Subcomandante Insurgente Marcos

P.S., das aus Trauer weint. Ich hörte gerade im Walkman diesen Ohrwurm von Stephen Stills aus dem Album *Four Way Street*, der den Text hat:

Find the cost of freedom, buried in the ground.
Mother Earth will swallow you.
Lay your body down ...

als mein anderes Ich angerannt kommt und mir erklärt:
„Anscheinend hast du erreicht, was du wolltest ..."

* mexikanischer Außenminister

„Sag bloß, daß die PRI gestürzt worden ist", frage ich hoffnungsvoll.

„Quatsch! Sie haben dich umgebracht", sagt mein anderes Ich.

„Mich? Wann? Wo?" grübele ich und versuche mich daran zu erinnern, wo ich gewesen bin und was ich gemacht habe.

„Heute bei einer Schießerei ... Aber sie sagen nicht wo", erwidert es.

„Ah gut! ... Und ich bin schwer verletzt oder einfach tot?" will ich wissen.

„Mausetot ... heißt es in den Nachrichten", sagt mein anderes Ich und geht weg.

Ein narzißtisches Schluchzen wetteifert mit den Grillen.

„Warum weinst du?" fragt Durito, während er seine Pfeife anzündet.

„Weil ich nicht bei meiner Beerdigung dabei sein kann, wo ich mich doch so geliebt habe ...""

P.S. Welches erzählt, was Sub und Durito am zwölften Tag des Rückzugs widerfuhr, von den Mysterien der *Höhle des Wunsches* nebst anderen unglücklichen Vorkommnissen, die uns heute zum Lachen bringen, uns damals aber sogar den Hunger abwürgten.

„Und wenn sie uns bombardieren?" fragt Durito in den frühen Morgenstunden des 12. Tages des Rückzugs („Von wegen Rückzug", sagt Durito, „reines Gerenne").

Es ist kalt. Ein grauer Wind streift mit eisiger Zunge durch die Dunkelheit der Bäume und des Landes. Ich schlafe nicht, in der Einsamkeit schmerzt die Kälte doppelt. Ich verharre in Schweigen. Durito schlüpft unter seinem schützenden Blatt hervor und klettert an mir herauf. Um mich zu wecken, beginnt er meine Nase zu kitzeln. Ich niese mit solch einem Nachdruck, daß Durito bis zu meinen Stiefeln purzelt. Er rappelt sich auf und kehrt zu meinem Gesicht zurück.

„Was ist los?" frage ich ihn, bevor er mich wieder kitzeln kann.

„Und wenn sie uns bombardieren?" wiederholt er.

„Hm ... also ... also ... dann suchen wir eine Höhle oder etwas Ähnliches, um uns zu verstecken ... oder wir schlüpfen in ein Loch ... wir werden schon sehen, was wir machen", erwidere ich leicht genervt und blicke auf die Uhr, um anzudeuten, daß es nicht der geeignete Zeitpunkt ist, um sich Gedanken über Bombardierungen zu machen.

„Ich hab ja keine Probleme damit. Ich kann mich überall verstecken. Aber du, mit diesen Tretern und dieser Nase ... ich bezweifle, daß du einen sicheren Ort findest", erklärt Durito, während er sich wieder mit einem Blatt bedeckt.

„Panikpsychologie", denke ich im Hinblick auf die scheinbare Gleichgültigkeit Duritos bezüglich unseres Schicksals ... Unseres? Er hat recht! Er wird keine Probleme haben, aber ... denke ich, stehe auf und wende mich Durito zu:

„Psst ... Psst ...! Durito!"

„Ich schlafe", stößt er unter seinem Blatt hervor.

Ich kümmere mich nicht um seinen Schlaf und fange eine Unterhaltung mit ihm an:

„Gestern hörte ich, daß Camilo und mein anderes Ich sich darüber unterhielten, daß es in dieser Gegend sehr viele Höhlen gibt. Camilo meint, er würde die meisten kennen. Es gäbe kleine, in die kaum ein Gürteltier reinpaßt. Und es gäbe welche, die so groß wie Kirchen sind. Aber er sagt, es gibt eine, in die sich niemand hineintraut. Er sagt, daß es eine schlimme Geschichte über diese Höhle gibt. Es heißt, daß sie *Die Höhle des Wunsches* genannt wird."

Duritos Interesse scheint geweckt, seine Leidenschaft für Kriminalromane treibt ihn noch ins Verderben.

„Und was ist das für eine Geschichte?"

„Nun ... es ist eine sehr lange Geschichte. Ich kenne sie nur vom Hörensagen und sie wurde mir vor vielen Jahren erzählt ... Ich erinnere mich nicht so recht", sage ich, um mich wichtig zu machen.

„Gut, erzähl also", sagt Durito, der immer neugieriger wird.

Ich stecke die Pfeife an. Zwischen dem aromatischen Rauch kommt die Erinnerung zum Vorschein und mit ihr

Die Höhle des Wunsches.

„Es geschah vor vielen Jahren. Es ist die Geschichte einer unglücklichen Liebe. Es ist eine traurige ... und furchtbare Geschichte", sagt der Sup, auf die Seite gestützt, mit der Pfeife zwischen den Lippen. Er steckt sie an und fährt fort, den Blick auf den Berg gerichtet:

„Ein Mann kam von weit her. Er kam oder war bereits da. Man weiß es nicht. Es war vor vielen Jahren und wie es hier so ist, lebte und starb man auf die gleiche Weise, ohne Hoffnung und im Vergessen. Man weiß nicht, ob dieser Mann alt oder jung war. Es waren wenige, die ihn die ersten Male gesehen hatten. Er soll nämlich extrem häßlich gewesen sein. Sein Anblick verbreitete Schrecken unter den Männern und Abscheu unter den Frauen. Was war es, das ihn so abstoßend erscheinen ließ? Ich weiß es nicht, denn die Schönheitsvorstellungen wechseln so stark zwischen den verschiedenen Epochen und Kulturen ... Auf jeden Fall gingen die hier Gebürtigen dem Mann aus dem Weg, und auch die Ausländer, die Herren des Landes, der Menschen und der Schicksale. Die Indigenen nannten ihn *El Jolmash* oder *Affengesicht*; die Ausländer gaben ihm den Namen *Das Tier*. Der Mann ging in die Berge, weit weg von den Blicken aller, und begann dort zu arbeiten. Er baute sich eine kleine Hütte neben einer der vielen Höhlen, die es in dieser Gegend gab. Er machte das Land urbar, säte Mais und Weizen, und die Jagd im Urwald brachte ihm genug zum Überleben. Ab und an stieg er zu einem Bach in der Nähe der Ortschaften hinunter. Dort hatte er mit einem alten Mann aus der Gemeinschaft den Austausch von Salz, Zucker und anderen Dingen vereinbart, die der Mann, *El Jolmash*, nicht in den Bergen bekam. *El Jolmash* tauschte das, was er brauchte, gegen Mais und Tierhäute. *El Jolmash* kam immer zur Zeit der Abenddämmerung, wenn die Schatten der Bäume die Nacht auf Erden vorwegnahmen. Der Alte hatte eine Augenkrankheit und konnte nicht gut sehen, so erkannte er also, bedingt durch Halbdunkel und seine Krankheit, das Gesicht des Mannes nicht, das soviel Abscheu bei klarem Licht hervorrief. Eines Abends kam der Alte nicht. *El Jolmash* dachte, daß er sich vielleicht in der Stunde geirrt habe und der Alte schon wieder gegangen sei. Um sich nicht wieder zu täuschen, kam er das nächste Mal früher. Die Sonne mußte noch einige Fingerbreit zurücklegen, bevor sie sich hinter den Bergen verstecken konnte, als sich *El Jolmash* dem Bach näherte. Ein Rauschen von Gelächter und Stimmen nahm immer stärker zu, je näher er kam. *El Jolmash* verlangsamte seine Schritte und näherte sich leise. Zwischen Zweigen und Lianen konnte er die Vertiefung ausmachen, die das Bachwasser bildete. Eine Gruppe von Frauen badete und wusch Wäsche. Sie lachten. *El Jolmash* schaute im Stillen. Sein ganzes Herz strömte in seinen Blick, seine Augen wurden zu seiner Stimme. Es war schon eine Zeit vergangen, seit die Frauen wieder weg waren, und *El Jolmash* stand immer noch da und schaute ... Die Sternschnuppen fielen bereits über die Viehgehege, als er den Berg wieder hinaufstieg.

Ich weiß nicht, ob das, was er sah oder zu sehen glaubte, ob das Bild, das sich in seiner Netzhaut eingegraben hatte, der Wirklichkeit entsprach oder nur in seinem Wunsch existierte, aber *El Jolmash* hatte sich verliebt oder glaubte, daß er sich verliebt hatte. Und seine Liebe war keine idealisierte oder platonische, sie war ziemlich weltlich, und der Ruf der Sinne, den sie beinhaltete, war wie ein Kriegstrommeln, wie ein Blitz, der zu einem stürmischen Regen wird. Die Leidenschaft nahm ihn bei der Hand und *El Jolmash* begann, Briefe zu schreiben. Liebesbriefe, ein gelehrtes Delirium, das aus seinen Händen strömte. Und so schrieb er zum Beispiel:

‚Oh, Dame des feuchten Glanzes. Zu prachtvoller Marter wird der Wunsch. Ein Schwert mit tausend Spiegeln ist die Begierde meiner Lust nach Eurem Körper und vergebens spaltete seine doppelte Schneide das tausendfache Keuchen, das der Wind wegträgt. Einen Gunstbeweis, in der langen Schlaflosigkeit, um einen Gunstbeweis bitte ich Euch, Señora, eine magere Ruhepause für mein graues Sein. Erlaubt, daß ich mich Eurem Halse nähere. Erlaubt, daß meine plumpe Begierde Euer Ohr erreicht. Erlaubt, daß meine Lust Euch still und leise sagt, was meine Brust verschweigt. Señora, die Ihr nicht die meine seid, schaut nicht auf diese arme Fratze, die mein Gesicht verziert. Laßt Euer Ohr zum Blick werden, schließt die Augen, um das Flüstern zu sehen, das in meinem Leib wandert, der Euren Leib begehrt. Ja, ich möchte hinein. Mit Seufzern die Route beschreiten, die Hände und Lippen und Geschlecht sich wünschen. In den Mund, der feucht ist, möchte ich, der ich durstig bin, mit einem Kuß eintreten. Am zweifachen Hügel Eurer Brust die Lippen und Finger entlangstreifen, um die Rebe der Seufzer zu wecken, die sich in ihr verbergen. In den Süden wandern und

Eure Hüfte mit einer sanften Umarmung gefangennehmen. Die Haut des Leibes ist schon am Glühen, eine glänzende Sonne, die die Nacht ankündigt, die weiter unten heranbricht. Flott und geschickt die Schere umgehen, auf der Eure Anmut wandelt und deren Scheitel verspricht und verweigert. Euch einen Schauer kalter Wärme schenken und mich der feuchten Erschütterung des Wunsches nähern. Die Wärme meiner Handflächen in der zweifachen Wärme des Fleisches und der Bewegung verstärken. Ein ruhiger Schritt zunächst, ein leichter Trab danach. Danach der wilde Ritt von Körpern und Wunsch. Den Himmel erreichen und danach zusammenbrechen. Eine Gunst, verheißene Ruhe. Um eine Gunst bitte ich Euch, Señora des ruhigen Seufzers! Erlaubt, daß ich mich Eurem Halse nähere! Er wird meine Rettung sein, fern von ihm sterbe ich ...'

In einer Gewitternacht wie die Leidenschaft seiner Hände zerstörte ein Blitz die Behausung von *El Jolmash*. Naß und zitternd flüchtete er in die benachbarte Höhle. Mit einem Kienspan beleuchtete er seinen Weg ins Innere der Höhle und entdeckte Zeichnungen von Paaren im Liebesrausch, die Wonne auf Stein und Ton gebracht. Es gab eine Quelle und Spieldosen, die von schrecklichen und wunderbaren Ereignissen aus der Vergangenheit berichteten. *El Jolmash* konnte oder wollte die Höhle nicht mehr verlassen. Dort fühlte er erneut, wie der Wunsch seine Hände füllte, und er begann, Brücken ins Nirgendwo zu bauen ...:

,Heute bin ich ein Pirat, Señora des ersehnten Hafens. Morgen ein Soldat im Krieg. Heute ein Seefahrer, der sich zwischen Bäumen und Feldern verirrt hat. Das Wunschschiff setzt die Segel. Ein beständiges Seufzen, ganz Zittern und Lust, steuert das Schiff inmitten von Monstern und Stürmen. Blitze erleuchten das blinkende Meer der Verzweiflung. Eine salzige Feuchtigkeit übernimmt Kommando und Steuer. Reiner Wind, nichts als Wort, segele ich zwischen Seufzern und Keuchen auf der Suche nach einem präzisen Ort, den Euch der Körper befiehlt. Der Wunsch, Señora der kommenden Stürme, ist ein Knoten, den Eure Haut an einem unbekannten Ort verbirgt. Ich muß ihn finden und mit Beschwörungsformeln entwirren. Befreit wird dann Eure Begierde sein und Eure Augen und Euren Mund, Euren Leib und Eure Gedärme füllen. Nur einen kurzen

Augenblick werden sie frei sein, denn dann werden meine Hände kommen, um sie gefangenzunehmen und sie in das Meer meiner Umarmung und meines Körpers zu führen. Ich werde Schiff und bewegtes Meer sein, damit ich in Euren Körper eintrete. Und es wird keine Erholung geben in diesem gewaltigen Sturm, mit Körpern, die von einer solch eigenmächtigen Welle erschüttert werden. Ein letzter, gewaltiger Schlag salzigen Wunsches wird uns an einen Strand werfen, an dem der Schlaf uns erreicht. Ein Pirat bin ich jetzt, Señora des sanften Sturmes. Wartet nicht auf meinen Überfall, kommt ihm entgegen! Mögen das Meer, der Wind und dieser zum Schiff gewordene Wunsch Zeugnis darüber ablegen. *Die Höhle des Wunsches!* Mit Rotwein bedeckt sich der Horizont, wir sind bald angekommen, wir brechen bald auf ...'

So war es. Und es heißt, daß *El Jolmash* die Höhle niemals mehr verlassen habe. Man weiß nicht, ob die Frau, an die er die Briefe schrieb, wirklich existierte oder ein Produkt der Höhle war, *Der Höhle des Wunsches.* Auf jeden Fall heißt es, daß *El Jolmash* noch in ihr lebt und daß jeder, der sich ihr nähert, vom selben Leid ergriffen wird: dem Wunsch ..."

Durito hat die ganze Geschichte mit Aufmerksamkeit verfolgt. Als er sieht, daß ich geendet habe, sagt er: „Da müssen wir hin."

„Hingehen?" frage ich überrascht.

„Klar", erklärt Durito. „Ich brauche einen literarischen Berater, um meinem Weib zu schreiben ..."

„Du bist verrückt!" protestiere ich.

„Hast du etwa Angst?" fragt Durito ironisch.

Ich zögere. „Also ... Angst, Angst eigentlich nicht ... aber es ist sehr kalt ... und es sieht nach Regen aus ... und ... ja, ich habe Angst."

„Bah! Mach dir keine Sorgen. Ich gehe mit und werde dir sagen, wo es lang geht. Ich glaube, ich weiß, wo *Die Höhle des Wunsches* ist", erklärt Durito mit Bestimmtheit.

Ich gebe nach. „Einverstanden", sage ich. „Du bist der Expeditionsleiter."

„Hervorragend! Mein erster Befehl lautet, daß du die Vorhut bildest, in der Mitte geht niemand, um den Feind zu verwirren, und ich gehe am Ende der Nachhut", befiehlt Durito.

„Ich? In der Vorhut? Ich protestiere!"

„Protest zurückgewiesen", erklärt Durito entschieden.

„Na gut", schließlich bin ich ja Soldat.

„So ist es richtig. Achtung! So lautet der Angriffsplan:

Erstens: Wenn es viele sind, hauen wir ab.

Zweitens: Wenn es wenige sind, verstecken wir uns.

Drittens: Wenn niemand da ist, vorwärts, denn das Leben führt in den Tod!" befiehlt Durito, während er seinen Rucksack packt.

Für einen Kriegsplan kam er mir zu vorsichtig vor, aber schließlich war Durito jetzt der Chef, und angesichts der Umstände hatte ich nichts dagegen, daß die „Umsicht" in der Vorhut marschierte.

Am Himmel begannen sich die Sterne zu verwischen ...

„Es scheint Regen zu geben", sage ich zu Durito, Verzeihung, zum Chef.

„Ruhe! Nichts wird uns aufhalten!" schreit Durito mit der Stimme des Leutnants in diesem Film von Oliver Stone, der *Platoon* heißt.

Eine Böe eisigen Windes und die ersten Tropfen ...

„Halt", befiehlt Durito.

Die Regentropfen nehmen immer mehr zu ...

„Ich habe vergessen, den vierten Punkt des Angriffsplans zu erwähnen ..." erklärt Durito zweifelnd.

„Ah ja? Und wie lautet er?" frage ich hinterlistig.

„Wenn es anfängt zu regnen ... strategischer Rückzug!" Die letzten Worte sagt Durito, als er sich bereits im Laufschritt zurück ins Lager befindet.

Ich renne hinter ihm her. Es ist nutzlos. Völlig durchnäßt und zitternd erreichen wir die Plastikabdeckung. Es regnet, als ob sich der Wunsch nun endlich entfesselt hätte ...

Einen erneuten Gruß. Salud und daß der Hunger nach Morgen Kampfbegierde sein möge ... heute.

Der Sup, tief, ganz tief in der Höhle des Wunsches. Es ist März, in den frühen Morgenstunden, und dafür, daß ich tot bin, fühle ich mich seeehr gut.

WARUM DIE JUNGFRAU
VON GUADALUPE MIT DEN ZAPATISTEN
DURCH DEN LAKANDONISCHEN
URWALD WANDERT

Damen und Herren:
Vorangeschickt der Bericht über die Fortschritte, die der briefliche Dialog macht. Man beachte, wie lange es dauert, bis die Dinge hier ankommen und bis sie wieder herauskommen; nur nicht am Kummer nagen.
Hier verkleidet sich der Frühling als Herbst und die Blätter neigen dazu, ein einheitliches Braun anzunehmen. Tagsüber mit Bremsen und nachts mit Leuchtkäfern wechselt auch der Urwald Äußeres und bringt Überraschungen.
Macht's gut. Grüße und ein frischer Wind, der den Verdruß der Hoffnungslosigkeit lindert.

Aus den Bergen des mexikanischen Südostens
Subcomandante Insurgente Marcos

P.S. Welches zeigt, inwieweit die EZLN sich gegen die Sitten und Gebräuche der Gemeinschaften „durchgesetzt" hat, und erklärt, wie „indianerfremde Interessen" in den Reihen der „Neodelinquenten" gelagert sind.
Vor einigen Tagen gab es in dem jetzigen Wanderdorf Guadalupe Tepeyac eine Diskussion. Aus der Stadt war ein Geschenk eingetroffen. Unter der spärlichen humanitären Hilfe, die die „guadalupanischen Zapatisten" (wie sie sich selbst nennen) erhalten, befand sich eine Statue der Jungfrau von Guadalupe. Wie mir erzählt wurde, mißt die Statue etwa 30 Zentimeter, hat goldene Bänder und bunte Schleier („Sie ist hübsch", sagt der, der es mir erzählt). Das Ganze hat zu verschiedenen Ansichten geführt: zuerst eine Polemik, danach eine Diskussion und schließlich eine Vollversammlung dieses Dorfes, das weit ent-

155

fernt von seinen Häusern nach langen Wanderungen durch Berg und Tal nicht aufgibt und sich stolz „Guadalupe Tepeyac" nennt. Die gelben Bänder, die das Heiligenbild schmücken, bildeten den Anlaß: „Sie sind aufgemalt", meinte der Mann, der sie aus einer gewissen Entfernung betrachtete. „Nein, sie sind aus Gold", erwiderte eine Frau. Schnell ergriff die Gemeinschaft Partei für die eine oder andere Seite.

Die Diskussion findet neben der Kirche auf einer kleine Wiese statt, die sowohl als Spielplatz wie auch als Tanzfläche oder, wie jetzt, als Salon für Debatten dient. Die Bewohner der Ortschaft, die an diesem Tag den Guadalupanern als Herberge dient, mischen sich nicht ein. Das ist die Angelegenheit derer aus Guadalupe Tepeyac und von niemandem sonst. Sie sitzen rauchend und schweigend vor den Häusern mit dem Gewehr auf den Knien und gepacktem Rucksack. Zu irgendeinem Zeitpunkt (der mir all das erzählt, weiß nicht, wie es geschah, er erzählt die gleiche Szene in der gleichen Zeit, aber aus verschiedenen Blickwinkeln) schweift die Diskussion ab, ob die Statue in dem Dorf bleiben soll, das sie beherbergt, oder ob sie die aus Guadalupe Tepeyac begleiten soll, wenn sie in ihre Häuser zurückkehren (wann?). Die Meinungsverschiedenheiten spitzen sich zu und es deutet sich eine Auseinandersetzung zwischen Männern und Frauen an: einige Männer sind dafür, daß die Statue als Dankesbezeugung für die Aufnahme im Dorf dort bleibt; die Frauen, die sich in einer immer größer werdenden Anzahl versammeln, erklären, daß die Statue ein Geschenk sei, und ein Geschenk könne man nicht weiterverschenken, denn dann sei es kein Geschenk mehr, denn geschenkte Geschenke schenke man nicht (mein Erzähler erzählt mir dies an einem Stück, ich ahne, daß das Argument komplizierter ist und daß mein Erzähler etwas ausspart, was schwierig zu verstehen ist und noch schwieriger zu erklären). Es ist klar, daß einige an das Gewicht und Volumen am Tag des wenig wahrscheinlichen Umzugs denken, aber die Frauen geben nicht nach. Auf der einen und anderen Seite tauchen spontane Gründe und Sprecher auf. Der Dorfvorsteher befindet sich an einer Ecke des Platzes, er hört schweigend im Sitzen zu. Irgendwann steht er auf und schlägt vor, daß die Angelegenheit in einer Vollversammlung geklärt werden solle. In Guadalupe Tepeyac machen sie sogar Versammlungen und Abstimmungen, um zu klären, wie lange ein Tanz dauern soll, so wird der Vorschlag also begrüßt. Der Beschluß ist einmütig, schließlich ist das Geschenk auch für das ganze Dorf und mehrere Männer sind zur Zeit noch am Reden und verschiedene Frauen waschen am Fluß. Die Versammlung soll am frühen Abend stattfinden, wenn die Hitze nachgelassen hat und die Kühle die dunkle Haut dieser Männer und Frauen streichelt und erfrischt, die im August 1994 und im Januar 1995 den Sitz für den Friedenswillen der Zapatisten stellten und als Antwort darauf Dutzende Panzer und Hubschrauber und einige Tausend Soldaten erhielten, die jetzt ihr Land besetzt halten. (Ja, ich weiß, daß ich ständig andere Zeiten benutze, aber so wird mir die Geschichte erzählt.) Als die Versammlung beginnt, hat der Tag seine Sonnenmünze in der irdenen Sparbüchse der Berge hinterlegt, aber es ist noch hell genug, um nicht zu Kerzen und Dochtbrennern greifen zu müssen. In den vorangegangenen Stunden hat jede Seite Überzeugungsarbeit unter denen geleistet, die nicht dabei waren. Nach diesen Vorversammlungen wiederholt die Hauptversammlung die vorherige Diskussion: die Guadalupe-Statue bleibt in dem Dorf, das sie beherbergt, oder die Jungfrau geht dorthin, wohin die Einwohner von Guadalupe Tepeyac gehen. Doña Herminia (oder „Ermiña", wie mein Erzähler sagt) beginnt zu hüsteln. Alle verfallen in Schweigen, denn die Gründerin und älteste Einwohnerin von Guadalupe Tepeyac will das Wort ergreifen. Mit 100 Jahren auf den Schultern beginnt Doña Herminia langsam und bedächtig zu sprechen. Das erfordert eine besondere Aufmerksamkeit, aus Respekt und um hören zu können, was sie sagt. Die Doña erklärt, daß die Jungfrau von Guadalupe aus der Stadt zurückgekommen sei, sie sei gekommen, um ihre Söhne und Töchter zu finden, die guadalupanischen Zapatisten, und da sie sie nicht gefunden habe, suchte sie sie oben in den Bergen, und nach einer langen Irrfahrt sei sie nun zu ihnen gelangt.

Doña meint, daß die Jungfrau von dem ganzen Hoch und Runter in den Bergen müde sei, und mehr noch bei dieser Hitze, die Heiligen und Sündern gleichermaßen zu schaffen mache, deshalb täte ihr ein wenig Rast gut, und da sie nun bei ihnen angelangt sei, wäre es gut, daß die Jungfrau eine Zeit bei den Ihri-

gen sich ausruhe. Aber die Mutter Lupita kam nicht von so weit her, um hier zu bleiben, sie irrte nicht auf der Suche nach uns umher, um an einem Ort zu bleiben, wenn die Guadalupaner an einen anderen gehen. Die Doña denkt (und hier nicken alle Frauen und der eine oder andere Mann mit dem Kopf und schließen sich den Gedanken von Doña an), daß die Guadalupanerin bei ihren Töchtern und Söhnen bleiben will, wo immer diese auch sein mögen, und ihre Müdigkeit wird geringer sein, wenn sie sich gemeinsam mit den Ihrigen ermüdet, und ihre Erholung wird umso größer sein, wenn sie sich gemeinsam mit ihrer Familie ausruht, und ihre Traurigkeit wird weniger weh tun, wenn sie gemeinsam mit ihnen weh tut, und die Freude wird heller strahlen, wenn sie unter ihnen allen leuchtet. Die Doña sagt, sie denke (jetzt stimmen ihr noch mehr zu), daß die Jungfrau dahin gehen möchte, wo die von Guadalupe Tepeyac hingehen, und wenn der Krieg sie in die Berge treibe, ginge auch die Jungfrau in die Berge und würde wie sie zum Soldaten werden, um ihre dunkelhäutige Würde zu verteidigen; und wenn der Friede sie zurück in ihre Häuser führen sollte, werde die Guadalupanerin mit ins Dorf gehen, um das Zerstörte wieder aufzubauen. „Deshalb frage ich dich, Mutter, die du uns beschenkt hast, ob du damit einverstanden bist, dahin zu gehen, wohin wir alle gehen", fragt die Doña an die Statue gewandt, die vor der Versammlung aufgestellt ist. Die Jungfrau antwortet nicht, ihre dunklen Augen blicken weiter nach unten. Nach einem Moment des Schweigens sagt die Doña zum Abschluß: „So lautet mein Wort, Brüder und Schwestern." Der die Versammlung leitet, fragt, ob noch jemand etwas sagen wolle. Ein einmütiges Schweigen ist die Antwort. „Es wird abgestimmt", sagt er und zählt die Stimmen. Die Frauen gewinnen.
Die Jungfrau von Guadalupe wird dahin gehen, wohin die Guadalupaner gehen. Danach gibt es Tanz. Eine Marimba und die dunkelhäutige Statue führen den Vorsitz beim Fest. In einigen Gruppen wird weiter darüber diskutiert, ob die Bändchen aus Gold sind oder nur gelb angemalt.
„Dann haben die Frauen also wieder gewonnen?" frage ich.
„Natürlich!" antwortet mein Erzähler, „einer Frau widerspricht man nicht, und noch viel weniger, wenn der Frühling die Nächte in den Bergen des mexikanischen Südostens lau macht."

DURITO ERNENNT MARCOS ZU
SEINEM SCHILDKNAPPEN

Damen und Herren:
Anbei Brief und Kommuniqué, die die erhofften Zusammentreffen bestätigen (ich stelle mir vor, wenn sie Euch erreichen,
werden sie kurz bevorstehen). Nun hat die Regierung also
doch unseren Vorschlag eines attraktiveren Verhandlungssitzes
zurückgewiesen. Wir sagen klar und deutlich, daß, so wie es
eines guten Denkens gebührt, die Eh-zet-el-en Zeichen von
Flexibilität und Vernunft gegenüber der Engstirnigkeit der
Regierung zeigen muß. Deshalb legen wir einen neuen Vorschlag vor, der ganz sicher mehr als einem gefallen wird:

a) Datum: 10. April 1995, nachmittags
b) Ort: Hacienda Chinameca*, Morelos
c) Einziger Tagesordnungspunkt: die Geschichte Mexikos

Wir würden nur drei Bedingungen stellen:
1. Daß die Regierungstruppen nicht ins Gesicht schießen. Denn
sonst wäre es später ein Problem, die Leichen zu identifizieren,
und außerdem sollen die in diesen Fällen üblichen Fotos ja kein
Bild der Barbarei und Irrationalität unseres Landes vermitteln.
Dieser letzte Aspekt ist sehr wichtig, vor allen Dingen heute,
wo man *Newsweek*, *New York Times*, *Washington Post* und andere (in den Juesäh) bekannte landesweite Publikationen lesen
muß, um zu erfahren, wie es mit der mexikanischen Regierung
steht.
2. Daß die Parlamentsabgeordneten der sogenannten COCOPA
(was, wie jedermann weiß, für „Ausschuß für schmähliche

---

* Am 10. April 1919 wurde Emiliano Zapata auf dieser Hacienda in einen
Hinterhalt gelockt und ermordet.

Bündnisse und pompöses Drumherum" steht) den Feuerbefehl geben, damit so ihre Rolle als „Friedensstifter" klar wird.

3. Daß, wenn alles vorbei ist, der Tanzmeister der Abgeordnetenkammer, Roque Villanueva, das Publikum mit dieser feinen Körperhaltung amüsiert, die eingenommen wird, um die Begeisterung über die volksfreundlichen und nationalistischen Maßnahmen auszudrücken.

Ich weiß nicht, warum die oberste Regierung den Vorschlag zurückgewiesen hat. War er nicht gut?

Macht's gut. Salud und einen Rettungsring (für die Ferien und die Krise).

Aus den Bergen des mexikanischen Südostens
Subcomandante Insurgente Marcos

P.S., das voller Entschiedenheit in die Arena tritt. Ich komme immer noch nicht vom Kapokbaum runter. Der Mond ist ein Stier mit silbernem Ornament, der mit einem Paar gespitzter Hörner gegen Osten vorstürmt. Ich denke, wenn ich kein Guerillero wäre, wäre ich Torero. Ich versuche also, die Nacht als einen schwarzen Tierfechtermantel zu sehen, aber er ist so von Sternen durchlöchert, daß ich auf mein Vorhaben verzichte. Ich nehme das verblichene Halstuch ab, das schon eher braun als rot ist, und entfalte es mit einer Eleganz, die Sánchez Mejía vor Neid erblassen lassen würde. Grillen und Leuchtkäfer füllen die Sperrsitze mit Schatten, die Sonnenseite der Arena ist aus einsichtigen Gründen leer. Ich wende mich zur Mitte des Platzes hin, die, da sie die Mitte der Krone des Kapokbaums ist, einen sicheren Ort darstellt, und bleibe einige Schritte vor ihm stehen. Ich reize den Mond, indem ich mehrere halbe Wendungen mit dem roten Tuch vollziehe. Der Mond-Stier bleibt gleich weit entfernt. Es ist unerklärlich, daß er einen so stattlichen Torero nicht wahrnimmt. Ich locke ihn erneut, das Publikum ist ungeduldig und eine Martucha gähnt gelangweilt. Nichts, lediglich ein Leuchtkäfer stürmt im Zickzack heran. Ein sauber aus der Hüfte heraus geführter Muletastoß führt beim Publikum zu keiner anderen Bewegung als zum beständigen Zirpen der Grillen. Der mondgesichtige Stier setzt seinen Weg fort, ohne sich auch nur umzudrehen. Ich kauere mich in eine

Ecke und seufze traurig. Um mich scheren sich weder die Frauen noch der Mond ...

Durito, der sich über mein Ausbleiben gewundert hat, ist auch in die Baumkrone des Kapoks gestiegen. Als er es sich bequem gemacht hat, informiere ich ihn schnell über die Lage. Durito meint, daß es leichter sei, gegen Kometen zu kämpfen. Sie würden an den unverhofftesten Stellen auftauchen und seien so behend wie andalusische Kampfstiere. Der Mond hingegen neige stets dazu, die gleiche Bahn zu verfolgen, und obwohl dies den letzten Degenstoß erleichtern würde, wäre es so unmöglich, die Stierkämpfertracht zur Geltung zu bringen, und das Publikum neige dadurch wiederum dazu, sich tödlich zu langweilen ...

Ich stimme ihm zu und gebe ihm die Muleta. Durito will mir einige Schritte zeigen, die ihn, wie er sagt, Federico García Lorca gelehrt hat. Auf meine Frage, ob denn Käfer auch Stierkampf betreiben würden, erwidert Durito, daß man eben von allem etwas wissen müsse und daß der Stierkampf wie die Politik sei, nur daß hier die Stiere ausgesprochen geschickt und heimtückisch seien. „Mehr noch, sie nannten mich *Durito El Camborio*, und was sie bei anderen nicht beneideten, mußten sie bei mir beneiden", sagt er. Plötzlich hören wir Stimmen am Fuß des Kapokbaums.

„Das ist ein *woyo*", sagt Camilo.

„Nein, ein Dachs, der *Einzelgänger*", erklärt mein anderes Ich.

„Sieh zu, daß du ihn anleuchtest, damit ich ihn abschießen kann", weist Camilo mein anderes Ich an, während er die Waffe lädt. Ich bleibe still sitzen und rauche. Meine Toreroabenteuer werden auf bessere Gelegenheiten und ein weniger kriegerisches Publikum warten müssen, bevor sie ihre Anmut zeigen können. Durito seufzt nach Flamencoart, denn es gibt keinen Weizen in den Sperrsitzen. Unten langweilen sie sich und gehen weg ...

Der Mond hat nun den Horizont angefallen, just in der dunklen Muleta eines Berges.

Aus den Augenwinkeln betrachtet der Sup den Mond. Er trocknet sein Gesicht mit dem Stierkämpfermantel. Er wußte nicht mehr, ob er weinte ...

P.S., das, auch wenn Ihr es nicht merkt, ein Mysterium enthält (ein bezauberndes, wie alle Mysterien). „Dies ist der Ort, den ich bestimme und auswähle, um das Mißgeschick zu beweinen, in das Ihr mich gestürzt habt. Dies ist der Ort, an dem der Saft meiner Augen das Wasser dieses kleinen Baches anschwellen läßt. Und meine fortwährenden tiefen Seufzer werden die Blätter dieser knorrigen Bäume wiegen zum Zeugnis und Zeichen des Leides meines gepeinigten Herzens. Oh Ihr, wer immer Ihr auch seid, ländliche Götter, die Ihr in diesem unwirtlichen Ort Eure Ruhestatt habt, hört die Klagen dieses unglücklichen Liebenden, den eine langwährende Abwesenheit und eingebildete Eifersucht zum Wehgeschrei zwischen diese dornigen Büsche geführt hat, um sich über die Härte der undankbaren Schönen zu beklagen, Ende und Ziel aller menschlichen Schönheit! Oh Ihr, Feen und Waldnymphen, die Ihr die unwegsame Dichte der Wälder bewohnt: hier stören die leichtsinnigen und lüsternen Satyre, von denen Ihr, wenn auch vergebens, geliebt werdet, niemals Eure süße Ruhe, so begleitet mich also in meinem Wehklagen, oder hört ihm zumindest zu. Oh Dulcinea del Toboso, Tag meiner Nacht, Glorie meines Schmerzes, Ziel meiner Wege, Stern meines Schicksals, möge der Himmel Dir all das gewähren, um was Du ihn geflissentlich bittest, siehe, an welchen Ort und in welchen Zustand mich Deine Abwesenheit geführt hat, und antworte bitte geflissentlich auf das, was meinem Glauben gebührt. Oh einsame Bäume, die Ihr ab heute meiner Einsamkeit Begleitung sein müßt: zeigt mir durch eine weiche Bewegung Eurer Äste, daß meine Anwesenheit Euch nicht mißfällt. Oh Du, mein treuer Schildknappe, angenehmer Begleiter in glücklicheren und widrigeren Ereignissen: grabe in Dein Gedächtnis ein, was Du mich hier tun siehst, damit Du die Ursache all meines Unglücks erzählen und wiedergeben kannst. (aus dem 25. Kapitel: *Welches von den merkwürdigen Dingen handelt, die dem mannhaften Ritter von der Mancha in der Sierra Morena begegneten, und wie er die Buße des Dunkelschön nachahmte*; Miguel de Cervantes, *Don Quijote*)
Durito trug dies durchgängig mit einer beachtenswerten Betonung vor. Auf einem kleinen Stein stehend und in der Rechten einen Zweig, der, wie ich später erfuhr, ein Schwert war, drehte sich Durito zu mir, als er ausrief: „Oh, du treuer Schildknappe,

angenehmer undsoweiter!" Ich schaue hinter meinen Rücken, um zu sehen, ob er nicht jemand anderen meint, aber da ist niemand.

„Ja, du", sagt Durito und deutet mit dem Zweig auf mich. „Du wirst mein Schildknappe sein."

„Ich?" frage ich sichtlich überrascht.

Durito übergeht meine Frage und fährt fort: „Außerdem ist das kein Zweig ... Das ist ein Schwert ... das einzige, das beste ... Excalibur!" ruft er aus, während er den Zweig schwingt.

„Ich glaube, du verwechselst da verschiedene Zeiten und Romane", sage ich zu ihm. „Der Beginn deiner Rede ähnelt sehr stark einem Teil von *Don Quijote,* und Excalibur war das Schwert von König Arthur."

Bei dieser letzten Behauptung begann ich zu zögern und versuchte mich an die Videokassette von Eva zu erinnern, die sich *Das Schwert auf dem Stein* nannte. Durito nutzte mein Schweigen und wetterte:

„Schweig, Spitzbube! Weißt du etwa nicht, daß die Natur die Kunst imitiert. Was macht es da aus, ob Alonso Quijano oder der Page Arturo! Jetzt ist er ... Don Durito de La Lacandona!"

Ich lachte.

„Worüber lacht Ihr, gemeines und unwissendes Volk?" tadelt Durito drohend.

„Über nichts", antworte ich versöhnlich. „Ich habe mich gerade daran erinnert, daß sie in den Akten des Innenministeriums, in denen die Anklagen gegen die vermeintlichen Zapatisten erhoben werden, *La Candona* schreiben."

„Diese Dummköpfe aus dem Innenministerium finden ja noch nicht einmal den chiapanekischen Urwald, die Mörder von Colosio, Ruíz Mateos und Kardinal Posadas werden sie dann noch weniger finden", versetzt Durito voller Verachtung.

„Gut, aber was hat dich dazu gebracht, fahrender Ritter zu werden?" frage ich ihn, während ich mich setze und dabei darauf achte, mich nicht zu sehr „Excalibur" zu nähern. Durito setzt sich auch, stößt dabei einen quichoteartigen Seufzer aus und erklärt in klagendem Tonfall:

„Ah, mein unwissender Schildknappe, eine Frau ist die Schuld meines Unglücks, Wunde meines Körpers, Grund meiner

Sorge, Ursache meiner Pein und Verantwortliche meines Miß-
geschicks!"

Durito läßt weder meinen Protest wegen „unwissender" noch
wegen „Schildknappe" zu und macht seinen Schmerzen weiter
Luft:

„Es ist gut, daß ich Euch meine Tragödie erzähle, damit Euer
Herz daraus lernt, sich mit Geschick und Vorsicht auf diesem
heiklen Weg der Liebe zu bewegen. Seht, es ist nicht die Freude,
die meine Schritte in so ferne Gefilde geführt hat, in denen
die Einsamkeit schmerzt wie ein scharfes Messer und das
Schweigen auf Mensch und Himmel lastet. Wisset, mein magerer Schildknappe, daß es das Gesetz des Himmels ist, daß ein
stattlicher fahrender Ritter traurig durch die Welt und das Leben
irren und mit einem schmerzlichen Seufzer der Sehnsucht nach
einer abwesenden Doña sterben muß, die ihm mit einem einzigen Blick all seinen Verstand geraubt hat – diese göttliche
Verbrecherin. Aber welch ein Blick! Ein Blitz in der April-
sonne! Ein Meer voller Wellen und Korallen! Ein Wunsch, der
mit dem Blick spricht! Ein stummes Bitten der Begierde!"

Ich fordere ihn auf, die Geschichte bald zum Abschluß zu bringen: „Es wäre besser, wenn du langsam zum Ende kommen
würdest, wir haben schon mehrere Seiten geschrieben, und das
veröffentlicht uns keine Zeitung. Sie sagen ja bereits, daß ich
die Kommuniqués nur als Vorwand benutze, um ihnen zu
schicken, was mir so gerade einfällt ..."

„Bei meiner Treue, Ihr habt recht, und Wahrheit ist in Euren
Worten. Ich hege die Gewißheit, daß es weder eine Zeitung
noch ein Buch noch eine Enzyklopädie gibt, die alle glücklichen Zufälle und alle Mißgeschicke in sich fassen könnte, die
ich durch das Übel der Liebe erlitten habe. Nicht einmal die
Bibliothek von Aguascalientes hätte Platz für diese so große
und so verletzte Liebe, die in meinem Herzen schmerzt!" erklärt Durito mit brechender Stimme.

„Über die Bibliothek von Aguascalientes brauchst du dir keine
Gedanken zu machen, die hat bereits das Innenministerium",
sage ich, um ihn zu trösten.

„Das lobe ich mir. So werden diese Schurken und Übeltäter
wohl endlich etwas über Geographie und Orthographie lernen",
erklärt Durito, während er sein Schwert verwahrt und sich zu

seinem Blatt begibt. Wir waren bereits vollständig von Dunkelheit umgeben, und in der Feuchtigkeit des Windes kündigte sich einer dieser Regenschauer an, mit denen der März den April würzt.

„Ist die Geschichte denn schon zu Ende?"

„Es ist nutzlos, es gibt nicht genügend Worte, um so viel Schmerz und Leid zu tragen", erklärt Durito, während er sich mit seinem Blatt zudeckt. Bevor er vollkommen darunter verschwindet, sagt er zu mir:

„Vergiß nicht, die Reittiere fertigzumachen. Morgen brechen wir mit der Morgendämmerung auf, so wie es sich laut Gesetz für fahrende Ritter geziemt. In den frühen Morgenstunden, damit der Glanz unserer Waffen die Sonne erröten läßt, wenn sie es wagt, gegen uns zu kämpfen, und sie somit weniger wild sein wird."

Durito stößt einen letzten Seufzer aus und schweigt. Ich bleibe sitzen und bin bereit, über den Schlaf meines Herrn, den mutigen Ritter „Don Durito de La Lacandona" zu wachen. Ich bin entschlossen, seinen edlen Traum gegen jegliche Widrigkeit zu verteidigen. Weder Monster noch Riesen werden es wagen, diese noble Ruhe zu stören. Ich habe mir sogar einen Zweig besorgt, der mit etwas Phantasie einer fürchterlichen Lanze ähnelt. Es beginnt zu regnen, und wie jeder Schildknappe, der etwas auf sich hält, verlasse ich Posten und Herrn und flüchte mich eilig unter mein Dach. Die frühen Morgenstunden kündigen sich mit ihrer kalten Umarmung an und es hört nicht auf zu regnen ...

Ich schlafe nicht. Ich weiß einfach nicht, wo zum Teufel ich die Reittiere finden soll, auf denen wir morgen zu reiten haben ...

P.S., das an einer rötlichen Perücke hängt und Entschuldigungen ins Ohr murmelt (denn Baudelaire wurde vom Innenministerium verhaftet und ist nicht vorgeführt worden) und als Entschädigung dafür

> In süßen Begriffen
> erlesen, tiefschürfend und diskret,
> die süße Poesie,

Señora schickt dir die Seele
umhüllt von tausend Sonetten.

Sollte dir meine Aufdringlichkeit
nicht lästig sein, dein Glück,
das viele andere dir neiden,
so wirst du von mir über
den Lichthof des Mondes gehoben.

Miguel de Cervantes Saavedra

Der Sup inmitten der Arena in geduldigem Warten darauf, daß
es fünf Uhr Nachmittag schlägt.

BRIEF AN EDUARDO GALEANO

Herr Galeano,
ich schreibe Ihnen, weil ... weil ich Lust bekam, Ihnen zu schreiben. Weil der Tag des Kindes hier in Mexiko schon vorbei ist und ich mir vorstelle, daß ich Ihnen davon erzählen könnte, was hier an einem Tag des Kindes inmitten eines tauben Krieges geschieht. Ich schreibe Ihnen, weil ich keinen bestimmten Grund habe, es zu tun, und so kann ich Ihnen erzählen, was mir durch den Kopf geht bzw. mir gerade einfällt, ohne mir Sorgen machen zu müssen, daß ich das Motiv für den Brief darüber vergesse. Einfach so, also. Auch deshalb, weil ich das Buch verloren habe, das Sie mir geschenkt hatten, und weil dieser Wechselreiter, der das Schicksal (?!) zu sein beliebt, das verlorene Buch durch ein anderes ersetzt hat. Und weil mir ein Teil aus Ihrem Buch *Las palabras andantes* [Die wandernden Worte] noch im Kopf herumschwirrt. Weil es wie folgt lautet: *Weiß das Wort zu schweigen, wenn es nicht mehr den geeigneten Augenblick findet, den es benötigt, noch den Ort, der es liebt? Und der Mund, weiß er zu sterben?* („Ventana sobre la palabra", VIII, S. 262.)

Und so habe ich mich also ausgestreckt, um nachzudenken und zu rauchen. Es ist in den frühen Morgenstunden, und als Kopfkissen dient mir ein Gewehr (nun gut, in Wirklichkeit ist es kein Gewehr, sondern ein Karabiner, der bis Januar 1994 einem Polizisten gehört hat). Jederzeit zum Aufbruch bereit und die Pistole in Griffnähe, denke ich nach und rauche. Außen, um den Rauch und die Gedanken herum, betrügt der Mai sich selbst und tut so, als wäre er Juni, und es bricht ein Gewitter aus Regen, Blitz und Donner heran, das das scheinbar Unmögliche erreicht: die Grillen zum Schweigen zu bringen. Aber ich denke nicht über den Regen nach, ich versuche nicht zu erraten, welcher der in Kürze das Tuch der Nacht aufreißenden Blitze der Blitz des Todes sein wird, es kümmert mich nicht einmal, daß das Nylondächlein, das meinen Aufenthaltsort bedeckt, zu klein ist und die Ränder des elenden Bettes naß werden. (Ah! Nun, ich habe mir nämlich ein Bettchen aus Zweigen und Verästelungen gebaut, das mit Lianen zusammengeschnürt ist. Ich habe es deshalb gemacht, weil ich es als Schreibtisch, Vorratskammer und, manchmal, zum Schlafen benutze. In der Hängematte fühle ich mich nicht recht wohl oder ich fühle mich zu wohl, ich schlafe fest ein, und der Tiefschlaf ist ein Luxus, den man hier unter Umständen sehr teuer bezahlt. Auf dem Bett aus Stöcken liegt man so unbequem, daß der Schlaf gerade ein Blinzeln ist.)

Nein, mich kümmern weder Nacht, Regen noch Donner. Mich bekümmert dieses „Weiß das Wort zu schweigen, wenn es nicht mehr den geeigneten Augenblick findet, den es benötigt, noch den Ort, der es liebt? Und der Mund, weiß er zu sterben?" Das Buch schickte mir Ana María, eine Tzotzilin, die in unserer Armee den Rang einer Infanteriekommandantin bekleidet. Jemand hatte es ihr geschickt, und sie schickte es mir, ohne zu wissen, daß ich Ihr Buch verloren hatte und dieses Buch das verlorene ersetzt, was zwar nicht dasselbe ist, aber auch nicht egal. Das Buch ist voller Zeichnungen in schwarzer Tusche, und ich glaube, daß die Bücher und Worte so sein müssen: Zeichnungen, die aus dem Kopf, dem Mund oder den Händen entspringen und losziehen, um auf dem Papier zu tanzen, immer wenn das Buch geöffnet wird und im Herzen eines jeden, der das Buch liest. Das Buch ist das schönste Geschenk, daß der Mensch sich selbst gemacht hat. Aber kehren wir zum Buch von Ihnen zurück, das ich jetzt habe. Ich habe es mit einem Kerzenstumpf gelesen, den ich im Rucksack trage. Der letzte Rest des Dochts erlosch auf dieser Seite 262. (Eine symmetrische Zahl! Nicht? Ein Zeichen?) Und dann erinnerte ich mich an diesen Ausspruch von Perón, den Sie mir ausrichten ließen, und meine plumpe Antwort darauf und, etwas später, das Buch, das Sie mir schicken ließen. Und hier der Kummer, Ihnen erzählen zu müssen, daß ich das Buch bei der „drolligen Flucht" im Februar vor lauter Aufregung vergessen habe. Und dann wird mir dieses Buch mit diesen Zeilen über das Schweigenkönnen gebracht.

Und schon bevor das Buch kam, hatte ich mir einige Nächte den Kopf darüber zerbrochen, ob es nicht an der Zeit wäre zu schweigen, ob der richtige Augenblick nicht vielleicht schon vorbei und es nicht mehr der Ort ist, ob nicht die Stunde gekommen ist, die Zunge zu zügeln ...

Und ich schreibe Ihnen dies in einem Morgengrauen im Mai, der mexikanische Tag des Kindes, der 30. April, ist schon vergangen. Wir mexikanischen Kinder feiern diesen Tag in den meisten Fällen den Erwachsenen zum Trotz. So feiern heute zum Beispiel viele indianische mexikanische Kinder dank der obersten Regierung ihren Tag in den Bergen, weit weg von Zuhause, unter schlechten Gesundheitsbedingungen, ohne Fest und in der größten Armut: keinen Ort zu haben, wo Hunger und Hoffnung hingelegt werden können. Die oberste Regierung erklärt, daß sie diese Kinder nicht aus ihrem Zuhause vertrieben, sondern nur Tausende von Soldaten in ihr Gebiet beordert habe. Mit den Soldaten kamen der Alkohol, die Prostitution, der Raub, die Folterungen, die Feuerüberfälle. Die Regierung behauptet, daß die Soldaten „die nationale Souveränität" verteidigen würden. Die Regierungssoldaten „verteidigen" Mexiko vor den Mexikanern. Diese Kinder seien nicht vertrieben worden und bräuchten sich auch nicht vor all den Kriegspanzern, Kanonen, Hubschraubern, Flugzeugen und Tausenden von Soldaten zu erschrecken. Es gibt ja auch keinen Grund dafür, sich zu erschrecken, auch wenn diese Soldaten Befehle mitbringen, die Väter dieser Kinder zu verhaften oder zu erschießen. Nein, diese Kinder sind nicht aus ihren Häusern vertrieben worden. Sie teilen den unebenen Gebirgsboden, weil es ihnen eine Freude ist, stärker mit ihren Wurzeln verbunden zu sein, sie teilen Räude und Unterernährung aus der schlichten Lust, sich zu kratzen und mit einer schlanken Figur anzugeben.

Die Kinder der Herren der Regierung verbringen ihren Tag mit Festen und Geschenken.

Die Kinder der Zapatisten, Herren über nichts anderes als ihre Würde, verbringen ihren Tag damit zu spielen, daß sie Soldaten sind, die ihr von der Regierung geraubtes Land zurückgewinnen, sie spielen, daß sie säen, daß sie Holz holen, daß sie krank werden und niemand sie heilt, daß sie Hunger haben, und anstelle von Essen füllt sich ihr Mund mit Liedern.

Zum Beispiel dieses Lied, das sie gerne nachts bei starkem Regen und dichtem Nebel singen und das mehr oder minder so klingt:

Man sieht bereits den Horizont
zapatistischer Kämpfer
der Weg wird die bestimmen
die danach kommen.

Und am Horizont erscheint zum Beispiel, den Schritt vorgebend, Heriberto. Und hinter Heriberto kommt zum Beispiel der kleine Sohn von Oscar, der Osmar genannt wird. Und beide sind mit zwei Stangen bewaffnet, die sie aus einem nahegelegenen *Acahual* geholt haben („Das sind keine Stangen", erklärt Heriberto und versichert, daß es sich um mächtige Waffen handle, die in der Lage seien, ein Nest von Blattschneiderameisen zu zerstören, das sich nahe beim Bach befinde und die Heriberto gestochen hätten, weshalb man eine Repressalie ergreifen mußte). Heriberto und Osmar schreiten in Kampfformation voran. Und von der gegenüberliegenden Front aus schreitet Eva voran, bewaffnet mit einem Stock, der den Vorteil hat, in einer weniger kriegerischen Atmosphäre zu einer Puppe zu werden. Und hinter Eva kommt Chelita, deren knappe zwei Jahre sie kaum einige Zentimeter über den Boden erheben und die mit ihren glänzenden Rehaugen dem gewissen Heriberto oder irgendeinem anderen, der sich von diesem braunen Glanz verletzen läßt, noch die eine oder andere schlaflose Nacht bereiten wird. Und hinter Chelita kommt ein Hündchen daher, das vor lauter Magerkeit aussieht wie eine winzige Marimba.
Und all das wird mir nur erzählt, aber es ist, als würde ich Wellington gegenüber Napoleon stehen sehen, in diesem Film, der *Waterloo* heißt und in dem, glaube ich, Orson Welles auftrat und Napoleon aufgrund von Bauchschmerzen besiegt wurde. Aber hier gibt es weder einen Orson noch Flankendeckung durch die Infanterie, noch Artillerieunterstützung, noch Karreeverteidigung gegen die Angriffe der Kavallerie, denn sowohl Heriberto als auch Eva haben sich für einen Frontalangriff entschieden, ohne vorherige Scharmützel oder

Geländesondierungen. Ich will gerade äußern, daß es eher ein Kampf der Geschlechter zu sein scheint, da stürzt sich schon Heriberto auf Chelita, womit er den direkten Angriff von Eva umgeht, die sich plötzlich einem Osmar gegenübersieht, der sie nicht von Angesicht zu Angesicht erwartet, nicht einmal stehend, sondern der sich seitlich gebückt hält, denn er hatte nur Lust zu kacken, und Eva schreit, daß Osmar sich vor Angst „in die Hosen" gemacht habe, und Osmar sagt nichts, denn er will jetzt auf dem Hündchen reiten, das herangeschnüffelt kam, und in der Zwischenzeit hat Chelita zu weinen begonnen, als sie sah, wie Heriberto herbeistürmte, und Heriberto weiß jetzt nicht, was er machen soll, und bietet ihr ein Steinchen zum Geschenk („Ist das vielleicht ein Steinchen", erklärt Heriberto, der versichert, daß es sich um reines Gold handelt), und Chelita ist nur für ihr eigenes Geschrei zu haben, und ich denke gerade, selbst wenn sie Heriberto ihren Kakao gegeben hätten ... als Eva mit einem Manöver ankommt, das „Umgehung der feindlichen Position" genannt wird, und Heriberto von hinten anfällt (während Heriberto Chelita bereits seine Antiblattschneiderameisenwaffe anbietet, ein Angebot, das sie zwischen einem Kreischen und dem nächsten in Erwägung zieht) und dann trifft die Puppenwaffe Evas begleitet von einem „Hier hast du's!" auf Heribertos Kopf und das Geschrei geht nun erst richtig los (in Stereo, denn Chelita fühlt sich durch die Schreie von Heriberto angeregt und will nicht zurückstehen) und es gibt Blut und da kommt schon die Mutter von ich weiß nicht wem, mit einem Gürtel in der Hand, und beide Armeen ergreifen wild die Flucht und das Schlachtfeld liegt verlassen da und in der Krankenstation heißt es, daß Heriberto eine Beule von der Größe seiner Nase habe und, da Eva intakt sei, die Frauen die Schlacht gewonnen hätten. Heriberto beklagt sich über den parteiischen Schiedsspruch und bereitet den Gegenangriff vor, aber der wird erst morgen stattfinden, denn jetzt müssen erst einmal die Bohnen gegessen werden, die weder den Teller noch den Bauch füllen ...

So sollen also die Kinder eines Ortes, der Guadalupe Tepeyac heißt, den Tag des Kindes verbracht haben. In den Bergen haben sie ihn verbracht, denn in ihrem Dorf sind mehrere tausend Soldaten, die die „Nationale Souveränität verteidigen". Und Heriberto sagt, daß er, wenn er groß ist, Lastwagenfahrer und nicht Flugzeugpilot werden wolle, denn wenn ihm der Reifen des Wagens platzen würde, bräuchte er nur auszusteigen und weiterzulaufen, wenn ihm aber der Reifen des Flugzeugs platzen würde, wüßte er nicht, wie er dann weitergehen könnte. Und ich sage mir, wenn ich groß bin, will ich Uruguayer-Argentinier und Schriftsteller werden. In dieser Reihenfolge. Und glauben Sie nur nicht, daß das leicht sein wird, denn was den Matetee angeht, ich kann ihn nicht ausstehen.

Aber ich wollte Ihnen ja auch eigentlich etwas anderes erzählen. Was ich wollte, war, Ihnen eine Geschichte zu erzählen, damit Sie sie erzählen:

Der alte Antonio erklärte mir, daß man so groß ist wie der Feind, den man sich zum Kämpfen ausgesucht hat, und daß man so klein ist wie die eigene Angst groß. „Wähle einen großen Feind, das zwingt dich dazu, größer zu werden, um es mit ihm aufnehmen zu können. Verkleinere deine Angst, denn wenn sie wächst, wirst du klein", sagte mir der alte Antonio an einem regnerischen Mainachmittag, zu der Stunde, in der der Tabak und das Wort herrschen. Die Regierung fürchtet das mexikanische Volk, deswegen hat sie so viele Soldaten und Polizisten. Ihre Angst ist sehr groß. Folglich ist sie sehr klein. Wir haben Angst vor dem Vergessen, das wir kraft Schmerzen und Blut verkleinert haben.

Wir sind also groß.

Erzählen Sie es in irgendeinem Werk. Schreiben Sie, daß es Ihnen der alte Antonio erzählt hat. Wir haben alle irgendwann einmal einen alten Antonio gehabt. Sollten Sie keinen gehabt haben, leihe ich Ihnen für dieses Mal meinen. Erzählen Sie, daß die Indigenen des mexikanischen Südostens ihre Angst verkleinern, um groß zu werden, und daß sie sich riesige Feinde suchen, um sich selbst dazu zu zwingen, zu wachsen und besser zu werden.

Das ist die Idee, ich bin sicher, daß Sie bessere Worte finden werden, sie zu erzählen. Wählen Sie dafür eine Nacht mit Regen, Blitz und Wind. Sie werden sehen, die Geschichte wird dann von ganz allein kommen, wie eine kleine Zeichnung, die zu tanzen beginnt und die Herzen erwärmt, denn dafür sind die Tänze und Herzen ja da.

Machen Sie es gut. Salud und ein lächelndes Püppchen, wie die, mit denen Sie unterzeichnen.

Aus den Bergen des mexikanischen Südostens
Subcomandante Insurgente Marcos

P.S. der polizeilichen Warnung. Es ist meine Pflicht, Sie davon zu unterrichten, daß ich für die mexikanische Regierung ein Delinquent bin. Deshalb kann meine Korrespondenz kompromittierend sein. Ich bitte Sie also, sich den Inhalt derselben, das heißt die bittende Empfehlung, zu merken und sie unverzüglich zu zerstören. Wenn das Papier aus Kaugummi wäre, würde ich Ihnen empfehlen, es zu essen und beim Kauen diese Kaugummiblasen zu machen, die die ehrwürdigen Geister so empören und das unfeine Benehmen und die fehlende Erziehung desjenigen beweisen, der sie macht. Obwohl es auch welche gibt, die sie in der Hoffnung machen, daß eine der Blasen groß genug wird, um einen auf diesen hellen Weg zu führen, der sich dort oben abzeichnet ..., so wie sich der Schmerz und die Hoffnung über dem Himmel unseres Amerikas abzeichnen.

Unwahrscheinliches P.S. Überbringen Sie dem gewissen Benedetti Grüße von mir, wenn Sie ihn sehen. Sagen Sie ihm bitte, daß seine Worte, von meinem Mund in das Ohr einer Frau geflüstert, ab und an einen dieser Seufzer hervorgelockt haben, die die ganze Menschheit in Bewegung bringen. Sagen Sie ihm auch, wer es ist, der wegnimmt, und daß das mit „Marcos" aufgrund von *Der Geburtstag von Juan Angel* war.

BRIEF AN JOHN BERGER

An: John Berger,
Alta Saboya, Frankreich

*Ein Leser kann sich fragen: Was ist die Beziehung zwischen
dem Schriftsteller und dem Ort und den Leuten, über die er
schreibt?* (John Berger, *SauErde*)

Einverstanden, aber er kann sich auch fragen: Was ist die
Beziehung zwischen einem Brief aus dem chiapanekischen Urwald in Mexiko und der darauffolgenden Antwort aus einer
französischen Landschaft? Oder besser noch: Was ist die
Beziehung zwischen dem langsamen Flügelschlag des Fischreihers und der kreisenden Bewegung eines Adlers über einer
Schlange?
Zum Beispiel in Guadalupe Tepeyac (heute ein Dorf ohne Zivilbevölkerung und voller Soldaten) erstürmten die Fischreiher
einen nächtlichen Dezemberhimmel. Es waren Hunderte.
„Tausende", laut Leutnant Ricardo, tzeltalischer Aufständischer
mit einem gewissen Hang zu Übertreibungen. „Millionen", erklärt Gladys, die trotz ihrer zwölf Jahre (oder genau deshalb)
nicht zurückstehen möchte. „Sie kommen jedes Jahr", erklärt
der Großvater, während die weißen Lichtstreifen über die Ortschaft kreisen und Richtung Osten (?!) verschwinden.
Kamen oder gingen sie? Waren es Ihre Fischreiher, Herr Berger? Eine beflügelte Erinnerung? Ein ahnungsträchtiger Gruß?
Ein Aufflattern dessen, was sich dem Tod widersetzt? Nun ist
es so, daß ich einige Monate später Ihren Brief bekam (in einem
übel zugerichteten Zeitungsausschnitt mit einem hinter einem
Schlammfleck verborgenen Datum), daß in ihm (Ihrem Brief)
die perlweißen Flecken erneut über dem Himmel kreisen und
daß die Leute aus Guadalupe Tepeyac nun in den Bergen leben

und nicht mehr in dem kleinen Tal, dessen Lichter, wie ich annehme, eine bestimmte Bedeutung in der Flugkarte der Fischreiher hatten.

Ja, ich weiß schon, daß die Fischreiher, von denen Sie mir schrieben, im Winter nach Nordafrika fliegen und es unwahrscheinlich ist, daß sie etwas mit denen zu tun haben, die im Dezember 1994 im Lakandonischen Urwald auftauchten. Außerdem sagt der Großvater, daß sich das beunruhigte Kreisen über Guadalupe Tepeyac jährlich wiederhole. Vielleicht ist der mexikanische Südosten ein obligatorischer Zwischenhalt, eine Notwendigkeit, eine Verpflichtung. Vielleicht waren es ja auch keine Fischreiher, sondern Fragmente eines zerbrochenen Mondes, zerschlagen vom Urwalddezember.

1994. Dezember

Monate später fanden die Indigenen des mexikanischen Südostens erneut zu ihrer Aufsässigkeit zurück, zu ihrem Widerstand gegen den programmierten Untergang, gegen den Tod ... Der Grund? Die oberste Regierung beschließt, das organisierte Verbrechen zu fördern, Wesen des Neoliberalismus, den der Götze der Moderne geplant hat: das Geld. Zehntausende von Soldaten, mehrere hundert Tonnen von Kriegsmaterial, millionenfache Lügen. Das Ziel? Die Zerstörung von Bibliotheken und Krankenhäusern, von Häusern und Mais- und Bohnenfeldern, die Vernichtung aller Anzeichen von Aufsässigkeit. Die zapatistischen Indigenen widersetzen sich, sie ziehen sich in die Berge zurück und beginnen einen Exodus, der heute, wo ich Ihnen diese Zeilen schreibe, noch nicht beendet ist. Der Neoliberalismus maskiert sich als Verteidiger einer Souveränität, die in Dollars auf dem internationalen Markt verkauft worden ist. Der Neoliberalismus, diese Doktrin, die ermöglicht, daß Dummheit und Zynismus in verschiedenen Teilen der Erdkugel die Regierung übernehmen, erlaubt keine andere Einbeziehung als die, sich dem Verschwinden zu unterwerfen. „Verschwindet zuerst als gesellschaftliche Gruppe, als Kultur und vor allem als Widerstand, dann könnt ihr Teil der Modernität werden", erklärt das Großkapital von den Regierungssitzen aus den indianischen Bauern. Diese Indigenen stören die

Modernisierungslogik des Neomerkantilismus. Es stört nicht nur ihre Aufsässigkeit, ihre Herausforderung, ihr Widerstand. Es stört auch ihr Anachronismus in einem Projekt der Globalisierung, einem ökonomischen und politischen Projekt, das plötzlich merkt, daß ihm alle Armen, die gesamte Opposition im Wege stehen, das heißt, die Mehrheit der Bevölkerung. Der bewaffnete Charakter des „Hier sind wir!" der zapatistischen Indigenen kümmert sie nicht sonderlich und raubt ihnen nicht den Schlaf (ein wenig Feuer und Blei würde ausreichen, dieser so „unvernünftigen" Herausforderung ein Ende zu bereiten). Was eine Rolle spielt und sie belästigt, ist, daß allein die Existenz der Indigenen in dem Moment, in dem sie die Stimme ergreifen und gehört werden, zur Erinnerung an ein schmerzliches Versäumnis der „neoliberalen Modernität" wird: „Diese Indianer dürfte es heute gar nicht mehr geben, wir hätten FRÜHER mit ihnen Schluß machen sollen. Sie jetzt zu vernichten, ist schwieriger, das heißt, teurer." Das ist der Kummer, der den zur Regierung gewordenen Neoliberalismus quält.

„Beseitigen wir die Gründe für den Aufstand", erklären die Verhandlungsverteter der Regierung (gestern Linke, heute voller verhohlener Scham), als wollten sie sagen: „Es dürfte euch eigentlich nicht geben, es handelt sich um einen bedauerlichen Irrtum der modernen Geschichte." „Beseitigen wir die Gründe" ist ein elegantes Äquivalent für „Löschen wir sie aus". Für dieses System, das Reichtum und Macht an einem Ort zusammenballt und Tod und Armut verteilt, passen die Bauern, die Indigenen nicht in die Pläne und Projekte. Man muß sich ihrer entledigen, so wie man sich der Fischreiher ... und der Adler entledigen muß.

II

Das Geheimnisvolle ist nicht das, was absichtlich verborgen wird, sondern, wie ich bereits angedeutet habe, daß die Bandbreite des Möglichen uns immer wieder überraschen kann. Und deshalb kommt es auch kaum zu einer Repräsentation: die Bauern spielen keine Rollen, wie es die Leute aus der Stadt tun. Dies ist nicht etwa darauf zurückzuführen, daß sie „einfacher" oder ehrlicher oder nicht so verschlagen wären; es ist einfach so, daß der Raum zwischen dem, was man von einer Person nicht kennt, und dem, was alle von ihr wissen – und dies ist der Raum jeder Repräsentation –, zu klein ist. (John Berger, *SauErde*)

1994. Dezember

Eine kalte Morgendämmerung zieht zwischen dem Nebel und den Dächern der Ortschaft herauf. Der Tag bricht an. Die Dämmerung geht, die Kälte bleibt. Die kleinen schlammigen Wege beginnen sich mit Personen und Tieren zu füllen. Die Kälte und eine kleine Bank begleiten mich bei der Lektüre von *SauErde*. Heriberto und Eva kommen heran (fünf bzw. sechs Jahre alt) und schnappen sich das Buch. Sie betrachten die Zeichnung auf dem Umschlag (die Ausgabe ist aus Madrid, 1989). Es ist die Reproduktion eines Gemäldes von John Constable, ein Bild einer englischen (?!) Landschaft. Die Titelseite Ihres Buches, Herr Berger, ruft sie zu einem schnellen Bezug zwischen Bild und Wirklichkeit auf. Für Heriberto besteht zum Beispiel kein Zweifel daran, daß das Pferd auf dem Gemälde *La Muñeca* ist (eine Stute, die uns in diesem langen Jahr begleitet hat, in dem die indianische Aufsässigkeit im mexikanischen Südosten zur Regierung geworden ist), daß der Reiter kein anderer sein kann als Manuel, ein Spielkamerad, doppelt so alt, groß und schwer wie Heriberto, Bruder von Chelita und folglich zukünftiger Schwager. Und daß das, was Constable „Fluß" nennt, in Wirklichkeit ein Bach ist, der Bach, der durch La Realidad fließt (La Realidad ist der Name der Wirklichkeit, ist die Grenze des Horizonts von Heriberto). Der am weitesten entfernte Ort, an den ihn seine Reisen und Ausflüge geführt haben, ist La Realidad. Das Gemälde von Constable führt Heriberto und Eva nicht in die englischen Felder. Es führt sie nicht aus dem Lakandonischen Urwald heraus. Es läßt sie hier bzw. es bringt sie hierher zurück, es führt sie zurück auf ihr Feld, ihren Ort, zu ihrem Kindsein, zu ihrem bäuerlichen Dasein, zu ihrem indianischen Dasein, zu ihrem Sein als Mexikaner und Rebellen. Für Heriberto und Eva ist das Gemälde von Constable eine farbige Zeichnung von *La Muñeca*, und der Titel *Scene of a Navigable River* ist kein gültiges Argument: der Fluß ist der Bach von La

Realidad, das Pferd ist die Stute *La Muñeca*, Manuel reitet auf ihr und der Sombrero ist ihm vom Kopf gefallen, und damit hat es sich, und sie wollen ein anderes Buch. Und so geschieht es. Nun ist Van Gogh an der Reihe, und die Gemälde des Holländers bestätigen Eva und Heriberto erneut Szenen aus ihren Feldern, ihrem Dasein als Indigene und Mexikaner. Später wird dann Heriberto seiner Mutter berichten, daß er den Morgen mit dem Sup verbracht habe. „Wir haben Bücher der Großen gelesen", sagt Heriberto und glaubt, daß er sich dadurch freie Hand bei einer Dose Schokoladenkekse verdient hat. Eva geht noch weiter, und sie fragt mich, ob ich nicht ein Buch hätte, wo ihr Püppchen mit rotem Halstuch auftaucht.

III

Der Akt des Schreibens ist nichts anderes als der Akt der Annäherung an die Erfahrung, über die geschrieben wird; auf die gleiche Weise wird erwartet, daß der Akt des Lesens des geschriebenen Textes ein anderer Akt einer ähnlichen Annäherung ist. (John Berger, *SauErde*)

Oder des sich Entfernens, Herr Berger. Das Schreiben und vor allem das Lesen eines geschriebenen Textes können ein Akt der Entfernung sein. „Die Schrift und das Bild", sagt mein anderes Ich, um Probleme hinzuzufügen, „stellen sich selbst dar." Und ich denke, daß die „Lektüre" der Schrift und des Bildes eine Erfahrung näherbringen können oder von ihr entfernen. Und da kommt das fotografische Bild von Álvaro zurück, der im Januar 1994 bei den Kämpfen in Ocosingo starb. Álvaro kommt auf dem Foto zurück, Álvaro spricht auf dem Foto mit seinem Tod. Er sagt, schreibt, zeigt: „Ich bin Álvaro, ich bin Indianer, ich bin Soldat, ich habe mich bewaffnet gegen das Vergessen erhoben. Seht. Hört. Etwas geschieht in dieser Abenddämmerung des 20. Jahrhunderts, das uns zwingt zu sterben, um eine Stimme zu haben, um gesehen zu werden, um zu leben." Und über das Foto des toten Álvaro kann sich ein räumlich entfernter Leser an die Lage der Indianer im Mexiko der Moderne, der NAFTA, der internationalen Foren des Wirtschaftsaufschwungs, der Ersten Welt annähern.

„Achtung! Irgend etwas stimmt nicht in den makroökonomischen Plänen, irgend etwas funktioniert nicht bei den komplizierten Rechenoperationen, die das Loblied auf die Erfolge des Neoliberalismus singen", sagt Álvaro mit seinem Tod. Sein Foto sagt noch mehr, sein Tod spricht, sein Ausgestrecktsein auf dem chiapanekischen Boden, ohne Schuhe, sein Kopf inmitten einer Blutlache ergreift die Stimme: „Seht! Das ist es, was die Zahlen und Reden verbergen. Zerstückeltes, ausgequetschtes, zerstörtes Blut, Fleisch, Knochen, Leben und Hoffnungen, um in die Eigentums- und Wirtschaftswachstumsindexe aufgenommen zu werden!"

„Kommt!" sagt Álvaro. „Kommt näher! Hört zu!"

Aber das Foto von Álvaro läßt sich auch als eine Distanzierung „lesen" für den, der es in einer Zeitung in einem anderen Teil der Welt „liest", als ein Mittel zum Abstandnehmen, um auf der anderen Seite des Fotos zu bleiben. „Das kommt hier nicht vor", sagt der Blick des Lesers des Fotos, „das ist Chiapas, Mexiko, ein behebbarer geschichtlicher Unfall, nicht weiter wichtig und ... weit weg." Außerdem gibt es ja auch andere Lesarten, die dies bestätigen: Werbeanzeigen, Wirtschaftszahlen, Stabilität, Frieden. Der Krieg der Indigenen am Ende des Jahrhunderts dient ihnen dazu, den „Frieden" aufzuwerten. Wie ein Fleck hebt sich die Zielscheibe hervor, die unter ihm leidet. „Ich bin hier und das Foto spielt sich woanders ab, weit weg, ganz klein", lautet die sich distanzierende „Lesart".

Und ich stelle mir vor, Herr Berger, daß das Endergebnis der Beziehung zwischen Schriftsteller und Leser über die Schrift („oder das Bild", wiederholt mein anderes Ich) beiden entgeht. Es gibt etwas, was sich durchsetzt, was dem Text Bedeutung gibt, was Annäherung oder Entfernung bedeutet. Und dieses „Etwas" hat sehr wohl mit der neuen Aufteilung der Welt zu tun, mit der Demokratisierung von Tod und Elend, mit der Diktatur der Macht und des Geldes, mit der Lokalisation des Schmerzes und der Verzweiflung, mit der Internationalisierung des Hochmuts und des Marktes. Aber es hat auch mit der Entscheidung von Álvaro zu tun (und Tausender von Indigenen mit ihm), sich bewaffnet zu erheben, zu kämpfen, sich zu widersetzen, eine ihnen früher verweigerte Stimme zu erheben, sich nicht davon abschrecken zu lassen, dafür mit Blut zahlen zu müssen. Und damit zu tun haben auch das Ohr und die Pupille, die sich der Botschaft von Álvaro öffnen, die sie sehen und hören, die sie verstehen, die sich ihm nähern, seinem Tod, seinen Blutlachen in den Straßen einer Stadt, die ihn immer, immer ignoriert hatte ... bis zu diesem ersten Januar. Und der Adler und der Fischreiher haben damit zu tun, der europäische Bauer, der sich weigert, absorbiert zu werden, der lateinamerikanische Indianer, der gegen seine Ermordung rebelliert. Und die Panik des Mächtigen hat damit zu tun, die Angst, die in seinen Eingeweiden wächst, je größer und stärker er zu sein scheint, wobei er, ohne es zu wissen, sich auf seinen Fall vorbereitet ... Und damit zu tun, wiederhole und begrüße ich hiermit, haben die Buchstaben, die von Ihnen zu uns kommen und die Ihnen in diesen Zeilen diese Worte bringen: Der Adler hat die Nachricht erhalten, er hat das Näherkommen des langsamen Flügelschlags des Fischreihers verstanden. Und dort unten erzittert die Schlange und fürchtet das Morgen ...

Machen Sie es gut, Herr Berger. Salud und schauen Sie gut hin, dieser Fischreiher da oben sieht aus wie eine kleine, ausgelassene Wolke, eine Blüte, die sich öffnet ...

Aus den Bergen des mexikanischen Südostens
Subcomandante Insurgente Marcos

DER NEOLIBERALISMUS UND DIE ARBEITERBEWEGUNG

Damen und Herren,
anbei Kommuniqués für den Vorabend. Hier spielt der April immer noch, daß er sich als März verkleidet, und der Mai wird in der einen oder anderen Blüte mit roter, bisher grüner Farbe flügge. Ich hoffe und verzweifle inmitten eines Meers von Grillen. In der Zwischenzeit plane ich die Gründung der „Gesellschaft der anonymen überlasteten Lungen". Ich bin sicher, daß sie in D.F.* großen Erfolg hätte. Aber bis es so weit kommt, wird die Karwoche wieder zu einer normalen Woche geworden sein. Wie lange kann sich die Lüge noch halten? Macht's gut. Salud und einen Zug frischer Luft, die, wie es heißt, in den Bergen geatmet und von einigen Unzeitgemäßen „Hoffnung" genannt wird.

Aus den Bergen des mexikanischen Südostens
Subcomandante Insurgente Marcos

P.S., welches weiterhin im Morgengrauen auszieht, um die Welt zu verbessern und einem entfernten Fräulein einen Strauß roter Nelken anbietet, der in einer Geschichte versteckt ist, die den Titel trägt:

Durito III
(Der Neoliberalismus und die Arbeiterbewegung)

Der Mond ist eine blasse Mandel. Silberne Folien verformen Bäume und Pflanzen. Eifrige Grillen benageln die Stämme mit weißen Blättern, die so unregelmäßig sind wie der Schatten der

---

* Mexiko-Stadt

Nacht von unten. Böen grauen Windes bewegen Bäume und Bemühungen.

Durito klettert an meinem Bart empor. Das dadurch hervorgerufene Niesen läßt den bewehrten Ritter auf den Boden purzeln. Durito erhebt sich beschwerlich. Der bereits an sich beeindruckenden Panzerung seines Körpers hat Durito eine halbe Schale Cololté (eine wilde Mandelart, die im Lakandonischen Urwald wächst) auf seinem Kopf hinzugefügt und einen Deckel eines Arzneifläschchens, der ihm als Schild dient. „Excalibur" steckt in der Scheide und eine Lanze (die sehr verdächtig einer geradegebogenen Büroklammer ähnelt) vervollständigt seine Aufmachung.

„Und jetzt?" frage ich, während ich erfolglos versuche, Durito mit einem Finger zu helfen.

Durito bringt seinen Körper, das heißt, seine Rüstung wieder in Ordnung. Er zieht das Schwert aus der Scheide, hüstelt zweimal und erklärt hochtrabend:

„Morgengrauen, mein zerschundener Schildknappe! Das ist die gewisse Stunde, in der die Nacht ihre Kleidung ordnet, um sich auf den Weg zu machen, und der Tag die dornige Mähne Apollos spitzt, um sich der Welt zu zeigen. Es ist die Stunde, in der die fahrenden Ritter ausreiten, um Abenteuer zu suchen, die ihren Ruhm vor den abwesenden Augen der Dame erhöhen, die es ihnen unmöglich macht, und sei es auch nur für einen Augenblick, die Lider zu schließen, um Vergessen oder Ruhe zu finden!"

Ich gähne und lasse zu, daß meine Lider mir Vergessen oder Ruhe bringen. Durito empört sich und erhebt die Stimme: „Wir müssen aufbrechen, um Jungfrauen zu rächen, Witwen aufzurichten, Banditen zu helfen und die Verwahrlosten einzusperren!"

„Dieses Menü ähnelt dem Regierungsprogramm", sage ich mit noch geschlossenen Augen zu ihm. Durito scheint nicht die Absicht zu haben wegzugehen, ohne mich vollständig geweckt zu haben:

„Auf, Spitzbube! Ich erinnere Euch an Eure Pflicht, Eurem Herrn überallhin zu folgen, wo ihn Unglück und glückliches Geschick hinführen mögen!"

Schließlich öffne ich die Augen und schaue ihn an. Duritos Erscheinungsbild ähnelt eher einem klapprigen Panzerwagen als einem fahrenden Ritter. Um die letzten Zweifel zu beseitigen, frage ich ihn: „Wen oder was stellst du eigentlich dar?"

„Ein fahrender Ritter bin ich, und zwar keiner von denen, an deren Namen die Göttin Fama niemals gedacht hat, um sie zu verewigen, sondern einer derjenigen, die ungeachtet und trotz allen Neids und zum Leidwesen aller persischen Zauberer, indischen Brahmanen, äthiopischen Gymnosophisten ihren Namen im Tempel der Unsterblichkeit einschreiben werden, damit er als Muster und Vorbild in den kommenden Jahrhunderten dient und den fahrenden Rittern den Weg zeigt, dem sie folgen müssen, wenn sie zur höchsten Spitze und dem ehrenden Adel der Waffen gelangen wollen" (aus dem 47. Kapitel: *Von der seltsamen Art, wie Don Quijote verzaubert wurde, nebst anderen denkwürdigen Begebnissen*; Miguel de Cervantes, *Don Quijote*).

„Das kommt mir bekannt vor ... sehr bekannt ... Es ähnelt stark ...", hebe ich an, aber Durito unterbricht mich.

„Schweig, törichter Plebejer! Ihr wollt meinen Ruhm schmälern, indem Ihr behauptet, daß *Der sinnreiche Junker Don Quijote von der Mancha* meine Tiraden plagiiert hat. Und übrigens, da wir gerade davon sprechen, ich muß Euch mitteilen, daß Eure Episteln immer magerer werden. Immer diese bibliographischen Zitate! Wenn Ihr so weitermacht, werdet Ihr wie Galio enden, der in einem Absatz sechs bis sieben Autoren zitiert, um seinen Zynismus mit Bildung zu verhüllen."

Ich fühle mich von solch naheliegenden Kommentaren zutiefst verletzt und wechsle das Thema: „Was du da auf dem Kopf trägst ..., ist das nicht eine Cololtéschale?"

„Das ist ein Helm, Unwissender", erklärt Durito.

„Ein Helm? Es sieht eher aus wie eine Schale mit Löchern ...", wiederhole ich.

„Cololté. Helm. Nimbus. Das ist die Reihenfolge, Sancho", erklärt Durito, während er den Helm zurechtrückt.

„Sancho", stammele-sage-frage-protestiere ich.

„Gut, lassen wir diese Albernheiten und macht Euch fertig für den Aufbruch, denn es sind der Ungerechtigkeiten viele, denen mein unermüdliches Schwert Abhilfe schaffen muß, und seine Schneide wartet bereits ungeduldig darauf, den Hals der unabhängigen Gewerkschaften zu prüfen." Als er das sagte, schwenkte Durito sein Schwert wie ein Bürgermeister einer Hauptstadt.

„Ich glaube, du hast die letzte Zeit viel Zeitung gelesen. Paß auf, daß sie dich nicht suizidieren", sage ich zu Durito und versuche den Moment des Aufstehens so weit wie möglich hinauszuschieben. Durito vergißt einen Moment lang die Sprache des 16. Jahrhunderts und erklärt mir stolz, daß er bereits ein Reittier habe. Laut Durito ist es schnell wie ein Blitz im August, leise wie der Wind im März, sanft wie Regen im September, und ich weiß nicht mehr, welche anderen wundersamen Eigenschaften es noch hatte, aber es gab für jeden Monat eine. Ich lege eine gewisse Ungläubigkeit an den Tag, so daß mir Durito feierlich ankündigt, daß er mir die Ehre zuteil kommen lassen werde, mir sein Reittier zu zeigen. Ich stimme zu und denke dabei, daß ich so noch etwas schlafen könne.

Durito geht weg und bleibt so lange fort, daß ich tatsächlich wieder einschlafe ...

Eine Stimme weckt mich: „Hier bin ich."

Es ist Durito, der auf dem logischen Grund seiner Verspätung reitet: einer kleinen Schildkröte!

Mit einem Gang, den Durito hartnäckig „eleganten Trab" nennt und der mir eher sehr umsichtig und gemächlich erscheint, hält die Schildkröte vor mir an. Der auf seiner Schildkröte (die auf tzeltalisch „coc" heißt) sitzende Durito dreht sich zu mir um und fragt mich: „Und, wie sehe ich aus?"

Ich schaue ihn nachdenklich an und wahre ein respektvolles Schweigen vor diesem fahrenden Ritter, den unbekannte Gründe in die Einsamkeit des Lakandonischen Urwalds geführt haben. Sein Anblick ist ... ist ... „eigentümlich".

Durito hat seine Schildkröte, Verzeihung, sein Pferd mit dem aberwitzigsten Namen getauft: *Pegasus*. Damit daran kein Zweifel aufkommen kann, hat Durito in großer und energischer Schrift auf den Panzer der Schildkröte geschrieben: *PEGASUS. Copyright Reserved*. Und unten drunter: *Bitte anschnallen*. Ich kann nur mit Mühe der Versuchung widerstehen, einen Vergleich mit dem Programm für den Wirtschaftsaufschwung anzustellen, als Durito sein Reittier wendet, damit ich die andere Flanke sehen kann. Pegasus nimmt sich Zeit dafür, wodurch das, was Durito als eine „schwindelerregende Wendung seines Pferdes" angekündigt hat, in Wirklichkeit eine langsame Drehung um die eigene Achse wird. Eine Bewegung, die die Schildkröte mit einer solchen Vorsicht vollzieht, daß jeder andere sagen würde, sie will verhindern, daß ihr schwindlig wird. Nach einigen Minuten kann ich auf der linken Seite von Pegasus lesen *Raucher, Zutritt verboten für regierungstreue Gewerkschafter, Hier ist Platz für Ihre Anzeige. Auskunft bei Durito's Publishing Company*. Ich glaube allerdings, daß nicht mehr viel Platz übrig ist, denn die Anzeige bedeckt die ganze linke Flanke und die Nachhut von Pegasus.

Nachdem ich die ultra-mikro-mini-unternehmerische Weitsicht Duritos gelobt habe, die einzige Form des Überlebens in diesem Schiffbruch des Neoliberalismus und der NAFTA, frage ich ihn: „Und wohin leitet Euch das Geschick?"

„Mach dich nicht lächerlich. Diese Sprache gebührt nur Adligen und Edelmännern und nicht Taugenichtsen und Plebejern, die, wenn es nicht meiner unendlichen Barmherzigkeit zu danken wäre, weiter ihr hohles Leben führen und nicht einmal im Traum die Geheimnisse und Wunder des fahrenden Rittertums kennenlernen würden", antwortet Durito, während er versucht, Pegasus zu bremsen, der es aus irgendeinem seltsamen Grund eilig hat wegzukommen.

Ich bin der Ansicht, daß ich dafür, daß es zwei Uhr morgens ist, bereits genügend Verweise erhalten habe, und erkläre also Durito: „Wo immer du hin willst, du gehst allein. Ich habe nicht vor, diese Nacht wegzugehen. Gestern fand Camilo Tigerspuren, und er meint, daß der Tiger in der Nähe ist."

Ich glaube, daß ich eine verletzliche Flanke unseres mutigen Ritters getroffen habe, denn seine Stimme zittert, als er mich fragt:

„Ti ... Ti ... Tiger?" Und nachdem er mehrmals mühsam geschluckt hat: „Und was fressen Tiger?"

„Alles mögliche. Guerilleros, Soldaten, Käfer ... und Schildkröten ..." erkläre ich und beobachte die Reaktion Pegasus'. Die Schildkröte hat aber anscheinend die Geschichte mit dem Pferd geglaubt, denn sie fühlt sich nicht angesprochen. Es scheint mir sogar, daß ich so etwas wie ein leichtes Wiehern höre.

„Ihr sagt das, um mich zu erschrecken, aber wisset, daß dieser bewaffnete Ritter Riesen besiegt hat, die sich als Windmühlen verkleidet hatten, die wiederum als Artilleriehubschrauber verkleidet waren; er hat die uneinnehmbarsten Königreiche erobert, er hat den Widerstand der keuschesten Prinzessinnen besiegt, er hat ..."

Ich unterbreche Durito. Es ist offensichtlich, daß er seitenlang reden kann, und ich bekomme dann die Beschwerden der Redaktionsleiter zu hören, vor allem wenn die Kommuniqués sehr spät in der Nacht ankommen.

„Schon gut. Aber wo willst du denn hin?"

„Nach Mexiko-Stadt", erklärt Durito mit geschwungenem Schwert. Anscheinend erschreckt das Reiseziel Pegasus, denn es kommt zu einer Art Aufbäumen, was bei einer Schildkröte wie ein diskreter Seufzer klingt.

„Nach Mexiko-Stadt?" frage ich ungläubig.

„Ganz sicher! Oder glaubst du vielleicht, daß ich mich davon aufhalten lasse, weil die COCOPA euch nicht hat hingehen lassen?"* Ich wollte Durito darauf hinweisen, daß er nicht schlecht über die COCOPA sprechen solle, denn die Abgeordneten sind sehr empfindlich und beschweren sich dann auf der Parlamentstribüne. Aber Durito fährt fort: „Denn Ihr müßt wissen, daß ich fahrender Ritter bin, aber mexikanischer als das Scheitern der neoliberalen Wirtschaft. Ich habe also das Recht, bis zur sogenannten ‚Stadt der Paläste‘ vorzudringen. Wofür brauchen sie denn Paläste in Mexiko-Stadt, wenn nicht dafür, daß ein fahrender Ritter wie ich, der berühmteste, der stattlichste und der, der am meisten von den Männern geachtet, von den Frauen geliebt und den Kindern bewundert wird, sie mit meinen Füßen beehre?"

„Du meinst wohl Pfoten, denn ich darf dich doch daran erinnern, daß du nicht nur ein fahrender Ritter und Mexikaner bist, sondern auch ein Käfer", verbessere ich ihn.

„Mit meinen Füßen oder Pfoten, aber ein Palast ohne fahrenden Ritter, der ihn besuchen will, ist wie ein Kind ohne ein Geschenk am 30. April, wie eine Pfeife ohne Tabak, wie ein Buch ohne Buchstaben, wie ein Lied ohne Musik, wie

* Anspielung auf den von der Regierung abgelehnten Vorschlag der EZLN, den Dialog in Mexiko-Stadt zu führen.

ein fahrender Ritter ohne Schildknappe ..." Als er an dieser Stelle angelangt ist, schaut mir Durito fest in die Augen und fragt: „Seid Ihr Euch sicher, daß Ihr mir nicht in dieses spannende Abenteuer folgen wollt?"

„Das kommt darauf an", sage ich, um mich wichtig zu machen, und füge hinzu: „Es kommt darauf an, was dieses ‚spannende Abenteuer' bedeuten soll."

„Es bedeutet, daß ich zum 1. Mai-Aufmarsch gehe", sagt Durito, gerade so, als würde er sagen: „Ich gehe mal schnell Zigaretten holen."

„Zum 1. Mai-Aufmarsch? Aber dieses Jahr gibt es doch keinen! Fidel Velázquez, der sich stets um die Ökonomie der Arbeiter Sorgen macht, hat erklärt, daß es kein Geld für den Aufmarsch gäbe. Üble Zungen behaupten, daß er Angst hat, daß die Arbeiter aus der Reihe tanzen und, statt der obersten Regierung zu danken, ausgesprochen ausfallend gegen sie werden könnten. Aber das ist ein Gerücht und so erklärte der Arbeitsminister schleunigst, diese Entscheidung sei nicht aus Angst getroffen worden, sondern eine ‚seeeehr respektable' Entscheidung des Arbeitersektors gewesen, und ..."

„Schon gut. Du und deine allegorischen Abschweifungen. Ich gehe zum 1. Mai-Aufmarsch, um diesen Fidel Velázquez zu einem Duell herauszufordern, der, wie jedermann weiß, ein Brutalo ist, der verarmte Leute unterdrückt. Ich fordere ihn zum Kampf im Azteken-Stadion heraus, mal sehn, ob dadurch die Besucherzahlen steigen, denn seitdem sie Beenhaker entlassen haben (bitte keine Kritik, falls der Name anders geschrieben wird, nicht einmal die Clubleiter von *América** können ihn richtig schreiben und dabei haben sie ihm doch die Schecks ausgestellt), werden die *Adler** noch nicht einmal von den Rabengeiern besucht."

Durito verfällt in ein kurzes Schweigen und betrachtet nachdenklich Pegasus, der eingeschlafen sein muß, denn er hat sich schon eine ganze Zeitlang nicht mehr bewegt. Plötzlich fragt mich Durito: „Glaubst du, daß Fidel Velázquez ein Pferd hat?" Ich zweifle etwas: „Nun, er ist ein Regierungsgewerkschafter ..., so ist es also sehr wahrscheinlich, daß er ein Pferd hat."

* große Fußballclubs in Mexiko

„Wunderbar!" sagt Durito und gibt Pegasus die Sporen.

Pegasus mag zwar glauben, daß er ein Pferd sei, aber sein Körper ist weiterhin der einer Schildkröte und hat einen harten Panzer, der dies bestätigt. So fühlt er sich auch durch die cowboymäßigen Anspornversuche Duritos nicht angesprochen. Nachdem er sich etwas abgemüht hat, entdeckt Durito, daß er, wenn er ihm mit der Büroklammer, Entschuldigung, mit der Lanze auf die Nase haut, bewirkt, daß Pegasus in vollen Galopp verfällt. „Voller Galopp" heißt für diese Pferde-Schildkröte 10 Zentimeter pro Stunde. Es ist also klar, daß Durito eine Zeit brauchen wird, bis er nach Mexiko-Stadt kommt.

„Bei diesem Tempo wirst du ankommen, wenn Fidel Velázquez bereits gestorben ist", erkläre ich Durito zum Abschied.

Ich hätte dies besser nie gesagt. Durito zog an den Zügeln und spornte sein Pferd an wie damals Pancho Villa, als er Torrcón einnahm. Nun gut, das ist ein literarisches Bild. In Wirklichkeit blieb Pegasus stehen, was bei seiner Geschwindigkeit kaum ins Gewicht fiel. Im Kontrast zu Pegasus' Ruhe ist Durito ausgesprochen wütend, als er zu mir sagt: „Dir geht es so wie den Beratern der Arbeiterbewegung in den letzten Jahrzehnten! Sie rieten den Arbeitern, Geduld zu haben, setzten sich hin und warteten, bis der Regierungsgewerkschafter vom Sattel stürzte. Sie taten nichts dafür, ihn runterzuwerfen."

„Ja gut, aber nicht alle haben gewartet. Einige haben stark darum gekämpft, eine wirklich unabhängige Arbeiterbewegung zu schaffen ...", sage ich.

„Genau die werde ich besuchen. Ich werde mich ihnen anschließen, um allen zu zeigen, daß auch wir Arbeiter Würde haben", erklärt Durito, der, wie mir jetzt einfällt, einmal erzählt hat, daß er in den Minen im Bundesstaat Hidalgo und auf den Ölfeldern in Tabasco gearbeitet hat.

Durito zieht los. Er braucht einige Stunden, bis er hinter dem Busch verschwindet, der einige Meter von meinem Plastikdach entfernt ist. Ich stehe auf, da ich merke, daß mein rechter Schuh offen ist. Ich leuchte mit der Taschenlampe und entdecke, daß ... er keinen Schnürsenkel hat. Und da fällt mir ein, warum mir die Zügel von Pegasus irgendwie bekannt vorkamen. Jetzt werde ich wohl warten müssen, bis Durito aus Mexiko zurückkommt. Ich suche eine Liane, um den Stiefel zusammenzubinden, und denke daran, daß ich vergessen habe, Durito zu sagen, daß er einen Blick in das Restaurant mit den blauen Kacheln* werfen soll. Ich lege mich wieder hin. Es dämmert bereits ...

Oben reckt sich der Himmel und schaut mit rötlich-blauen Augen verwundert auf das Mexiko herab, das sich da befindet, wo er es gestern verlassen hat. Ich stecke die Pfeife an und beobachte, wie die letzten Schleier der Nacht sich von den Bäumen lösen, und sage zu mir, daß der Kampf lang ist und daß er sich lohnt.

P.S., das mit Vollmondgesicht in den Urwald schaut und sich fragt ...

Wer ist dieser Mann, der auf einem schwachen Schatten reitet? Warum sucht er keine Erleichterung? Unter welchen neuen Schmerzen leidet er? Warum so viele Reisen, während er doch still steht? Wer ist er? Wohin geht er? Warum verabschiedet er sich mit einem solch lärmenden Schweigen?

P.S., für einen CND, der sich nicht entscheiden kann, ob er gegen das System der Staatspartei kämpfen soll oder gegen sich selbst.

Ich habe irgendwo gelesen, daß, während die oberste Regierung Schläge nach verschiedenen Seiten austeilt, der CND sich untereinander schlägt. Darüber, und über anderes, einige Zeilen:

Wie es dieser Dichter ausdrückt, der sich hinter einem Klavier und einem grauen Schnurrbart versteckt**:

> Mexiko ist eine Jakarandablüte
> die nie eine Vase gesucht hat
> Ein Wildschwein das sich seiner
> Frischlinge rühmt
> Eine Wildsau am Herzen
> der Justiz
> Das Ix, das als
> Jot*** verkleidet ist.

* Gemeint ist das immer noch bestehende Sanborns-Restaurant, dem schon Emiliano Zapata mit seinen Soldaten 1914 einen legendären Besuch abstattete.
** Guillermo Briseño; ist auch im CND aktiv
*** In Spanien werden viele Namen mit „J" geschrieben, die in Mexiko mit „X" geschrieben werden.

Vielleicht hat ja Manuel recht, wenn er erzählt, daß die Versammlungen der „kollektiven Zentren der Bürgerunterstützung" Ähnlichkeiten mit Versammlungen der „Anonymen Alkoholiker" oder „Weight Watchers" haben. Vielleicht muß man mehr aus diesen Treffen lernen als aus Parteiversammlungen.

Schließlich wurde der CND aus der Idee der Einheit geboren und nicht, um in den Markt des Parteienklientelismus einzutreten. Notwendig war und ist ein Plan, der die höchstmögliche Quantität und Qualität ziviler Willensäußerungen zusammenführt. Der CND hatte (hat?) diese Absicht. Nicht politischer Arm der EZLN oder einer neuen Partei oder eines neuen weißen Elefanten der gescheckten mexikanischen Linken zu sein, sondern ein Raum des Zusammentreffens von Phantasie und Vorschlägen für den demokratischen Wechsel. Und was phantasievolles Vorgehen und Vorschläge angeht, kamen (kommen!) die frischesten, die kühnsten aus der Zivilgesellschaft und nicht aus der politischen Gesellschaft, das heißt: nicht aus den politischen Organisationen. Ihr Banner ist die Landesfahne, das heißt, sie steht über den Parteien und Armeen. Aus diesem Raum der Zusammenkunft können Vorschläge entspringen, die die Regierung, die Parteien, die EZLN und sich selbst phantasievoll in die Pflicht nehmen. Dieses Schiff steuert nicht den Hafen der Macht an, in diesem Sinne erfüllt es nicht Galio-Machiavellis pragmatische und zynische Prämissen, es will allerdings sehr wohl den Hafen eines Landes ohne Möglichkeit der Rückkehr in den Schatten ansteuern, ein Land mit Demokratie, Freiheit und Gerechtigkeit. Gibt es überflüssigen Ballast? Ins Meer damit! Es bleiben nur wenige an Bord? Die Phantasie ersetzt Quantität durch Qualität! Die Zivilgesellschaft hat viel von sich selbst zu lernen und wenig, sehr wenig, von der politischen Gesellschaft (mit ihrem ganzen Spektrum der Farben, Geschmacksrichtungen und Zynismen). Es ist kein Raum der Parteifeinde, es könnte aber ein Raum der Parteilosen werden. Diese Zivilgesellschaft erreicht inmitten von Drohungen des schmutzigen Krieges (obwohl es, glaube ich, keinen Krieg gibt, der als sauber bezeichnet werden kann), daß der Engel der Unabhängigkeit* sich von der Säule herabschwingt und ein

* Monument in Mexiko-Stadt

Gespräch mit Juárez, Kolumbus und dem jungen Großvater Cuauthémoc, der freundlichen sternejagenden Diana und einer verirrten Palme, die vom Smog betrunken ist, beginnt. Dieser Zivilgesellschaft gelingt es, ihre scheinbar absurden Einfälle Wirklichkeit werden zu lassen: zivile Dialoge inmitten von Panzern, Maschinengewehren und Kanonen; humanitäre Hilfskampagnen inmitten einer tiefgreifenden Krise und allgemeiner Verteuerung, die dazu dienen, ihrer schwächsten und verletzlichsten Seite, den Indigenen, zu Hilfe zu kommen. Wenn der CND keinen breiten Raum für diese und andere Initiativen bietet, dann wird die ungestaltete, aber wirksame Unehrerbietigkeit der Zivilgesellschaft diese Zwangsjacke sprengen. Und dann? Richtig, dann wird sie ihre eigenen Räume des Zusammenkommens schaffen. Der CND wird dann zu einem Sigel unter vielen, das sich der Unwirksamkeit der bereits bestehenden Kürzel anschließt. Es gibt noch viel zu lernen. Dieses Land muß viel von sich selbst lernen.

P.S. an den, den es in der Obersten Regierung angeht.
Es gibt eine Art Linse, die so geschliffen ist, daß sie viele Facetten hat, so wie ein Prisma. Diese Linse ist auf einem Visier aus geschnitztem Holz angebracht, wie ein Okular. Wenn man durch diese Linse schaut, zerfällt das Licht in viele Lichter. Ist es dasselbe Licht, das in viele Lichter zerfallen ist? Sind es viele Lichter, die im Gefängnis der Linse vereint sind? Ist es nur die Bestätigung dafür, daß es noch nicht einmal im Scheinbarsten eine Einzigkeit gibt? Ist das Licht ein Einzellicht oder sind es viele Lichter, die man unterscheiden, erkennen und zu schätzen wissen muß? Und zum Schluß, wenn man an das kleine Okular denkt: Ist es ein Licht mit vielen Rahmen oder ist es ein Rahmen für viele Lichter?
Ein erneuter Gruß. Salud und wenn der Winter kommt, werden wir die Antwort wissen.

Der Sub mit einer roten Nelke im Rockaufschlag, der spielt, daß er Kristall und Spiegel ist.

CHRONIK
DER ABENTEUER DURITOS AUF DER
1. MAI-DEMONSTRATION

Damen und Herren,
anbei Briefe an die angegebenen Empfänger. Ich wäre für die vorschriftsmäßige Frankierung und elegante Umschläge dankbar. Die heutige Feier* wird wohl nichts werden. Die Abwesenheit von Durito und die anhaltenden Regenfälle versprechen Scharmützel anstelle von kräftigen Schlachten. Das Problem wird dadurch erschwert, daß niemand den Part der Franzosen übernehmen will. Es ist klar, daß dies ein neues Jahrsechst ist.
Macht's gut. Salud und 10. Mai-Glückwünsche an die, die noch Mütter** haben.

Aus den Bergen des mexikanischen Südostens
Subcomandante Insurgente Marcos

P.S., welches von den gegenwärtigen Abenteuern und den Ratschlägen Duritos berichtet.
Durito hat mir eine Postkarte geschickt, auf der er selbst mit *Pegasus* auf der Linken und dem Denkmal der Revolution auf der Rechten zu sehen ist. Am Rande des Fotos ist zu lesen: *Wer ist langsamer? Die Linke oder die Rechte?* Durito schreibt auf der Karte, daß er zwar diesen Fidel Velázquez nicht gefunden, aber an der 1. Mai-Demonstration teilgenommen habe. Daß er, als sie an der Botschaft der USA vorbeikamen, geschrien habe:

---

* Ende des Unabhängigkeitskrieges gegen Frankreich
** Muttertag – Das Wort „Mutter" (madre) wird in Mexiko fast nie im eigentlichen Sinne gebraucht, sondern ist meist Teil von obszönen, beleidigenden oder Kraft-Ausdrücken.

„Dodgers ja, Yankees nein"; daß er nicht wisse, wann er den Zócalo betreten und wann er ihn wieder verlassen habe; daß ein Herr, nachdem er ihn lange beobachtet habe, sich ihm näherte und zu ihm sagte: „Entschuldigen Sie, nehmen Sie es mir bitte nicht übel, aber ich konnte der Versuchung nicht widerstehen, Ihnen zu sagen, daß Sie genauso aussehen wie ein Käfer"; daß sie ein Haufen Leute gewesen wären. „ALLE waren da", erklärte Durito, um mit seiner ewigen Neigung zum Offensichtlichen hinzuzufügen: „Es fehlt nur noch eine Revolution."

P.S., das die Verzögerung bei der Befragung erklärt.
Wir haben einen Zweifel bezüglich des Regierungsvorschlags: Wir wissen nicht, ob die Erklärungen dieses Außenhandelsmaklers Gurría, der sich mit dem Amt des Außenministers schmückt, bedeuten sollen, daß die sogenannte „Ebene der Aufständischen" der EZLN sich auf die Zapatisten bezieht, die lesen und schreiben können (da es sich ja um einen „Tintenkrieg" handelt). Wenn dem so ist, sind drei Zusammenziehungsorte zuviel, denn die „Kriegsführenden" sind dann nur einige wenige. Wenn man mir nicht glaubt, soll man doch den Spaßvogel Del Valle fragen, der sich darüber lustig macht, wie unsere Delegierten Spanisch sprechen.

DREIZEHN REGIERUNGSMASSNAHMEN
GEGEN DIE ENTSPANNUNG

Damen und Herren:
Anbei ein Brief, der für sich selbst spricht. Der 10. Mai wurde
in diesem Lager etwas verschämt gefeiert. Es geht das Gerücht
um, daß wir weder eine Ahnfrau noch etwas vergleichbares
haben. Camilo, der in dieser Hinsicht besser dran ist, hat sehr
wenige.
Macht's gut. Salud und daß das „Ankarren" von Hoffnungen
Schule macht.*

Aus den Bergen des mexikanischen Südostens
Subcomandante Insurgente Marcos

P.S., das erklärt, wie wir vor Duritos Reise den Kapokbaum hin-
abstiegen.
Nachdem Durito die verschiedenen Stierkampf-Posen gezeigt
hatte, stellte er fest, daß auch er nicht wußte, wie er vom Kapokbaum runterkommen sollte. Wie immer, wenn wir nicht wissen,
was wir tun sollen, stecken wir die Pfeifen an. Durito hörte
plötzlich ein Summen von einer Seite des Baumes und stellte
sich vor, daß sich ein neues Abenteuer näherte.
„Der sechste Stier! Ort und Stunde, um eine glorreiche Seite in
dieser trefflichen Arena zu schreiben!" erklärt Durito und bewegt sich zur Mitte des Kampfplatzes. Ich nehme die Nelke,
die freundliche Augen aus Guadalajara mir zu Beginn des Stier-
kampfes ('Hin- und Hergelaufe', wird Durito später dazu sagen) zugeworfen haben. (Ich weiß schon, daß mir die Nelke am

---

* Bei dem Wiederbeginn des Dialogs in San Andrés Larráinzar kamen Tausende
Indianer zur Unterstützung der Forderungen der EZLN. Die Regierung sprach
von „angekarrten" Demonstranten und sagte deshalb den Dialog zunächst ab.

19. April geschickt wurde und ich sie erst am 23. erhielt, aber ich kann die Nelke unterbringen, wo ich will, schließlich ist es ja *mein* Postskriptum).

„He, Schildknappe! Versucht einen Paso Doble zu pfeifen und schärft Augen und Feder, denn das, was Ihr zu sehen bekommt, verdient eine dieser Stierkampfchroniken, die zumindest so feierlich sind wie die Wundertaten, die sie inspirieren", befiehlt Durito.

„Paß auf, was du tust, es werden doch etwa keine Wespen sein", warne ich ihn, aber Durito lockt bereits den unwahrscheinlichen Stier an. Nichts. Seine Entrüstung läßt ihn noch tollkühner werden, und er beginnt, kleine Zweige auf den gegenüberliegenden Baum zu werfen. Das Summen nimmt zu. Die Erwartung im Publikum steigt. Ich bin nicht in der Lage, dieses eindrucksvolle Bild zu beschreiben. Plumper Schildknappe und noch schlechterer Chronist, ich kann nichts über die einsame und schlottrige Gestalt Duritos schreiben, der seinen Stierfechtermantel abgelegt und sich zwei kleine Zweige besorgt hat, die, wie er mir schreiend erklärt, Banderillas seien. Der – sprachlose – Mond ist stehengeblieben, um den Ausgang des Geschehens zu verfolgen; ein milchiger „Jakobsweg" voller sandfarbenem Licht teilt die erwartungsvolle Nacht; unfähig, die Anspannung länger auszuhalten, läßt sich ein erschöpfter Stern fallen und zeichnet einen schwachen Strich in das dunkle, nächtliche Anlitz. Durito stürmt kurz vor, vollzieht einige Schrittwechsel, hebt zwei seiner Pfötchen empor, die Banderillas schimmern in der Höhe. Das Summen sammelt sich, ordnet sein Summsumm, ballt sich zusammen und kommt näher. Der Trommelwirbel verstärkt sich. Kaum einen Augenblick ...

Durito unterbricht plötzlich seinen Ansturm und macht eine reichlich überstürzte und antiästhetische Kehrtwendung, um mit einem Schrei in meine Richtung zu eilen: „Bienen!"

Ich kann gerade noch aufzeichnen: „Das Signalhorn bläst zum Rückzug", als Durito über mich läuft und sich an eine Flechte, die der Mond an einer Seite des Kapokbaums vergessen hatte, hängt. Als ich merke, was los ist, werfe ich Stierkampfchronik und Bleistift weg und stürze hinter Durito her. Bienen der Gattung, die ‚Ausländer' genannt wird, greifen an. Weder Muletastöße noch irgend etwas anderes konnte sie aufhalten. Sie verunstalteten mein Gesicht mit Elefantiasis, und Camilo und mein anderes Ich hören sicher nicht auf zu rennen, bis sie in Guatemala angelangt sind.

Durito tröstet mich (er ist intakt geblieben):

„Steigen wir runter! Oder etwa nicht? Ich hoffe, daß Ihr daran gedacht habt, die Chronik mitzunehmen. Wenn nicht, werdet Ihr nochmal hochsteigen müssen und sie holen."

Der Schmerz in meinem Gesicht verhindert, daß ich ihn beschimpfe ...

Sektion der Postskripta, in denen ein fahrender Ritter (der eine verdächtige Ähnlichkeit mit einem Käfer aufweist) einem Schildknappen mit legendärer Nase und Unbesonnenheit solcherart Ratschläge und Gedanken mitteilt, die den Geist erweitern und den Gang stärken.

P.S., das weiter von der Postkarte spricht.

Durito verabschiedet sich mit der Warnung, daß ich mich in acht nehmen soll vor Verrätern ihrer Überzeugung, Exoppositionellen, Exlinken, Exprogressiven und Exsolidarischen mit der ausländischen Revolution. „Sie machen aus dem Zynismus eine Religion und dienen am Ende dem System, das sie gestern noch kritisierten. Sie bekämpfen die Aufsässigkeit mit der Unerbittlichkeit derjenigen, die sich in einem Spiegel sehen, der sie so zeigt, wie sie sind: eigennützige und umsichtige Verräter ihrer Überzeugung. Sie wollen den Spiegel nicht dafür zerstören, was er bedeutet, sondern weil er ihnen die Nutzlosigkeit ihres ‚Vernünftigseins' zeigt."

„Von Leuten dieser Art Mißbrauchte", fährt Durito fort, „kannst du überall finden. Verzeih den väterlichen Ton dieser Zeilen, aber du bist nun mal zu naiv, Sancho."

Ich schaue auf das Ende der Karte und denke: „Sancho?"

Ich wollte Durito eigentlich antworten, aber ich habe sehr viel Zeit verloren bei der Korrektur der Rechtschreib-, Zeichensetzungs-, Stil- und Ausdrucksfehler im Text der Obersten Regierung, der die „Entspannungs"vorschläge enthält. Ich habe daran gedacht, der Obersten Regierung den Text ihrer Delegation mit den entsprechenden Korrekturen zu schicken. Ich hoffe, die Regierung weiß diese Entspannungsmaßnahme zu schätzen: ich werde keinerlei Honorarforderungen für den orthographischen Beratungsservice stellen. Ich zweifle allerdings daran, denn die Regierungsdelegierten scheinen mehr mit ihrem „heldenhaften" Kampf gegen die CONAI beschäftigt zu sein als mit der Analyse wirklicher Entspannungsmaßnahmen. Im übrigen bin ich versucht, auf das Argument der Regierung zu antworten, daß ein „großer Moment" der Entspannung ... die Feuerpause vom 12. Januar 1994 gewesen sei! Anscheinend sind sie noch nicht darüber unterrichtet worden, daß Salinas de Gortari nicht mehr Präsident ist. Warum nehmen sie eine Maßnahme für sich in Anspruch, die eine andere Regierung ergriffen hat? Sollte es etwa notwendig sein, einen Hungerstreik zu beginnen, damit die gegenwärtige Regierung nicht die richtigen Entscheidungen der vorherigen für sich beansprucht und ihr die Fehler der Gegenwart anhängt? Ich könnte beispielsweise dreizehn Regierungsmaßnahmen aufzählen, die gegen den Entspannungsprozeß gerichtet waren und das Land an den Rand eines Kriegs geführt haben. Zum Beispiel:

a) Die Unterstützung der betrügerischen Amtseinsetzung von Robledo Rincón in Chiapas.

b) Die unrechtmäßige Amtseinsetzung von Madrazo in Tabasco.

c) Die Übergriffe gegen die Bewegung um Avendaño.

d) Die Räumungen.

e) Die Aufrüstung und Beschützung der Weißgardisten.

f) Der Verrat vom 9. Februar.

g) Die Angriffe auf Mitglieder der Zivilbevölkerung im Rahmen eines militärischen Feldzuges.

h) Die Verleumdungen gegenüber der CONAI.

i) Die Übergriffe und Drohungen gegen Journalisten.

j) Die Lügen in den Kommunikationsmedien.

k) Die fehlende Ernsthaftigkeit der Regierungsdelegation.

l) Rassismus und Autoritarismus.

m) Die Besetzung von Dutzenden von indigenen Ortschaften und die Geiselnahme von Tausenden von Indigenen.

Das könnte ich machen, aber es heißt, daß die Zahl Dreizehn Unglück bringt, also lasse ich es lieber sein ...

P.S., das die Beziehung zwischen Vernünftigsein, Rockmusik, Festivals und dem Leben erklärt.

„Mir jubeln sie beim *slam* alle zu", behauptet Durito großspurig, während er seinen Panzer auf Hochglanz bringt, nachdem er am Festival *Serpiente 12* teilgenommen hat.

„Im heutigen Mexiko gibt es nichts Unvernünftigeres, als Indigener oder Jugendlicher oder Rocker oder fahrender Ritter oder Käfer zu sein", sagt Durito. „Somit bin ich der unvernünftigste aller Mexikaner, denn ich bin alle fünf Dinge auf einmal und noch einiges mehr, was aber nichts zur Sache tut oder im Postskriptum zu suchen hat."

„Der mexikanische Rock ist ein unehrerbietiger und unbesonnener Kritiker. Sein ,Gerolle' führt unweigerlich zu Einschnitten. Aber neben seinem Gerolle findet seine Arbeit, seine Musik einen Widerhall in und an der indigenen Rebellion des Südostens. Durch dieses komplizierte Spiegelspiel des mexikanischen Lebens außerhalb der Machtkreise findet sich der *pasamontañas* und ein renommierter Frieden unter Jugendlichen wieder, die nichts als den Ekel vor der Unbeweglichkeit und das Bedürfnis, besser zu sein, gemeinsam haben. Alle anwesenden Gruppen und Solisten strotzten vor Unvernunft", sagt Durito, der hartnäckig die These vertritt, daß die Besonnenheit wie eine Krawatte ist: ein eleganter Galgen, der je nach Mode wechselt. Er erklärt, daß die Besonnenheit aus Liebe, Musik und Leben (,genau in dieser Reihenfolge', bemerkt Durito in warnendem Tonfall) eine Bedienungsanleitung mit massenhaften Fußnoten mache und zu sexuellem Überdruß führe. „Neben anderen Betrübnissen, unter denen wir zu leiden haben, Sancho."

P.S., das kühn behauptet, daß ein Spiegel alles widerspiegeln kann, nur nicht sich selbst.

„Nicht alle sind wir Marcos. Es ist klar, daß zumindest Marcos nicht Marcos ist", schreibt Durito, der, wie man sieht, den dialektischen Materialismus im Handbuch mit dem Plastikeinband studiert hat.

P.S., das auf die Drohungen von Lozano und Alamilla antwortet.

„Kommt her, schmutziges Pack: (...) sagt mir: Welcher Dumm-
kopf unterzeichnete den Haftbefehl gegen einen solch ehrwürdigen Ritter, wie ich es bin? Wer war es, der nicht wußte, daß
die fahrenden Ritter jeglicher Gerichtsbarkeit enthoben sind
und daß ihr Recht ihr Schwert, ihr Gerichtsstand ihr Mut, ihr
Gesetz ihr Wille ist? Wer war der Tor, wiederhole ich, der nicht
weiß, daß es keinen Stand der Edelleute mit solchen Vorrech-
ten und Vergünstigungen gibt wie der, in den ein fahrender Ritter an dem Tag eintritt, an dem er sich zum Ritter rüstet und
dem harten Beruf des Rittertums widmet? Welcher fahrende
Ritter zahlte Tribut, Verkaufssteuer, fremde Währung, Torsteuer
oder Wegegeld? Welcher Schneider verlangte Kleiderlohn von
ihm? (...) Welcher König bat ihn nicht an seinen Tisch? Welches Fräulein verliebte sich nicht in ihn und gab sich nicht
seinem ganzen Wesen und Willen hin? Und schließlich: Welchen fahrenden Ritter hat es gegeben, gibt es oder wird es je
geben, der den Schneid aufbringt, allein vierhundert Stock-
schläge gegen vierhundert Häscher zu führen, die seinen Weg
versperren?" (aus dem 45. Kapitel: *Worin der Zweifel über
Mambrins Helm und den Eselssattel gründlich und in voller
Wahrheit aufgehellt wird, nebst anderen Abenteuern, so sich
zugetragen.* Miguel de Cervantes, *Don Quijote*)

Ein erneuter Gruß. Salud und denkt daran, „daß die Tugend
stärker von den Bösen verfolgt wird als von den Guten geliebt".

ÜBER DIE RÜCKKEHR DURITOS UND „ANDERE UNGLÜCKLICHE EREIGNISSE"

Damen und Herren:
Anbei Kommuniqué und Briefe an die jeweiligen Adressaten. Der Juni ist schon vorbei, nachdem er gespielt hat, daß er Mai und Juli wäre. Übrigens, dem „effizienten Innenministerium" zufolge hätte ich im Juni Geburtstag gehabt und, stets laut der komplizierten Rechner des Innenministeriums, wäre 38 Jahre alt geworden. Ich erkläre hiermit feierlich, daß ich (bisher) noch keinen 38er Goldcentenar erhalten habe, auf den ich ein Anrecht hätte. Camilo lacht und meint, von-wegen-38-wo-du-doch-aussiehst-wie-83. Gut, dann mögen es 83 Goldcentenare sein oder ihr Gegenwert in Juesdollar.
Macht's gut. Salud und ich meine, was fehlt, um dieses Puzzle zusammenzubauen, ist ... Scham.

Aus den Bergen des mexikanischen Südostens
Subcomandante Insurgente Marcos

P.S., welches erzählt, daß Durito bereits zurückgekommen ist, und von anderen (für mich) unglücklichen Ereignissen.
„Nein, nein und nochmals nein", antworte ich Durito, der das Gespräch mit dem Hinweis begonnen hat, daß ihm ein gewisser Merlin mit Totengesicht und knochiger Gestalt erschienen sei, um ihm das Geheimnis der Verzauberung der Dulcinea de La Lacandona zu enthüllen.
„Warum sagst du nein, wenn du noch nicht einmal weißt, um was ich dich bitten will?" fragt Durito.
„Weil ich diese Geschichte aus dem zweiten Teil des *Sinnreichen Junkers Don Quijote von der Mancha* bereits kenne, wo Merlin Sancho Pansa mitteilt, daß er sich dreitausendsechshundert Peitschenhiebe auf das Gesäß geben lassen soll."

Und dann erinnere ich mich nicht etwa an den Esel von Sancho oder an den geflügelten „Holzzapferich ... dessen Name damit übereinstimmt, daß er aus Holz ist und einen Zapfen auf der Stirn trägt, und mit der Leichtigkeit, mit der er läuft; und somit, was den Namen angeht, kann er es sehr wohl mit dem berühmten Rosinante aufnehmen" (aus dem 40. Kapitel: *Von allerhand, was diese Aventüre und denkwürdige Geschichte angeht und betrifft;* Miguel de Cervantes, *Don Quijote*), auf dem der edle Ritter den Zauberer und Riesen Malambruno besiegen sollte, sondern an die Reittiere, die er bei früheren Fährnissen zu ertragen hatte: *El Salvaje*, der so war, wie sein Name andeutet, und immer auf dichtbewachsene Wälder zusteuerte, wenn er sich von seiner Montur befreien wollte, oder sich auf den Boden warf und sich des Sattels und der Last entledigte, wenn er beider überdrüssig geworden war. Oder *El Puma*, das hungerleidende Roß, das so mager war wie ein Kleiderständer und sich kaum selbst auf den Beinen halten konnte und das, wie es heißt, auf einer Fohlenweide an Melancholie starb. *El Choco*, der, wenn die Dienstgrade nach Alter berechnet werden würden, Kommandant gewesen wäre. Ein alter, edler Gaul, der es mit dem linken Auge, das rechte hatte er nicht mehr, fertigbrachte, Abhängen und Morast aus dem Weg zu gehen, aus denen die damaligen Wege hauptsächlich bestanden. *El Viajero*, ein leichtfüßiger Esel. *El Traktor*, ein glänzend schwarzer Hengst mit gefälligem und elegantem Trab, der sich wie ein Caballero in den Steigungen aus Schottersteinen verhielt, die Ausrutscher und Stürze versprachen.

P.S., das zeigt, daß Kritik und Selbstkritik weiterbilden. Eine faule Wolke lehnt sich zwischen die Bäume und der Mond durchlöchert sie mit tausend weißen Nadeln. Ein Leuchtkäfer, der vergessen hat, daß bereits Juni ist, schlängelt sich zweifelnd zwischen dem Lagerfeuer und den glimmenden Zigaretten durch. Eine beliebige Mitternacht, ein beliebiges Gebirge, beliebige Männer und ... ein Käfer?
„Du hast einen Käfer auf der Schulter", sagt Camilo zu mir.
Ich lasse mich nicht aus der Fassung bringen und antworte:
„Und du hast eine Zecke am Hals und mein anderes Ich eine

Spinne am Ohr, und ich sag ja auch nichts. Außerdem ist es kein Käfer, es ist ein kleiner Papagei, der französisch spricht ...“ Durito schaut mich überrascht an, läßt sich aber nicht einschüchtern und beginnt zu rezitieren:

> Ma pauvre muse, hélas! qu'astu donc ce matin?
> Tes yeux creux sont peuplés de visions nocturnes
> Et je vois tour à tour réfléchies sur ton teint
> La folie et l'horreur, froides et taciturnes.*

Und danach fügt er mit Nachdruck hinzu:

> Wir sind weder zehn noch hundert,
> wir sind drei,
> zählt uns richtig!

Die Dreier-„Zelle“ ist versammelt, und Durito hat beschlossen, seinen Unsinn beizusteuern, demzufolge die Natur die Kunst nachahmt, und schließt sich der Sitzung an.

„Waren die Drei Musketiere nicht auch vier?“ fragt mich Durito, als ich mich widersetze, daß er an der Zellenversammlung teilnimmt. Ich nicke, und Durito faßt die Bestätigung als Einwilligung auf, und hier sind wir ... Wir drei, die wir vier sind. Der erste Tagesordnungspunkt ist, der Zelle für politische Studien und kulturelle Aktivitäten einen Namen zu geben. Zu Ehren von Ettore Scola bezeichnen wir uns als „schmutzig, häßlich und schlecht“. Aber es kam zu Protesten. Camilo meint, schmutzig und häßlich ginge ja noch an, aber die Bezeichnung schlecht sei eine grob vereinfachende und manichäische Vorstellung. Camilo schlägt vor, „schlecht“ durch „unflätig“ zu ersetzen, und wir einigen uns auf „schmutzig, häßlich, schlecht und unflätig“. Die Kritik und Selbstkritik rufen gewöhnlich ein tiefes Schweigen hervor, das eine Komplizität enthüllt. Aber heute gibt es viele Stechmücken, das bedeutet Regen, und niemand will sich von Rauch und Feuer entfernen, so hebt also

---

* Charles Baudelaire, „La Muse Malade“, in *Les fleurs du mal*. (Du arme Muse, was ist Dir geschehen? / Im hohlen Blick les' ich die nächt'gen Qualen, / Und muß den Wahnsinn und den Schreck, den fahlen / Im stummen, angstgequälten Antlitz sehn.)

mein anderes Ich zu einer Sitzung an, die verspricht, wie der Dialog zwischen der EZLN und der Regierung zu werden: „Ich kritisiere mich selbst, daß ich Holz holen gegangen bin, als eigentlich der Sub dran war, und damit seine Unverschämtheit und seine Albernheiten fördere, die er mit seinen Geschichten mit Käfern und fahrenden Rittern treibt." Ich bleibe unerschütterlich und antworte mit einem versöhnlichen: „Ich kritisiere mich selbst, daß ich immer die Sachen aufhebe, die mein anderes Ich rumliegen läßt, und auf diese Weise seine Unordnung, Nachlässigkeit und sein Chaos fördere." Camilo betreibt weder Kritik noch Selbstkritik, sondern er vergnügt sich darüber, wie mein anderes Ich und meine Wenigkeit Kritiken austauschen, die als Selbstkritiken maskiert sind. Wir hätten die ganze Nacht damit verbracht, wenn es nicht angefangen hätte zu regnen. Das Holz wird feucht, das Feuer geht aus ...

Die Ernennung des Zellensekretärs wurde verschoben, da Durito, das heißt, der kleine Papagei, anführte, daß zuvor die Wahllisten auf den neuesten Stand gebracht werden müßten.

P.S., das erklärt: Ich bestätige hiermit den Empfang eines Schreibheftes (das angeblich im April abgeschickt wurde), dessen Deckblatt eine Reproduktion des Ölgemäldes von Pablo Picasso mit dem Titel *Frau mit gelbem Haar* ziert. Auf der ersten Seite steht: „Für Sonette und anderes. Paß gut auf Dich auf." Ich weihte das Heft mit folgendem ein: „Wenn ich Sonette schreiben könnte, hätte ich mich nicht bewaffnet erhoben, und wenn ich gut auf mich aufpassen würde, wäre ich nicht hier. Gezeichnet: der Sub", und ich benutzte das Heft „für anderes".

Salud, und wenn die Augen glänzen, was kann es dann ausmachen, wenn die Nacht uns erstickt?

Der Sub, der die Kuchenkerzen ausbläst, nur um zu zeigen, daß er noch pusten kann ... (Durito meint, es gälte nicht, die Kerzen mit Niesen auszublasen. Ich sage ihm, was nicht gilt, sind Schlammkuchen, um dem Innenministäärium Wasser auf die Mühlen zu gießen.)

DER NEOLIBERALISMUS, CHAOTISCHE THEORIE DES WIRTSCHAFTLICHEN CHAOS

Damen und Herren,
es schreibt Ihnen Durito, denn der Sup ist gerade nicht da. Er ist auf den höchsten Berg gestiegen und betrachtet den Horizont. Er hofft, daß die Geschenke zu seinem Geburtstag so zahlreich sein mögen, daß sie „die größte aller Karawanen" benötigen, um die Berge des mexikanischen Südostens zu erreichen. Er behauptet, die lange Reihe der Lastwagen könne man bereits von weitem erkennen. Der Arme! Er weiß nicht, daß allen bekannt ist, daß sein Geburtstag am 30. Februar ist.
Nun gut, anbei übersende ich Ihnen die Kommuniqués und ein Postskriptum, was hier herumlag.
Nun können wir endlich in Ruhe aufatmen! Die Regierung hat bereits erklärt, daß wir in zwei Jahren seeehr glücklich sein werden. Jetzt muß sich nur noch zeigen, wer die 730 Tage durchhält, die uns vom Paradies trennen.
Gehaben Sie sich also wohl. Salud, und hoffentlich wird Mejía Barón nicht in das Regierungsteam für den Dialog in San Andrés aufgenommen.

Aus den Bergen des mexikanischen Südostens
Don Durito de La Lacandona

P.S., das den Weizen grüßt, der als Fahne im Wind eines beliebigen Tagesanbruches flattert.
Im Westen läßt sich der Mond zwischen die gespreizten Beine zweier Hügel fallen und stützt seine Wangen auf den Schritt, wo der Fluß sein Geschlecht schwingt und schlängelndes Rauschen vertropft. Einige erregte Wolken reiben ihre Feuchtigkeit an den Bäumen. Im Osten Blitz und Donner, der Warnruf der Grillen eskaliert, und nur noch wenige Sterne werden von dem

Gewitter überrascht werden, das sich im Süden ankündigt. Das wachsame Flugzeug schnurrt drohend und entfernt sich.

Eine weitere Morgendämmerung des Wartens und des Tabaks. Alles ist ruhig. Eine hervorragende Gelegenheit für einen (wie üblich) unaufgeforderten Auftritt von ...

Durito VI!
(Der Neoliberalismus: Das katastrophale
politische Management der Katastrophe)

Ein Glühwürmchen erglimmt auf Duritos Schulter. Ein Stoß von Zeitungsausschnitten dient meinem Herrn, dem berühmten Don Durito de La Lacandona, dem höchsten Vertreter des edelsten Berufes, den jemals ein Mensch ausgeübt hat – das fahrende Rittertum –, als Bett-Stuhl-Schreibtisch-Büro. Zwischen Rauch und Pfeife beobachte und betreue ich den letzten und größten Weltverbesserer, den ruhmreichen Ritter, dessen Sicherheit ich hüte und für den ich wach und bereit stehe, falls ... Uaaahh.

„Schon wieder am Gähnen, Spitzbube!" Die Stimme Duritos unterbricht ein Augenblinzeln, das ihm zufolge Stunden gedauert hat.

„Ich habe nicht geschlafen", verteidige ich mich. „Ich habe nachgedacht." Ich schaue auf die Uhr und stelle fest, daß ... „Es ist drei Uhr morgens! Durito, könnten wir uns denn nicht schlafen legen?"

„Schlafen. Ihr denkt nur ans Schlafen! Wie könnt Ihr danach trachten, die höchste Stufe des fahrenden Rittertums zu erreichen, wenn Ihr die besten Stunden mit Schlafen verbringt."

„Zur Zeit trachte ich eigentlich nur nach Schlaf", sage ich, während ich gähne und es mir wieder auf dem Rucksack bequem mache, der mir als Kopfkissen dient.

„Ihr könnt das machen. Solange Apollo nicht das Kleid der Nacht mit seinen goldenen Klingen öffnet, werde ich mich den Gedanken an die erhabenste und ehrwürdigste Dame hingeben, die jemals ein Ritter zu seinem Banner und Sehnen erwählt hat, die einzige, die beste, die unvergleichliche, die ... Hört Ihr mir eigentlich zu", höre ich Durito schreien.

„Hmmfg", antworte ich im Wissen, daß ich nicht die Augen aufmachen muß, um zu erkennen, daß Durito auf dem Zeitungsstapel steht, Excalibur in der Rechten und die Linke auf der Brust und die andere Rechte auf der Hüfte und die andere die Rüstung in Ordnung bringend und die andere ... Ich weiß nicht mehr, wie viele Arme Durito hat, aber es sind mehr als genug für die Gesten, die er benötigt.

„Und welcher Kummer raubt Euch den Schlaf, mein fauler Schildknappe?" fragt Durito deutlich bemüht, mich wachzuhalten.

„Mir? Nichts außer deinen Vorträgen und nächtlichen Studien ... Womit hast du dich eigentlich beschäftigt?"

„Mit dem Regierungskabinett", erklärt Durito, während er sich wieder seinen Papieren zuwendet.

„Mit dem Regierungskabinett?" frage ich überrascht und mache das, was ich eigentlich nicht wollte, das heißt, ich öffne die Augen.

„Klar. Ich habe entdeckt, warum die Kabinettsmitglieder sich gegenseitig widersprechen, jeder sein eigenes Süppchen kocht und anscheinend vergißt, daß der Chef ..."

„... Zedillo ist", sage ich mit sinkendem Interesse an der Unterhaltung.

„Irrtum. Es ist nicht Zedillo", erklärt Durito befriedigt.

„Nein?" frage ich, während ich gleichzeitig das Transistorradio in meinem Rucksack suche, um die Nachrichten zu hören. „Ist er zurückgetreten? Haben sie ihn abgesetzt?"

„Negativ", antwortet Durito vergnügt über meine plötzliche Geschäftigkeit. „Er ist immer noch dort, wo wir ihn gestern verlassen haben."

„Also was?" frage ich nun vollständig wach geworden.

„Der Chef des Regierungskabinetts ist eine Person, die ich aus Gründen der Bequemlichkeit und Diskretion *Person X* nennen werde."

„*Person X*", frage ich und erinnere mich an die Vorliebe Duritos für Kriminalromane. „Und wie hast du ihn entdeckt?"

„Elementar, mein lieber *Guatson*."

„*Guatson*?" stammele ich, als ich sehe, daß Durito die Cololté-Schale umgedreht hat, die er als Helm benutzt und die jetzt wie eine Rappermütze aussieht (obwohl er darauf besteht, daß es eine Detektivmütze sei). Mit einer winzigen Lupe untersucht Durito seine Papiere. Wenn ich ihn nicht kennen würde, könnte ich fast annehmen, daß es nicht Durito ist, sondern ...

„*Scherloc Cholms* war ein Engländer, der von mir lernte, scheinbar unbedeutende Einzelheiten zusammenzuführen, sie zu einer Hypothese zu vereinen und neue Einzelheiten zu suchen, die sie bestätigten bzw. widerlegen. Es ist eine einfache Deduktionsübung, so wie ich sie mit meinem Schüler *Scherloc Cholms* übte, als wir durch die volkstümlichen Viertel von London zogen und einen draufmachten. Er hätte mehr von mir lernen können, aber er ging mit einem gewissen Conan Doyle weg, der ihm versprach, ihn berühmt zu machen. Danach habe ich nichts mehr von ihm gehört.“

„Er ist berühmt geworden“, antworte ich spöttisch.

„Ist er etwa fahrender Ritter geworden?“ fragt Durito interessiert.

„Negativ, mein lieber *Scherloc*, er wurde zu einer berühmten Romanfigur.“

„Ihr irrt Euch, mein lieber großnäsiger *Guatson*, Ruhm erntet man nur im fahrenden Rittertum.“

„Gut, lassen wir das und kehren wir zum Regierungskabinett und der mysteriösen *Person X* zurück. Was hat es damit auf sich?“

Durito beginnt, Zeitungs- und Zeitschriftenausschnitte durchzugehen.

„Hmm ... Hmm ... Hmmm!“ ruft Durito aus.

„Was? Hast du etwas gefunden?“ frage ich Durito nach dem Grund für sein letztes bewunderndes „Hmmm“.

„Ja ... ein Foto von Jane Fonda in *Barbarella*“, sagt Durito mit verklärtem Blick.

„Jane Fonda?“ frage-ich-stehe-auf-bewege-mich-werde-unruhig.

„Ja, und wie die Natur sie schuf“, erklärt Durito mit einem langanhaltenden Seufzer.

Ein Foto von Jane Fonda, „wie die Natur sie schuf“, weckt jeden auf, der etwas auf sich hält, und ich habe immer etwas auf mich gehalten. So stehe ich also auf und verlange den Zeitungsausschnitt von Durito, der sich weigert, ihn mir zu geben, bis ich geschworen habe, ihm aufmerksam zuzuhören. Ich schwöre es und schwöre es noch einmal, was bleibt mir auch anderes übrig.

„Also gut. Aufgepaßt!" erklärt Durito mit dem gleichen Nachdruck, mit dem er auf seiner Pfeife herumkaut. Er verschränkt eines seiner vielen Händepaare auf dem Rücken und beginnt auf gerader Linie hin- und herzulaufen, während er erklärt:

„Nehmen wir zum Beispiel ein beliebiges Land mit sechs Buchstaben, das sich zufällig unter dem Imperium der Streifen und trüben Sterne befindet. Und wenn ich sage *unter*, meine ich genau *unter*. Nehmen wir an, das Land wird von einer fürchterlichen Plage heimgesucht. Ebola?AIDS? Cholera? Nein! Etwas Tödlicheres und Zerstörerisches ... Der Neoliberalismus! Gut, ich habe dir ja bereits früher von dieser Krankheit berichtet, also werde ich mich hier nicht mit Wiederholungen aufhalten. Nehmen wir jetzt an, daß eine junge Generation von sich im Ausland aufhaltenden *Juniorpolitikern* studiert, wie dieses Land zu *retten* sei, in der einzigen Form, in der sie die Rettung begreifen können, das heißt, über die Geschichte hinwegzugehen und es an den Schwanz des rasenden Zuges der Brutalität und menschlicher Dummheit anzuhängen: an den Kapitalismus. Nehmen wir nun an, daß wir einen Blick in die Notizbücher dieser heimatlosen Schüler werfen können. Was finden wir da? Nichts! Überhaupt nichts! Sind es also schlechte Schüler? Nein, ganz und gar nicht! Es sind gute Studenten mit schneller Auffassungsgabe. Allerdings haben sie nur eine einzige Lektion in jedem ihrer Studienfächer gelernt. Es ist immer dieselbe Lektion: *Tu so, als wüßtest du, was du tust.* Dies sei das Grundaxiom der Politik der Macht im Neoliberalismus, hat ihnen ihr Lehrer gesagt. Sie fragten: Und was ist der Neoliberalismus, *dear teacher*? Der Lehrer antwortet nicht, aber ich kann aus seinem verdutzten Gesicht, seinen geröteten Augen, dem Speichel, der aus seinen Mundwinkeln fließt, und der deutlichen Abnutzung seiner rechten Fußsohle schließen, daß sich der Lehrer nicht traut, seinen Schülern die Wahrheit zu sagen. Und die von mir entdeckte Wahrheit ist, daß der Neoliberalismus die chaotische Theorie des wirtschaftlichen Chaos ist, das stumpfsinnige Loblied auf den sozialen Stumpfsinn und das katastrophale politische Management der Katastrophe."

Ich nutze die Gelegenheit, daß Durito stehenbleibt, um seine Pfeife wieder anzustecken, um ihn zu fragen:

„Und wie schließt du das alles aus dem Gesicht, dem Speichel, den Augen und der Schuhsohle des Lehrers?"

Aber Durito hört mir nicht zu, seine Augen leuchten auf, ich weiß nicht, ob aufgrund des Feuerzeugs oder in Anbetracht dessen, was er nun erklärt:

„Gut. Fahren wir fort. Die genannten Schüler kehren in ihr Land zurück bzw. in das, was von ihm übriggeblieben ist. Sie kommen mit einer messianischen Botschaft, die niemand versteht. Während das Publikum sie entziffert, schnappen sie sich die Beute, das heißt, die Macht. Einmal an der Macht, wenden sie die einzige Lektion an, die sie gelernt haben: *Tu so, als wüßtest du, was du tust*. Um diesen Schein durchzusetzen, stützen sie sich auf die Massenmedien. Sie erreichen hervorragende Simulationsebenen, die so weit gehen, daß sie eine virtuelle Realität aufbauen, in der alles perfekt funktioniert. Aber in der *anderen* Wirklichkeit, in der wirklichen Wirklichkeit ging es so weiter wie zuvor, und es mußte etwas geschehen. So begannen sie also, das zu tun, was ihnen gerade einfiel: heute hier ein bißchen, morgen da. Und dann ..." Durito bleibt stehen, überprüft seine Pfeife und schaut mich schweigend an ...

„Und dann, was?" dränge ich ihn.

„Und dann ... gab es keinen Tabak mehr. Hast du noch welchen?" antwortet er. Ich möchte mich nicht damit aufhalten, ihn darauf hinzuweisen, daß die strategische Reserve zur Neige geht, und werfe ihm den Beutel zu, den ich in der Hand halte. Durito stopft die Pfeife, steckt sie an und fährt fort:

„Nun, dann ließen sie die wirkliche Wirklichkeit einfach außer acht und begannen zu glauben, daß die mit Lüge und Simulation geschaffene virtuelle Wirklichkeit die *wirkliche* Wirklichkeit ist. Aber diese Schizophrenie ist nicht das einzige Problem. Es war nämlich so, daß jeder Schüler seine eigene virtuelle *Wirklichkeit* zu schaffen und ihr gemäß zu leben begann. Deshalb erläßt jeder von ihnen Maßnahmen, die denen des anderen widersprechen."

„Diese Erklärung ist ziemlich ... hmmm ... sagen wir ... gewagt." Durito läßt sich nicht aufhalten und setzt seine Erklärung fort: „Aber es gibt etwas, was dieser Regierungsinkohärenz Kohärenz verleiht. Ich habe alle Kabinettserklärungen gelesen, alle ihre Handlungen und Unterlassungen klassifiziert, ihre jeweilige politische Geschichte miteinander verglichen und sogar ihre scheinbar unbedeutendsten Taten zusammengetragen und bin zu einer wichtigen Schlußfolgerung gelangt ...“

Durito bleibt stehen, holt Luft, um sich wichtig zu machen, und dehnt die Pause aus, damit ich ihn frage: „Und wie lautet die Schlußfolgerung?“

„Elementar, mein lieber *Guatson*! Es gibt ein unsichtbares Element im Kabinett, eine Figur, die, ohne augenscheinlich zu werden, allen Dummheiten des Regierungsteams eine Kohärenz und Systematik verleiht. Ein Chef, dessen Befehlen sich alle unterwerfen. Einschließlich Zedillo. Das heißt, *X*, der wirkliche politische Führer des fraglichen Landes, existiert ...“

„Aber wer ist denn dieser mysteriöse *Herr X*“, frage ich, ohne verbergen zu können, daß ein Zittern meinen Körper erfaßt, als ich denke, daß es ...

„Salinas?“

„Noch schlimmer ...“, sagt Durito, der seine Papiere wegräumt.

„Schlimmer als Salinas? Wer ist er?“

„Negativ. Es ist kein ,Er’, es ist eine ,Sie’“, sagt Durito und zieht an seiner Pfeife.

„Eine ,Sie’?“

„Richtig. Ihr Vorname ist *Schwachsinnige* und ihr Familienname lautet *Improvisation*. Aber aufgepaßt, ich sage *Schwachsinnige Improvisation*. Denn du mußt wissen, daß es auch intelligente Improvisationen gibt, aber das ist hier nicht der Fall. Die *Frau X* ist die schwachsinnige Improvisation des Neoliberalismus in der Politik, der zur politischen Doktrin gewordene Neoliberalismus. Die schwachsinnige Improvisation verwaltet also die Geschicke dieses Landes ... und anderer Länder ... beispielswese die Argentiniens und Perus.“

„Du deutest damit an, daß Menem und Fujimori dasselbe sind wie ...?“

„Ich deute gar nichts an. Ich erkläre es. Man braucht nur die argentinischen und peruanischen Arbeiter zu fragen. Ich war gerade dabei, Jelzin zu analysieren, als mir der Tabak ausging.“

„Jelzin? Aber war nicht das mexikanische Regierungskabinett der Gegenstand deiner Analyse?“

„Nein, nicht nur das mexikanische. Du mußt wissen, mein lieber *Guatson*, daß der Neoliberalismus eine Plage ist, unter der die ganze Menschheit leidet. Wie AIDS. Klar, das politische System Mexikos ist von einem bezaubernden Schwachsinn, dem man schwerlich widerstehen kann. All diese Regierungen, die die Welt entvölkern, haben jedoch etwas gemein: ihr ganzer Erfolg basiert auf einer Lüge, und ihre Basis ist damit so stabil wie die Bank, auf der du sitzt ...“

Ich stehe instinktiv auf und überprüfe die Bank, die wir aus Stämmen und Lianen gebaut haben, und stelle fest, daß sie solide und sicher ist. Etwas beruhigter sage ich zu Durito:

„Aber nehmen wir an, mein lieber *Scherloc*, daß die Übeltäter ihre Lüge für unbestimmte Zeit aufrechterhalten können, daß diese falsche Grundlage solide bleibt und sie weiter Erfolge ernten.“

Durito läßt mich nicht ausreden und unterbricht mich mit einem „Unmöglich! Die Grundlage des Neoliberalismus ist ein Widerspruch: Um sich aufrechtzuerhalten, muß er sich selbst zerfleischen, sich also selbst zerstören. Als Beispiel dafür stehen die politischen Morde, die ,Tritte unter dem Tisch‘, die Widersprüche zwischen den Taten und Erklärungen des gesamten Spektrums öffentlicher Beamter, die Zwiste unter den ,Interessensgruppen‘ und all das, was den Börsenmaklern so viele Sorgen bereitet ...“

„Sorgen bereitet hat ... Ich glaube, sie haben sich bereits daran gewöhnt, denn die Kurse steigen“, sage ich skeptisch.

„Das ist eine Seifenblase. Sie wird bald platzen. Denk daran, was ich dir sage“, erklärt Durito mit einem besserwisserischen Lächeln und fügt hinzu:

„Was das System aufrechterhält, ist das, was zu seinem Zusammenbruch führen wird. Das ist elementar, man braucht nur *Die drei Reiter der Apokalypse* von G. K. Chesterton zu lesen, um dies zu verstehen. Es ist zwar ein Krimi, aber wie man weiß, ahmt die Natur letzten Endes die Kunst nach.“

„Ich habe den Eindruck, daß deine Theorie nichts als ein Hirn ...“ Ich beende den Satz nicht. Als ich mich auf die Bank aus Baumstämmen setze, bricht sie, begleitet vom dumpfen Geräusch meines Gerippes auf dem Boden und dem nicht ganz so dumpfen Fluch, den ich ausstoße, zusammen.

Durito erstickt fast am eigenen Lachen. Als er sich etwas beruhigt hat, erklärt er:

„Du wolltest sagen, daß meine Theorie nichts als ein Hirngespinst ist? Nun, wie du von deiner unteren Ebene aus feststellen kannst, gibt die Natur mir Recht. Die Geschichte und das Volk werden auch ihren Beitrag dazu leisten."

Durito erklärt sein Gespräch für beendet und legt sich auf die Zeitungsausschnitte. Ich versuche nicht einmal aufzustehen. Ich schnappe meinen Rucksack und mache es mir wieder bequem. Wir schauen schweigend zu, wie sich im Osten eine honig- und weizenfarbene Helligkeit zwischen den Schenkeln des Berges ausbreitet.

Wir stoßen einen Seufzer aus, was hätten wir auch sonst tun können ...?

Macht's gut. Salud und daß weder die Geschichte noch das Volk noch lange brauchen.

Der Sup mit einem leichten Schmerz an der Seite.

AN DIE GEWERKSCHAFT DER RUTA-100

An die Gewerkschaft der Ruta-100
SUTAUR-100, Mexiko, D.F.

Brüder und Schwestern:
Ich schreibe Euch im Namen meiner Compañeros des Ejército
Zapatista de Liberación Nacional, um Euch unseren Gruß zu
übermitteln.
Unser Schweigen bezüglich des feigen und hinterlistigen
Schlags gegen SUTAUR-100 war nicht dem Umstand zuzuschreiben, daß wir Euren Kampf geringschätzen, oder den
möglichen politischen Differenzen zwischen uns und Euch. Wir
haben geschwiegen, weil wir dachten, daß unser Wort gegen
Eure ungerecht verhafteten Führer verwendet werden könnte.
Sie wurden beschuldigt, Komplizen der EZLN zu sein, und da
sie in Haft saßen, hätten sie dadurch Schaden erleiden können,
wenn die EZLN öffentlich ihre Verurteilung der Repressions-
maßnahme und ihre bedingungslose Solidarität mit den Arbeitern von Ruta-100 geäußert hätte. So dachten wir damals und
deshalb haben wir geschwiegen. Aber jetzt haben wir erfahren,
daß es seit der feigen Ermordung des Richters Polo Uscanga
eine öffentlich bekannte Tatsache ist, daß die Anklagen gegen
die Führung und die Rechtsberater von SUTAUR-100 nichts als
Lügen sind und daß das wirkliche Ziel der Regierung darin
bestand, die Führung einer Bewegung auszuschalten, deren
Kampfkraft und Aufsässigkeit der Verbrecherbande, die un-
rechtmäßigerweise den Titel „mexikanische Regierung" trägt,
ständige Kopfschmerzen bereitet.
Wir denken, daß es für die öffentliche Meinung klar geworden
ist, daß der Schlag gegen SUTAUR-100 nicht irgendwelchen
Delikten oder Komplizenschaften zuzuschreiben ist, sondern
ihrer Kampftradition, Bestimmtheit und Einheit. Deshalb wa-

gen wir es jetzt, Euch unser Wort und unseren respektvollen Gruß zukommen zu lassen, weil wir denken, daß er jetzt nicht mehr dazu benutzt werden kann, um Euren Führern zu schaden, denn wir denken, daß die Lüge nun nicht mehr die Würde Eurer Bewegung beflecken kann. Das ist unser Wort:

Brüder und Schwestern, der Widerstand, den Ihr leistet, ist nicht nur ein Zeichen für Eure Kampfbereitschaft und Entschlossenheit. Er ist auch ein Zeichen für Eure Kampfintelligenz. Während die oberste Regierung eine unüberlegte Reaktion auf ihren Schlag erwartete, haben die Arbeiter von Ruta-100 einen vielfältigen und phantasievollen Widerstand entwickelt. Die Intelligenz wird stets begrüßt, wo immer sie sich auch befindet, aber sie wird umso mehr geschätzt, wenn sie aus einem Bereich kommt, der sich der kriminellen Politik eines Packs mit Regierungsämtern widersetzt. Wenn dieser Sektor, der intelligenten Widerstand leistet, Teil der mexikanischen Arbeiterbewegung ist, wird dieser Beifall zu Hoffnung.

Eure Bewegung ist aber nicht nur intelligent gewesen, sondern sie hat allen, einschließlich Euren Verleumdern, Eure starke Einheit bewiesen. Weder Drohungen noch Erpressungen, noch Bestechungen könnten Eure Organisation spalten und in interne Auseinandersetzungen treiben, so wie es die Absicht der Regierung war.

Intelligenz, Einheit und Widerstand. Das sind die drei Hauptcharakteristiken Eurer Bewegung und das sind mit Sicherheit die drei Hauptlektionen, die Ihr allen Kräften gegeben habt, die in verschiedenen Orten und auf verschiedene Weise für die Demokratisierung des Landes kämpfen.

Ich glaube nicht, daß ich Euch etwas Neues erzähle, wenn ich dies sage. Ihr selbst seid Euch der Sympathie bewußt geworden, die Ihr im mexikanischen Volk genießt, Ihr wißt selbst, daß es in Eurer Bewegung, wie einer Eurer Führer treffend bemerkte, nicht nur um die Verteidigung von Arbeitsplätzen geht, sondern daß sie ein Beispiel dafür ist, daß die Würde nicht straflos geschlagen wird, daß es die Würde auch in den Städten gibt, daß sie in den Arbeitern lebt und sich heute in Gestalt der Arbeiter von Ruta-100 widersetzt. Wir wollen Euch hiermit sagen, daß die Bewunderung und Sympathie, die Ihr unter der städtischen Bevölkerung genießt, auch von uns Zapatisten geteilt wird.

Die ungerechte Verhaftung Eurer Berater und Führer ist zwar ein harter Schlag gewesen. Aber sie haben sich nicht ergeben, Ihr leistet Widerstand und vor allem steht Eure Unabhängigkeit und Eure konsequente Haltung außerhalb jeglichen Zweifels. Es ist leider in Mexiko so, daß die Aufrichtigkeit eines linken Führers oder einer linken Bewegung erst dann anerkannt wird, wenn die Leute im Gefängnis ... oder tot sind.

Die Dummheit des Feindes hat Euch stärker werden lassen. Die Regierung dachte, sie könnte Euch vernichten, indem sie Schläge gegen Euch austeilt. Dem war aber nicht so, Ihr seid dadurch stärker geworden, und sie erreichte, daß andere kampfbereite Bereiche, die Euch zuvor mit Argwohn gegenüberstanden, nun Eurer Bewegung, Eurer Bestimmtheit und Eurem Widerstand Respekt zollen.

Die Regierung, unser Feind, ist dumm und feige, aber auch heimtückisch. Ihre Dummheit treibt sie zu absurden und sinnlosen Handlungen, und dazu gehört auch das Verbrechen. Wir haben gelernt, von der Regierung nichts Gutes zu erwarten. Sie hat uns nichts anderes anzubieten als Betrug und Tod. Traut ihnen nicht, Brüder und Schwestern. Alles, was wir haben werden, wird von uns selbst kommen, von denen, die uns gleich sind, von den Elenden, von denen, die nichts haben, die nicht zählen, die keine Stimme haben, die kein Gesicht haben, die nicht genannt werden. Aber wie sie gestern eine Stimme im Wort der Zapatisten fanden, sprechen sie heute im Aufruf der Arbeiter von Ruta-100. Und morgen wird eine große Bewegung aller Schweigenden rufen, wird sie das Gesicht aller Gesichtslosen haben und von allen Unnennbaren genannt werden.

Wie auch immer Eure Bewegung ausgehen wird, heute stellt Ihr das Beste der mexikanischen Arbeiterklasse dar, repräsentiert Ihr die Würde aller Arbeiter aus der Stadt, repräsentiert Ihr die Hoffnung, daß diese große revolutionäre Kraft, die die Kraft der Arbeiter darstellt, alle Mexikaner aus dieser langen Nacht erwecken wird, in die sie die Hochmut des Geldes, die Korruption der falschen Arbeitervertreter und das verbrecherische Handeln der Regierung gestürzt hat.

Salud, Brüder und Schwestern Arbeiter von Ruta-100. Es ist

wenig, was wir Euch in unserer Armut geben können, aber wir geben es Euch mit Bewunderung und Respekt.

Ergebt Euch nicht, macht weiter. Auch wenn unsere Stimme keinen Raum in Eurem Aufruf hat und das Schweigen die Unterstützung ist, die Ihr uns gebt, steht unser Herz Eurem Herzen bei. Und das Herz ist das, was trotz allem am meisten zählt.

Vorwärts, Brüder und Schwestern. Daß Euer Widerstand und Schmerz über diese schwierige Zeit auch zum Teil der Kraft wird, die dieses Land endlich zum Morgengrauen zwingt.

Macht's gut. Salud und daß die Arbeiterwürde das Wort ergreift ... um nie mehr zu verstummen.

Aus den Bergen des mexikanischen Südostens
Subcomandante Insurgente Marcos

MEXIKO:
DER MOND ZWISCHEN DEN SPIEGELN DER
NACHT UND DEM KRISTALL DES TAGES

> „Als Kristall möchte ich dich,
> als Spiegel niemals."
> Pedro Salinas

Mai 1985. Tagesanbruch. Der Mond zeigt sich im Spiegel der Lagune und diese zerknittert ihm eifersüchtig mit ihren Wellen das Gesicht. Auf halber Strecke zwischen beiden Ufern fahren wir mit einem Kajak, das dieselbe Standfestigkeit hat wie mein Entschluß, den See zu überqueren. Der alte Antonio hat mich eingeladen, sein Kajak auszuprobieren. 28 Nächte lang, von Neumond zu Neumond, hat der alte Antonio mit der Schneide der Machete und der Axt einen langen Zedernstamm bearbeitet. Sieben Meter Länge mißt das Boot. Der alte Antonio erklärt mir, daß man die Kajaks aus den Stämmen der Zeder, aus Mahagoni, Huanacastle oder Bariy machen kann, und zeigt mir die verschiedenen Bäume, die er aufzählt. Der alte Antonio beginnt, mir den einen oder anderen zu zeigen, aber mir gelingt es nicht, den Unterschied zwischen ihnen wahrzunehmen; für mich sind das alles große Bäume. Aber dies war am Tag; jetzt fahren wir bei Tagesanbruch, wie es Gesetz ist, mit diesem Zedernholzboot, das der alte Antonio *Der Unzufriedene* getauft hat. „Zu Ehren des Mondes", sagt der alte Antonio, während er mit einem langen, dünnen Pfahl rudert. Wir sind bereits in der Mitte der Lagune. Der Wind kämmt dem Wasser ein paar Wellenlocken und das Kanu geht auf und ab. Der alte Antonio beschließt, daß wir warten müssen, bis der Wind nachläßt und das Anlegen am Ufer ermöglicht. „Eine dieser Wellen könnte uns das Kajak umkippen", sagt er, während er mit einer Zigarette Rauchspiralen formt, wie der Wind die Wellen. Der

Mond ist voll und in seinem Licht kann man die großen Inseln erkennen, die die Lagune von Miramar durchsetzen. Durch eine Rauchspirale hindurch erzählt der alte Antonio eine alte Geschichte. Ich bin eher besorgt über einen Schiffbruch, den ich drohen sehe (ich habe mich noch nicht zwischen der Seekrankheit und dem Schrecken entschieden), so daß ich weder für Erzählungen noch für Geschichten zu haben bin. Dies beunruhigt den alten Antonio offensichtlich nicht, denn, zurückgelehnt im Heck des Kajaks, fängt er ohne zu zögern an, mir zu erzählen...

Die Geschichte der Spiegel

Es erzählen die Ältesten der Alten, daß der Mond hier im Urwald geboren wurde. Sie erzählen, daß vor langer Zeit die Götter eingeschlafen waren, müde von all dem Spielen und dem vielen Tun. Ein wenig Stille war in der Welt. Alles schwieg. Jedoch begann ein leises Weinen dort in den Bergen zu ertönen. Es erwies sich, daß die Götter mitten in den Bergen eine Lagune vergessen hatten. Als sie die Dinge der Erde aufteilten, blieb ihnen diese kleine Lagune übrig und da sie nicht wußten, wo sie sie hintun sollten, ließen sie sie dort liegen, inmitten einiger Berge, die so hoch waren, daß niemand dort hinkam. So weinte diese kleine Lagune, weil sie alleine war. Und wie sie so am Heulen war, wurde der Mutter Ceiba, der Trägerin der Welt, ganz traurig ums Herz. Sie raffte ihren weißen Unterrock zusammen und ging zu dem Ort, wo die Lagune war.
„Was ist denn mit dir los?" fragte Ceiba die Aufgeregte, die bereits einem Dörrobst ähnelte, wegen ihrem vielen Geheule.
„Ich möchte nicht alleine sein", weinte die kleine Lagune.
„Gut, ich werde bei dir bleiben", sagte Ceiba, die Trägerin der Welt.
„Ich möchte nicht hier sein", jammerte die kleine Lagune.
„Gut, ich werde dich mitnehmen", sagte Ceiba.
„Ich möchte nicht hier unten sein, an die Erde angeklebt. Ich möchte hoch oben sein. Wie du", sagte die kleine Lagune.
„Gut, ich werde dich auf meinen Kopf heben. Aber nur für eine Weile, denn der Wind ist tückisch und könnte dich zu Boden werfen", sagte Ceiba.

So gut es ging, raffte Mutter Ceiba ihren Unterrock und bückte sich, um die kleine Lagune in ihre Arme zu nehmen. Vorsichtig, denn sie war die Mutter, die Trägerin der Welt, setzte Ceiba die kleine Lagune auf ihren Haarschopf. Langsam richtete sich Mutter Ceiba auf und gab gut acht, daß sie auch nicht einen Tropfen Wasser der kleinen Lagune verschüttete, denn Mutter Ceiba sah, wie schwach die kleine Lagune doch war.

Als die kleine Lagune oben war, rief sie aus: „Hier oben ist es sehr lustig. Laß mich die Welt kennenlernen! Ich möchte alles sehen!"

„Die Welt ist sehr groß, mein Kind, und von dort oben könntest du herunterfallen", sagte Ceiba.

„Das macht nichts! Führe mich herum!" beharrte die kleine Lagune und begann so zu tun, als ob sie weinte.

Mutter Ceiba wollte nicht, daß die kleine Lagune weinte, und so fing sie an zu wandern, immer geradeaus, mit ihr auf dem Kopf. Seitdem haben die Frauen gelernt, mit dem Krug voll Wasser auf dem Kopf zu gehen, ohne daß sie einen Tropfen vergeuden. Wie Mutter Ceiba gehen die Frauen aus dem Urwald, wenn sie das Wasser vom Bach herbringen. Die Schultern aufrecht, den Kopf nach oben und ein Schritt wie Wolken im Sommer. So geht die Frau, wenn sie das Wasser auf dem Kopf trägt, das guttut.

Mutter Ceiba war gut zu Fuß, denn zu jener Zeit standen die Bäume nicht still, sondern sie gingen von einem Ort zum anderen, machten Kinder und füllten die Welt mit Bäumen. Jedoch ging auch der Wind dort herum und pfiff aus Langeweile. Und dann sah er Mutter Ceiba und wollte ihr aus Spaß mit einem Handschlag den Unterrock lüften. Aber Ceiba wurde böse und sagte:

„Sei still, Wind! Siehst du nicht, daß ich auf meinem Kopf eine heulende und launische Lagune habe?" Von da an betrachtete der Wind die kleine Lagune, die sich dort oben zeigte, auf dem lockigen Haarschopf von Ceiba. Der Wind betrachtete die schöne Lagune und dachte daran, ihr den Hof zu machen.

Und der Wind säuselte sich hoch bis zum Kopf von Ceiba und begann, der kleinen Lagune schöne Worte ins Ohr zu flüstern. Die Lagune ließ sich locken und sagte zum Wind: „Wenn du

mich durch die Welt spazierenführst, dann komme ich mit dir!"
Der Wind ließ sich das nicht zweimal sagen. Er machte sich ein
Pferd aus Wolken und nahm die kleine Lagune auf das Hin-
terteil, so schnell, daß Mutter Ceiba gar nicht bemerkte, daß
man ihr die Lagune vom Kopf genommen hatte.
Eine ganze Weile ging die kleine Lagune mit dem Wind
spazieren. Wie schön sie sei, sagte der Wind zur kleinen Lagune. Wie keß die Gerissene sei, da man seinen Durst nicht mit
dem Wasser stillen könne, das die kleine Lagune berge, und daß
man unausweichlich in ihr versinken müsse, und viele Dinge
sagte ihr der Wind, um die kleine Lagune davon zu überzeugen, in einem Winkel des Tagesanbruchs Liebe zu machen. Und
sie glaubte alles, was der Wind zu ihr sagte. Und jedesmal,
wenn sie über eine Pfütze oder über einen See flogen, war die
kleine Lagune dabei, ihr Spiegelbild zu betrachten, und sie
machte ihr feuchtes Haar zurecht und öffnete halb ihre flüssi-
gen Augen und mit ihren Wellen machte sie verführerische
Gesten in ihrem runden Gesicht.
Aber die kleine Lagune wollte nur von einem Ort zum andern
gebracht werden und dachte nicht daran, in einem Winkel des
Tagesanbruchs Liebe zu machen. Und als es dem Wind lästig
wurde, der sie gerade sehr hoch hinaufgetragen hatte, gab er ein
Wiehern von sich und versetzte der kleinen Lagune einen
Schubs, und sie fiel und da sie sehr weit oben war, fiel sie sehr
lange, und sicherlich hätte es einen schönen Knall gegeben,
wenn nicht ein paar Sterne beobachtet hätten, wie sie fiel, und
sie mit ihren Zacken aufgefangen hätten. Sieben Sterne pack-
ten sie an den Seiten, wie ein Bettlaken, und hoben sie wieder
hoch in den Himmel. Ganz bleich war die kleine Lagune vor
Angst, die sie bekommen hatte, als sie fiel. Und da sie nicht auf
die Erde herunter wollte, bat sie die Sterne, bei ihnen bleiben
zu dürfen.
„Gut", sagten die Sterne, „aber du mußt mit uns kommen,
wohin wir gehen."
„Ja", antwortete die kleine Lagune, „ich ziehe mit euch."
Aber die kleine Lagune wurde traurig, da sie immer denselben
Weg gehen mußte, und sie fing wieder zu weinen an. Durch ihr
Geheul wachten die Götter auf und sie schauten nach, was los
war und woher dieses Geweine kam, und sie sahen die kleine

Lagune, gezogen von sieben Sternen, die Nacht durchqueren. Als sie die Geschichte erfuhren, wurden die Götter zornig, denn sie hatten die Lagunen nicht gemacht, damit sie am Himmel umherziehen, sondern damit sie auf der Erde sind. Sie kamen zur kleinen Lagune und sagten: „Du wirst keine Lagune mehr sein. Die Lagunen leben nicht im Himmel. Aber da wir dich nicht herunterholen können, wirst du nun hier bleiben. Du wirst dich jetzt Mond nennen, weil du eitel und eingebildet bist, wird es deine Strafe sein, immer das Loch widerzuspiegeln, wo in der Erde das Licht aufbewahrt wird."

Denn die Götter haben das Licht in der Erde aufbewahrt und haben ein großes, rundes Loch gemacht, damit die Sterne dort trinken können, wenn ihnen das Licht und die Seele erlöschen. Also hat der Mond kein Licht, sondern er ist nur ein Spiegel, der, wenn er als Vollmond erscheint, das große Lichtloch reflektiert. Spiegel des Lichtes, das ist der Mond. Deshalb, wenn der Mond über einer Lagune spazierengeht, betrachtet sich der Spiegel im Spiegel. Und was er auch will, der Mond ist weder zufrieden noch zornig, er ist der Unzufriedene ...

Auch Mutter Ceiba wurde von den Göttern bestraft, als Mitwisserin. Sie verboten ihr das Umherwandern und außerdem gaben sie ihr eine doppelt so dicke Haut, damit sie kein Mitleid mehr verspürte, wenn sie jemanden weinen hörte. Seit dieser Zeit steht Mutter Ceiba aufrecht, ohne sich zu bewegen, mit einer Haut wie Stein. Wenn sie ein wenig umhergeht, fällt die Welt um.

„So geschah es", sagt der alte Antonio. Seit dieser Zeit reflektiert der Mond das Licht, das im Innern der Erde aufbewahrt wird. Deshalb bleibt der Mond stehen, wenn er eine Lagune findet, um sich Haare und Gesicht zurechtzumachen. Deshalb bleiben auch die Frauen immer stehen, wenn sie einen Spiegel sehen, um sich anzuschauen.

Dies war ein Geschenk der Götter; jeder Frau gaben sie ein kleines Stück vom Mond, damit sie sich Haare und Gesicht zurechtmachen kann und damit sie keine Lust bekommt, spazierenzugehen und in den Himmel hinaufzusteigen.

Der alte Antonio ist am Ende angelangt, aber nicht der Wind, und die Wellen bedrohen weiterhin das kleine Boot. Aber ich sage nichts. Und zwar nicht, weil ich über die Worte des alten Antonio nachdenke, sondern weil ich sicher bin, daß ich, wenn ich den Mund aufmache, bis zur Leber auf den Spiegel kotze, in dem der Mond seine Koketterien treibt ...

I. In der Nacht des Grolls und der Uneinigkeit

In Mexiko schminkt sich der Mond manchmal mit einem rötlichen Schimmer. Weder Scham noch Blut, es sind der Mut und der Groll, die das perlmuttfarbene Gesicht ausleuchten. Zurück von seiner langen Reise durch die mexikanische Nacht, beendet der Mond seinen wiederholten Weg der Spiegel und nimmt seinen müden Gang wieder auf. Er hat bereits seinen geröteten Blick ... wegen dem Groll ... und der Uneinigkeit ... Warum? Was hat er gesehen? Schwankend, verdrossen und mit einem dünnen Stimmfaden, der einer Spirale des Maiwindes ähnelt, erzählt der Mond die Geschichte seiner vergangenen Reise. Er erzählt, daß er durch die mexikanische Nacht wanderte, und während er im gigantischen Labyrinth von Spiegeln umhertaumelte, das unsere gegenwärtige Geschichte ist, kam er bis zum ... Subcomandante Marcos.

* * *

ERSTER SPIEGEL
Die Macht als Spiegel und als Bild

Kapitel 1. – Das die absurde Kohärenz des Spiegels im Spiegel zeigt, die der doppelten Verdoppelung des Bildes der Macht und die große Wahrheit, die wir, wie es heißt, glauben müssen: Die Macht ist und sie ist notwendig, angemessen und ewig.

Erste Verdoppelung:

Der Spiegel der Macht spiegelt ein doppeltes Bild wider: was gesagt wird und was gemacht wird. Dieser Spiegel verbirgt nichts. Seine Mittel sind erschöpft, er ist nicht mehr derselbe wie früher. Seine Oberfläche ist oxydiert und befleckt. Er „verkehrt" die Wirklichkeit nicht mehr. Ganz im Gegenteil, er zeigt den Widerspruch. Aber indem er ihn offenkundig macht, kontrolliert er ihn und macht ihn sich zu Diensten. Jetzt ist er nur noch darum bemüht, daß dieses widersprüchliche Bild als „natürlich", „evident", „unbestreitbar" gesehen wird.

Wenn die erste Hälfte der Jahres 1994 voller Überraschungen war und völlig neue Tatsachen schuf, ist der gleiche Zeitraum im Jahr 1995 die Bestätigung dafür, daß der Kurs des Neoliberalismus der Kurs ist, keinen zu haben. Der Widerspruch und die Improvisation bilden das Rückgrat der neuen nationalen Politik und werden zum Regierungsprogramm.

Wo es hieß „Wohlstand für deine Familie"*, wird Verteuerung, Arbeitslosigkeit, Fall der wirschaftlichen Indexe gezeigt.

Wo es hieß „Frieden mit politischer Verhandlung", wird das ganze militärische Spektakel bestehend aus Panzerwagen, Flugzeugen, Hubschraubern, Tausenden von Soldaten gezeigt.

Wo es hieß „eine durchgreifende politische Reform", wird die Unterstützung für die aufgezwungenen Gouverneure gezeigt. Es sind „Demokratien", die mit der Rückendeckung einer Armee aufrechterhalten werden, die immer mehr zu einer Besatzungsarmee ... auf eigenem Boden wird.

Wo es hieß „Verteidigung der nationalen Souveränität", werden die Etiketten mit den Verkaufspreisen der Reichtümer des Landes gezeigt.

Wo es hieß „immer die Wahrheit sagen", wird eine Manipulation vor allem der elektronischen Kommunikationsmedien gezeigt, wobei die Lügen so plump sind, daß sie überraschen und Gelächter anstelle von Empörung hervorrufen.

Wo es hieß „Er weiß, wie es gemacht wird!", werden die Satzeichen geändert und es wird deklamiert „Er weiß, wie es gemacht wird?"

Der Spiegel der Macht erklärt: „Ich oder der Faschismus", und Repression, Verfolgung und Staatsterrorismus nehmen zu. „Ich oder die Anarchie", und Politik und Wirtschaft schleudern ziel- und richtungslos hin und her. „Ich oder das Chaos", und die Staatsdiener widersprechen sich in Wort und Tat. „Ich oder die Ungewißheit", und die einzige Gewißheit besteht darin, daß die Zukunft eine unbekannte Größe ist, die nichts als Angst macht.

---

* Zedillos Slogan als Präsidentschafts*kandidat*.

Zweite Verdoppelung:

Das Bild, das der Spiegel der Macht anbietet, ist doppelt: Einerseits ist es ein nach innen gerichtetes Bild, ein Bild, das die Macht sich selbst gibt. Der Hochmut bescheinigt sich seine eigene Herrlichkeit. Sein Bild wirft ihm die Worte zurück:

„Wir sind dieselben, die Immerwährenden. Wir sind zwar weniger geworden, aber dafür auch reicher. Die Ungewißheit über die Zukunft ersetzen wir durch eine ausreichende Dosis Vergangenheit. Das Gestern kann zum Heute werden, wir brauchen dafür nur eine bescheidene Dollarinvestition und eine angemessene Werbekampagne."

Für die Macht ist die Gegenwart ein Spiegel, der zurückblickt und sich dadurch stärkt. Nach vorne blickt er lieber nicht, der Abgrund bereitet ihm Schwindel.
Aber die Macht ist auch ein Bild nach außen, ein Bild, das die Macht dem externen Konsum, das heißt international, anbietet. Und das Bild, das dem Volk Mexikos angeboten wird? Schließlich ist es die Regierung von Mexiko. Nein? Keine Sorge, dieses Bild gelangt ... über ausländische Kommunikationsmedien ins Land! Die Berichte über die Wirtschaftslage, über die Regierungspläne, über die Innenpolitik, über die anstehenden Ermordungen, all dies erreicht das mexikanische Volk über ausländische Nachrichtenagenturen. Um zu erfahren, wie die Wirtschaft läuft, soll der gewöhnliche Mexikaner seinen Blick nicht auf seine Lohntüte, seine Kaufkraft, seine finanzielle Sicherheit, die Sicherheit seines Arbeitsplatzes oder auf seinen Lebensstandard heften. Stattdessen soll er sich an die Erklärungen von Beamten ... aus anderen Ländern oder von internationalen Organen halten!
Die Macht, oder besser, der zur Macht gewordene Neoliberalismus in Mexiko kämpft nicht mehr darum, sich vor seinen Regierten zu legitimieren. Der Spiegel setzt nun einen neuen Trick ein. Es geht nicht darum, das Bild der Unrechtmäßigkeit „umzukehren" und es in Legitimität zu „verwandeln". Heute muß ein neues Bild über das der Unrechtmäßigkeit gelegt werden, ein Bild, das das Original auslöscht oder in den

Hintergrund drückt. Ein Bild, das sich *Gesetzmäßigkeit* nennt. Aus der Unfähigkeit, seine Legitimität zu gewinnen, aus der Unfähigkeit, für sie zu kämpfen, kleidet sich die Macht in den Deckmantel der „Gesetzmäßigkeit". Mit dem rechtlichen Mantel kann man alles machen ... sogar das Gesetz brechen. So arbeitet heute der Spiegel der Macht mit einem gesetzlichen, aber unrechtmäßigen Bild.

Der gewöhnliche Bürger in Mexiko sollte nicht erwarten, daß die Regierung, die er „vermeintlich" gewählt hat, ihn vertritt und auf sein Wohl bedacht ist. Es muß sich stattdessen mit einer Regierung begnügen, die das-Gesetz-vertritt-das-die-Regierung-vertritt-die-das-Gesetz-vertritt, und so bis ins Unendliche weiter in diesen Spiegelbildern eines Spiegels im Spiegel. Das ist die Macht: ein tautologischer Spiegel. In seinem Bild, im Spiegelbild seiner selbst, erklärt die Macht:

„Ich bin, denn ich bin notwendig,
ich bin notwendig, denn ich bin,
deshalb:
bin ich und bin notwendig."

Wie das Bild, das sie von sich selbst empfängt, für ihre Befriedigung ausreicht, ist die Macht „selbstgenügsam" und wieder der ewige Spiegel im Spiegel.

Einschub: Die Details im Bild des Spiegels (Die Machtwechsel:
Wechsel der Brechungswinkel, aber derselbe Spiegel)
Zwischen Populismus und Neoliberalismus, zwischen Dinosauriern und Technokraten, zwischen PRI und PAN spielt die Macht darum, ihren besten Brechungswinkel zu finden, den attraktivsten, wirksamsten. Das System ist nicht stärker oder schwächer als gestern. Es hält an seinem Widerspruch fest und bereitet seine Mutation vor, um gleich zu bleiben und dieselbe Wirkung zu produzieren: der Macht die Reproduktion seines Bildes sicherzustellen. Die Rechte ist immer Teil des Spiegels gewesen. Sie strebt schlichtweg deshalb nicht danach, über den Weg der Legitimität an die Macht zu kommen, da sie bereits Teil der Macht ist.

Aber die Macht hat entdeckt, daß die Bilder vor lauter Spiegelungen schwächer werden, Schaden erleiden, sich verschleißen und das Publikum zu reizen beginnen. Sie verlieren ihre Wirksamkeit, und sie werden nutzlos ... und kriminell.

Eine neue Figur (die kein neues Bild ist, sondern nur eines der Details, die in den Vordergrund getreten sind) ist notwendig: Der Machtwechsel, den sie vorschlagen, ist in Wirklichkeit der Wechsel der Bilder im selben Spiegel, der Austausch zwischen den Details im Vorder- und Hintergrund desselben Bildes, desselben Spiegels, der Macht ...

Die Salinisten von gestern sind die Panisten von heute, die Dinosaurier von gestern sind die Technokraten von heute, Eidechsen mit postuniversitären Studien im Ausland.

Der Wechsel des Brechungswinkels wird nicht etwa für das Jahr 2000 vorbereitet. Innerhalb der Macht ist es ein offenes Geheimnis, daß das gegenwärtige Bild schwerlich bis ans Ende des Jahrhunderts durchgehalten wird. Was verfällt, ist das Bild. Der Spiegel, das heißt die Macht, ist ewig ...

*

Angeekelt und voller Angst, wie jemand, der aus einem Alptraum erwacht, von dem er weiß, daß er wiederkehrt, schüttelt der Mond seinen blassen Schleier ab. Mit Ringen unter den Augen und abgemagert, macht er eine Geste der Enttäuschung, als er erzählt, daß er von einem Bild auf das andere abprallte, daß es ihm, der er selbst Spiegel ist, plötzlich gelang, sich zu sehen im ...

ZWEITEN SPIEGEL

Kapitel 2. – Das erzählt, daß es so viele Wahrheiten gibt wie Kräfte der Opposition, wie die Macht mit ihrem Marketing-Zynismus alle verseucht, die sich ihr widersetzen, und von anderen deformierten Bildern in Spiegeln idem.

Im zweiten Spiegel lebt die Opposition. In Mexiko ist es sehr einfach, zur Opposition zu gehören: es reicht, nicht zur PRI zu gehören. Aber es gibt Oppositionen und Oppositionen. Noch vor zwei Jahrzehnten war das Bild des legalen politischen Spektrums in Mexiko ziemlich einfach: Im Zentrum befand sich die PRI, rechts davon die PAN und links davon wieder die PRI und manchmal die PPS. Die PARM machte nur in einigen Orten einen auf Partei. Auf der extremen Linken befand sich die gesamte Opposition, die in der Illegalität gehalten wurde.

Mehr oder weniger eine Dekade später nahmen verschiedene Organisationen der Linken am legalen Kampf um die politische Macht teil. Den Ort auf der Linken der politischen Geometrie Mexikos machten sich verschiedene Parteien streitig. In der Mitte stand weiterhin unerschütterlich die PRI. In der Mitte konnte sich die PRI zu einer Partei der Rechten oder Linken machen, je nachdem, wie es dem Spiegel paßte. Aber, siehe da, dann kam die Krise, und die Krise des Systems ist auch die Krise der politischen Parteien. Und für interne Krisen gibt es nichts Besseres als die PRI, die sich am Vorabend der Präsidentschaftswahlen von 1988 spaltete. Acción Nacional fand in dem charismatischen *Maquío* den Führer, der ihr gefehlt hatte. Die zersplitterte legale Linke entdeckte, daß ihr eine interne Allianz vielleicht nicht schlecht bekommen würde. So entsteht eine breite Front um einen Mann herum, der den Familiennamen Cárdenas trägt, mit Vornamen Cuauthémoc heißt und ein mürrisches Gesicht hat. Die Unzufriedenheit aus den verschiedensten sozialen Schichten bricht hervor und wird in die Bahnen des Neocardenismus geleitet. Das soziale Unbehagen wird zu Wahlstimmen, und erstmals wird die PRI an den Präsidentschaftswahlurnen durch eine Kraft der Opposition besiegt. Eine Sache ist: verlieren, und etwas ganz anderes ist: die Macht abzugeben. Der Betrug schafft kybernetische Wundertaten und die PRI gewinnt vor dem Gesetz und verliert an Legitimität. Die Proteste nach den Wahlen nehmen in dem Maße ab, in dem die neue Sechsjahresperiode voranschreitet. Der zukünftige Kandidat auf einen Sitz in der Strafanstalt von Almoloya, Carlos Salinas de Gortari, baut um sich herum einen gigantischen Spiegel von Lügen auf. Unterstützung dazu erhält er von den elektronischen Massenmedien, dem reaktionären Klerus, dem Großkapital, der Fahne mit den Streifen und den trüben Sternen. „Das war knapp", sagen sich die an der Macht. „Das darf nicht noch einmal passieren! Laßt uns jetzt schon an den Vorbereitungen für 1994 arbeiten!"

Die Front, die sich um Cárdenas Solórzano gebildet hatte, steckt die ersten Schläge ein und die ewigen Satelliten springen ab. Die breite Oppositionsfront macht den Versuch, eine politische Partei zu werden, und gründet die Partei der Demokratischen Revolution. Ihre Taufe ist ein Bad in ihrem eigenen Blut: gezielte Ermordungen eröffnen das tödliche Konto der salinistischen Kampagne gegen Cuauhtémoc Cárdenas und die PRD.*

Die inmitten dieser Angriffe entstandene PRD scheint manchmal alle Nachteile einer Front und alle Nachteile einer politischen Partei in sich zu vereinigen. Die priistische Vergangenheit eines Teils ihrer Mitglieder wird wieder zum Spiegel in diesem Versuch, eine Alternative zum System der Staatspartei darzustellen. Es kann allerdings nicht bestritten werden, daß es der PRD, auf Kosten des Lebens der ihrigen, gelungen ist, einen wichtigen Raum für die politische Beteiligung der Bürger zuöffnen. Ein Gutteil des kleinen demokratischen Raumes, der heute in Mexiko existiert, ist der PRD zu verdanken.

Die beste Huldigung des oppositionellen Charakters der PRD sind die zahlreichen Angriffe von seiten der Macht. Die Macht fürchtet sie, sie greift sie auf jeder Ebene und ununterbrochen an. Zur Zeit überstürzen sich die großen denkenden Köpfe der Reaktion darin, dieser Partei – die die einzige eingetragene Partei ist, die sich gegenwärtig rühmen kann, eine Partei der Opposition zu sein – mit unterschiedlichen Analysen den Totenschein auszustellen. Was Cárdenas angeht, versucht ihn nicht nur die Macht als einen politisch Toten abzustempeln. Auch seine eigenen Parteimitglieder versuchen, sich seiner zu entledigen, aber vor allem versuchen sie, sich dessen zu entledigen, wofür er steht: für die Unerbittlichkeit gegenüber dem Autoritarismus.

Jetzt ist die PRD im Spiegel der Mode gefangen: der Kampf um die Mitte. Die legale Linke verliert ihre Konturen und versucht, einen Raum zu erobern, den alle für sich beanspruchen. Die Mitte will die PRI, die PAN und auch Manuel Camacho

---

* In den sechs Jahren der Amtszeit Salinas' wurden ca. 300 PRD-Aktivisten ermordet.

Solís. Die Mitte, sagen sie, garantiert einen schmerzlosen Übergang, eine stabile Folge der Regierungsmacht, einen ... „Wechsel ohne Bruch". Bei einem so heiß umkämpften Raum hat die PRD keinerlei Chancen. Allerdings ist der scheinbare Streit zwischen „Dialogisten" und „Unerbittlichen" in Wirklichkeit der Kampf zwischen denen, die bestrebt sind, die politische Mitte zu erobern (und eine Neuauflage der „Wahltriumphe" der Acción Nacional wünschen), und denen, die aus Neigung und ... aus Geschichte die Linke vorziehen.

Und auf der Linken? Nichts Legales, was bemüht wäre, die Leere zu füllen, die die PRD hinterlassen will. Diese Linke gibt es jedoch. Ihre Illegalität (was nicht heißt Klandestinität) macht ihre politische Arbeit und ihren Einfluß in regionalen Bereichen und bei sogenannten aktuellen Themen nicht zunichte.

Sowohl die legale Linke als auch die illegale teilen sich einen anthropophagen Spiegel, einen Spiegel, der alles Nahe verschlingt und der trotzdem an ernsten Verdauungsproblemen leidet: letztendlich bricht er alles wieder hervor, was er verschlungen hat. Jede Linke, die etwas auf sich hält, ist Avantgarde. Das bedeutet, daß es so viele Avantgarden gibt, daß niemand weiß, wo es lang geht, und daß es keine „Kontingente" gibt, die diesen Avantgarden folgen. Der „politische Realismus" und der Zynismus sind weniger Gemeinplätze denn lebensnotwendige Voraussetzungen. Die neue Linke macht die alte Politik, und die Abkürzungen der Gruppen sind nur kleine Spiegel des großen Spiegels der Opposition in Mexiko.

Zersplittert und untereinander zerstritten, hat die linke Opposition die Ehre, sich nicht ergeben zu haben, nach jedem Schlag sich neu zu erheben, weiterzukämpfen (trotz allem und ihr selbst zum Trotz) und weiterhin zu denken, daß die Revolution notwendig ... und möglich ist.

*

Wütend, frustriert entfernt sich der Mond aus dieser Spiegelung. Zwischen den Spiegeln ist ein ferner Schimmer zu erkennen. Als geübter Wolken- und Sturmakrobat hängt sich der Mond mit einer geschickten Pirouette an einen seidenen Faden. Durch festes Ziehen gelangt man bis zum Abbild des

DRITTEN SPIEGELS

*Kapitel 3. – Das vom „Volk" spricht, von „denen ohne Partei",
von der „Zivilgesellschaft", den „Mehrheiten", der „Masse,
die begierig auf eine Avantgarde wartet", von der „Gesellschaft" und von all den Namen, mit denen diejenigen bezeichnet werden, die weder Name, Stimme noch Gesicht haben und
höchstens eine mögliche Wahlstimme sind, ein Ort im Kontingent, ein Schrei auf einer Demonstration, ein Wachtposten, ein
Verbraucher, ein Fernsehzuschauer, ein Radiohörer, ein Leser,
eine Zahl, die auf das eigene Konto verbucht wird ...*

Die Protagonisten der größten Mobilisierungen der letzten
Jahre werden von allen und allem am stärksten geschlagen. Die
Krise und vor allem die „glänzende" Verwaltung der Krise
durch die neoliberalen Technokraten wirkt als eine kuriose
Bewußtwerdungskampagne, die keine revolutionäre Avant-
garde sich jemals erträumt hätte. Die Blödsinnigkeit einer sich
ständig verschlechternden Wirtschaftslage sät in den Köpfen
und Herzen den Wunsch nach Veränderung. Die elektronischen
Massenmedien zeigen eine zunehmende Wirkungslosigkeit: die
Unrechtmäßigkeit der Macht holt sie ein und es gibt keinen
Fernsehzuschauer, der Zabludovski, Ferriz de Con, Alatorre
und ihresgleichen aus dem Radiobereich nicht mit einer gewissen Dosis Skepsis empfängt.
Etwas stinkt dort oben, etwas beginnt zu verfaulen. Und diese
Zersetzung provoziert dramatische Wirkungen im Alltag: die
Selbstmorde nehmen zu. Die Wirtschaftskrise verläßt die Wert-
papierbörse, die großen Bankenzentren und die Sonderseiten in
den wirtschaftlichen Fachzeitschriften. Die Wirtschaftskrise
wird an den Tischen der Mehrheit derjenigen gelebt, die das
„mexikanische Volk" genannt werden. Bei der Kleidung, beim
Essen, beim Leben, auf der Arbeit, beim Lieben und sogar beim
Sterben kassiert die Krise ihre Quote. Es muß bezahlt werden,
und zwar bar.
Die Krise erreicht das, was sich jede Oppositionsfront erträumt:
sie vereint soziale Bereiche und Klassen, die der „Aufschwung"
voneinander getrennt und nicht selten miteinander verfeindet
gehalten hat.

Während der Mai seine Sachen packt, um zu gehen und nicht vor nächstem Jahr wiederzukommen, verliert sich eine Notiz in den Zeitungen:
Defizit von 19,2 Millionen Stellen im Land. 1995 wird es mindestens 1,2 Millionen Arbeitsuchende mehr geben. Diese müssen zu den 6 Millionen Arbeitslosen und 12 Millionen Unterbeschäftigten hinzugezählt werden. Mindestens 622.000 Entlassungen für 1995. Laut der SHCP wurden im ersten Quartal 436.191 Leute entlassen. Laut GEA (Gruppe Vereinigter Wirtschaftswissenschafter) wird das BIP eine negative Wachstumsrate von 4,9 % erreichen. Im laufenden Jahr 1995 werden die Empfänger des Mindestlohns 17,6 % ihrer Kaufkraft einbüßen. (*La Jornada*, 29. Mai 1995)

Aber was die Wirtschaft vereint, trennt die Politik. Am 1. Mai 1995 wird die größte nationale und unabhängige Mobilisierung der letzten Jahrzehnte verzeichnet. Sie ist durch zwei Merkmale charakterisiert: eines ist der Protest gegen die Regierungspolitik, das andere, daß es keine einheitliche politische Leitung gibt. Eine große Mobilisierung, Symptom einer großen Unzufriedenheit. Das Fehlen einer einheitlichen Leitung, Symptom dafür, daß „etwas" fehlt ...
Neue und kreative Formen des „Sprechens" bringt dieses berühmte „Volk von Mexiko" hervor. Das Todesurteil der mexikanischen Hoffnung, das in dem Satz „die Mexikaner halten alles aus" zusammengefaßt wird, wird so in Frage gestellt. Die Hoffnung beginnt stotternd ihre eigenen Worte zu üben, sich eine neue Sprache zu schaffen, einen neuen Spiegel zu schleifen, ein neues Bild ...

*

Der Mond verläßt den dritten Spiegel mit einer hauchdünnen Hoffnung. Der Abschied tut ihm leid. Müde und durch die plötzlich einbrechende Geringschätzung des Morgengrauens vor Kälte erstarrt, bedeckt sich der Mond im Meer des Westens. Er betrachtet sich im Spiegel der Wellen und reinigt sein Gesicht mit Salzwasser. Die Müdigkeit und die Gischt verhindern den Blick aus der Ferne auf den

VIERTEN SPIEGEL

Kapitel 4. – Das über das Meer des Ostens einen Gruß an die Männer und Frauen schickt, die in Europa entdeckt haben, daß sie mit uns ein Leiden teilen: die Krankheit der Hoffnung.

Anweisungen, um den vierten Spiegel zu betrachten:
Nehmen Sie einen beliebigen Spiegel, bringen Sie ihn vor sich an und nehmen Sie eine bequeme Haltung ein. Atmen Sie tief ein. Schließen Sie Augen und wiederholen Sie dreimal:
„Ich bin, was ich bin, ein wenig, was ich sein kann. Der Spiegel zeigt mir, was ich bin, das Glas, was ich sein kann."
Nachdem Sie das gemacht haben, öffnen Sie bitte die Augen und blicken in den Spiegel. Nein, blicken Sie nicht auf Ihr Abbild. Richten Sie Ihren Blick nach unten, nach links. Sind Sie soweit? Gut, schauen Sie aufmerksam hin, und nach einigen Minuten wird ein anderes Bild erscheinen. Ja, das ist ein Marsch: Männer, Frauen, Kinder und Alte, die aus dem Südosten kommen. Ja, es ist eine der Landstraßen, die nach Mexiko-Stadt führen. Sehen Sie, was da auf der linken Seite der Karawane läuft. Wo? Dort unten, auf dem Boden! Ja, dieses Kleine und Schwarze. Was es ist, wollen Sie wissen? Ein Käfer! Nun bitte ich um Ihre Aufmerksamkeit, denn dieser Käfer ist...

Durito IV!
(Der Neoliberalismus und das System der Staatspartei)

Durito wandert über die Landstraßen. Diese Menschen aus Tabasco scheinen nach all diesen Marschtagen und Krankheiten noch nicht müde zu sein. Sie laufen, als hätten sie just an diesem Morgen diesen *Exodus für die Würde und nationale Souveränität* begonnen. Erneut, wie zuvor in der Stimme der Zapatisten, wandert aus dem Südosten Mexikos ein Aufruf an die ganze Nation. Es ist die gleiche Sehnsucht: Demokratie, Freiheit und Gerechtigkeit. Im heroischen Taumel des mexikanischen Südostens deutet die Hoffnung einen Namen an: Tachicam, die Einheit der Sehnsucht nach einer besseren Zukunft. Der Traum von einem Ort, wo das Recht auf Tanzen durch die Verfassung geschützt ist ...

Durito nutzt eine Marschpause und sucht erhitzt Schutz unter einem kleinen Busch. Als er nach einer Weile wieder zu Atem gekommen ist, holt er Papier und Bleistift hervor. Auf einem Stein, der den kleinen Schreibtisch ersetzt, den er im Urwald zurückgelassen hat, schreibt Durito einen Brief. Los! Keine Angst! Beugen Sie sich über die Schulter Duritos und lesen Sie:

Ejército Zapatista de Liberación Nacional, México
Mexiko, Mai 1995

An: Herrn Soundso
Professor und Forscher
Universidad Nacional Autónoma de México (UNAM)
México, D.F.
Von: Don Durito de La Lacandona
Fahrender Ritter, dessen Schildknappe der Sup-Marcos ist.

Mein Herr:
Es mag Ihnen merkwürdig erscheinen, daß ich, ein Käfer, der das edle Handwerk eines fahrenden Ritters ausübt, Ihnen schreibe. Haben Sie keine Angst, und Sie müssen auch keinen Psychoanalytiker aufsuchen, ich werde es Ihnen hurtig und *subito* erklären. Es ist nämlich so, daß Sie dem Sup antrugen, einen Artikel für ein Buch (oder so etwas Ähnliches) über *Den Übergang zur Demokratie* zu schreiben. Das Buch (oder was immer es sein mag) würde von der UNAM verlegt werden (was fast eine Garantie dafür ist, daß niemand es lesen wird, zumal, wenn man die Krise des Verlagsgewerbes und die Erhöhung der Papierkosten berücksichtigt). Die Abmachung war, daß der ungeheuere Betrag von N$ 1.000,00 (Tausend Neue Pesos), den die UNAM für die schriftliche „Mitarbeit" bezahlt, an die FIAT-Arbeiter in Turin in der entsprechenden Menge Dollars oder italienischer Lire ausgezahlt wird. Wir haben erfahren, daß die italienischen Arbeiter der COBAS bereits die genannte Summe als Solidaritätsbeweis der Zapatisten mit der Sache der europäischen Arbeiter erhalten haben. Sie haben Ihre Pflicht getan, die FIAT-Arbeiter auch, und der einzige, der ein schlechtes Bild abgibt, ist der Sup, denn ich erinnere mich ganz deutlich an die Abgabefrist und daran, daß der Sup nichts ge-

schrieben hat. Januar 1995 war ins Land gezogen und der Sup war mit seinen Naivitäten beschäftigt, daß die Regierung zum Dialog bereit wäre, deshalb schrieb er auch im Januar nicht diese Auftragsarbeit. Der Februar des Verrats brachte ihn wieder zur Vernunft und bewirkte, daß er die Beine in die Hand nahm und an meine Seite eilte. Nachdem er sich von der Enttäuschung erholt hatte, erzählte er mir von seiner Verpflichtung bezüglich des Artikels und bat mich, ihm bei dieser ernsten Aufgabe zur Seite zu stehen. Ich, werter Herr, bin ein fahrender Ritter, und wir fahrenden Ritter können nicht umhin, den Bedürftigen zu helfen, wie großnäsig und delinquent der fragliche Schutzlose auch sein mag. So akzeptierte ich also gutwillig, die mir angetragene Hilfe zu gewähren, und deshalb schreibe ich Ihnen und nicht der Sup. Sie werden sich natürlich fragen, warum ich Ihnen erst im Mai schreibe, wo ich diesen Auftrag doch im Februar erhielt. Nun, denken Sie daran, wie es ein Journalist richtig ausdrückte, daß dies die „Rebellion der Gehängten"* ist. Außerdem muß ich Sie darauf hinweisen, daß ich seeehr ernst und seeehr förmlich schreibe, Sie in meiner Schreibweise also nicht diese Unehrerbietigkeiten und Witzeleien des Sups erwarten dürfen, die die Regierungsvertreter so empören. Deshalb habe ich so lange gebraucht. Regen Sie sich nicht auf, es hätte schlimmer kommen können, Sie hätten darauf warten müssen, daß der Sup Ihnen eines Tages schreibt. Aber es lohnt sich nicht, das Risiko einzugehen, auf diesen sehr unwahrscheinlichen Tag zu warten. So schicke ich Ihnen also diese Papierrolle, die das Thema enthält, das Sie vorschlugen und das, wenn ich mich richtig erinnere, den Titel trägt

DER ÜBERGANG ZUR DEMOKRATIE GEMÄSS DEN ZAPATISTEN

Irgend jemand wird „gemäß den Neo-Zapatisten" einsetzen möchten, aber wie es bereits der alte Antonio in *La Historia de las Preguntas*** erklärte, sind die Zapatisten von 1994 und die von 1910 dieselben.

* Roman von B. Traven
** Die Geschichte der Fragen

Ich lege Ihnen nun also unsere Anschauung darüber dar, was die gegenwärtige politische Situation, die Demokratie und der Übergang von der einen zur anderen bedeutet.

I
DIE GEGENWÄRTIGE POLITISCHE SITUATION:
DAS SYSTEM DER STAATSPARTEI,
HAUPTSÄCHLICHES HINDERNIS
FÜR DEN ÜBERGANG ZUR DEMOKRATIE
IN MEXIKO

Im heutigen Mexiko sehen wir uns einer strukturellen Deformierung gegenüber, die das ganze Spektrum der mexikanischen Gesellschaft durchdringt. Dies bezieht sich sowohl auf die sozialen Klassen als auch auf die politischen und ökonomischen Aspekte, und sogar auf die städtische und ländliche geographische „Organisation". Diese „Deformierung", die in Wirklichkeit eine Folge des weltweiten Manchesterkapitalismus am Ende des 20. Jahrhunderts ist, verbirgt sich hinter dem Namen „Neoliberalismus" und stützt ihre ganze Entwicklung auf die Fortdauer und Verschärfung eben dieser Deformierung. Jeder Versuch, sie seitens der Macht „auszugleichen", ist unmöglich und nichts als billige Demagogie bzw. in Form des „Nationalen Solidaritätsprogramms" der vollendetste Versuch einer faschistischen Kontrolle auf nationaler Ebene. Damit wollen wir sagen, daß das soziale „Ungleichgewicht" in Mexiko kein Ergebnis von Exzessen und kein Problem der Angleichung des Staatshaushaltes ist. Es ist das eigentliche Wesen des Herrschaftssystems, was dieses Ungleichgewicht ermöglicht, ohne das das ganze System zusammenbrechen würde. Wir werden nicht auf die ökonomischen und sozialen „Deformierungen" eingehen, sondern nur sehr verkürzt auf die politischen.

Das politische System Mexikos hat seine wirtschaftliche Grundlage, seine gegenwärtige Krise und seine tödlich Zukunft in dieser Deformierung, die das „System der Staatspartei" genannt wird. Es handelt sich hierbei nicht nur um diese Ehe zwischen Regierung und Staatspartei (der Partei der Institutionellen Revolution), sondern um ein ganzes System von politischen, ökonomischen und sozialen Beziehungen, die sogar

in die politischen Organisationen der Opposition und in die sogenannte „Zivilgesellschaft" vordringen.

Jeglicher Versuch eines Gleichgewichts der politischen Kräfte
innerhalb dieses Systems ist bestenfalls ein frommer Wunsch,
der die demokratisierenden Kräfte innerhalb der PRI und einige
Mitglieder der Opposition beseelt. Die einzige Form, in der
dieses politische System bis heute überlebt hat, ist die
Aufrechterhaltung des brutalen Ungleichgewichts. Dabei steht
die gesamte Macht des Regierungs- und Unterdrückungs-
apparates, die Massenmedien, das Großkapital und der reak-
tionäre Klerus auf Seiten der PRI und auf der anderen Seite eine
zersplitterte und vor allem untereinander zerstrittene Opposition. Inmitten oder besser am Rande dieser Extreme der komplizierten organisatorischen Waagschale des politischen Systems Mexikos befinden sich die großen Mehrheiten, das Volk
von Mexiko. Beide Kräfte, das System der Staatspartei und die
organisierte Opposition, wetteifern um diesen dritten Akteur,
um seine Ab- oder Anwesenheit, um seine Apathie oder Mobilisierung. Um es ruhig zu halten, bewegen sich alle Mechanis-
men des Systems, es zu mobilisieren, bemühen sich die politischen Vorschläge der Opposition (legal oder illegal, offen oder
klandestin).

Jeglicher Versuch, diese Verschiebung der Waagschalen innerhalb des Systems auszugleichen, ist unmöglich. Das Gleichgewicht bedeutet den Tod des politischen Systems Mexikos, das
seit mehr als 60 Jahren besteht. Innerhalb der „Spielregeln" des
Systems ist es nicht einmal möglich, ein Parteiensystem zu
errichten, geschweige denn ein neues, gerechteres Modell der
sozialen Organisation. Wie der Traum eines freien Spiels von
Angebot und Nachfrage nicht Wirklichkeit werden kann in
einem Wirtschaftssystem, das immer stärker von den Mono-
polen bestimmt wird, kann das freie politische Spiel der
Parteien nicht in einem System verwirklicht werden, das auf
dem Monopol der Politik aufbaut: dem System der Staatspartei.

Erlauben Sie mir, daß dieser Punkt nur angezeigt wird (das
heißt, daß ein Problem und nicht eine Lösung angezeigt wird).
Erlauben Sie mir, die Fortführung dieser Erklärung auf einen
wenig wahrscheinlichen anderen Augenblick zu verschieben.

Was eine tiefergreifende Analyse des Systems der Staatspartei angeht, können Sie ja auf glänzendere und schlagkräftigere (was nicht sarkastisch gemeint ist) Analysen zurückgreifen. Wir weisen nur auf einen Unterschied zu anderen Standpunkten hin, die wahrscheinlich in diesem Buch vorgestellt werden, nämlich: daß jedweder Versuch der „Reform" oder des „Gleichgewichts" dieser Deformierung INNERHALB DES SYSTEMS DER STAATSPARTEI unmöglich ist. Es gibt keinen „Wandel ohne Bruch". Es ist notwendig, einen tiefgreifenden, radikalen Wandel aller sozialen Beziehungen im heutigen Mexiko durchzuführen. NOTWENDIG IST EINE REVOLUTION, eine neue Revolution. Diese Revolution ist nur außerhalb des Systems der Staatspartei möglich.

II
DEMOKRATIE, FREIHEIT UND GERECHTIGKEIT, DIE GRUNDLAGE EINES NEUEN POLITISCHEN SYSTEMS IN MEXIKO

Das Triptychon Demokratie–Freiheit–Gerechtigkeit ist die Grundlage der Forderungen der EZLN, selbst innerhalb ihrer mehrheitlich indigenen Basis. Diese Forderungen sind nicht voneinander zu trennen. Es geht auch nicht darum, welche vorangestellt werden soll (eine Falle der Ideologie, die uns ins Ohr flüstert: „Stellen wir doch die Demokratie zurück, zuerst die Gerechtigkeit"). Es sind vielmehr verschiedene Emphasen bzw. Artikulationshierarchien und Gewichtigkeiten der Elemente in den verschiedenen historischen Zeiten (etwas voreilig im Jahr 1994 und für das laufende Jahr 1995).
Ich beziehe mich nun auf die Aussagen über eine REVOLUTION, die wir in einem Brief vom 20. Januar 1994 an die Kommunikationsmedien machten, als die Regierungsverbände den Belagerungsring um unsere Truppen enger schnürten und unser Befehlsstand von den Kommandoeinheiten der Bundesarmee „gejagt" wurde. Wir sagten damals:
„Wir meinen, daß die revolutionäre Veränderung in Mexiko nicht Ergebnis einer einseitig ausgerichteten Aktion sein wird. Das heißt, es wird keine bewaffnete Revolution oder friedliche Revolution im engen Sinne sein. Es wird vor allem eine Revo-

lution sein, die aus Kämpfen an unterschiedlichen sozialen Fronten, mit vielen Methoden, in verschiedenen sozialen Formen, mit unterschiedlichem Engagement und Beteiligung resultiert. Und ihr Ergebnis wird nicht eine Partei, Organisation oder Organisationsallianz sein, die mit ihrem spezifischen gesellschaftlichen Vorschlag den Sieg davongetragen hat, sondern es wird sich um eine Art demokratischen Raum handeln, der die Auseinandersetzungen von verschiedenen politischen Vorschlägen löst. Dieser demokratische Raum der Lösung wird drei Prämissen folgen, die schon historisch untrennbar miteinander verbunden sind: Demokratie, um über den gesellschaftlich vorherrschenden Vorschlag zu entscheiden, Freiheit, sich für den einen oder anderen Vorschlag zu entscheiden, und die Gerechtigkeit, an der sich alle Vorschläge ausrichten müssen." (20. Januar 1994)

Drei Bestimmungen in einem einzigen Absatz, drei Bestimmungen so zäh wie saure Schokolade. Der Stil des Sup: konzeptionelle Undeutlichkeit, schwer zu verstehende Ideen, die noch schwerer zu verdauen sind. Aber ich werde mir erlauben, die Gedanken zu entwickeln, die er nur skizziert hat. Es handelt sich also um drei Bestimmungen, die eine ganze Vorstellungswelt über die Revolution enthalten. (Ich schreibe das in Kleinbuchstaben, um Polemiken mit den zahlreichen Avantgarden und Wächtern der „REVOLUTION" zu vermeiden.)

Die erste bezieht sich auf das Wesen der revolutionären Veränderung, dieser revolutionären Veränderung. Ihr Wesen zeichnet sich dadurch aus, daß es verschiedene Methoden, Fronten, Formen und verschiedene Grade des Engagements und der Beteiligung umfaßt. Das bedeutet, daß alle Methoden einen Platz einnehmen, daß alle Kampffronten notwendig sind und daß alle Grade der Beteiligung wichtig sind. Es handelt sich also um eine einbeziehende, anti-avantgardistische und kollektive Konzeption. Das Problem der Revolution (Vorsicht mit den Kleinbuchstaben) hört also auf, ein Problem DER Organisation, DER Methode und DES Führers (Vorsicht mit den Großbuchstaben) zu sein, und wird zu einem Problem, das alle angeht, die diese Revolution als notwendig und möglich ansehen, und bei deren Verwirklichung alle wichtig sind.

Die zweite bezieht sich auf das Ziel und Ergebnis dieser Revolution. Es geht nicht um die Eroberung der Macht oder die Einsetzung (auf friedlichem oder gewalttätigem Weg) eines neuen Gesellschaftssystems, sondern um etwas, das dem einen und anderen vorgelagert ist. Es geht darum, das Vorzimmer der neuen Welt aufzubauen, einen Raum, in dem die verschiedenen politischen Kräfte mit gleichen Rechten und Pflichten um die Unterstützung der Mehrheit der Gesellschaft „kämpfen". Bestätigt dies die Hypothese, daß die Zapatisten „bewaffnete Reformisten" seien? Wir sind nicht dieser Ansicht. Wir weisen nur darauf hin, daß eine „aufgezwungene" Revolution, die nicht über die Unterstützung der Mehrheiten verfügt, sich letztendlich gegen sich selbst richten wird. Ich weiß, daß das ein Stoff ist, der viele Seiten füllen kann. Aber da es sich nur um einen Brief handelt, markiere ich bestimmte Punkte, um sie bei anderer Gelegenheit weiter zu entwickeln bzw. um Debatten und Diskussionen zu provozieren (was eine Spezialität des Hauses „der Zapatisten" zu sein scheint).

Die dritte handelt nicht mehr von den Merkmalen der Revolution, sondern von ihren Ergebnissen. Der aus ihr resultierende Raum muß drei Bedingungen erfüllen: Demokratie, Freiheit und Gerechtigkeit. Zusammengefaßt: Wir schlagen keine orthodoxe Revolution vor, sondern etwas viel Schwierigeres: eine Revolution, die eine Revolution ermöglicht ...

III
EINE BREITE OPPOSITIONSFRONT?

Die Zersplitterung der ihm feindlichen Kräfte ermöglicht dem System der Staatspartei nicht nur, den Angriffen standzuhalten, sondern auch die Einverleibung und Beeinflussung dieser Opposition. Die Hauptsorge des Systems der Staatspartei ist nicht die Radikalität der Kräfte, die sich ihm widersetzen, sondern ihre mögliche Einheit. Die Parzellierung der regimefeindlichen politischen Kräfte ermöglicht dem System der Staatspartei, die politischen „Inseln", die sich in der Opposition bilden, auf dem Weg der Verhandlung oder der Unterdrückung zu erobern. Dabei wird ein Militärgesetz angewandt, das der „Ökonomie der Kräfte": ein Feind, der auf verschiedene kleine Widerstandskerne verteilt ist, wird angegriffen, indem die Kräfte um einen Kern zusammengezogen werden und dieser von den anderen isoliert wird. Die Oppositionskerne sehen sich nicht mehr gegenüber EINEM Feind, sondern gegenüber MEHREREN, das heißt, sie legen besonderen Nachdruck darauf, was sie unterscheidet (ihre politischen Vorschläge), und nicht auf das, was sie eint (der Feind, dem sie entgegentreten: das System der Staatspartei). Natürlich beziehen wir uns hier auf die aufrichtige Opposition und nicht auf die Marionetten. Diese Zersplitterung der Oppositionskräfte ermöglicht, daß sich die Systemkräfte zusammenziehen können, um jede Insel zu „belagern" und zu besiegen (oder zu annullieren).

Die Einheit dieser „Inseln" würde ein ernstes Problem für das System der Staatspartei darstellen, allerdings würde die Einheit allein nicht ausreichen, um das Regime zu besiegen. Dazu würde weiterhin die Anwesenheit und das Handeln des „dritten Elements", des mexikanischen Volks, fehlen. Ja, mit Kleinbuchstaben, um seine Definition und Sakralisierung zu vermeiden. Hat dieses „dritte Element" ein bestimmtes Merkmal einer sozialen Klasse? Ja, aber es „springt nicht direkt ins Auge". Vorherrschend ist seine Skepsis und sein Mißtrauen gegenüber der Politik, das heißt, gegenüber den politischen Organisationen. Wir wollen damit sagen, daß wir, wenn wir vom „mexikanischen Volk" sprechen, ein Problem aufzeigen und keine Lösung. Ein Problem, aber auch eine Wirklichkeit, die mit einer Hartnäckigkeit präsent ist, die einerseits über die theoretischen Schemata und andererseits über die korporativen Kontrollmechanismen hinausgeht.

Die Einheit der „Inseln" stößt auf zahlreiche Hindernisse. Ein zwar nicht allumfassendes, aber doch wichtiges Hemmnis ist die Uneinigkeit über die Beschaffenheit dieser Einheit. Eine Einheit der ausgebeuteten Klassen bzw. der Organisationen der ausgebeuteten Klassen versus eine pluriklassistische Einheit; daraus leiten sich die weiteren Aufspaltungen ab.

Ist ein paralleler Aufbau beider Fronten möglich, oder widerspricht eine der anderen? Wir meinen, daß es möglich ist, daß sie sich nicht widersprechen. Aber in jedem Fall ist es am besten, den dritten Spiegel zu fragen, der „befreit" oder „erlöst"

werden soll. Fragen, antworten. Sprechen, zuhören. Einen Dialog also. Einen nationalen Dialog ...
(Ende des Artikels und Erfüllung der Verpflichtung).
Das ist alles, werter Herr. Ich bin sicher, daß mein literarischer Stil verdient, unter dem Motto gedruckt zu werden „Durch meine Gattung wird der Rock sprechen" und nicht wie der meines Schildknappens, der, obwohl er treu und aufrichtig ist, stark dazu neigt, das Leben zu sehen, als wäre es ein Spiel zwischen Spiegeln und Kristallglas ...
Leben Sie wohl, Grüße und: Nur Mut!, das Kristall liegt überall herum. Man muß es nur finden ...
Vom Kilometer ich-weiß-nicht-wieviel der ich-weiß-nicht-welchen Landstraße, aber ganz sicher in Mexiko

Don Durito de La Lacandona

II. Der Tag der Zukunft
Das Kristall, um von der anderen Seite zu sehen

Von der verkehrten Seite geschliffen, ist der Spiegel kein Spiegel mehr und wird zu Kristallglas. Und die Spiegel sind dazu da, um von dieser Seite zu sehen, und die Kristallgläser sind dazu da, um zu sehen, was es auf der anderen Seite gibt.

Die Spiegel sind dazu da, geschliffen zu werden.
Die Kristallgläser sind dazu da, sie zu zerbrechen ... und auf die andere Seite zu gehen ...

Aus den Bergen des mexikanischen Südostens
Subcomandante Insurgente Marcos

P.S., das, als Bild des Wirklichen und Vorgestellten, zwischen all diesen Spiegeln ein Kristallglas sucht, um es zu zerbrechen.

Durito V

Frühe Morgenstunden. Ciudad de México. Durch die umliegenden Straßen des Zócalo schlendert Durito. Mit einem winzigen Regenmantel und den Hut à la Humphrey Bogart in *Casablanca* ins Gesicht gedrückt, versucht Durito unerkannt zu bleiben. Weder die Garderobe noch das langsame Voranschlurfen Duritos neben den Schatten, die vor den beleuchteten Schaufenstern fliehen, ist notwendig. Schatten des Schattens, schweigsamer Gang, den Hut ins Gesicht gedrückt, der auf dem Boden schleifende Regenmantel. Durito wandert durch die frühen Morgenstunden von Mexiko-Stadt. Niemand nimmt ihn wahr. Er wird nicht gesehen, nicht weil er so gut verkleidet wäre oder weil diese kleine Figur, dieser winzige als Detektiv der 50er Jahre gekleidete Quijote kaum zwischen den Bergen von Müll auszumachen ist. Durito marschiert zwischen Papieren, die von irgendwelchen Füßen oder von einem dieser unvorhersehbaren Windstöße der Nächte von D.F. mitgerissen werden. Niemand sieht Durito, einfach deshalb, weil niemand in dieser Stadt jemanden sieht.

„Diese Stadt ist krank", schreibt mir Durito, „sie ist krank vor Einsamkeit und Angst. Sie ist eine große Gemeinschaft von Einsamkeiten. Sie ist viele Städte, eine pro Person, die in ihr lebt. Es handelt sich nicht um eine Summe von Beklemmungen (Kennst Du eine Einsamkeit, die nicht beklemmend ist?), son-dern um eine Potenz; jede Einsamkeit multipliziert sich mit der Zahl der Einsamkeiten, die sie umgibt. Es ist so, als ob die Einsamkeit jedes einzelnen sich in eines dieser ‚Spiegelkabinette' begeben würde, die es auf den Jahrmärkten in der Provinz gibt. Jede Einsamkeit ist ein Spiegel, der die andere Einsamkeit spiegelt, die als Spiegel Einsamkeiten zurückwirft."

Durito ist sich allmählich bewußt geworden, daß er sich auf feindlichem Gelände befindet, daß die Stadt nicht sein Ort ist. In seinem Herzen und in diesen Nachtstunden. Durito packt die Koffer. Er legt diese Strecke zurück, als wäre es eine Rückschau, eine letzte Liebkosung, wie die eines Liebhabers, der weiß, daß es der Abschied ist. Zuweilen nimmt die Zahl der vorbeilaufenden Leute ab und das Geheul der Patrouillenfahrzeuge, die die Provinzler aufschrecken, zu. Und Durito ist einer dieser Provinzler. So bleibt er stets in einem Winkel stehen, wenn das rot-blaue Geblinke die Straßen durchkreuzt. Durito nutzt die Komplizität eines Hausflurs, um in Guerillatechnik die Pfeife anzuzünden: ein ganz kleiner Funke, ein tiefes Einatmen und der Rauch umhüllt Blick und Gesicht. Durito bleibt stehen. Er sieht und schaut. Gegenüber ist eine Auslage beleuchtet. Durito nähert sich der großen Glasscheibe und dem, was dahinter angeboten wird: Spiegel in allen Formen und Größen, kleine Figuren aus Porzellan und Glas, geschliffenes Kristall, kleine Spieldosen. „Es gibt keine sprechenden Spieldosen", sagt sich Durito, ohne dabei die langen Jahre im Urwald des Südostens Mexikos zu vergessen.

Durito ist gekommen, um sich von Mexiko-Stadt zu verabschieden, und hat beschlossen, dieser Stadt, die alle ablehnen und niemand verläßt, ein Geschenk zu machen. Ein Geschenk. Das ist Durito, ein Käfer aus dem Lakandonischen Urwald im Zentrum von Mexiko-Stadt.

Durito verabschiedet sich mit einem Geschenk.

Er macht die elegante Handbewegung eines Magiers. Alles steht still, die Lichter erlöschen wie Kerzen, wenn ein sanfter Wind ihr Gesicht berührt. Eine andere Handbewegung, und ein Licht, wie von einem Rückstrahler, beleuchtet eine der Spieldosen in der Auslage. Eine mit einem lieblichen lilafarbenen Kleid ausgestattete Tänzerin wahrt in einer starren Stellung mit erhobenen, verschränkten Händen und geschlossenen Beinen das Gleichgewicht auf den Zehenspitzen. Durito versucht die Stellung nachzumachen, aber bald kommt er mit seinen vielen Armen durcheinander. Eine weitere magische Handbewegung, und es erscheint ein Klavier von der Größe einer Zigarettenschachtel. Durito nimmt vor dem Klavier Platz und stellt einen Krug Bier auf die Abdeckung. Wer weiß, wo er das nun wieder her hat, aber er muß es schon eine Weile haben, denn es ist nur noch halbvoll. Durito läßt die Finger knacken und es sieht aus, als würde er eine der Fingerübungen machen wie die Bar-Pianisten in den Filmen. Durito dreht sich zu der Tänzerin und neigt den Kopf. Die Tänzerin kommt in Bewegung und macht eine Verbeugung. Durito trällert eine unbekannte Weise, bewegt seine Füße im Takt dazu, schließt die Augen und beginnt hin- und herzuwippen. Die ersten Töne setzen ein. Durito spielt das Klavier mit vier Händen. Auf der anderen Seite der Scheibe beginnt die Tänzerin sich zu drehen und langsam den rechten Oberschenkel zu heben. Durito beugt sich über die Tastatur und haut voller Kraft in die Tasten. Die Tänzerin tanzt so gut, wie es ihr das Spieldosengefängnis erlaubt. Die Stadt verschwindet. Es gibt nichts mehr, nur noch Durito an seinem Klavier und die Tänzerin in ihrer Spieldose. Durito spielt und die Tänzerin tanzt. Die Stadt ist überrascht, ihre Wangen röten sich wie bei jemandem, der ein unerwartetes Geschenk, eine angenehme Überraschung, eine gute Nachricht erhält. Durito macht ihr sein bestes Geschenk: einen unzerbrechlichen und ewigen Spiegel. Ein Abschiedsgruß, der nicht schmerzt, der erleichtert, der reinigt. Die Vorstellung währt nur wenige Augenblicke, die letzten Töne verklingen in dem Maße, in dem die Städte, die diese Stadt bevölkern, erneut Gestalt annehmen. Die Tänzerin kehrt zu ihrer unbequemen Unbeweglichkeit zurück. Durito klappt den Kragen seines Regenmantels hoch und verbeugt sich leicht zur Schaufensterauslage hin.

„Wirst du immer auf der anderen Seite des Glases stehen?" fragt Durito sie und sich. „Wirst du immer auf der Seite des Jenseits meines Diesseits sein und ich immer auf der Seite des Diesseits deines Jenseits? Salud und bis bald, meine geliebte Unzufriedene. Das Glück ist wie die Geschenke, es ist ein kurzer Lichtstrahl und es lohnt sich."

Durito überquert die Straße, rückt seinen Hut zurecht und geht weiter. Bevor er um die Ecke biegt, dreht er sich zum Schaufenster um. Ein sternförmiges Loch verziert das Glas. Nutzlos tönt die Alarmanlage. Die Tänzerin hinter der Schaufensterscheibe ist nicht mehr da ...

„Diese Stadt ist krank. Wenn ihre Krankheit die Krise erreicht, wird das ihre Heilung sein. Diese kollektive, millionenfach multiplizierte und potenzierte Einsamkeit wird dann endlich sich selbst und den Grund für ihre Ohnmacht finden. Dann, und nur dann, wird diese Stadt ihr graues Kleid ablegen und sich mit den bunten Bändern schmücken, die es überall in der Provinz gibt.

Diese Stadt lebt ein grausames Spiel der Spiegel, aber das Spiel der Spiegel ist nutzlos und unfruchtbar, wenn es kein Kristallglas als Ziel hat. Es reicht, das zu verstehen und, ich weiß nicht, wer das gesagt hat, zu kämpfen und anzufangen glücklich zu sein ...

Ich komme zurück, bereite den Tabak vor und Dich auf schlaflose Nächte. Ich habe Dir viel zu erzählen, Sancho", schließt Durito seinen Brief.

Der Morgen dämmert. Einige Klaviertöne begleiten den Tag, der anbricht, und Durito, der aufbricht. Im Osten erscheint die Sonne wie ein Stein, der das Kristallglas des Morgens zerbricht ...

Macht's gut. Grüße und überlaßt das Sich-Ergeben den Hohlspiegeln. Der Sup erhebt sich vom Klavier und sucht verwirrt zwischen so vielen Spiegeln den Ausgang ... Oder den Eingang?

BLUMEN MÜSSEN WIE DIE HOFFNUNG
GEPFLEGT WERDEN

An die Männer und Frauen in Solidarität mit Chiapas, Mexiko,
die in Brescia, Italien, versammelt sind.
An die Völker der Welt

Brüder und Schwestern:
Im Namen aller Männer, Frauen, Kinder und Alten des Ejército
Zapatista de Liberación Nacional grüße ich Euch und drücke
Euch unseren Wunsch aus, daß dieses Treffen zu guten Ergebnissen führen möge. Wir wissen bereits, daß wir Brüder und
Schwestern in anderen Ländern und Kontinenten haben.
Uns verbrüdert eine Weltordnung, die Nationen und Kulturen
zerstört. Der große internationale Kriminelle, das Geld, hat
heute einen Namen, der die Unfähigkeit der Macht wider-
spiegelt, Neues zu schaffen. Ein neuer Weltkrieg wird heute erlitten. Es ist ein Krieg gegen alle Völker, gegen die Menschen,
die Kultur, die Geschichte. Es ist ein Krieg, der von einer Handvoll heimatloser und schamloser Finanzzentren angeführt wird,
ein internationaler Krieg: das Geld gegen die Menschheit.
„Neoliberalismus" wird heute diese Internationale des Terrors
genannt. Die neue internationale Wirtschaftsordnung hat bereits mehr Tod und Zerstörung bewirkt als die großen Weltkrie-
ge. Mehr Arme und mehr Tote machten uns zu Brüdern und
Schwestern.
Uns verbrüdert die Unzufriedenheit, die Rebellion, die Lust,
etwas zu tun, die Nichtkonformität. Die Geschichte, die die
Macht schreibt, lehrte uns, daß wir verloren haben, daß der
Zynismus und das Gewinnstreben Tugenden seien, die Aufrichtigkeit und die Aufopferung albern, der Individualismus der
neue Gott und daß die Hoffnung eine abgewertete Währung sei,
deren Kurs auf den internationalen Märkten nicht notiert wird,

ohne Kaufkraft, ohne Aussichten. Wir haben die Lektion nicht gelernt. Wir sind schlechte Schüler gewesen. Wir glaubten nicht daran, was die Macht uns lehrte. Wir schwänzten den Unterricht, wenn Konformismus und Schwachsinn gelehrt wurden. In Modernität fielen wir durch. Als Mitschüler der Rebellion haben wir uns gefunden und uns als Brüder und Schwestern erkannt.

Uns verbrüdert die Phantasie, die Schaffenskraft, das Morgen. In der Vergangenheit sahen wir nicht nur Niederlagen, sondern wir sind auch auf Wunsch nach Gerechtigkeit und auf Träume, besser zu sein, gestoßen. Wir hängten den Skeptizismus an die Garderobe des Großkapitals und entdeckten, daß es ging, daß es sich lohnte, daß es notwendig war ... an uns selbst zu glauben.

Wir lernten, daß die Einsamkeiten, die zusammengezählt werden, nicht unbedingt eine große Einsamkeit ergeben, sondern ein Kollektiv, das sich jenseits von Nationalitäten, Sprachen, Kulturen, Rassen und Geschlechtern findet und verbrüdert.

Wir, die Zapatisten, befinden uns weiterhin in den Bergen des mexikanischen Südostens, wir sind weiterhin umzingelt, wir werden weiterhin verfolgt, weiterhin ist jede unserer Bewegungen, jede Ruhepause, jeder Schritt vom Tod bedroht. Die Regierung ist weiter in ihrem Palast, sie fährt fort zu umzingeln, zu verfolgen, Tod und Elend anzubieten, zu lügen.

Mehr als eine Million Mexikaner haben in einer für Mexiko beispiellosen demokratischen Manifestation ihre Übereinstimmung mit unseren Hauptforderungen erklärt. Viele Brüder und Schwestern aus dem Ausland haben sie bestätigt. Die Regierung bleibt taub. Zehntausende von Männern und Frauen haben sich eingesetzt, um die NATIONALE BEFRAGUNG FÜR FRIEDEN UND DEMOKRATIE zu unterstützen. Die Regierung bleibt blind. Hunger und Krankheiten quälen ganze Gemeinschaften bis zum Ersticken. Die Bundesarmee verstärkt ihre militärischen Aktionen und die Vorbereitung zum Mord. Die politischen Parteien weigern sich, den Indígenas bürgerliche Rechte zuzuerkennen. Die Kommunikationsmedien werden zu Komplizen der Lüge und des Schweigens. Verzweiflung und Groll werden zum nationalen Stammgut. Wir werden nicht beachtet, wir werden verachtet, vergessen.

Es ist evident, daß der Sieg so nahe liegt wie nie zuvor. Wir bereiten uns schon darauf vor, Solidaritätsgruppen mit dem Kampf in Euren jeweiligen Ländern zu bilden. Ihr dürft sicher sein, daß wir Euch bis zum Ende unterstützen werden (das nicht unbedingt der Sieg sein wird). Ihr dürft nicht den Mut verlieren angesichts der Schwierigkeiten und müßt Widerstand leisten. Ihr sollt voranschreiten, und denkt daran, daß es in den Bergen des mexikanischen Südostens ein kollektives Herz gibt, das auf Eurer Seite ist und Euch unterstützt.

Fühlt Euch nicht allein oder isoliert.

Wir blicken weiterhin auf Euch und vergessen Euch nicht.

Soweit. Salud und vergeßt nicht, daß die Blumen, wie die Hoffnungen, gepflegt werden müssen.

Aus den Bergen des mexikanischen Südostens
Subcomandante Insurgente Marcos

SOLIDARITÄTSADRESSE VON DURITO

An die Männer und Frauen in Solidarität mit Chiapas, Mexiko, die in Brescia, Italien, versammelt sind.
An die Völker der Welt

Brüder und Schwestern:
Es schreibt Euch Don Durito de La Lacandona, fahrender Ritter, Weltverbesserer, unruhiger Traum des weiblichen Geschlechts, Streben des männlichen, letztes und größtes Exemplar jener Rasse, die die Größe der Menschheit mit solch gewaltigen und uneigennützigen Heldentaten erhöhte, Käfer und Mondkrieger.
Ich habe meinen treuen Schildknappen – den, den Ihr „Sup-Marcos" nennt – beauftragt, Euch einen schriftlichen Gruß zu übersenden mit allen Formalitäten, die die heutige Diplomatie erfordert, ausgenommen schnelle Eingreiftruppen, Wirtschaftsprogramme und Kapitalflucht.
Es ist mir allerdings ein Bedürfnis, Euch einige Zeilen zu senden, deren alleiniger Zweck darin besteht, dazu beizutragen, Euren Geist zu erhöhen und die guten und edlen Gedanken in Eurem Gemüt zu vertiefen. Deshalb schicke ich Euch die folgende Erzählung, die, ganz sicher, voller reicher und vielfältiger Lehren ist. Die Geschichte ist Teil der Reihe „Geschichten für eine Nacht der Asphyxie" (deren baldige Veröffentlichung unwahrscheinlich ist) und trägt folgenden Titel:

Die Geschichte des Mäuschens und des Kätzchens

Es war einmal ein Mäuschen, das sehr viel Hunger hatte und ein Stückchen Käse essen wollte, das im Küchlein des Häusleins lag. Und so ging das Mäuschen sehr entschlossen in das Küchlein, um das Stückchen Käse zu schnappen. Aber da stellte sich ihm ein Kätzchen in den Weg und das Mäuschen erschrak sehr und rannte weg und konnte nun nicht mehr das Stückchen Käse aus dem Küchlein holen. Dann begann also das Mäuschen darüber nachzudenken, wie es das Stückchen Käse aus dem Küchlein holen könnte, und es dachte:

„Jetzt weiß ich's, ich werde ein Tellerchen mit Milch hinstellen und dann wird das Kätzchen sich dranmachen, die Milch zu trinken, denn die Kätzchen trinken liebend gerne Milch. Und dann, wenn das Kätzchen seine Milch trinkt und es nicht merkt, werde ich in das Küchlein gehen, um das Käslein zu schnappen und ich werde es essen. Eine seeehr gute Idee", lobte sich das Mäuschen.

Und so ging es also los, um Milch zu holen. Aber es stellte sich heraus, daß die Milch im Küchlein war, und als das Mäuschen in das Küchlein gehen wollte, versperrte ihm das Kätzchen den Weg und das Mäuschen erschrak sich sehr und rannte weg und konnte nicht mehr die Milch holen. Dann begann also das Mäuschen darüber nachzudenken, wie es die Milch aus dem Küchlein holen könnte, und es dachte und sagte:

„Jetzt weiß ich's, ich werde ein Fischlein ganz weit wegwerfen und dann wird das Kätzchen wegrennen, um das Fischlein zu essen, denn die Kätzchen essen sehr gerne Fischlein. Und dann, wenn das Kätzchen sein Fischlein ißt und es nicht merkt, werde ich in das Küchlein gehen, um die Milch zu holen und sie in ein Tellerchen zu schütten, und dann, wenn das Kätzchen seine Milch trinkt und es nicht merkt, werde ich in das Küchlein gehen, um das Stückchen Käse zu holen, und ich werde es essen. Eine seeehr gute Idee", lobte sich das Mäuschen.

Und so ging es also los, das Fischlein zu holen. Aber nun stellte sich heraus, daß das Fischlein im Küchlein lag, und als das Mäuschen in das Küchlein gehen wollte, versperrte ihm das Kätzchen den Weg und das Mäuschen erschrak sich sehr und rannte weg und konnte nicht mehr das Fischlein holen.

Und dann sah das Mäuschen, daß das Stückchen Käse, das es wollte, die Milch und das Fischlein, daß alles im Küchlein war und es nicht hineinkonnte, weil das Kätzchen es verhinderte. Und da sagte das Mäuschen „Ya Basta!" und schnappte sich ein Maschinengewehr und durchlöcherte das Kätzchen und ging in die Küche und sah, daß das Fischlein, die Milch und das

Stückchen Käse bereits schlecht und ungenießbar geworden waren. Und da ging es zurück zum Kätzchen, zog ihm die Haut ab und sodann machte es einen großen Braten und lud alle seine Freunde und Freundinnen ein, und dann machten sie ein Fest und sie aßen das gebratene Kätzchen und sangen und tanzten und lebten glücklich und zufrieden. Und die Geschichte begann ...

Das ist das Ende der Erzählung und der Schluß dieses Sendschreibens. Ich erinnere Euch daran, daß die Trennungen zwischen Ländern nur dazu dienen, das Vergehen „Schmuggel" zu typisieren und den Kriegen einen Sinn zu geben. Es ist klar, daß es zumindest zwei Dinge gibt, die grenzüberschreitend sind: das eine ist das Verbrechen, das, als Modernität verkleidet, das Elend weltweit verteilt; das andere ist die Hoffnung, daß die Scham nur dann existieren möge, wenn man einen falschen Tanzschritt macht, und nicht jedesmal, wenn wir uns im Spiegel sehen. Um mit dem Ersten Schluß zu machen und das Zweite zum Blühen zu bringen, ist es nur nötig, zu kämpfen und besser zu sein. Der Rest kommt von selbst und ist das, was gewöhnlich Bibliotheken und Museen füllt.

Es ist nicht notwendig, eine neue Welt zu erobern, es reicht, sie neu zu machen ...

Soweit. Salud und denkt daran: für die Liebe ist ein Bett nichts als ein Vorwand; für den Tanz ist ein Lied nichts als eine Verzierung; und für den Kampf ist die Nationalität nichts als ein umstandsbedingter Zufall.

Aus den Bergen des mexikanischen Südostens
Don Durito de La Lacandona

P.S. – Verzeiht, daß ich diese Literatur schon abbreche. Aber ich muß eine Expedition zusammenstellen, um diesen Winter in Europa einzufallen. Wie würde Euch eine Landung zum 1. Januar passen?

503 JAHRE VERFOLGUNG,
TÖTEN WIR DAS SCHWEIGEN!

Brüder und Schwestern:

Heute gedenken wir unserer ältesten Vorfahren, derjenigen, die den langen Widerstandskampf gegen den Eigendünkel der Macht und die Gewalt des Geldes einleiteten. Sie, unsere Vorfahren, lehrten uns, daß ein Volk, das Scham empfindet, ein Volk ist, das sich nicht ergibt, widersteht, voller Würde ist. Sie lehrten uns, stolz auf unsere Hautfarbe, unsere Sprache, unsere Kultur zu sein. Mehr als 500 Jahre Ausbeutung und Verfolgung reichten nicht aus, uns zu vernichten. Seit damals leisten wir Widerstand, denn aus unserem Blut wird die Geschichte gemacht. Die edle Nation Mexiko ruht auf unseren Knochen. Wenn sie uns zerstören, wird das ganze Land zusammenbrechen und richtungslos und wurzellos umherirren. Als Gefangener der eigenen Schatten würde Mexiko seine Zukunft negieren, wenn es seine Vergangenheit negiert.
Heute sind wir ein wesentlicher Bestandteil eines Landes, deren Regierende ihre Blicke auf das Ausland geheftet halten und voller Geringschätzung und Abscheu auf unsere Vergangenheit blicken. Für sie sind wir ein Hindernis, etwas Lästiges, was stillschweigend zerstört werden muß. Ihre Grausamkeit kleidet sich heute in die Form des Mitleids, der Tod sucht leisere Wege, er sucht die Komplizität der Dunkelheit und das verbergende Schweigen. Früher schon wurde mit verschiedenen Glaubenslehren versucht, uns zu vernichten, verschiedene Vorstellungen wurden benutzt, um die Rationalität des Ethnozids zu verschleiern.
Der plumpe Deckmantel, mit dem sie versuchen, ihr Verbrechen zu verhüllen, heißt heute Neoliberalismus und bedeutet Tod und Elend für die ursprünglichen Einwohner dieser Gebiete und für

alle, die wir eine andere Hautfarbe haben, aber ein indigenes Herz, und uns Mexikaner nennen.

Heute wiederholt sich die Verfolgung der rebellischen Indigenen durch die Konquistadoren. In der obersten Regierung hausen heute die modernen Invasoren unserer Gebiete. Sie verfolgen die Indigenen, die sich um die Fahne mit dem fünfzackigen roten Stern gesammelt haben, die Fahne des Ejército Zapatista de Liberación Nacional. Aber nicht nur die Zapatisten, alle mexikanischen Indigenen, selbst die hellhäutigen, werden vom Tod verfolgt, den der Mächtige anordnet: Unsere Brüder und Schwestern in Guerrero leiden unter der Willkür des „Vizekönigs", der vom Zentrum der Macht gestützt wird; unsere Brüder und Schwestern in Tabasco leiden unter der Willkür, die ihnen durch das Geld aus dem Drogenhandel aufgezwungen wird; in Veracruz, Oaxaca, Hidalgo und San Luis Potosí wird das dunkelfarbige Blut von Kaziken verfolgt, die als Gouverneure verkleidet sind; im Norden bezahlen unsere indianischen Brüder und Schwestern mit Tod und Armut das Imperium der Drogen und des Verbrechens, das von der schlechten Regierung errichtet worden ist; im Zentrum des Landes und im Westen schreitet die Brutalität und Verachtung unter dem Namen „Fortschritt" voran.

Der Diener des Mächtigen verzieht das Gesicht zu einem Grinsen, während er im Ausland den Preis für unser Land aushandelt. Der Hochmütige denkt, daß er gewonnen hat und daß es keine würdigen Mexikaner mehr gibt. Er denkt, daß der Tod zu Ende führt, was Vergessen und Schweigen zum Verstummen gebracht haben. Sie bieten eine unterwürfige, erniedrigte Nation der Schatten an. Sie suchen nach einem Preis für das, was nicht zu kaufen ist: die mexikanische Würde.

Das indianische Blut ist der Nährstoff des mexikanischen Bluts. Die Hautfarbe macht nicht den Indigenen, es ist die Würde und der ständige Kampf, besser zu sein, was ihn ausmacht. Brüder und Schwestern sind wir alle, die kämpfen, die Hautfarbe oder die Sprache, die wir beim Laufen erlernt haben, ist dabei nicht wichtig.

Wichtig ist die Landesfahne, die das indigene Fundament einer Nation bestimmt, das bis jetzt zu Verzweiflung verurteilt war. Wichtig ist das Landeswappen, das die Schlange der

Macht vor ihrem Schicksal warnt. Wichtig ist die Erde, die uns in der Geschichte trägt und verhindert, daß wir in ein Vergessen unserer selbst verfallen. Wichtig ist der Himmel, der auf unseren Schultern lastet, der Himmel, der heute schmerzt, der aber unseren Blick erfreuen wird. Wichtig sind die Mexikaner und nicht die, die uns verkaufen, wenn sie an eine fremde Tür klopfen.

Die ältesten Vorfahren erzählen, daß sie als Geschenk das Wort und das Schweigen erhielten, um sich zu erkennen zu geben und das Herz des anderen zu berühren. Durch Sprechen und Zuhören lernen die wahrhaftigen Männer und Frauen gehen. Das Wort ist die Form, in das eigene Innere zu wandern. Das Wort ist die Quelle, um zum anderen zu gelangen. Schweigen bietet der Mächtige unserem Schmerz an, um uns klein zu machen. In unserem Schweigen sind wir alle einsam. Durch Sprechen wird unser Schmerz gelindert. Sprechen wir und leisten wir uns Gesellschaft. Der Mächtige spricht, um sein Imperium des Schweigens durchzusetzen. Wir sprechen, um uns neu zu schaffen. Der Mächtige schweigt, um seine Verbrechen zu verbergen. Wir schweigen, um uns zuzuhören, uns zu berühren, uns zu spüren.

Das ist die Waffe, Brüder und Schwestern. Sagen wir unser Wort in aller Stille. Sprechen wir unser Wort. Schreien wir unser Wort heraus. Erheben wir unser Wort und brechen wir damit das Schweigen unserer Leute. Töten wir das Schweigen. Leben wir unser Wort. Lassen wir den Mächtigen allein in dem, was die Lüge sagt und verschweigt. Vereinigen wir uns im befreienden Wort und Schweigen.

Heute, am 12. Oktober, vor 503 Jahren, begannen das Wort und das Schweigen des Mächtigen zu sterben.

Heute, am 12. Oktober, vor 503 Jahren, begannen unser Wort und Schweigen sich zu widersetzen, zu kämpfen, zu leben.

Heute, 503 Jahre nachdem wir angefangen haben, sind wir immer noch da. Wir sind mehr und besser, wir haben bereits viele Farben und in vielen Sprachen wird unser Wort gesprochen.

Heute weilt in unserem Herzen keine Beschämung über unsere Hautfarbe oder Sprache.

Heute sagen wir, daß wir Indios sind, so als würden wir sagen, wir sind Riesen.

Heute, 503 Jahre nachdem der fremde Tod uns sein Schweigen befehlen wollte, widersetzen wir uns und sprechen.
Heute, 503 Jahre später, leben wir.

Vivan los indígenas mexicanos
Demokratie! Freiheit! Gerechtigkeit!

Aus den Bergen des mexikanischen Südostens
El Sub Comandante Insurgente Marcos

Subcomandante Marcos in Aguascalientes,
Oktober 1994

Die drei Kommandanten Moises, Tacho und Marcos
in Aguascalientes, Oktober 1994

„Das 21. Jahrhundert", zur Unterstützung der EZLN
in San Cristóbal de Las Casas, Oktober 1994

oben: Delegierte verschiedener indianischer
Gemeinden beraten sich im Theater von San Cristóbal
de Las Casas vor der Versammlung gegen 502 Jahre
Kolonisierung Lateinamerikas, Oktober 1994;
unten: Bauerndemonstration zur Unterstützung
der Forderungen der EZLN, San Cristóbal de Las Casas,
Oktober 1994

oben: Aguascalientes, anläßlich der 502 Jahre der
Kolonisierung Lateinamerikas, Oktober 1994;
unten: Marcos in Anenecuilco (dem Geburtsort von
Emiliano Zapata und auch seiner Aufstandsbewegung)
im Bundesstaat Morelos, 8. März 2001, während des
„Zapatistischen Marsches" der EZLN-Führung durch etliche
Bundesstaaten bis nach Mexiko-Stadt

NEUJAHRSBOTSCHAFT DER EZLN

verlesen am 31. 12. 2003 um 24:00 Uhr zapatistischer Zeit
in Oventic, Chiapas, Mexiko

Compañeros und Compañeras der Unterstützungsbasen,
lokale und regionale Verantwortliche,
Compañeros und Compañeras Mitglieder der autonomen Räte,
Compañeros Mitglieder der Räte der Guten Regierung,
Compañeros und Compañeras Verantwortliche für Gesundheit,
Bildung und alle, die Teil dieses Arbeitsbereichs sind,
Brüder und Schwestern der nationalen und internationalen Zi-
vilgesellschaft, diejenigen, die anwesend sind und diejenigen,
die nicht anwesend sind, uns aber in der ein oder anderen Weise
begleiten und unterstützen:

Heute haben wir uns versammelt, um den zehnten Jahrestag
der bewaffneten Erhebung der Zapatistischen Armee zur nationalen Befreiung zu begehen, weil dies der wichtigste Teil unser
großen Geschichte als indigene zapatistische Völker ist. Denn
zu dieser Zeit haben sich die indigenen zapatistischen Gemeinschaften gegen das Vergessen, die Diskriminierung, die Plünderung unserer Naturressourcen, gegen die Ausbeutung und
Unterdrückung und gegen alle Arten von Ungerechtigkeiten erhoben, die die ursprünglichen Völker dieser Gebiete erleiden
mußten.
Heute ist der 10. Jahrestag des Kriegsbeginns. Zehn Jahre des
Kampfes und des Widerstandes als indigene Gemeinschaften,
denn seit zehn Jahren leben wir unter Drohungen, Übergriffen,
die von der schlechten Regierung vorbereitet und organisiert
wurden, eingekreist durch Militärs und Paramilitärs.
Deshalb wurden all die Arbeiten in den autonomen Gemeinden
und Landkreisen der zapatistischen Zone durchgeführt. All dies

ist in Widerstand und Rebellion geschehen, weil unsere Arbeiten im Bereich der Gesundheit, der Bildung, des Handels und der Organisation der autonomen Landkreise durch die Pläne und Programme der Aufstandsbekämpfung der schlechten Regierung attackiert wurden.

Trotz allem sind wir in unserem Kampf in den verschiedenen Bereichen ein Stück weitergekommen, dank der Entschlossenheit und Teilnahme der Compañeros und Compañeras der Gemeinden und Regionen, und auch durch die Unterstützung und die Solidarität vieler Brüder und Schwestern der Welt.

In diesem Jahr 2003 haben wir wichtige Schritte für unseren Kampf unternommen: Die Namen der Aguascalientes wurden verändert, heute werden sie Caracoles genannt und außerdem wurden die Räte der Guten Regierung gebildet, die nun unsere Gemeinden im Widerstand regieren müssen.

Desweiteren wurden mehr autonome Landkreise gebildet und die Arbeiten neu organisiert, um unseren Widerstand zu stärken.

Wir bitten alle Compañeros und Compañeras aller Regionen und Landkreise, daß sie damit fortfahren, unsere Arbeiten voranzubringen, ohne daß wir uns ergeben oder der schlechten Regierung verkaufen.

Nur im Widerstand und in der Rebellion können wir unsere Autonomie als indigene Völker aufbauen, denn wir warten nicht darauf, daß uns die schlechten Regierungen die Erlaubnis geben, damit die Indígenas in Freiheit und Autonomie leben können.

Wir, die indigenen Völker von Chiapas, von Mexiko und der Welt, müssen unsere Rechte und unsere Freiheit ausschließlich in die eigenen Hände nehmen, um unsere Autonomie aufzubauen und zu stärken. Es gibt keinen Grund, davor Angst zu haben, denn wir sind durch die nationalen und internationalen Abkommen und Gesetze geschützt.

Wir grüßen und bedanken uns für die Unterstützung und die Solidarität vieler tausender Brüder und Schwestern der nationalen und internationalen Zivilgesellschaft, denn dadurch konnten wir die zehn Jahre des Krieges überleben und Widerstand leisten.

Aus diesem Grund bitten wir Euch, soweit Ihr könnt, mit der Unterstützung weiterzumachen. Aber wir bitten Euch vor allem,

Euch zu organisieren und in Euren eigenen Gemeinden und Ländern gegen unseren gemeinsamen Feind zu kämpfen, das Projekt und die Pläne des Neoliberalismus.

Gegen diesen Feind muß unermüdlich gekämpft werden, denn er hinterläßt viele Millionen Brüder und Schwestern der ganzen Welt in Elend und Vergessen.

Das ist unser Wort.

Demokratie! Freiheit! Gerechtigkeit!

EIN VIDEO LESEN

[**Vorbemerkung:** *Carlos Ahumada ist ein Argentinier, der vor 20 Jahren nach Mexiko kam und zusammen mit seinem Bruder verschiedene Geschäftstätigkeiten und Betrügereien begann, die ihn in kurzer Zeit zu einem Millionär machten.*

Als Rosario Robles Bürgermeisterin von Mexiko-Stadt war (1998-1999), wurde Ahumada ihr Geliebter. Sie führte ihn in die Spitzen der PRD ein, und er „spendete" mehrere zehntausend Dollar für wenigstens neun hohe Funktionäre dieser Stadtregierung. Stets übergab Ahumada persönlich das Geld in seinem Büro, wo er mit einer versteckten Kamera jeden filmte, der das Geld nahm. Kurz darauf verlangte er von diesen PRD-Politikern, denen er „geholfen" hatte, Freunde von ihm in Schlüsselpositionen für die Vergabe von städtischen Bauvorhaben zu bringen. Diese sollten in den Stadtbezirken dafür Sorge tragen, daß es keine öffentlichen Ausschreibungen gäbe, sondern daß die Verträge direkt mit den diversen Baufirmen von Ahumada geschlossen würden. Dies gelang ihm auch in einigen Fällen. Er schaffte es sogar, für Bauvorhaben im Voraus zu kassieren, ohne diese dann durchzuführen.

Der gegenwärtige Chef der Regierung von Mexiko-Stadt Andrés Manuel López Obrador (auch: AMLO) hatte zu Beginn seiner Amtszeit (2000) den Plan, mit Schnellstraßen durch die Stadt im „Zweiten Stock"* den Verkehr flüssiger zu machen. Ein äußerst teures Bauvorhaben, das aber nicht in den Bezirken entschieden wurde. Ahumada versuchte sofort, den Auftrag für dieses Millionengeschäft zu bekommen, aber López Obrador wollte mit diesem Betrüger keinen Vertrag schließen.

Daraufhin wollte Ahumada ihn politisch ausheben, denn López Obrador ist der mit Abstand populärste Politiker in Mexiko und er ist Präsidentschaftskandidat für die Wahlen 2006.

Im Frühjahr 2004 ließ Carlos Ahumada drei seiner vielen Videos dem

---

* Der ZWEITE STOCK (segundo piso): López Obrador hat in den letzten Jahren kilometerlange Schnellstraßen durch bzw. besser gesagt: über die ganze Stadt bauen lassen, meistens in ca. 15 bis 25 Meter Höhe, so daß man mit PKWs schneller aus den reicheren Vororten ins Zentrum kommen kann.

rechten, privaten Fernsehsender „Televisa" zukommen, der als Intim-feind des Bürgermeisters mit großem Vergnügen erst ein Video zeigte, das dann den ganzen Tag wiederholt wurde, ohne aufzudecken, woher es stammte. Man konnte sehen, wie Geldbündel in Akten-, Hosen- und Jackentaschen wanderten. Nach ein paar Tagen kam dann das nächste Video und dann noch eins... Zwei der engsten Mitarbeiter von López Obrador (René Bejerano und Gustavo Ponce) haben eine halbe Million Dollar angenommen, angeblich für deren Wahlkampagnen, aber ihre Partei, die PRD, hat nie einen Centavo davon gesehen, es gab keine Belege, nur die Videos! Dieser sogenannte Videoskandal, bei dem sich jeder fragte, was kommt morgen für ein Video, wer ist noch korrupt – obwohl die Käuflichkeit fast aller Politiker für keinen Mexikaner etwas Neues ist – zog sich monatelang hin. PAN und PRI zeigten genüßlich auf die PRD, obwohl sie nur den momentanen Vorteil hatten, daß entsprechende Videos noch nicht gezeigt wurden. Das könnte sich jedoch eines Tages ändern, denn Ahumada scheint auch Aufnahmen mit den Söhnen der Präsidentengattin Marta Sahagún zu haben, mit denen er auch Geschäfte machte. Und die kubanische Regierung hat vermutlich Kopien von allen Videos, die Ahumada machte und mit sich nahm, als er vor dem Haftbefehl gegen ihn nach Kuba floh und erst nach Monaten an Mexiko ausgeliefert wurde, nachdem er zuvor intensiv verhört wurde.

Derzeit sind Ahumada, Bejerano und Ponce im Gefängnis, Rosario Robles ist frei.

López Obrador, dessen Popularität ungebrochen ist, hält das Ganze für ein Komplott (unter anderen) gegen ihn, an dem der Präsident Vicente Fox, der Expräsident Carlos Salinas de Gortari und eben Ahumada beteiligt sind.

Günter Meyer]

Zapatistische Nationale Befreiungsarmee. Mexiko.
15. August 2004
An: Wen es betrifft

Psst,
psst,
psst!
Ist da wer? Ein lauschendes Ohr?
Ein Blick? Irgendein Herz?

Macht's gut. Salud und Geduld, die Tugend des Kriegers.

Aus den Bergen des mexikanischen Südostens
Subcomandante Insurgente Marcos
Mexiko, August 2004, 20 und 10

P.S. Entschuldigt die Störung, aber wir haben da ein Video. Das einzige Problem ist, daß es gelesen werden muß (technische Beschränkungen des Widerstands der Rebellen), und, ach ja, der Kanal muß gewechselt werden ...

Erster Teil: Eine Felseninsel

Im Schutz des Regens geht Sombraluz – Schattenlicht – in Spiralen und zeichnet mit seinen Füßen ein Schneckenhaus. Geht er hinein? Kommt er heraus? Wer weiß. Er scheint mit jemandem zu sprechen oder jemandem zu schreiben, der nicht da ist. Schauen wir mal ...

Das Fest ist zu Ende. Die Musiker gehen schon, obwohl immer noch etwas los ist. Der morgige Tag wird so sein, wie die Tage in diesem Monat eben sind: manchmal Sonne, so als würde sie sich ab und zu zeigen, nur um zu sehen, was wir machen, und Wolken und Regen, die uns urplötzlich bedecken, als würden sie mit der Welt Hütchen spielen.

Aber es dauert noch etwas, bis die Sonne in ihrem Schlafanzug aus Wolken aufgeht, und es dauert auch noch, bis diese ihre Wehmut und ihre Seufzer über die Schatten und Lichter hier unten bekunden. Das Fest neigt sich dem Ende zu, so als würde die Ablösung kommen, als würde der Lärm (das Blabla der Musik im Schlamm) „Wer da" rufen und die Stille schweigend sagen „Ich bin es". Nach und nach legen auch die Grillen los. So warte doch, laß deine Taille noch eine Weile in meinen Armen. Sieh die Unordnung der verstreuten Sterne, den Himmel, der sein schattengebräuntes Gesicht wäscht, den lichtzwinkernden Mond zwischen den Wolken. Hörst du? Da ist nur noch das Sägemehl der Nacht, ein paar Regentropfen treffen mit klarer Verspätung auf die Blechdächer, ein Hund simuliert mit Hilfe anderer das Echo seines Bellens. Komm, wandern wir weiter, halten wir diesen Blick fest. Schalte deinen Verstand ein, sieh, was zu sehen ist und was nicht zu sehen ist. Aufgepaßt! Schon erscheinen die ersten Buchstaben.

Nun müßte eigentlich ein Bildschirm auftauchen, etwas Bild und Ton, und eine Fernbedienung. Das wäre zu vermuten, aber nein ... Anstelle des Bildschirms und der Fernbedienung taucht ein Pappschild auf, auf dem steht:

Das Intergalaktische Zapatistische Fernsehen
präsentiert ...
ein gaaanz besonderes Video!

Sombraluz tauscht das Schild gegen ein anderes aus, auf dem, diesmal in Kursivschrift, steht:

Das Fehlen von Bild und Ton in diesem Video liegt nicht an technischen Mängeln, sondern an dem, was wir „Technologie des Widerstands" nennen.

Mmh ... also ein Video ohne Bild und ohne Ton ... Nun beginnt die Präsentation des „alternativen Videos" auf mehreren Schildern, mit Buchstaben in verschiedenen Schriften, Größen und Farben. Nehmt Platz, wo und wie ihr könnt, und lest ...

Es war einmal vor langer Zeit ...
ein Land namens Mexiko

Wahrscheinlich werden es die zukünftigen Generationen Mexikos nicht mehr wissen (dank einer verbrecherischen Reform des höheren Bildungswesens), aber die kulturelle Gründungslegende, die am Ursprung der mexikanischen Nation steht, hat nichts mit dem Mestizentum zu tun. Ebenso wenig hat sie etwas mit der brutalen spanischen Eroberung zu tun und auch nicht mit den offenen oder verdeckten kriegerischen Invasionen der imperialistischen Dummheit, die im Laufe der Geschichte verschiedene Namen angenommen hat: Vereinigte Staaten von Nordamerika, Frankreich, England, Deutschland.
Noch viel weniger hängt sie zusammen mit der (bei jedem Regierungswechsel auftauchenden) albernen Verfügung, den Zweck der Geschichte an einem Namen festzumachen: Agustín de Iturbide, Antonio López de Santa Ana, Maximilian von Habsburg, Carlos Salinas de Gortari (oder wie derjenige auch

heißen mag, der den Titel trägt „Ich heiße wie ich heiße, aber man kennt mich als den Größten aller Zeiten").

Nein, der historische, kulturelle und symbolische Bezugspunkt dieser Nation ist mit dem Indigenen verbunden: Auf einer Felseninsel thront ein Adler auf einem Feigenkaktus und verschlingt eine Schlange. Dieses Bild sollte Wappen, Fahne, Synonym, kollektiver Spiegel und kultureller Anker der Mexikaner vom 19. Jahrhundert bis zum Beginn des 21. Jahrhunderts werden. Der Legende nach gründen die Mexicas an dem Ort, an dem sie dieses Zeichen finden, Tenochtitlán. Der Gott Huitzilopochtli (auch „blauer Himmel" genannt und durch eine Sonne dargestellt) hatte Copil besiegt. Das Herz des Besiegten wurde in den Boden eingepflanzt und daraus wuchs der Feigenkaktus. Die Mexicas, die Vorfahren von Aztlán („dem Sitz der Reiher") wurden später als „Azteken" bekannt, und dieser Name wurde im Lauf der Zeit zum Synonym für „Mexikaner".

So kommt es, daß heute, da das 21. Jahrhundert stotternd seine ersten Jahre im Chaos beginnt, die Symbole uns daran erinnern, daß Mexiko auf einer Felseninsel begründet ist. Und auf einer Insel geht die mexikanische Nation, wie immer im Laufe ihrer langen Geschichte, einem neuen Versuch der Zerstörung entgegen, diesmal unter dem Deckmantel der „Modernität". Und wie bei jedem Krieg greift der Mächtige zuerst die beiden wichtigsten Ziele an: die Wahrheit ... und die Zeitrechnung.

Ein Schnelldurchgang durch die wichtigsten Bilder des „nationalen Lebens", wie sie die Medien (besonders das Fernsehen) präsentieren, ruft ein Gefühl von Chaos, Anachronismus und Unvernunft hervor. Der maßgebliche Kalender zeigt die Mitte des Jahres 2004 an, aber die Programmgestaltung scheint manchmal aus der Mitte des 19. Jahrhunderts zu kommen und manchmal aus dem Jahr 2006.

Der Unterschied zwischen links und rechts liegt darin, daß die einen auf Video zu sehen sind und die anderen nicht

Einige Ergebnisse aus dem Fall Ahumada: Es wurden nicht nur die schauspielerischen Qualitäten der Führer der Partei der

Demokratischen Revolution (PRD) bestätigt, auch ihr Provinzialismus stand bereit, um das Privatflugzeug des Verführers von Volljährigen zu besteigen, ihre ausgefeilte Dekadenz (Politiker von PRI und PAN machten sich über Verbände und Strumpfbänder, über Börsen und Plastiktüten [Wortspiel mit der doppelten Bedeutung von „liga" und „bolsa", d. Üb.] lustig, so als gäbe es kein elektronisches Geld und Bankkonten auf den Kaiman-Inseln und die unfehlbare Methode, einen Skandal durch einen noch größeren zu vertuschen (ein glasklares Komplott, um sich medieninszeniert reinzuwaschen).

Dem Fall Ahumada verdanken wir auch den Blick auf eine Regierung, die den Medienskandal der juristischen Klärung vorzieht; den Blick auf die wahre politische (Zwergen)-Größe des „dynamischen Duos" (Creel[1] und Derbez[2]) und die Fahrlässigkeit, mit der der mexikanische Staat seine Regierung in eine internationale Krise mit der kubanischen Regierung steuert.

Und das Wichtigste: der Fall Ahumada war nur ein kleiner Vorgeschmack auf das breite Repertoire, mit dem die politische Klasse die Zeitrechung zerstört: Das Jahr 2006 wird das längste Jahr in der Geschichte werden, es hat nämlich schon im Januar 2004 begonnen. Weder das Streben nach Gerechtigkeit noch die Suche nach Wahrheit ließen die Machenschaften von Carlos Ahumada „Fernsehstar aus Berufung" (Monsiváis[3] dixit) ans Licht der Öffentlichkeit gelangen. Das Motiv war die Beschädigung des öffentlichen Bildes von López Obrador.

Ginge es nämlich nur um Korruption, so stünden die öffentlich gemachten und versteckten Skandale der Partei der Institutionalisierten Revolution (PRI) dem in nichts nach. Im sogenannten Pemexgate[4] gibt es massenhaft Beweise, nur fehlt das

---

1 Santiago Creel: derzeitiger Innenminister
2 Luis Ernesto Derbez: Außenminister
3 Carlos Monsiváis: bedeutender zeitgenössischer Schriftsteller Mexikos
4 Die von der PRI gesteuerte Gewerkschaft der mexikanischen Erdölgesellschaft Pemex hat im Jahre 2000 dem damaligen Präsidentschaftskandidaten der PRI Labastida illegal „Wahlkampfspenden" in Millionenhöhe zukommen lassen, wobei die beteiligten Personen sich selber auch einige Millionen einsteckten.

Video. Im schmutzigen Krieg von Diáz Ordaz[5], Echeverría[6], Lopez Portillo[7], De La Madrid[8], Salinas de Gortari und Zedillo gibt es eindeutige Beweise, doch die Gerechtigkeit verjährte innerhalb von drei Stunden. Der Wahlbetrug ist bewiesen, doch niemand auf der Anklagebank wurde verurteilt. Die zur Regierung gewordene Korruption ist legal abgesichert, doch das läßt sich nicht zum Wahlslogan machen.

Und die Partei der Nationalen Aktion (PAN) kämpft um ihren Platz in der Programmgestaltung. Die Geschichten mit *Vamos México*[9], der Staatlichen Lotterie[10] und der Umleitung öffentlicher Gelder an *Provida*[11] waren, so wird uns eilig erklärt, ein Problem der Öffentlichkeitsarbeit und der „schlechten Presse". Sehr ungern streiten sich die drei großen politischen Parteien um die Hauptrolle im Skandal, und zwar mit demselben Eifer wie zuvor um die Wählerstimmen. Offenbar tut ihnen niemand den Gefallen, sie darauf hinzuweisen, aber die Krise des mexikanischen Staates ist auch und vor allem eine Krise der politischen Klasse. Wenn der Wahlkampf von 2006 auf 2004 vorgezogen wird, dann nicht im nationalem Interesse, sondern weil das Verb „früh aufstehen" nicht nur bei zur Unzeit angesetzten Pressekonferenzen konjugiert wird.

Der Unterschied zwischen
Vergangenheit und Zukunft besteht darin,
daß erstere bereits bei der Beichte war

Der Kampf um die Macht bringt uns manchmal um Jahre voran, aber die real existierende Rechte erfüllt ihre Aufgabe und wirft

5 Gustavo Diaz Ordaz: Präsident Mexikos 1964-1970
6 Luis Echeverría: Präsident Mexikos 1970-1976
7 José López Portillo: Präsident Mexikos 1976-1982
8 Miguel de la Madrid: Präsident Mexikos 1982-1988
9 Von der Ehefrau des derzeitigen Präsidenten Vicente Fox, Marta Sahagún, gegründete Organisation angeblich zur Unterstützung Behinderter. Tatsächlich werden staatliche Gelder „umgeleitet", um den politischen und privaten Ambitionen Marta Sahagúns zu dienen.
10 Eine Freundin von Marta Sahagún wurde als Direktorin eingesetzt, die dann Gelder für „Vamos México" abzweigte.
11 katholische Organisation zur Bekämpfung des Kondomgebrauchs, lehnt Abtreibungen strikt ab

uns um Jahrzehnte und Jahrhunderte zurück. Als Meisterin der Doppelmoral hat die Rechte vor, der mexikanischen Gesellschaft ein Wertesystem aufzuzwingen, das auf Ausschluß beruht anstelle von Integration, auf der Philosophie der Seifenoper anstelle von wissenschaftlicher Kenntnis, auf Intoleranz anstelle von Achtung des Anderen, auf Rassismus anstelle von Menschenrechten, auf Almosen anstelle von Gerechtigkeit, auf geschlossenen Türen anstelle von sichtbarer Freiheit, auf Heuchelei anstelle von Ehrlichkeit. Also: Mittelalter, aber mit Internet und Fernsehen mit XXL-Auflösung.

Wenn jemand denkt, die Rechte hätte sich als Aufgabenbereich nur den kulturellen vorgenommen und hätte dort bisher nur Niederlagen eingesteckt (jedes Ereignis oder jede Veranstaltung, gegen das die religiöse Rechte ihr Veto einlegt, hat garantiert Erfolg), oder sie sei nur in der PAN und in den rückständigen Hierarchien der katholischen Kirche zu finden, der ist einfach nur naiv ... und leichtsinnig.

Von den *Legionären Christi* zu *Yunque*[12] über *Opus Dei* und *Provida* gibt sich die Rechte nicht damit zufrieden, „Köpfe und Herzen" zu erobern Sie erobert Bereiche der Macht, rekrutiert und trainiert paramilitärische Gruppen und dirigiert (manchmal zynisch, manchmal verdeckt) Bereiche der Politik, der Wirtschaft, der Medien und der Gesellschaft.

Kurzum, die Rechte wächst, vermehrt sich und stirbt nicht.

Und nicht nur das. Die Rechte hat durch die Mithilfe dieses berühmten Opportunisten, des Rektors der Unabhängigen Nationalen Universität von Mexiko-Stadt (UNAM) und Präsidentschaftskandidaten Juan Ramón de la Fuente, die universitäre Rechte wiederbelebt.

Bei der jüngsten Ermordung des jungen UNAM-Studenten Noel Pável González[13] wird die blutbefleckte Hand der rech-

12 Yunque = der Amboss; semiklandestine, ultrakatholische Brüderschaft, deren Ziel es ist, ihre Mitglieder in führende Positionen in Staat, Politik, Wirtschaft und Gesellschaft zu bringen bzw. zu halten. Wird vom Präsidentenehepaar unterstützt, mehrere Minister gehören zur Yunque.
13 Noel Pável González: Student der UNAM und zapatistischer Aktivist (bei der FZLN), der im April 2004 entführt, gefoltert und ermordet wurde, vermutlich von Polizei oder Militär. Die Staatsanwaltschaft versucht es als Selbstmord hinzustellen, wie auch bei Digna Ochoa.

ten Gruppe *Yunque* nur durch die Mithilfe der (der PRD und angeblich der Linken nahestehenden) Generalstaatsanwaltschaft von Mexiko-Stadt verschleiert, die, außer daß sie jeden Tag im Radio, im Fernsehen und in den Zeitungen präsent ist, „Selbstmorde" produziert, als wären es Pressemeldungen.

Mit Pavel und seiner Familie warten auch Digna Ochoa[14] und ihre Angehörigen. Verbittert erleben sie das, was andere totschweigen: die Kunst, Lügen als juristische Wahrheiten zu präsentieren.

Betrachtet man die Aktionen der Regierungen, so kann man sehen, daß, wenn sich früher die Parteien um einen Platz in „der Mitte" stritten, sie sich heute ganz offen um den auf der Rechten streiten.

Natürlich teilen die Politiker außer dem Hang zur Korruption und zum Autoritarismus noch etwas anderes: den Medienkult.

Der Unterschied zwischen Demokratie und „Rating" liegt in ... in ... in ... Gibt es denn überhaupt einen Unterschied?

Die politischen Veränderungen in Mexiko am Ende des 20. Jahrhunderts und Anfang des 21. Jahrhunderts kann man am Verhältnis zwischen Regierung und Medien ablesen. In der „goldenen" Zeit der PRI (der „Vormoderne", wie manche sagen) war noch die damalige Einheitspartei an der Regierung. Für die Medien brachte die „Moderne" einige Veränderungen mit sich, und es wurde notwendig, *mit* dem Medien zu regieren. In kurzer Zeit wuchs die Bedeutung der Medien und die politische Macht wurde *durch* die Medien regiert. Und heute, in der „Postmoderne", *sind* es die Medien, die regieren. Und die Politiker sind nur noch Staffage, die man nicht nur den Regeln des Spektakels, sondern auch den Themen unterwirft, die ihnen von Fernsehen, Radio und den Printmedien (in dieser hierarchischen und zeitlichen Reihenfolge) vorgegeben werden.

Was offensichtlich ist: die nationale Agenda (was ist wichtig

14 Im Oktober 2001 in ihrem Büro in Mexiko-Stadt ermordete Rechtsanwältin und Menschenrechtsaktivistin

und dringlich für die Nation, wie muß man sich darstellen, wie müssen die Probleme gelöst werden, mit welcher Methode, in welcher Reihenfolge und in welchem Zeitrahmen, also die Agenda der wichtigsten nationalen Probleme) wird nicht mehr in den exklusiven Zirkeln der politischen Klasse entschieden (wo dies früher geschah), und schon gar nicht unten, in der Bevölkerung (wo dies nie geschah, aber geschehen müßte), sondern in den Vorstandsetagen der großen Medienunternehmen.

Wenn früher die Medien mehrheitlich den Fesseln eines autoritären politischen Systems unterworfen waren, so gibt es heute dank der sozialen Kämpfe und des Verdienstes der Journalisten eine relative Freiheit (die dermaßen angegriffen wird, daß der Beruf des Journalisten eigentlich als „höchst gefährdet" eingestuft werden müßte). Es werden Themen angesprochen, an die früher nicht einmal zu denken war, und was mit Kreativität, Einfallsreichtum, kritischem Geist und Tiefe (wenn auch nicht häufig) getan wurde. Wir müssen dem engagierten Journalismus danken (dafür, daß es ihn gibt), der nicht zögert, sich der Macht entgegenzustellen, um bestimmte Nachrichten zu verbreiten, eine Reportage zu machen oder eine Chronik zu erarbeiten.

Doch dieser engagierte Journalismus hat durch seine gewachsene Bedeutung und moralische Autorität den Blick der Macht auf sich gezogen. Mit mehr oder weniger ausgeklügelten Schmeicheleien versuchten die Politiker ihn auf ihre Seite zu ziehen. Aber im Gegensatz zu den Politikern sind die Journalisten nicht dumm und sie haben gemerkt, daß die Politiker keinerlei Ahnung hatten, was wirklich geschah. Also gab es da diejenigen, die gegenüber der Macht standhaft blieben und bleiben, und diejenigen, die sich auf die Seite der Macht stellten und stellen. Letztere erheben sich selbst zu „Sprechern der Gesellschaft".

Die „öffentliche Meinung" ist die Maske, mit der einige Medien ihre Sonder- und Gruppenkriterien darstellen, als wären sie die ganze Bevölkerung. Nach und nach haben die Nachrichten- und „Diskussions"-Sendungen die Demokratie (Herrschaft des Volks, für das Volk und durch das Volk) einschließlich der Wahlen ersetzt. Bald werden die Abgeordnetensitze durch Zuschaueranrufe anstatt durch Wahlstimmen ermittelt werden (anstelle einer Torte, eines Erfrischungsgetränks, einer Mütze oder eines T-Shirts vom vormodernen Herankarren wird der Wahlzettel 40 Mal (!) gedruckt werden, um an der Verlosung eines Besuchs im Zirkus San Lázaro teilzunehmen).

Das ist kein perverser Akt, denn ein Gutteil der Journalisten, politischen Kolumnisten und Kommentatoren sind ehrliche Menschen mit kritischem Blick und wirklich um die gesellschaftlichen Probleme besorgt. Dafür verdienen sie sich die Achtung der Fernsehzuschauer, Radiohörer und Zeitungsleser. Doch es gibt auch welche, die sind nicht einmal Journalisten, und ihre Sichtweise ist die einer kleinen privilegierten Gruppe, die die Probleme von außen ... und von oben betrachtet.

In einer Situation, in der die Regierung nicht regiert, drängt die wachsende Bedeutung der Journalisten diese zu einer Gratwanderung zwischen Ethik und Zynismus. Vor dem Spiegel weiß jeder, wer wer ist.

Die extrem wichtige Rolle der Journalisten wurde von den Medienmonopolisten „als Geisel genommen". Das „Rating" der Medien, das von den Journalisten und nicht von den Werbekunden erreicht wurde, wird in den Dienst des politischen Marketing gestellt, besonders in Wahlkampfzeiten (und heute ist immer Wahlkampf, auch wenn keine Wahlen anstehen). So ersetzt das Bild in der Werbung die politischen Prinzipien und Programme, wird zum maßgeblichen Faktor und verschlingt oft die gesamte politische Partei, die sich in das Gewand des „Populärsten" kleidet (das hat die PAN mit Fox getan, das tut die PRD mit López Obrador, und die PRI ..., die PRI ... nun gut, sie werden schon noch jemanden finden).

Zusammengefaßt: der Unterschied zwischen der „Vormoderne" und der „Postmoderne" liegt darin, daß in der ersten die Politiker jemanden hatten, der ihnen die Reden schrieb, und sie in der zweiten jemanden haben, der ihnen die Werbespots dreht.

Doch der Schulterschluß zwischen den Medien und der politischen Klasse kann auch tödlich sein ... für die Medien. Die Journalisten, berauscht von der privilegierten Stellung gegenüber dem politischen System, nehmen dieses zum einzigen Adressaten und vergessen ihre sozialen Aufgaben. Bald werden die Nachrichten nur noch von anderen Journalisten gesehen, gehört oder gelesen werden (Ich muß euch leider mitteilen, daß die Politiker weder Nachrichten sehen, hören, noch lesen, sie haben nämlich einen Assistenten, der sie ihnen zusammenfaßt). Da die Politiker auf die Regierten verzichten, verzichten auch die Journalisten auf ihr Publikum. Die einen oder anderen gratulieren sich, und wenn sie sich im Spiegel des anderen sehen, sagen sie sich: „Was sind wir doch wichtig!"

Der Unterschied zwischen einem fortschrittlichen und einem faschistischen Medium liegt darin, wie es von ich, mir, mich, mit mir ... spricht

Der von vielen als „historisch" bezeichnete Marsch gegen das Verbrechen (wenn er auch nur wenige Tage die Ehre hatte, weil Durazos[15] Rücktritt ihn auf, wie wir Journalisten sagen, „Nachrichten aus dem Inland" verwies), löste eine Art Diskussion (in Wirklichkeit war es ein lebhafter Austausch von Bezeichnungen) über die Rolle der Medien aus.
Nach der Drohung mit einem Volksaufstand wegen des in jeder Hinsicht ungerechten, willkürlichen und illegalen Amtsenthebungsprozesses gegen López Obrador beriefen sich die PRD und ihr Umfeld auf die Empörung wegen des Aufrufs zum sogenannten „Schweigemarsch". Und um so mehr, als die Mobilisierung bezüglich der Beteiligung ... der wohlhabenden Schichten ein Erfolg war. Lange Zeit hatte sie diese Bereiche hofiert (Giuliani[16], die „Zweiten Stöcke", die Altstadt von Mexiko-Stadt, der Bauboom in Santa Fe, das „Houston" im Westen der Hauptstadt) und nun protestieren diese Undankbaren gegen die Unsicherheit.
Der Marsch findet statt, und die Rechte, die immer auf der Lauer ist, um das zu verwerten, was die Linke ihr hinwirft, macht sich darin stark (vergeblich, wie sich später herausstellt). Die Medien schließen sich ihr an. Tatsächlich wird die große Mehrheit der Teilnehmer durch Fernsehen, Radio und Print-

---

15 Alfonso Durazo: Sekretär des Präsidentschaftsamtes
16 ehemaliger Bürgermeister von New York, der von Mexiko-Stadt für seine Empfehlung seiner „Null-Toleranz"-Politik ein fünfstelliges Dollar-Honorar erhielt.

medien mobilisiert. Manche Medien tun dies, weil sie es als Kraftakt gegen López Obrador begreifen und sie ihn „zähmen" wollen, andere tun dies einfach aus Überzeugung und richten dabei ihren Protest an die nationale, die regionalen und kommunalen Regierungen.

Ein großer Teil der Demonstranten gehörte zu den wohlhabenden Schichten der mexikanischen Gesellschaft (die Straßen in der Nähe der *Reforma* und dem historischen Zentrum waren voller Autos mit Chauffeuren und Leibwächtern, die gelangweilt warteten, Dutzender geparkter Autobusse von Privatschulen, Luxusrestaurants waren vor, während und nach dem Marsch überfüllt. Jemand sagte mir: „Das war wie im Einkaufszentrum, nur noch eine Nummer härter"). Natürlich gab es auch diese sehr mexikanische Tradition namens Herankarren und „In Listen eintragen lassen" (die großen Läden in den Einkaufszentren „drängten" ihre Angestellten, daran teilzunehmen). Den Forderungen nach war es aber alles andere als eine Demonstration der Rechten. Sie demonstrierten nicht gegen die Enteignung von Privatunternehmen, nicht gegen Steuern auf Luxuswaren, auch nicht gegen Gesetze für gerechte Löhne oder gegen die Erdölhilfe für Kuba, und es wurde auch nicht zum Sturz der „roten" Regierung aufgerufen. Sie demonstrierten einfach gegen die Kriminalität – zwar nicht ausdrücklich gegen den Pöbel, aber wogegen sonst? Daß sie überfallen, entführt oder umgebracht werden, weil sie so schön sind?

Jahrelang hat die PRD die Straße gefürchtet. Jede Demonstration, die nicht der Unterstützung der Partei oder ihrer Führer galt, wurde mißtrauisch beäugt. Die Verteufelung der Studentenbewegung an der UNAM von 1999 (weil sie diese nicht anführen konnte) und die jahrelange Zerschlagung sozialer Organisationen haben dazu geführt, daß die Straße nun von denen erobert wird, die man so lange umworben hat: von den Wohlhabenden und Einflußreichen.

Die Medien waren ihrerseits als erste vom Erfolg des Marsches überrascht. *Televisa*[17] fiel nichts anderes ein als eine Diskussionsrunde zum Thema „Was kommt nach dem Marsch?", und

17 privater Fernsehkonzern

die drei kleinen Schweinchen (Fernández de Cevallos[18], Jackson[19] und Ortega[20]) zu bitten, sich dazu durchzuringen, Gesetze zur Lösung des Problems der Unsicherheit zu erlassen. Sich von Leuten in solchen Parteigremien etwas zu erhoffen, ist wie an UFOs zu glauben.

Die Medien haben schon öfters die Regierung von Mexiko-Stadt herausgefordert. Die Verbreitung der Videos im Fall Ahumada und die Reportagen über die Unsicherheit in der Stadt sind Bespiele dafür. Der „Schweigemarsch" diente dazu, die Gemüter aufzuheizen. Daher fehlte nur noch der Vorwurf, besonders gegen *Televisa*, die „schwarze Hand des Faschismus" zu sein. Und er kam auch sofort.

Doch eine aufmerksame Lektüre einiger Medien läßt einen die Dinge zurechtrücken: *Crónica*[21], die „Lieblings"-Zeitung von López Obrador, hat seit vielen Jahren das verlangt, was nun auch die PRI fordert: daß der Streit nicht in den Medien, sondern vor Gericht ausgetragen wird. *Reforma*[22], eine andere Zeitung, die von López Obrador sehr geschätzt wird, hat die Korruption im gesamten Parteienspektrum dokumentiert, und nicht nur die der PRD. *El Universal*[23] hat anständige Reporter und Kommentatoren. *La Jornada*[24] bleibt (schon seit 20 Jahren) bei ihrem sozialen Engagement und ist die meistgelesene Zeitung im Internet. *Televisa* setzte in den Tagen nach dem Marsch in ihren Nachrichtensendungen die Angriffe auf López Obrador wegen des Verkaufs von *Banamex*[25] und *Bancomer*[25] ständig fort. Wochen später untersuchten *Televisa*-Reporter die Umleitung von Geldern, die ursprünglich für den Kampf gegen AIDS bestimmt waren, an die rechte Organisation *Provida*, und dokumentierten die heimliche Abtreibung in Klinken dieser Organisation, die angeblich gegen Abtreibung ist. Und es gibt mehr Fälle, als dokumentiert werden können.

---

18 ein führender Politiker der PAN
19 Enrique Jackson: ein führender Politiker der PRI
20 Jesús Ortega: ein führender Politiker der PRD
21 Tageszeitung, pro-Salinas-de-Gortari
22 Tageszeitung, pro-PAN
23 Tageszeitung
24 kritische Tageszeitung
25 amerikanische Banken

Andererseits berichtete *Televisa* sehr gemein und geschmacklos über die Hochzeit der Journalistin Letizia mit einem Mitglied des englischen Königshauses (entschuldigt, mir fällt gerade der Name nicht ein, vielleicht nachher auf der Toilette ...), und zwar mit Geldern, die eigentlich für die Opfer der Attentate vom 11. März in Madrid bestimmt waren. Oder er verbreitete das Märchen, daß die Luftwaffe angeblich UFOs gesichtet hätte. Außerdem betrieb er in einer Sondersendung über die Scheibenputzer die gefährliche Mode, die Armen zu kriminalisieren. So wurden Einparker, Scheibenputzer und Straßenhändler so dargestellt, als wären die meisten von ihnen Entführer und Räuber. Natürlich widmet nun postwendend Señor Ebrard[26] (der, wenn ich mich nicht irre, Polizeichef der „Stadt der Hoffnung" ist) all seine Anstrengungen der Verfolgung und Kriminalisierung der Armut. Jetzt bekämpft man anstelle der Kriminalität die Armen ... und wieder einmal, um sich einer bestimmten Schicht anzubiedern.

So scheint weder das eine noch das andere zu stimmen. Weder sind *Televisa* und andere elektronische und Printmedien die „Speerspitze des Faschismus" in Mexiko, wie die PRD behauptet, noch sind *Televisa* und andere Medien die „Avantgarde der Demokratisierung" der Medien und der Gesellschaft, wie deren Sprecher, Kommentatoren und Herausgeber von sich sagen. Ebenso ist die Regierung von López Obrador hin- und hergerissen zwischen der Unterstützung der Ärmsten, Sozialprogrammen und löblichen kulturellen Initiativen einerseits und andererseits dem Autoritarismus und der Verfolgung der Armen durch Polizeioperationen, deren Bilder an den von den englischen und US-amerikanischen Truppen besetzten Irak erinnern. Nein, die einen wie die anderen richten sich ein und orientieren sich.

Medien und Politiker sind sich nicht nur im endlosen Wiederholen einig, daß Armut ein Synonym für Kriminalität sei. Tag für Tag gibt es politische und Finanzskandale, die nicht strafrechtlich verfolgt werden, und es bleibt bei einer moralischen Verurteilung. Es wird nicht mehr diskutiert, ob jemand

---

26 Marcelo Ebrard: Polizeichef von Mexiko-Stadt oder, wie sein Freund López Obrador auch sagt, der „Stadt der Hoffnung"

moralisch schlecht gehandelt hat, sondern ob es illegal ist oder nicht. Das mexikanische Rechtssystem steckt, wie der ganze Staat, in einem Sumpf voller Fäulnis, wo mit Gesetzen und Richtern die größten Verbrechen gedeckt werden. Entführungen und Repression (wie u.a. unter Echeverría), Betrug (wie der bei der staatlichen Lotterie), Umleitung von Geldern (wie die der PAN an *Provida*), Diebstahl, der als Gesetzesabkommen getarnt wird (wie der an den Beschäftigten der Sozialversicherung) und was heute noch alles an der Tagesordnung ist: alles wird durch die „Herrschaft des Gesetzes" legitimiert, aber dabei wird leichtfertig das soziale Ressentiment kultiviert.

Während all das geschieht, kommt hinter der Agenda der Medien eine andere Agenda hervor, die der Zerstörung des mexikanischen Staates ...

Eine andere Programmatik?

Außerhalb dieser Programmatik gibt es Personen, Kollektive, Gruppen, Dörfer, die begreifen, daß hinter der sogenannten „nationalen Agenda" eine andere steht, die eigentliche, die grob gesagt in der Zerstörung Mexikos als Nation besteht. Sie wissen, daß die rasende und unerbittliche Zerschlagung des Nationalstaats, die von einer politischen Klasse ohne Berufung und Schamgefühl durchgeführt (und in nicht wenigen Fällen von einigen Medien und dem gesamten Rechtssystem begleitet) wird, zu einem Chaos und einem Alptraum führen wird, bei dem nicht einmal ein Fernsehabend voller Horror und Spannung mithalten kann.

Als hätte sie in einem neoliberalen Meer Schiffbruch erlitten, versinkt die mexikanische Nation immer tiefer und gleicht sich selbst immer weniger und immer mehr dem Nichts. Das Land, dessen Gründungsgeschichte auf eine Felseninsel in einer Lagune zurückgeht, ertrinkt in Gewässern, die nicht ihre eigenen sind.

Doch es gibt Mexikanerinnen und Mexikaner, die Widerstand leisten. Nicht ohne Schwierigkeiten, mit allen Rückschlägen und Ernüchterungen, die die Pflicht mit sich bringt, bauen sie kleine Räume aus, Inseln, auf denen man träumt, kämpft, arbeitet. Inseln, auf denen morgen Mexiko Mexiko sein wird, vielleicht ein bißchen besser, vielleicht ein bißchen schöner, aber immerhin Mexiko.

Von einer dieser Inseln des Widerstands, nicht der besten und auch nicht der einzigen, nämlich der Autonomie in den zapatistischen indigenen Gemeinden, werden wir erzählen müssen. Wir werden von den *Caracoles*[27], den Schneckenhäusern, und den *Räten der Guten Regierung* sprechen, von unseren Fehlern, Irrtümern und den Errungenschaften, ohne ein anderes Bild als der Blick, der unser Wort aufnimmt, und ohne einen anderen Ton als den, den uns unser Gehör und das Herz derer gewährt, die, ohne hier zu sein, bei uns sind.

Aus den Bergen des mexikanischen Südostens
Subcomandante Insurgente Marcos
Mexiko, August 2004, 20 und 10

Zweiter Teil: Zwei Mängel

Na gut, okay, ich bin zu nachsichtig zum Spiegel. Aber ich behaupte nicht, daß wir nur zwei Mängel, Irrtümer oder Fehler im ersten Jahr der *Caracoles* und der Räte der Guten Regierung hatten, sondern daß es zwei Mängel sind, die in unser politischen Arbeit schon chronisch zu sein scheinen (und die unseren Prinzipien auf eklatante Weise widersprechen): Einerseits die Stellung der Frau und andererseits das Verhältnis der politischmilitärischen Struktur zu den autonomen Regierungen.

Wer Kontakt zu den *Caracoles* und den Räten der Guten Regierung hatte, wird noch mehr Dinge entdecken, aber ein Teil davon ist der Dynamik des Widerstands geschuldet, ein anderer Teil davon sind Fehler, die wenigstens teilweise schon einer Lösung entgegengehen, und ein weiterer Teil sind Fehler, die keine sind (das heißt, sie sind Absicht).

Es gibt noch andere Mängel, bei denen ich mir nicht sicher bin, ob sie etwas mit dem Krieg, dem Widerstand und der Klandestinität zu tun haben könnten. Da ist zum Beispiel unsere bereits traditionelle Unhöflichkeit. Es ist üblich, daß jemand, der in die *Caracoles* kommt, um mit dem Rat der Guten Regie-

27 siehe Chronik, 9. August 2003

rung zu sprechen, eine ganze Weile warten muß, bevor er erfährt, ob er empfangen wird oder nicht. Auch kommt es häufig vor, daß Fragen geschickt werden und nicht geantwortet wird („sie sollten wenigstens antworten, daß sie nicht antworten werden", bat grummelnd die Zivilgesellschaft).

Es mag lustig klingen, aber für jemanden, der gar einen Ozean überqueren mußte (und zwar nicht metaphorisch), um unser Land zu erreichen, ist es überhaupt nicht witzig, wenn ihn niemand empfängt. Ich glaube, das ist die hiesige Umgangsform, aber hier wird bereits an einer Lösung gearbeitet. Jetzt gibt es eine Kommission, die, während sich der Rat der Guten Regierung an die Arbeit macht, alle Ankommenden empfängt (vorausgesetzt, es ist nicht die Bundesregierung). Doch die Funktionsweise der sogenannten „Empfangskommission" (die fast immer aus Mitgliedern des Geheimen Revolutionären Indigenen Komitees (CCRI) besteht) war nicht in allen *Caracoles* gleich, und mehr als eine „Zivilgesellschaft" mußte warten. Aber glaubt mir, wir achten darauf, daß das nicht mehr vorkommt ... oder nicht so oft.

Andererseits müßt ihr verstehen, daß wir eine Rebellen- und Widerstandsbewegung sind. Wenn dann noch mehrere Generationen von Opfern des Betrugs und Verrats dazukommen, so kann man doch das natürliche Mißtrauen gegenüber neuen Besuchern verstehen, und daß dann Angaben und Empfehlungen verlangt werden, die zur Klärung beitragen können, ob der Neuankömmling mit guten oder schlechten Absichten kommt. Was manche als bürokratische Tendenzen in den Räten der Guten Regierung und den autonomen Räten sehen, ist in Wirklichkeit das Ergebnis der Dynamik des Bedrängten und Verfolgten.

Ein anderer „Mangel", den „Zivilgesellschaften" ausgemacht haben, und besonders Nichtregierungsorganisationen, die in den Gemeinden arbeiten, ist keiner.

Ich spreche von der Tatsache, daß die Mitglieder der Räte der Guten Regierung (*Juntas del Buen Gobierno* - JBG) ständig wechseln. Nach „Schichten", die (je nach Region) von acht bis 15 Tagen dauern, wird der Rat abgelöst; die Mitglieder kehren in ihre Arbeit im autonomen Rat zurück und andere kommen in die JBG.

„Wenn wir uns gerade als Team eingespielt haben", sagen die

„Zivilgesellschaftler", „wird der Rat durch einen anderen ersetzt und wir müssen wieder von vorne anfangen. Es gibt keine Kontinuität, weil wir in der einen Woche mit einem Rat eine Vereinbarung treffen und in der nächsten Woche ein neuer Rat da ist." Manche gehen gar nicht erst ins Detail und sagen: „Die Räte der Guten Regierung sind eine Katastrophe."

Eine „Überwachungskommission" (ein Team des CCRI, das die JBG in jeder Zone unterstützen soll), sagte mir: wir mühen uns sehr ab, denn wenn ein Team gerade begriffen hat, wie die Arbeit des Rats ablaufen muß, wird es durch ein anderes ersetzt und wir müssen den Neuen wieder alles von vorn erklären. Aber das ist noch nicht alles, denn wenn alle autonomen Räte einmal dran waren, fängt alles wieder von vorne an."

Ihr mögt vielleicht sagen, daß ich ganz schlau sein will, aber in Wahrheit ist das genau so gedacht.

Natürlich lautet der Plan nicht, daß die Räte eine Katastrophe sein sollen, um den Begriff der „Zivilgesellschaftler" zu benutzen. Geplant ist, daß die Arbeit der JBG unter den Mitgliedern aller autonomen Räte aller Regionen rotiert. Die Regierungsarbeit soll nämlich nicht ausschließlich einer Gruppe zufallen, es soll keine „Regierungsprofis" geben, so viele wie möglich sollen das lernen, und es soll der Gedanke bekämpft werden, daß das Regieren nur von „besonderen Menschen" ausgeübt werden kann.

Tatsächlich gibt es immer dann, wenn alle Mitglieder eines autonomen Rats bereits begriffen haben, was der Sinn der guten Regierung ist, Neuwahlen in den Gemeinden und alle Ämter wechseln. Wer schon genug gelernt hat, kehrt ins Maisfeld zurück und es kommen Neue ... und alles geht wieder von vorne los.

Eine gründliche Analyse wird zeigen, daß dies ein Prozeß ist, in dem ganze Dörfer das Regieren lernen.

Die Vorteile? Nun gut, einer davon ist der, daß es so schwieriger wird, daß ein Vertreter zu weit geht und mit der Ausrede, wie „kompliziert" das Regieren ist, die Gemeinden nicht über die Benutzung von Geldern oder über bestimmte Entscheidungen informiert. Je mehr wissen, wie alles abläuft, um so schwieriger wird es sein, zu betrügen und zu lügen. Und die Regierten werden die Regierenden aufmerksamer beobachten.

Auch Korruption wird erschwert. Wenn es gelingt, ein Mitglied der JBG zu bestechen, dann muß man alle autonomen Vertreter bestechen, denn ein „Deal" mit nur einem von ihnen ist keine Garantie (auch Korruption braucht Kontinuität). Wenn man dann alle Räte bestochen hat, muß man wieder von vorne anfangen, inzwischen haben die Ämter gewechselt und der „Deal", den man mit einem ausgehandelt hat, funktioniert nicht mehr. Also muß man praktisch alle erwachsenen Einwohner der zapatistischen Gemeinden bestechen. Dabei ist natürlich klar, daß, selbst wenn man das erreicht hat, die Kinder inzwischen herangewachsen sind und also wieder alles von vorne anfängt ...

Wir wissen wohl, daß diese Methode die Durchführung einiger Projekte erschwert, aber dafür haben wir eine Schule des Regierens, die sich langfristig in einer neuen Form der Politik auswirken wird. Außerdem hat uns dieser „Fehler" erlaubt, jede potentielle Korruption zu bekämpfen.

Das braucht alles Zeit, ich weiß. Aber für uns Zapatisten, die wir über Jahrzehnte hinaus planen, sind ein paar Jahre nicht viel.

Ein weiterer Mangel, der keiner ist, ist der, daß manchmal jemand zur JBG kommt, und eine Erklärung zur Unterstützung einer Bewegung oder Organisation eingibt und dieser nicht stattgegeben wird. Oder daß jemand die JBG zu einer politischen Veranstaltung einlädt und diese der Einladung nicht nachkommt. Das passiert nicht, weil die JBG kein Interesse an der Unterstützung oder der Teilnahme hat. Das hängt ganz einfach damit zusammen, daß die JBG für solche Aktionen nicht die Richtigen sind, denn das betrifft alle zapatistischen Gemeinden und nicht nur diejenigen, die im Amt eines Rats sitzen, und die JBG können sich keine Repräsentation anmaßen, die ihnen nicht zusteht. Zudem sind die meisten dieser Anfragen und Einladungen an die EZLN gerichtet, aber die EZLN ist eine Sache, und die Räte sind eine andere Sache. Also regt euch bitte nicht auf, wir lernen alle dazu.

Anders als man denken mag, sind die Fehler, die in unserer Verantwortung liegen, am schwierigsten zu lösen.

Am Anfang dieses zweiten Teils des Videos sagte ich, daß ein Mangel, den wir seit Jahren mit uns herumschleppen, die

Stellung der Frau ist. Die Beteiligung der Frauen an organisatorischen Führungsaufgaben ist immer noch gering und in den autonomen Räten und dem JBG praktisch nicht vorhanden. Auch wenn dieser Mangel nicht von der EZLN in die Gemeinden eingeführt wurde, liegt er doch in unserer Verantwortung.

In den lokalen Geheimen Revolutionären Indigenen Komitees (CCRI) liegt der Frauenanteil zwar zwischen 33 und 40%, in den autonomen Räten und den JBG ist er aber im Durchschnitt unter 1%. Bei der Ernennung der Ejido-Beauftragten und Bezirksvertreter werden Frauen immer noch übergangen. Die Regierungsarbeit bleibt weiterhin Männern vorbehalten. Nicht daß wir am „empowerment" von Frauen interessiert wären, das ganz oben so in Mode ist, aber es gibt noch immer keine Räume, die die weibliche Beteiligung an der zapatistischen Basis in den Regierungsämtern widerspiegeln.

Und das ist noch nicht alles. Obwohl zapatistische Frauen eine wesentliche Rolle im Widerstand hatten und haben, besteht die Achtung ihrer Rechte oft immer noch rein auf dem Papier. Die Gewalt in der Familie ist zwar zurückgegangen, aber mehr durch die Beschränkung des Alkoholkonsums als durch eine neue Familien- und Geschlechterkultur.

Frauen wird auch immer noch die Beteiligung an Aktivitäten verwehrt, für die sie das Dorf verlassen müssen.

Das steht zwar nirgends geschrieben und wird auch nicht direkt so gesagt, aber eine Frau, die ohne ihren Mann und ihre Kinder das Dorf verläßt, wird in ein schlechtes Licht gestellt. Und ich spreche hier nicht von „nicht-zapatistischen" Aktivitäten, die einer strengen Regel unterliegen, die auch Männer einschließt. Ich spreche von Kursen und Versammlungen, die von der EZLN, den JBG, den autonomen Bezirken, den Frauenkooperativen und den Dörfern organisiert werden.

Es ist eine Schande, aber wir müssen ehrlich sein: wir können noch keine positive Bilanz ziehen, was die Achtung der Frau, die Schaffung von Bedingungen für ihre Entwicklung betrifft, was eine neue Kultur betrifft, die ihnen angeblich den Männern vorbehaltene Fähigkeiten und Begabungen zuerkennt.

Auch wenn uns klar ist, daß das lange dauert, hoffen wir eines Tages sagen zu können, daß wir es geschafft haben, wenigstens diesen Aspekt der Welt umzustürzen. Allein dafür hätte sich all das gelohnt.

Was die EZLN wirklich (und zwar im schlechten Sinne) in die Gemeinden und in ihren Autonomieprozeß eingebracht hat, ist das Verhältnis der politisch-militärischen Struktur zu den autonomen Zivilregierungen.

Ursprünglich war das so gedacht, daß die EZLN die Dörfer beim Aufbau ihrer Autonomie begleiten und unterstützen sollte. Doch aus Begleitung wurde oft Führung und aus Beratung Anordnung ... und aus Unterstützung Behinderung.

Ich habe bereits davon gesprochen, daß die hierarchische Pyramidenstruktur nicht charakteristisch für die Gemeinden ist. Die Tatsache, daß die EZLN eine politisch-militärischen und klandestine Organisation ist, kontaminiert noch immer Prozesse, die demokratisch sein sollten und müssen.

In einigen Räten und *Caracoles* gibt es das Phänomen, daß Kommandanten des CCRI Entscheidungen treffen, die ihnen nicht zustehen, und so dem Rat Probleme bereiten. „Das „Gehorchend Regieren" [28] ist eine Tendenz, die immer noch auf Wände stößt, die wir selbst errichten.

Diese beiden Mängel brauchen unsere besondere Aufmerksamkeit und es bedarf natürlich Gegenmaßnahmen. Wir können sie nicht auf die militärische Belagerung schieben oder auf den Widerstand, auf den Feind, den Neoliberalismus, die politischen Parteien, die Medien oder auf die schlechte Laune, die wir morgens haben, wenn wir nicht in der Haut stecken, in der wir stecken möchten ...

Nun gut. Ich habe mich so kurz wie möglich gefaßt, denn man muß seine Fehler ebenso kurz und bündig akzeptieren wie man sich seiner Lösung ausführlich widmen muß.

Macht's gut. Salud, und ich kann verstehen, daß ihr noch nicht verstehen könnt. Deshalb hatte ich anfangs geschrieben „Geduld, die Tugend des Kriegers".

Aus den Bergen des mexikanischen Südostens
Subcomandante Insurgente Marcos
Mexiko, August 2004, 20 und 10

---

28 span.: *mandar obedeciendo*

P.S. Oder findet ihr uns vielleicht netter, wenn wir still sind? Kommt nicht in Frage, wir sagen, was wir denken und fühlen. Von wie vielen Menschen und Organisationen kann man dasselbe behaupten?

Dritter Teil: Drei Schultern

Auf der Schulter der Nacht erschien der Mond, aber nur für eine kurze Weile. Die Wolken teilten sich wie ein Vorhang, der aufgezogen wird, und da zeigte der nächtliche Körper seinen Abdruck aus Licht. Ja, wie das Mal, das ein Biß in die Schulter hinterläßt, wenn man beim Flug des Begehrens nicht weiß, ob man fällt oder steigt.

Nachdem ich vor zwanzig Jahren mühsam den ersten Hügel hinaufgestiegen war, um die Berge des mexikanischen Südostens zu erklimmen, setzte ich mich an einer Wegbiegung nieder. Wie spät es war? Das weiß ich nicht mehr genau, aber es war um die Stunde, wenn die Nacht sagt „Ich war jetzt schon lange genug da mit all den Grillen, ich sollte lieber schlafen gehen" und noch niemand die Sonne aufweckt. Oder anders gesagt, es war in der Morgendämmerung.

Während ich versuchte, Atmung und Herzschlag zu beruhigen, überlegte ich, ob es nicht ratsamer wäre, einen ruhigeren Beruf zu ergreifen. Immerhin waren diese Berge bisher auch sehr gut ohne mich zurecht gekommen und würden mich nicht vermissen.

Ich muß sagen, daß ich meine Pfeife nicht angezündet habe. Ich habe mich sogar nicht einmal bewegt. Und zwar nicht aus militärischer Disziplin, sondern weil mir mein ganzer, damals schöner Körper wehtat. Ich fing eine Gewohnheit an, die ich (mit eiserner Selbstdisziplin) bis heute beibehalten habe, nämlich mein Talent zu verfluchen, mich selbst in Schwierigkeiten zu bringen.

Ich war noch damit, also mit diesem Sport des Beklagens, beschäftigt, als ich oben auf dem Hügel einen Mann mit einem Sack Mais auf dem Rücken entlanggehen sah. Seine Last sah schwer aus und der Mann ging gebückt. Mir hatten sie auf halber Strecke den Hügel hinauf das Gepäck vom Rücken genommen, damit ich den Marsch nicht behinderte, aber was so schwer wog, war mein Leben, nicht mein Rucksack. Wie auch immer, ich weiß nicht, wie lange ich dasaß, aber kurz darauf kam dieser Mann wieder vorbei, diesmal hügelabwärts und ohne Last. Aber er ging immer noch gebückt. „Mist!", dachte ich (das war das einzige, was ich tun konnte, ohne daß mir alles wehtat), „so werde ich mit der Zeit auch aussehen, mein männliches Äußeres wird zugrunde gehen und meine Zukunft als Sexsymbol wird so wie die Wahlen enden, als Schwindel."

Und tatsächlich, nach wenigen Monaten lief ich herum wie ein Fragezeichen. Aber nicht wegen des Gewichts des Rucksacks, sondern damit sich meine Nase nicht in Ästen und Lianen verfing.

Ungefähr ein Jahr später traf ich den alten Antonio. Eines Morgens kam ich zu seiner Hütte, um Tortillas und Maismehl abzuholen. Damals gingen wir noch nicht in die Dörfer und nur wenige Indigene wußten von unserer Existenz. Der alte Antonio bot mir an, mich zu unserem Lager zu begleiten, also verteilte er die Last auf zwei Säcke und machte sie an seinem Stirnriemen fest. Ich steckte den Sack in meinen Rucksack, weil ich den Stirnriemen nicht mag. Wir marschierten mit den Taschenlampen, bis wir an die Viehweide kamen, wo die Bäume beginnen. An einem Bach hielten wir an, um abzuwarten, bis es hell wurde.

Ich weiß nicht mehr, wer anfing zu plaudern, aber der alte Antonio erklärte mir, daß die Indigenen immer gekrümmt gehen, auch wenn sie nichts tragen, weil sie das Wohl des anderen auf ihren Schultern tragen.

Ich fragte ihn, wie das käme, und der alte Antonio erklärte mir, daß die ersten Götter, die die Welt geschaffen haben, Männer und Frauen aus Mais machten, die immer zusammen gingen. Und er erzählte mir, daß „zusammen gehen" bedeutet, auch an den anderen, den Gefährten, zu denken. „Deshalb gehen die Indigenen gekrümmt", sagte der alte Antonio, „denn sie laden ihr Herz und die Herzen aller auf ihre Schultern".

Ich dachte damals, für diese Last würden zwei Schultern nicht ausreichen.

Die Zeit verging und es geschah, was geschehen ist. Wir bereiteten uns auf den Kampf vor und unsere erste Niederlage erlitten wir gegen diese Indigenen. Sie und wir gingen gebückt, aber wir durch die Last des Hochmuts, und sie, weil sie auch uns noch trugen (obwohl wir das nicht merkten). Dann wurden wir zu ihnen, und sie zu uns. Wir begannen zusammen zu gehen, und dabei wußten wir alle, daß für diese Last zwei Schultern nicht ausreichten. Also erhoben wir uns eines Tages an dem 1. Januar 1994 in Waffen ... um eine weitere Schulter zu suchen, die uns beim Gehen, das heißt beim Sein hilft.

Die dritte Schulter

Wie zu Beginn der mexikanischen Nation hat auch die zeitgenössische Geschichte der indigenen zapatistischen Gemeinden ihre Gründungslegende. Wer in dieser Gegend lebt, hat nun drei Schultern.

Den beiden Schultern, die gewöhnliche Menschen haben, haben die Zapatisten eine dritte hinzugefügt: die der nationalen und internationalen „Zivilgesellschaften".

In einem späteren Teil dieses „seltsamen" Videos werde ich über die Fortschritte berichten, die für die zapatistischen Gemeinden erreicht wurden. Wir werden dann sehen, daß sie so groß sind, wie wir es uns nie erträumt hätten.

Doch jetzt möchte ich euch erzählen, daß dies möglich war, weil uns „jemand" seine Schulter geliehen hat.

Wir glauben, daß wir Glück gehabt haben. Unsere Bewegung konnte von Beginn an mit der Unterstützung und der Sympathie von Hunderttausenden von Menschen aus den fünf Kontinenten rechnen. Diese Sympathie und diese Unterstützung ließen sich nicht abhalten von persönlichen Beschränkungen, Entfernungen, kulturellen und sprachlichen Unterschieden, Grenzen und Reisepässen, unterschiedlichen politischen Vorstellungen, Behinderung durch die Regierungen Mexikos und der Bundesstaaten, Polizeikontrollen, Überfällen und militärischen Angriffen, Drohungen und Aggressionen paramilitärischer Gruppen, unserem Mißtrauen, unserer Unhöflichkeit, unserem Unverständnis gegenüber anderen, unserem ungeschickten Auftreten.

Nein, trotz all dem (und noch viel mehr, wie alle wissen) haben die „Zivilgesellschaften" aus Mexiko und der ganzen Welt wegen, für und mit uns gearbeitet.

Und sie taten dies nicht aus Wohltätigkeit, nicht aus Mitleid, nicht aus politischer Mode, nicht aus Gier nach Publicity, sondern weil sie, auf die eine oder andere Art, eine Sache zu ihrer eigenen machten, die für uns allein immer noch zu groß ist: eine Welt zu schaffen, in der jede Welt Platz findet, das heißt, eine Welt, die sich die Herzen aller auf den Rücken lädt.

In einem Jahr reisten Menschen und Organisationen aus mindestens 43 Ländern an, einschließlich unserem, also Mexiko. Sie kamen aus den am wenigsten erwarteten Winkeln Mexikos und der Welt, von Inseln, die sich trotz des neoliberalen Sturms noch halten konnten, um die *Caracoles* und die Räte der Guten Regierung zu besuchen (sei es wegen Projekten, Spenden, um etwas zu klären oder einfach um den Prozeß des Aufbaus der Autonomie kennenzulernen).

Männer und Frauen als Personen und als Organisationen aus Spanien, Deutschland, dem Baskenland, Slowenien, Italien, der Schweiz, Schottland, USA, Dänemark, Belgien, Finnland, Australien, Argentinien, Frankreich, Kanada, Polen, Schweden, Holland, Norwegen, Brasilien, Guatemala, Türkei, Chile, Kolumbien, El Salvador, Peru, Griechenland, Portugal, Japan, Nordafrika (so steht es im Bericht, ich weiß nicht genau welches Land), Nicaragua, England, Uruguay, Bolivien, Österreich, Neuseeland, Israel, Iran, der Tschechischen Republik und allen Bundesstaaten Mexikos, haben ihre Schulter zu den beiden Schultern der Gemeinden hinzugetan, um die Lebensbedingungen der zapatistischen Indigenen radikal zu verändern.

So kamen sie in einem Jahr zu den *Caracoles* und den Räten der Guten Regierung (manchmal mit produktiven Projekten, mal mit Spenden, mal mit offenen und respektvollen Ohren, mal mit einem schwesterlichen Wort, mal aus Neugierde, mal mit wissenschaftlichem Eifer, und manchmal mit dem Wunsch, Probleme durch den respektvollen Dialog und eine Vereinbarung unter Gleichen zu lösen), Tausende von Menschen als Einzelpersonen oder aus gesellschaftlichen Organisationen, als Nichtregierungsorganisationen, als humanitäre Organisationen, als Menschenrechtsorganisationen, als Kooperativen, als Bezirksvertreter aus anderen mexikanischen Bundesstaaten und anderen Teilen der Welt, als diplomatisches Corps anderer Länder, als wissenschaftliche Forscher, als Künstler, Musiker, Intellektuelle, Geistliche, Kleineigentümer, Angestellte, Arbeiter, Hausfrauen oder „Hausmänner", Sexarbeiter und -arbeiterinnen, Marktverkäufer, als Straßenhändler, Fußballspieler, Studenten, Lehrer, Ärzte, Krankenschwestern, Unternehmer, Staatsbeamte und vieles mehr.

Allein aus Oventic berichtet das *Caracol*, in einem Jahr 2.921 Menschen aus anderen Ländern und 1.537 aus Mexiko aufgenommen zu haben, ohne die Compañeras und Compañeros zapatistischer Unterstützungsbasen zu zählen, die sich mit verschiedenen Problemen an den Rat wenden.

Die dritte Schulter des zapatistischen Kampfs hat viele Farben, spricht viele Sprachen, sieht mit vielen Blicken und geht zusammen mit vielen anderen.

Mit ihnen sprechen wir und wir überreichen ihnen, außer unserem Dank, auch unsere

Buchführung

Gut, es ist Zeit abzurechnen. Ich bitte euch um Toleranz, denn mir ist es zugefallen, die Buchführung aller Räte zu überprüfen und eine Art Bericht zu verfassen. Jeder Rat hat seine eigene „Art" zu sagen: was schreiben wir in den Übertrag und was schreiben wir in den Rest. Es war also nicht einfach, aber wenn ihr wollt, die Einzelheiten können ab dem 16. September dieses Jahres in jedem *Caracol* überprüft werden.

Insgesamt melden die fünf Räte der Guten Regierung, die es auf zapatistischem Gebiet gibt, Einnahmen von fast 12,5 Millionen Pesos, Ausgaben von ca. 10 Millionen Pesos und ein Saldo von ungefähr 2,5 Millionen Pesos.

Es gibt beträchtliche Unterschiede in der Buchführung der einzelnen Räte. Das liegt daran, daß einige Räte alle Gelder auflisten, von denen sie wissen, das heißt sie führen in der Buchführung das auf, was sie direkt einnehmen und das, was die Autonomen Zapatistischen Rebellenbezirke (MAREZ[29])

29 *Municipio Autónomo Rebeldes Zapatistas*

mit der Zustimmung der Räte der Guten Regierung eingenommen haben. Andere Räte führen nur das auf, was sie direkt verwalten, ohne das mitzuzählen, was die MAREZ bekommen haben.

Es gibt aber auch beträchtliche Unterschiede in den Einnahmen der JBG. In einigen Fällen liegt das daran, daß einige Räte (wie die von Los Altos und dem Grenzgebiet des Lakandonischen Urwalds), ein sehr großes Gebiet abdecken, und in anderen Fällen, weil ihr Standort den „Zivilgesellschaften" besser bekannt ist (wie Oventic und La Realidad), und in einigen weiteren Fällen, weil der Unterschied in der organisatorischen Entwicklung zwischen den verschiedenen Zonen noch sehr ausgeprägt ist.

Hier sind in ungefähren Zahlen (und gerundet, weil die Compañeros noch jeden Centavo mitgezählt haben) einige Daten, die vom jeweiligen Rat in einem Arbeitsjahr gemeldet wurden:

Roberto Barrios
Einnahmen: 1.600.000 Pesos   Ausgaben: 1.000.000 Pesos

Morelia
Einnahmen: 1.050.000 Pesos   Ausgaben: 900.000 Pesos

La Garrucha
Einnahmen: 600.000 Pesos   Ausgaben: 300.000 Pesos

Oventic
Einnahmen: 4.500.000 Pesos   Ausgaben: 3.500.000 Pesos

La Realidad
Einnahmen: 5.000.000 Pesos   Ausgaben: 4.000.000 Pesos

Was wurde mit diesem Geld gemacht? Gut, dazu kommen wir schon noch. Fürs erste möchte ich nur sagen, daß sich niemand persönlich daran bereichert hat.

Die autonomen Amtsträger, die sich in der Führung der Räte der Guten Regierung gegenseitig ablösen, leben von ihrem eigenen Unterhalt, und während der Zeit, die sie in den *Caracoles* tätig sind, durch Mittel aus den Dörfern oder durch die Unterstützung der EZLN. Der mittlere Tagesverbrauch pro Person (ohne die Fahrt von der jeweiligen Gemeinde zum

Caracol und zurück) eines Mitglieds des Rats von La Garrucha zum Beispiel ist weniger als 8 Pesos (an anderen Orten ist er ein wenig höher). In Oventic sind es Null Pesos, weil die Amtsträger ihre Tortillas, ihre Bohnen und ihren Kaffee mitbringen (und wenn nicht dann Zacate-Tee).

Vergleicht das bitte mit dem, was in Mexiko ein Direktor der Sozialversicherung IMSS [30] verdient (der dafür bezahlt wird, daß er die Errungenschaften der Beschäftigten dieses Instituts zerschlägt), oder zum Beispiel mit dem, was ein paar Handtücher im Präsidentenpalast unseres Landes kosten[31], oder zum Beispiel mit dem, was für ein paar Matratzen in der Wohnung eines Mitarbeiters der Fox-Regierung im Ausland bezahlt wird, oder mit dem, was ein Abgeordneter oder ein Senator verdient. Natürlich haben unsere Amtsträger keine Leibwächter, sie bezahlen auch keine Berater und kaufen sich auch keinen Jahreswagen, essen nicht in Luxusrestaurants und setzen ihre Verwandten nicht auf die Gehaltsliste.

Das heißt, Regieren muß nicht unbedingt teuer sein.

Die Schulter des Geburtstagskindes

Die Erwähnung der „Dritten Schulter" wäre nicht vollständig, würden nicht diejenigen mit genannt, die, obwohl das Schweigen Richtungsverlust, Unordnung, interne Streitigkeiten, Verschwinden oder Gerüchte bedeuten konnte – letzteres ist in diesen Zeiten in Mode gekommen –, aufmerksam und entschlossen versucht haben, zu verstehen, worum hier gekämpft wird (und die Art und Weise und den Zeitablauf des Kampfs). Sich anzuhören, was der andere sagt, und vor allem, das, was er nicht sagt, ist nur zwischen Menschen möglich, die den Weg, und manchmal auch die Last, miteinander teilen.

Ich spreche von denen, die, obwohl sie sicherlich wichtigere Dinge zu tun haben, sich Zeit und die nötige Aufmerksamkeit nehmen, um die zu hören und zu sehen, die man normalerweise nicht hört und sieht (oder nur bei „wichtigen" Ereignissen). Die, von denen ich spreche, werden, wie ich, im September

30 staatliches Krankenkassensystem
31 Es wurden große Mengen Handtücher angeschafft, zum Stückpreis von 4.000 Pesos (ca. 30 Euro)

20 Jahre alt. Ich habe sie im ersten Teil nur beiläufig erwähnt, weil sie für uns mehr als nur ein Kommunikationsmittel sind. Ihr wißt vielleicht schon, daß ich damit die Herausgeber und Journalisten der mexikanischen Tageszeitung *La Jornada* meine.

Wie viele Frauen und Männer, die den Kampf der indianischen Völker (und deshalb den der Zapatisten) unterstützen, sehen und hören die von *La Jornada* den zapatistischen Dörfern nicht deshalb zu, weil es angesagt ist oder weil sie dadurch die Auflage steigern wollen. Ihre Aktivität geht über das reine journalistische Geschäft hinaus, es hat etwas damit zu tun, was manche „Ethik des Engagements" nennen, und zwar mit dem Wunsch nach einer wirklichen und gerechten Veränderung und nicht mit dem Streben nach ökonomischem oder politischem Gewinn. Ich möchte nicht unfair sein und die „Jornaleros" „großzügig" nennen, ich sage stattdessen, daß sie konsequent waren, und es sind wenige, sehr wenige, die das von sich sagen und über 20 Jahre hinweg einlösen können.

Ich weiß, daß ich voreilig bin, aber es ist fast sicher, daß an diesem Tag, dem Geburtstag, *La Jornada* voller Anzeigen sein wird, die ihr zu ihrem 20. Geburtstag gratulieren, und es wird kaum Platz genug für den Glückwunsch sein, den wir, ihre kleinsten Geschwister, ihr schicken werden.

Deshalb greifen wir vor, und an diesem eurem „Nichtgeburtstag" schicken wir euch allen eine Umarmung, nur eine, aber eine von denen, die man nur Geschwistern gibt, und die etwas ausdrückt, das sich nicht in Worte fassen läßt. Ich schicke euch auch meine persönliche Umarmung, in der Hoffnung, sie allen und jedem einzelnen der „Jornaleros" einmal persönlich geben zu können (hoffentlich nicht *post mortem*).

Und da „der frühe Vogel mehr wert ist als der Spatz in der Hand" (heißt das nicht so?, entschuldigt, aber die Unordnung im Büro ist ansteckend), wünschen wir dasselbe, wenn die Torte angeschnitten wird, die, so groß sie auch sein mag, bestimmt nicht so groß sein kann wie die Herzen, die sie tragen.

Also, alles Gute zum Geburtstag (trinkt nicht zu viel, denn dann passieren Dinge, die ein ehrliches Ohr und einen ehrlichen Blick verlangen).

Und an alle „Zivilgesellschaften" Glückwünsche zum Geburtstag der *Caracoles* und der Räte der Guten Regierung. Und danke für die dritte Schulter.

Macht's gut. Salud und wenn die Piñata[32] das Gesicht von Bush trägt, würde ich gerne mit Hand anlegen.

Aus den Bergen des mexikanischen Südostens
Subcomandante Insurgente Marcos
Mexiko, August 2004, 20 und 10

P.S. Mein Geburtstagsfest wird eher einfach und ruhig sein, es wird bitteren Pozol geben, und zwar nicht, weil er mir schmeckt, sondern weil er die Compañeros lustig macht.

Vierter Teil: Vier Verunglimpfungen

Es gab und gibt noch mehr, aber hauptsächlich waren es vier Verunglimpfungen, die von Rechtsintellektuellen, Richtern, Gesetzgebern und Gouverneuren angeführt wurden, um sich gegen die Abkommen von San Andrés, der Gesetzesinitiative der COCOPA und die praktische Umsetzung dieser Gesetze durch die indigenen zapatistischen Gemeinden mit den *Caracoles* und den Räten der Guten Regierung im August 2003 auszusprechen.
Wie moderne Wahrsager prophezeiten sie damals die Auflösung des mexikanischen Staates, und die Schaffung eines Staates im Staat „für" Marcos (so titelte im August 2003 die Zeitung, die im Besitz von Ahumada ist, und paradoxerweise *El Independiente* – Die Unabhängige – heißt), die Zunahme von Konflikten zwischen den Gemeinden und die Verletzung der individuellen Menschenrechte durch die Ausübung der kollektiven Rechte.

---

32 Eine ursprünglich aus Ton, heute meist aus Pappmaché gefertigte Figur, die an einer Leine hängt und von Kindern, deren Augen verbunden sind, mit einem Stock zerschlagen werden soll, damit die darin befindlichen Süßigkeiten herunterfallen.

Dem gemäß plante die EZLN eine politisch-militärische Offensive, einen Angriff auf die Kaserne der Bundesarmee in der Bezirkshauptstadt von San Andrés und weitere Dummheiten dieser Art. Es wurde Alarm geschlagen, das Heer, die Luftwaffe, die Marine, die PFP[33] wurden in Alarmzustand versetzt, Waffen wurden bereitgestellt sowie Haftbefehle, Polizeioperationen und Geld, um Schweigen und Worte zu erkaufen. Erklärungen wurden abgegeben, Minuten später folgte der Widerruf, der dann auch widerrufen wurden (wer immer auch daran beteiligt war, der Größte darin war und ist Santiago Creel). Hysterisch wurden als Geheimdienstberichte getarnte Gerüchte und als Gerüchte getarnte Geheimdienstberichte ausgetauscht. In diesen Tagen stand der mexikanische Südosten knapp davor, wieder einmal (wie 1994, 1995 und 1998) zum Schauplatz von Kämpfen zu werden.

Doch dann kam jemand, von oben, aber von außen, und sagte, nein, es handele sich um eine politische und keine militärische Initiative, es sei nichts anderes als die praktische Umsetzung dessen, was Bundesregierung und EZLN im Februar 1996 ausgehandelt hatten, nur eben sieben Jahre später.

Wieder ein anderer empfahl, es geschehen zu lassen, das Scheitern abzuwarten und zusammen mit dem Vorrücken der Bundesarmee auf zapatistische Positionen das „Ich habe es euch ja gesagt" vorzubereiten.

Was ich erzähle, ist wirklich geschehen, nämlich bei den Sitzungen der Regierung von Vicente Fox im Juli und August vor einem Jahr.

Offensichtlich entschieden sic sich dafür, darauf zu warten, daß wir scheitern. Und wie immer, wenn sie über uns politische oder militärische Berechnungen machen, haben sie sich geirrt.

Wir sind nicht nur nicht gescheitert: Wir haben nicht nur die Lebensbedingungen der indigenen Gemeinden bedeutend verbessert, sondern wir haben nun auch praktische und stichhaltige Argumente, um die Lügen zu entkräften, die die Grundlage der Ablehnung des sogenannten COCOPA-Gesetzes waren.

---

33 *Policía Federal Preventiva* – eine Bundespolizei

Auflösung des Staates?

Vor ein paar Jahren begründete ein Mitglied des Obersten Gerichtshofs, der Instanz, die den Mächtigen Straffreiheit verschafft (aber in juristischen Worten verfaßt), seine Position gegen die verfassungsmäßige Anerkennung der Rechte der Indigenen folgendermaßen: *Der mexikanische Staat würde sich auflösen, es würde viele Länder in einem Land und überall eigene Gesetze geben. Kurzum, das Land würde balkanisiert werden.*
Man könnte denken, daß er sich auf den Drogenhandel und dessen Verbindungen zu Regierungsmitgliedern und Richtern bezogen hat, aber nein, er sprach von der Übereinkunft, die Existenz der indianischen Völker Mexikos anzuerkennen, das heißt, ihre kollektiven Rechte anzuerkennen.
Mit der Gründung der *Caracoles* und der Räte der Guten Regierung beschlossen die Zapatisten, die Abkommen von San Andrés in die Praxis umzusetzen und durch Taten zu beweisen, das wir zu Mexiko gehören wollen (dem wir nicht angehören könnten, wenn wir nicht aufhörten würden, das zu sein, was wir sind).
Ein Jahr nach der Entstehung der *Caracoles* und der Räte der Guten Regierung befindet sich das Land tatsächlich im Zerfallsprozeß, aber nicht wegen der Autonomie der Indigenen, sondern wegen eines richtigen inneren Krieges, wegen der erbarmungslosen Zerstörung seiner Grundlagen: der Souveränität über die Rohstoffe, der Sozialpolitik und der nationalen Ökonomie. Diese drei Grundlagen, die unter anderem schon in den imperialistischen Sezessionskriegen zerstört wurden, werden nun von den drei Staatsgewalten in die Luft gesprengt.
Die Souveränität über das Erdöl und die Energieerzeugung, um nur ein Beispiel zu nennen, ist eines der Ziele der Verfassungsreformen, die im Kongreß anhängig sind. Die Sozialpolitik (oder der soziale Wohlfahrtsstaat) hat sich in etwas Lächerliches verwandelt: die diesbezüglichen Behörden sind nur noch Mildtätigkeits- und Almoseneinrichtungen), und die Errungenschaften der Arbeiter werden durch Geheimabkommen abgeschafft, flankiert von lautstarken Medienkampagnen (wie im Fall der IMSS, um nur ein jüngstes Beispiel zu zitieren).

Die nationale Ökonomie ist schon seit einer ganzen Weile keine solche mehr und wurde zum Sich-Durchschlagen durch Klitschenwirtschaft. Die nationalen Produktionsanlagen bestehen aus einem Haufen von Industrieschrott und Nostalgie, der Handel steht unter dem Monopol großer transnationaler Konzerne, die Banken sind von ausländischem Kapital durchdrungen und das Hin und Her der Finanzspekulationen rechnet mit globalen und nicht mit nationalen Variabeln.

Übersetzt heißt das: weniger Arbeitsplätze und prekärere Bedingungen, höhere Arbeitslosigkeit und mehr Unterbeschäftigung, höhere Preise und niedrigere Löhne, wenn überhaupt ins Gewicht fällt, was wir produzieren können, dann produzieren wir für einen globalen Markt, in dem wir nur eine makroökonomische Variabel sind, und nicht für den Binnenkonsum. Armut betrifft nicht mehr nur die Arbeiter, sondern auch kleine und mittlere Unternehmer, und es gibt immer weniger reiche Mexikaner, und die werden immer reicher.

Kurz gesagt, die Bundesregierung hat auf ihre Amtsausübung verzichtet und der Nationalstaat wankt unter den Schlägen, die er von oben, und nicht von unten bekommt.

Es gibt ein Wort für so tiefgreifende Veränderungen wie die, die unser Land gerade erleidet, und die von oben und ohne jede Zustimmung oder Konsultierung von unten stattfinden: man nennt das Konterrevolution.

Das einzige, was uns bleibt, wäre, die Nation neu zu begründen.

Mit einem neuen Sozialpakt, einer neuen Verfassung, einer neuen politischen Klasse und einer neuen Art von Politik. Mit einem Wort, man bräuchte ein Kampfprogramm von unten, das auf der wirklichen nationalen Agenda beruht, und nicht auf der, die Politiker und Medien verbreiten.

Wie ihr in diesem und dem nächsten Kapitel sehen könnt, hat unsererseits nichts von dem, was die Räte der Guten Regierung und den Autonomen Zapatistischen Rebellenbezirke unternommen haben, zur Auflösung des Nationalstaats beigetragen.

Ein Staat im Staate?

Wer gut regiert, muß für alle regieren, nicht nur für diejenigen, die mit ihm sympathisieren oder seiner Organisation angehören, nicht nur für die gleicher Ethnie, Kultur oder Sprache.

In der Auffassung der Zapatisten ist der Kampf für die Integration des einen kein Kampf für den Ausschluß des anderen. Wenn die Existenz des Mestizen nicht das Verschwinden des Indigenen impliziert, dann impliziert unsere Anerkennung, so wie wir sind, nicht die Ablehnung derjenigen, die nicht wie wir sind. Und das gilt für die Indigenen wie für die Zapatisten.

Die Räte der Guten Regierung sind der Beweis dafür, daß der Zapatismus die Welt, in der wir leben, unter seinen Ideen und seiner Lebensweise weder dominieren noch homogenisieren will.

Die Räte der Guten Regierung sind entstanden, um allen zu dienen, Zapatisten, Nicht-Zapatisten und sogar Anti-Zapatisten. Sie sind entstanden, um zwischen Autoritäten und Bürgern zu vermitteln, und zwischen Autoritäten verschiedener Bereiche und Hierarchieebenen. Das haben sie getan und werden sie auch weiterhin tun. Vor einem Jahr bei der Entstehung der *Caracoles* und der Räte, bot Comandante David an, die zu achten, die uns Achtung entgegen bringen. Das halten wir ein.

So halten die Räte der Guten Regierung eine respektvolle Kommunikation zu den verschiedenen gesellschaftlichen Organisationen, mit vielen offiziellen Bezirksregierungen, mit denen die autonomen Bezirke ihr Territorium teilen, und in einigen Fällen mit der Regierung des Bundesstaats. Es werden Empfehlungen ausgetauscht und es wird versucht, Probleme im Dialog zu lösen.

Anders als die Bundesregierung, deren „Beauftragter" den Dummen spielt, der die Staatskasse betreut und dazu Presseerklärungen abgibt, zog es die Regionalregierung vor, keine Pressekampagne (hinsichtlich des Zapatismus) zu starten. Sie entschied sich dafür, Signale auszusenden und geduldig abzuwarten. Im Wissen, daß die Ziele der Zapatisten nicht lokal begrenzt sind, sondern sich auf das ganze Land beziehen, hat sich die Regierung von Chiapas dafür entscheiden, nicht ein Teil des Problems, sondern ein Teil der Lösung zu sein.

Während sich Don Luis Álvarez von ein paar Schlauköpfen weismachen läßt, er habe Kontakt zur EZLN, sie ihm Geld aus der Tasche ziehen und ihn von einem Ort zum anderen schleppen mit dem Versprechen, er würde den „einen da" (Marcos) treffen, und er versucht, die „Bauernfront" des PAN zu gründen, indem er Wellblech und Solarzellen verteilt, hat die Regierung des Bundesstaats einen wirklichen Kontakt zu den zapatistischen Gemeinden.

Insbesondere sind wir nicht dagegen, daß die Fox-Regierung dem selbsternannten „Friedensbeauftragten" seinen Lohn zahlt, aber wir denken, daß dieser seine Arbeit neu bestimmen sollte: anstatt ihn dafür zu bezahlen, daß er den Dialog mit den Zapatisten sucht (was er nicht macht), sollte man ihn dafür bezahlen, daß er die Kosten der Anti-Zapatisten trägt.

Die Räte der Guten Regierung haben zusammen mit der Regierung des Bundesstaats Chiapas im Fall der Geisel, die von der CIOAC[34] in Las Margeritas festgehalten wurde, verhandelt, bei der Entschädigung der Opfer von Zinacantán, bei der Entschädigung der vom Bau einer Straße durch das Gebiet des Tzeltalischen Urwalds betroffenen Bauern, beim Problem der „Fahrradtaxis" an der Küste von Chiapas und vielleicht in noch einer weiteren Sache, die mir jetzt gerade entfallen ist. Wenn ihr die Berichte der einzelnen Räte durchlest, werdet ihr das alles sehen, denn wir verbergen nichts. Allgemein haben wir immer versucht, Auseinandersetzungen unter Indigenen zu vermeiden.

Zur Zeit stehen wir in Verbindung wegen der jüngsten Ermordung eines Compañero aus der Unterstützungsbasis von Polhó und der Vergewaltigung eines 11jährigen Mädchens in Chilón.

Achtung bedeutet Anerkennung, und die Räte der Guten Regierung erkennen die Existenz und die Zuständigkeit der Staatsregierung von Chiapas und der offiziellen Bezirke an, und in den meisten Fällen erkennen die offiziellen Bezirksautoritäten und die Staatsregierung die Existenz und Zuständigkeit der JBG an. Gleichermaßen erkennen die Räte der Guten Regierung die Existenz und Legitimität anderer Organisationen an, respektieren diese und verlangen Respekt.

---

34 eine Bauernorganisation

Nur so, durch die gegenseitige Achtung, können Abkommen getroffen und erfüllt werden.

Es hat eine Weile gedauert, aber jetzt wissen die nicht-zapatistischen und anti-zapatistischen Menschen und Organisationen, daß sie zu den JBG kommen und jedes Problem besprechen können, daß sie nicht verhaftet werden (die JBG sind Instanzen der Dialogs, nicht der Bestrafung), daß ihr Fall bewertet und Recht gesprochen wird. Wenn jemand für einen anderen eine Bestrafung fordert, soll er zu einem offiziellen oder autonomen Bezirk gehen, aber wenn jemand eine Lösung durch Dialog oder Abkommen möchte, dann soll er zum Rat der Guten Regierung kommen.

Mehr Konflikte?

Dieses Vorgehen der JBG hat bereits Auswirkungen bei den autonomen und bei den offiziellen Bezirken. Bei sozialen Problemen zwischen Gruppen, Gemeinden und Organisationen wird immer weniger Gewalt oder das Mittel der Geiselnahme eingesetzt und man geht immer mehr zum Dialog über. So konnte man sehen, daß viele Fälle keine Auseinandersetzungen zwischen Organisationen sind, sondern individuelle Probleme, die sich als die von Organisationen darstellen.

Das wichtigste, was wir haben, ist unser Wort. Auf seiner Grundlage wurde die moralische Autorität unserer Bewegung geschaffen, die, nicht ohne Rückschläge, nach einer neuen Form der Politik sucht.

Früher galt es als sicher, daß jede Aggression politischen Ursprungs war, sie wurde angezeigt und es wurde mobilisiert. Jetzt wird zuerst untersucht, ob etwas politische Gründe hat oder ob es sich um gewöhnliche Straftaten handelt.

Dafür halten die JBG über das Sekretariat für Indianische Völker Verbindung zur Bundesregierung von Chiapas. Wenn ein Angriff auf Zapatisten vorkommt und es keine Kommunikation mit den Angreifern gibt, um festzustellen, wo das Problem herrührt, und zu einer Regelung durch den Dialog zu kommen, weisen die Räte der Guten Regierung die autonome Autorität an, mit der Untersuchung zu beginnen, und gleichzeitig geben sie die Fakten des Falls an die Behörden des Bundesstaats weiter. Solange noch nicht mit Klarheit feststeht, worum es in der Sache geht, wird noch nicht zur Anzeige, zur Mobilisierung oder zu Repressalien gegriffen.

Wenn die Sache nicht politisch, sondern kriminell ist, wird eine angemessene Zeit abgewartet, damit die Justiz des Bundesstaats in Aktion treten kann. Wenn das nicht geschieht, wird die zapatistische Justiz aktiv.

In den bisher aufgetreten Fällen hat sich die Justiz der Regierung von Chiapas durch Langsamkeit und Ineffizienz hervorgetan. Scheinbar ist der Justizapparat von Chiapas nur dann schnell bei der Arbeit, wenn es darum geht, politische Gegner der Staatsregierung zu kriminalisieren. Im Falle der Autoritäten von Zinacantán, bei dem das Delikt gerade erst begangen und dokumentiert war, beschränkte sich die Staatsregierung darauf, die Entschädigung der Opfer zu befürworten, aber als es dann darum ging festzustellen, wer die Verantwortlichen für die Aggression sind, und juristisch gegen diese vorzugehen, wurde nichts unternommen. Und im Fall von Chilón, wo im Rahmen einer Auseinandersetzung zwischen Zapatisten und Nicht-Zapatisten ein elfjähriges Mädchen vergewaltigt wurde, wurden die Differenzen, die die Ursache der Auseinandersetzung waren, beigelegt. Alle Angaben über die Vergewaltiger (einschließlich ärztlicher Gutachten, die die Vergewaltigung des Mädchens belegen) wurden an die zuständigen Behörden weitergeleitet, aber nichts geschah (wenigstens nicht bis zum heutigen Tag). Die Vergewaltiger sind weiterhin auf freiem Fuß, obwohl sie nicht den Rückhalt ihrer eigenen Organisation haben (die sich von dem Vorfall distanziert hat).

Doch muß gesagt werden, daß die schlimmsten Angriffe, die wir Zapatisten in diesem Jahr erlitten haben, nicht von der Bundesarmee und auch nicht von der Sicherheitspolizei des Bundesstaats kamen (was die Paramilitärs betrifft, so werden zur Zeit die möglichen politischen Gründe im Fall eines in Polhó ermordeten Compañero untersucht).

Paradoxerweise ergaben sich die schlimmsten Probleme und gewalttätigsten Angriffe, die wir Zapatisten in diesem Jahr erlitten haben, mit Organisationen und Regierungen der PRD: die offizielle CIOAC der Region Las Margaritas und die offizielle (PRD)-Bezirksregierung von Zinacantán. In beiden Fällen erlitten die Zapatisten Gewalt. In Las Margaritas wurden Compañeros entführt und in Zinacantán wurde auf eine friedliche Demonstration geschossen.

Die offizielle CIOAC des Bezirks Las Margaritas (ich bin hier sehr genau, denn mit der CIOAC anderer Gemeinden gab es gegenseitiges Einverständnis und Achtung) wollte nur ihren korrupten Status im Bezirk behalten und ihre Führer wollten weiterhin auf Kosten der offiziellen Behörden leben.

In Zinacantán plante und organisierte die PRD-Regierung einen Hinterhalt, bei dem mehrere Zapatisten durch Schußwunden verletzt wurden. Mit der „Video-Krise" konfrontiert, verfiel die PRD in ein komplizenhaftes Schweigen und eröffnete erst vor kurzem ein Parteiausschlußverfahren gegen den Bezirkspräsidenten. In auserlesenen PRD-Kreisen heißt es, damit habe man es den Zapatisten heimzahlen wollen, weil sie ihre Partei bei den Wahlen nicht unterstützt haben. Ist das die landesweite Plattform für die Wahlen von 2006? Prügel und Kugeln für alle, die der PRD nicht bedingungslos ergeben sind? Nur mal so gefragt …

Mit den anderen Organisationen, mit denen es Reibungen gab und gibt und mit denen früher die Dinge nach der Logik gelöst wurden: „Es gibt ein Problem, ich schnappe mir einen von deinen Leuten, du schnappst dir einen von meinen Leuten, dann machen wir einen Austausch und das Problem besteht weiter" (oder „Du trommelst einen ganzen Haufen Leute zusammen, ich trommle einen ganzen Haufen Leute zusammen, wir prügeln uns und das Problem besteht weiter"), wird nun versucht zu sprechen, die Standpunkte beider Seiten kennenzulernen und sich zu einigen. Einfach so, ohne Zusammenstöße oder gegenseitige Geiselnahmen. So wurden die Probleme mit der ORCAO[35], der ARIC-Independiente[35], der ARIC-PRI[35], der CNC[35] und vieler anderer gelöst, die in den Gebieten präsent sind, in denen die JBG operieren und ihr Einfluß spürbar ist.

Anders als in früheren Jahren sind die Konflikte zwischen den Gemeinden und Organisationen auf dem Gebiet der Räte der

35 verschiedene Bauernorganisationen

Guten Regierung zurückgegangen, und auch die Kriminalitätsrate und die der unbestraften Verbrechen ist zurückgegangen. Die Verbrechen werden aufgelöst und nicht nur bestraft. Wenn ihr mir nicht glaubt, dann seht nach in den Zeitungsarchiven, den Gerichten, den Staatsanwaltschaften, in den Gefängnissen, Krankenhäusern, auf den Friedhöfen. Vergleicht, wie es früher war und wie es jetzt ist, und zieht daraus eure Schlüsse.

Eine Justiz nach Belieben?

Die Gute Regierung versucht nicht, denen Straffreiheit zu verschaffen, die mit ihr sympathisieren, und ist auch nicht dazu da, die zu bestrafen, die andere Ideen und Auffassungen vertreten. Das heißt, sie darf sich nicht verhalten wie die Bundesregierung, die Kriminellen Straffreiheit verschafft, weil sie in der PAN sind (z.B. Estrada Cajigal[36]) oder weil sie mit der PRI einen Handel eingingen (Luís Echeverría), und die ihre Gegner (López Obrador) bestrafen und von den Wahlen 2006 ausschließen will.

Die Gesetze, die in den Autonomen Zapatistischen Rebellenbezirken gelten, widersprechen nicht nur nicht den Rechtsprinzipien, die in der Bundes- und Regionaljustiz herrschen, sondern vervollständigen diese in vielen Fällen.

Ich sagte, die Gute Regierung ist nicht dazu da, um den eigenen Leuten Straffreiheit zu verschaffen und die anderen zu bestrafen.

Als Beispiel zur Veranschaulichung zeige ich hier eine Kopie des offiziellen Schreibens des Autonomen Bezirksgerichts von San Juan de La Libertad, Chiapas, vom 19. August 2004, an die verfassungsmäßige Regierung des Bundesstaats Chiapas und mit Kopie an den Bezirkspräsidenten von Chalchihuitán und das Bezirksgericht von Chalchihuitán. Der Text dient als Argument (ich folge der ursprünglichen Schreibweise):

Vor diesen autonomen Behörden und vor den Amtspersonen des Bezirksgerichts wurde am 14. August dieses Jahres von

---

36 Gouverneur des Bundesstaates Morelos; mit engen Verbindungen zur Drogen-Mafia

den örtlichen Behörden dieses Bezirks der Bürger Fulano, 17 Jahre alt, EZLN-Unterstützungsbasis, aus Jolik'alum, Gemeinde Chalchihuitán, Chiapas, vorgeführt, weil er am 13. August dieses Jahres eine gewöhnliche Straftat verübt hatte, als der Bürger Zutano von der Nationalen Aktionspartei (PAN) sein Haus verließ, um auf dem Markt von Jolitontic Einkäufe zu tätigen, und auf dem Rückweg auf dem Gehweg auf diesen Jugendlichen Fulano traf, der im Gebüsch versteckt war, bewaffnet mit einer einschüssigen Feuerwaffe Kaliber 22 und versuchte, aus einer Entfernung von 5 Metern auf den Bürger Zutano zu schießen, aber die Waffe versagte.

Beim Erscheinen vor den autonomen Bezirksrichtern erklärte der Jugendliche Fulano, daß der Bürger Zutano selbst diese Provokation verursacht habe, als er 300 Kaffeesträucher von guter Qualität herausriß, die Eigentum des Jugendlichen Fulano waren, und deshalb habe dieser Jugendliche schon seit einem Jahr eine Wut, wir, die autonomen Richter betrachten das als schweren Verstoß gegen die revolutionäre zapatistische Ordnung und Disziplin von Seiten des Bürgers Fulano, diesbezüglich ordnen wir die sofortige Festnahme des Beschuldigten an, da Angaben vorliegen, die eine solche Straftat bestätigen, aber zum Zeitpunkt der Festnahme des Beschuldigten entzog sich der Kläger Zutano den Bezirksrichtern und weigerte sich so, über die Ursachen dieser Angelegenheit auszusagen, als wäre er in dieser Sache schuldig. Die Autonomen Behörden können jede Art von Angelegenheiten oder Straftaten allgemeiner Art lösen. Der Bürger Fulano verbüßt zur Zeit seine Freiheitsstrafe [...] Die Waffe des Bürgers Fulano befindet sich in den Händen der autonomen Behörden von San Juan de La Libertad, die Waffe ist in schlechtem Zustand, weil sie nicht mehr richtig funktioniert und wird zerstört werden.

Kollektive Rechte gegen individuelle Rechte?

Ich kann mir vorstellen, daß es juristische Studien gibt oder geben wird, die beweisen, daß in der Anerkennung beider Rechte kein Widerspruch liegt. Nun reden wir davon, was wir tatsächlich sehen und was wir praktizieren, und wir sind offen dafür, daß jemand kommt und nachprüft, ob die Ausübung unserer Rechte als indianische Völker irgendein individuelles Recht verletzt.

Die kollektiven Rechte (wie der Beschluß über Nutzung und Gebrauch der Rohstoffe) widersprechen nicht nur nicht den individuellen Rechten, sondern ermöglichen es sogar, daß Letztere für alle erreichbar sind und nicht nur für einige wenige.

Wie ihr im Abschnitt über die Fortschritte sehen werdet, gab es auf zapatistischem Gebiet keine Zunahme der Verletzungen individueller Menschenrechte. Dafür haben sich aber die Lebensbedingungen verbessert. Man achtet das Recht auf Leben, auf Religion, auf Parteizugehörigkeit, auf Freiheit, auf Unschuldsvermutung, auf Demonstration, auf andere Meinung, auf Anderssein, auf freie Wahl der Mutterschaft.

In diesem Jahr haben wir Zapatisten uns dafür entschieden, anstatt eine Diskussion über Rechtsbegriffe zu führen, mit Taten zu beweisen, daß die Fahne der Anerkennung der Rechte der indianischen Völker, die von den mexikanischen Indigenen und vielen anderen gehißt wurde, keine der Gefahren mit sich bringt, die gegen sie vorgebracht wurden.

Auf zapatistischem Gebiet wird nicht die Auflösung des mexikanischen Staates betrieben. Im Gegenteil, was hier entsteht, ist eine Chance für dessen Wiederaufbau.

Aus den Bergen des mexikanischen Südostens
Subcomandante Insurgente Marcos
Mexiko, August 2004, 20 und 10

Fünfter Teil:
Fünf Beschlüsse der Guten Regierung

Im ersten Jahr der Räte der Guten Regierung wurden einige interne, schon vor längerem beschlossene Abkommen formalisiert und neue Beschlüsse umgesetzt. Sie beziehen sich auf den Schutz des Waldes, auf den Drogenhandel, auf den Handel mit Menschen ohne Papiere, den Fahrzeugverkehr in den Regionen und die Wahlen zum Bezirkspräsidenten und zum Bezirksparlament.

1. Über den Schutz der Wälder

Ich gebe hier wörtlich eines der geltenden Gesetze der Räte der Guten Regierung wieder. Der Wortlaut variiert je nach Gegend, doch der Kern ist derselbe:

Gesetz zum Schutz der Bäume, das heißt der Natur

Durch Beschluß des Rats der Guten Regierung Corazón del Arco Iris gilt dieses Gesetz auf dem ganzen Gebiet der autonomen Rebellenbezirke, ohne jegliche Ausnahme; dieses Gesetz ist zum Schutz der Wälder, weil der Wald Wasser und Sauerstoff hervorbringt, weil er unser Leben ist und auch die Waldtiere schützt; deshalb müssen wir begreifen, daß es wichtig ist, unseren Wald auf dem ganzen Gebiet der autonomen Bezirke zu schützen.

Als Rat der Guten Regierung schlagen wir vor, daß jeder Bezirk eine Baumschule einrichtet, um bei der Umsetzung dieses Gesetzes mitzuhelfen.

1. Bäume dürfen nur für häusliche Zwecke gefällt werden, nicht zum Verkauf.

2. Wir sind verpflichtet, die Wälder zu schützen und zu erhalten und wir haben auch das Recht, nach Genehmigung durch die autonomen Autoritäten Bäume für den Hausgebrauch zu benutzen.

3. Für jeden gefällten Baum ist der Fäller verpflichtet, zwei junge Bäume zu pflanzen und zu pflegen.

4. Jedes autonome Gebiet verhängt in den autonomen Bezirken Sanktionen gemäß seinen Bestimmungen.

5. Einen Baum ohne Genehmigung zu fällen, bringt die Verpflichtung mit sich, 20 junge Bäume zu pflanzen.

6. Alle Genehmigungen werden von der Land- und Gebietskommission erteilt.

Nach einem Beschluß soll jeder Bezirk dort, wo Platz dafür ist, Wiederaufforstung betreiben. Bäume zur Wiederaufforstung sollen Bäume sein, die in der Gemeinde gebraucht werden. Als zur Wiederaufforstung geeignet gelten Orte, die sich für einen Familienausflug eignen, zum Beispiel Flußufer.

Zum Beispiel im Autonomen Bezirk 17 de Noviembre *haben wir vier Wiederaufforstungszentren mit insgesamt 2000 Zedernpflanzen. Die PRI-Mitglieder geben ebenfalls Genehmigungen aus, sogar für eine Laufzeit von 10 Jahren, obwohl wir versucht haben, diese außer Kraft zu setzen, was für sie ein Grund für Provokationen ist.*

2. Über den Anbau, den Schmuggel, den Verkauf und den Konsum von Drogen

Obwohl das Gesetz aus der Zeit vor Beginn des Kriegs stammt, haben die Räte der Guten Regierung die Prohibition gegen den Drogenhandel formalisiert. Hier ist ein Beispiel:

Die Räte der Guten Regierung verbieten auf zapatistischem Gebiet völlig den Anbau, den Handel und den Konsum von Drogen. Wer dem zuwiderhandelt, wird nach den zapatistischen Gesetzen ausgewiesen. Zapatistische Unterstützungsbasen, die Rauschgift anbauen, werden aus ihrer Organisation und aus ihrer Gemeinde ausgeschlossen. Dasselbe gilt für die Konsumenten.
Wird eine Pflanzung entdeckt, werden alle Pflanzen vernichtet und verbrannt. Wer die Pflanzung angelegt hat, muß für die Kosten der Vernichtung aufkommen wie auch für die Kosten des Benzins zum Verbrennen, und er wird aus der Organisation ausgeschlossen. Konsumenten werden mit zehn Tagen Arbeit und sechsmonatigem Ausschluß aus der Organisation bestraft. Nach Beschluß des Rats der Guten Regierung unternimmt jeder Bezirk auf seinem Gebiet jährlich eine Untersuchung, um sicherzugehen, daß niemand diese verbotene Arbeit macht.

3. Über den Fahrzeugverkehr in den Regionen der Räte der Guten Regierung

Fahrzeuge, die in der Region verkehren, werden von den Räten der Guten Regierung registriert. Diese Maßnahme dient der Vermeidung des Schmuggels von Menschen, Drogen, Waffen und Holz. Durch diese Kontrolle kann der Rat der Guten Regierung ein Fahrzeug ausfindig machen, mit dem kriminelle

Aktivitäten betrieben werden, und im Falle einer Straftat, wenn der Täter Zapatist ist, ihn nach unseren Gesetzen bestrafen, und wenn er kein Zapatist ist, ihn den offiziellen Behörden übergeben.

Die zapatistische Fahrzeugregistrierung hat auch die Regulierung der Transportrouten ermöglicht, so daß den Dörfern den ganzen Tag über ein Transportmittel zur Verfügung steht und daß es keinen Streit unter den verschiedenen Transportunternehmen gibt.

Um zu verhindern, daß die zapatistischen Gebiete zu Sammelplätzen für gestohlene und illegal importierte Autos wird, bekommt nur der eine Registrierung vom Rat, dessen offiziellen Papiere in Ordnung sind. Das heißt, um eine Fahrzeugregistrierung der JBG zu bekommen, muß man ein Nummernschild und einen Kraftfahrzeugschein haben. Und der Fahrer muß einen Führerschein besitzen.

4. Über den Schmuggel
von Menschen ohne Papiere

Vor einigen Monaten zirkulierte in den Räten der Guten Regierung, den Autonomen Räten und allen zapatistischen Gemeinden folgendes:

In letzter Zeit häuften sich die Fälle von Menschen ohne Papiere, die von sogenannten Polleros *(Schleppern) in Richtung USA geschleust werden. Diese Schlepper führen Menschenschmuggel durch, und verlangen viel Geld für das Versprechen, diese Menschen in die USA zu bringen.*

In den allermeisten Fällen betrügen die Schlepper die Frauen und Männer aus Mexiko und anderen Teilen Amerikas und überlassen sie in den Fahrzeugverstecken sich selbst oder setzen sie in den Wüsten aus, und diese Frauen und Männer (und manchmal auch Kinder) sterben dann auf furchtbare Weise.

Es ist auch bekannt, daß die Schlepper mit Behörden der mexikanischen Bundesregierung Vereinbarungen geschlossen haben und diese am Geschäft beteiligen. Die Frauen und Männer aus anderen Ländern, die einen Weg in die USA su-

chen, sind zum größten Teil arme, einfache Menschen, und ihre Rechte und ihre Würde werden von den Schleppern und den mexikanischen und US-amerikanischen Behörden verletzt.

Deshalb haben wir beschlossen, den Schmuggel von Mexikanern oder Ausländern durch zapatistisches Gebiet zum schweren Verbrechen zu erklären. Alle Autoritäten werden davon in Kenntnis gesetzt, und diese sollen darüber wachen. Die Mitglieder der EZLN, die sich am Menschenschmuggel beteiligen, ihn unterstützen oder decken, werden bestraft und in schweren Fällen aus unserer Organisation ausgeschlossen.

Die Überwachungskommissionen des CCRI und die Räte der Guten Regierung werden darüber wachen, daß kein Zapatist, keine Unterstützungsbasis, kein Verantwortlicher, Komitee oder autonomer Amtsträger diese Straftat des Menschenschmuggels begeht, unterstützt oder deckt, weil es ein Verbrechen gegen die Menschlichkeit ist.

Alle Menschenschmuggler (oder Schlepper), die auf zapatistischem Gebiet entdeckt und festgenommen werden, werden gezwungen, den betroffenen Menschen ihr Geld zurückzugeben, und verwarnt, und im Wiederholungsfall den zuständigen Behörden übergeben, um nach mexikanischem Gesetz bestraft zu werden.

Alle Personen, Mexikaner oder Ausländer, die geschmuggelt werden, sollen freigelassen und so weit wie möglich unterstützt werden (medizinische Versorgung, Unterbringung und Verpflegung für eine gewisse Zeit) und es sollen ihnen Ratschläge erteilt werden, damit sie sich nicht wieder betrügen lassen.

Alle Menschen können sich, ungeachtet ihrer Nationalität, auf zapatistischem Gebiet frei bewegen, müssen aber die Gesetze der Räte der Guten Regierung, der Autonomen Bezirke und der indigenen Gemeinden beachten.

Die Räte der Guten Regierung und die Autonomen Zapatistischen Rebellenbezirke informieren die Compañeras und Compañeros der Unterstützungsbasen und die Mitglieder anderer Organisationen auf zapatistischem Gebiet über diese Empfehlungen, in dem Sinne, daß jeder Compañero, der diese Straftat begeht, nicht länger als Compañero anerkannt wird.

Ergebnisse? Hier sind einige Beispiele:

Der Rat der Guten Regierung von Morelia berichtet folgendes:

Hinsichtlich der Menschen ohne Papiere wurde zum Beispiel im Bezirk Ernesto Che ein Schlepper festgenommen, zwei Tage lang inhaftiert und verwarnt, daß die Strafe das nächste Mal härter ausfallen würde. Den Menschen ohne Papiere wurde Unterkunft und Verpflegung gegeben, sie wurden über die Gefahren der Reise aufgeklärt und man ließ sie gehen. In einem Fall hat ihnen ein Compañero zu einem hohen Preis Pozol verkauft, er wurde bestraft.

Aus La Garrucha:

Schlepper, die dabei erwischt werden, wie sie diese Menschen ohne Papiere betrügen, werden verhaftet und müssen ihnen ihr Geld zurückgeben. Auf zapatistischem Gebiet ist es absolut verboten, Menschen ohne Papiere gegen Geld Wasser, Nahrung und Unterkunft zu gewähren; sie sind ebenso arm wie wir und wir sind verpflichtet, ihnen Wasser, Nahrung und Unterkunft kostenlos zu gewähren. Wird ein Schlepper zum zweiten Mal festgenommen, so wird er an die Behörden der Schlechten Regierung übergeben.

Aus La Realidad:

Die JBG spricht direkt mit den Menschen ohne Papiere aus Mittel- und Lateinamerika und stellt sich vor. Sie erklärt, wie die JBG als ein Ergebnis des Kampfs der EZLN, als zivile Autoritäten und als Unterstützungsbasis der EZLN gegründet wurde. Sie erklärt die sieben Prinzipien des Gehorchenden Regierens und der Autonomie. Sie erklärt, was die autonomen Autoritäten sind und daß sie gegen den Neoliberalismus und den Plan Puebla-Panama sind usw. Es wird ihnen geraten, ihr Land nicht zu verlassen, daß es sicherer ist, sein eigenes Stück Land zu bearbeiten, daß es besser ist, im eigenen Land für Demokratie, Freiheit und Gerechtigkeit zu kämpfen, daß ihr amerikanischer Traum nicht sicher ist, da unterwegs viele gestorben sind, daß sie mit uns keine Schwierigkeiten haben werden und sich frei bewegen können, weil wir alle gleich sind, daß wir nicht zulassen, daß man ihnen viel Geld für ihre Fahrt abnimmt, weil sich so die Schlepper bereichern. Wir geben ihnen Essen, Getränke und Kekse. So fassen die Menschen ohne Papiere zu uns Vertrauen, erzählen uns ihr Leben, manche berichten, daß sie in ihren Ländern Radio Insurgente gehört haben. Sie sind uns dankbar. Den Schleppern, die ausfindig gemacht werden, wird alles Geld abgenommen und unter den Migranten aus Mittelamerika aufgeteilt, die Schlepper werden verwarnt, daß sie beim nächsten Mal härter bestraft werden.

Ein anderes Mal, als eine Gruppe Mittelamerikaner zu Fuß vorbeikam, wurde mit ihnen gesprochen und der Schlepper entdeckt, der sagte, er sei Guatemalteke und würde Honduraner, Guatemalteken und Salvadorianer durchschleusen, er habe von jedem der 27 Personen 1.500 Pesos verlangt. Er wurde durchsucht und 31.905 Pesos, 700 Quetzales und 31 Dollar bei ihm gefunden, was ihm alles abgenommen und unter die Migranten aufgeteilt wurde. Zur Zeit ist ein Schlepper mexikanischer Migranten in Haft, wo er eine sechsmonatige Strafe absitzt, nachdem er schon einmal verwarnt worden war.

Über die Bezirkswahlen in Chiapas
vom 3. Oktober 2004

Im Juli dieses Jahres wandten sich Delegierte der Staatlichen Wahlkommission von Chiapas an die verschiedenen Räte der Guten Regierung, um eine Übereinkunft zu treffen, die die Arbeit der Kommission ermöglichen sollte. Sie bekamen folgende Antwort:

An die Staatliche Wahlkommission von Chiapas, Mexiko.
Leitendes Sekretariat
Tuxtla Gutiérrez,Chiapas, Mexiko.

Sehr geehrte Damen und Herren,
mit diesem Schreiben möchten wir Sie über folgendes informieren:

1. Wir erhielten Ihren Brief vom 14. Juli 2004, in dem respektvoll um die Hilfe dieses Rats der Guten Regierung gebeten wird, um die Arbeit Ihrer Staatlichen Wahlkommission auf zapatistischem Gebiet zu ermöglichen.

2. Wie Ihnen bekannt ist, glauben wir nicht, daß Wahlen ein richtiger Weg für die Interessen des Volks sind, obwohl uns bewußt ist, daß es Menschen gibt, die darin noch einen Weg zur Lösung der Probleme des mexikanischen Volks sehen. Die politischen Parteien stehen in sehr großem Verruf, weil sie nur ihre eigenen Interessen sehen und nicht die der Mehrheit, es mag aber sein, daß es Menschen gibt, die noch glauben, daß die dort oben noch ehrlich sind.

3. Unsere Arbeit als Rat der Guten Regierung besteht darin, dafür zu sorgen, daß in den zapatistischen Gebieten alle Meinungen und Lebensweisen respektiert werden, ohne Ansehen, ob jemand Zapatist ist oder nicht, und auch wenn er Antizapatist ist. Denn wir wollen niemanden zwingen, Zapatist zu werden, sondern jeder soll so sein, wie er sein möchte, wobei er in seiner Meinung und Lebensweise geachtet werden und die anderen achten soll.

4. Deshalb sagen wir Ihnen eindeutig, daß sie keine Schwierigkeiten bekommen werden bei Ihrer Arbeit in den Gemeinden der autonomen Bezirke, die zu diesem Rat der Guten Regierung gehören: (Auflistung der Autonomen Bezirke). Wir bitten Sie nur, diejenigen zu respektieren, die nicht wählen wollen und niemanden zu etwas zu zwingen, was er nicht tun will, so wie wir auch diejenigen respektieren, die wählen wollen.

5. Deshalb haben Sie nun die Garantie, auf den Gebieten, die zu unserem Rat der Guten Regierung gehören, Ihre Arbeit verrichten zu dürfen, und Sie werden sehen, daß Sie keine Schwierigkeiten bekommen werden, wobei Sie natürlich stets den Willen der Gemeinden respektieren müssen.

In den Tagen vor der Wahl am 6. Oktober 2004 und an diesem Tag selbst wird die Staatliche Wahlkommission ihre Arbeit ohne jegliche Behinderung durch die zu unserem Rat der Guten Regierung gehörenden zapatistischen Gemeinden verrichten können.

6. Wir möchten Sie noch darauf hinweisen, daß auf der Liste der Gemeinden, die Sie uns in Ihrem freundlichen Brief ge-

schickt haben, einige aufgeführt sind, die nicht zu unserem Rat der Guten Regierung gehören, sondern zu der von (Name der JBG), weshalb wir Ihnen empfehlen, sich direkt an die Brüder und Schwestern dieses Rats der Guten Regierung zu wenden, um Ihre Genehmigung zu erhalten. Wir sind davon überzeugt, daß diese Ihnen ebenso freundlich und respektvoll antworten werden wie wir.

7. Wie man sieht, kommt man mit gegenseitigem Respekt von beiden Seiten zu einem guten Einvernehmen. Wir Zapatisten wollen niemandem etwas aufzwingen, wir möchten nur respektiert werden und daß gutes Einvernehmen zwischen den verschiedenen Seiten herrscht.

Wir danken Ihnen für den Ton Ihres Briefes und grüßen Sie ebenso.

Mit freundlichen Grüßen
(Unterschrift der Mitglieder des Rats der Guten Regierung)

Aus den Bergen des mexikanischen Südostens.
Subcomandante Insurgente Marcos
Mexiko, August 2004, 20 und 10

Sechster Teil: Sechs Fortschritte

Seit der Kolonialisierung litten die indianischen Völker Mexikos unter Bedingungen größten Elends. Obwohl sie die Klasse sind, die im Kampf um die Unabhängigkeit, in den Widerstandskriegen gegen die nordamerikanischen und französischen Invasionen, in der mexikanischen Revolution (und, wenn mir erlaubt ist, bei der derzeitigen Demokratisierung des Landes) den größten Beitrag leisteten – auch wenn Politiker und Medien sich das gegenseitig streitig machen – wurde die Schuld der mexikanischen Nationen ihnen gegenüber immer größer. Wenn jemand sein Leben dafür gegeben hat, daß dieses Land namens Mexiko sich als souveräne, freie und unabhängige Nation erheben kann, dann waren das die Indigenen.

Keine Bewegung hat sich nach ihrem Sieg oder ihrer Niederlage für ihr Schicksal interessiert. Gleich wer gesiegt hat, die indianischen Völker haben immer verloren. Wer ihnen Verbesserungen versprochen hatte, versklavte sie schließlich auf den Haciendas. Wer ihnen ein freies Vaterland versprochen hatte, schloß sie schließlich daraus aus. Wer ihnen Demokratie versprach, zwang ihnen am Ende Regierungen und Gesetze auf. Aber immer, wenn es um das Schicksal Mexikos ging, zögerten die Indigenen nicht und setzen das einzige ein, was sie hatten: ihr Blut.

Seit der Unabhängigkeit Mexikos bis heute sind 200 Jahre vergangen. 200 Jahre und es gibt indigene Völker, die noch unter Bedingungen wie zur Kolonialzeit arbeiten und sterben. Das Land, das sie hatten, wurde ihnen weggenommen, manchmal gewaltsam, manchmal durch Hinterlist. Die Farbe, die Sprache, die Kleidung, die „Lebensweise", alles wurde zum Gegenstand der Schande, des Spotts, der Verachtung. Der Name „Indio" wurde als Beleidigung benutzt, als Synonym für Faulheit, Dummheit, Unfähigkeit, Unterwürfigkeit und Servilität.

Nach allem wäre es erstaunlich gewesen, wenn sie sich nicht in Waffen erhoben hätten. Aber sie taten es. Und obwohl sie von den Weißen verhöhnt und verachtet wurden, haben sie ihren Krieg nicht zu einem Krieg gegen eine bestimmte Hautfarbe gemacht. Obwohl sie von denen betrogen und angelogen wurden, die *Castellano* (Spanisch) sprechen, haben sie ihren Krieg nicht gegen eine bestimmte Kultur gerichtet. Und obwohl sie immer Diener in den Häusern derjenigen waren, die alles besitzen, haben sie keine Zerstörung angerichtet. Sie haben einen Krieg geführt, ihren Krieg. Und sie führen ihn immer noch. Ein Krieg gegen das Vergessen.

Dieses Land hat großes Glück. Wo andere zerstören, bauen diese Indigenen auf. Wo andere spalten, bringen sie zusammen. Wo andere ausschließen, integrieren sie. Wo andere vergessen, erinnern sie. Wo andere allen zur Last fallen, nehmen sie, unter anderem, unsere Geschichte auf sich. Und die EZLN hat großes Glück, daß sie von diesen Völkern unter ihre Fittiche genommen wurde. Ansonsten ...

Wenn sich jemand nach ihnen umdrehen würde, würde er Menschen sehen, voller Fehler, Mängel, Schwächen, Niederlagen, also unvollkommene Menschen. Und da liegt das Problem, denn wären sie Supermänner und Superfrauen, dann könnte man noch verstehen, was sie getan haben. Aber wenn sie sind wie alle anderen auch, dann ... Wie soll ich sagen? ... Wie mal jemand sagte: „Ich muß selbst etwas tun .. denn niemand tut es für mich."

Und genau das tun die zapatistischen Dörfer. Sie warten nicht darauf, daß die Regierung ihnen Almosen und Ansprachen gibt. Sie arbeiten, um ihre Lebensbedingungen zu verbessern und sie schaffen es. Paradoxerweise sind ihre Bedingungen, obwohl sie noch weit davon entfernt sind, ideal zu sein, besser als die der Gemeinden, die staatliche „Unterstützung" erhalten. Und das kann man live vor Ort feststellen (Videos, auch wenn sie gelesen werden müssen, bleiben doch beschränkt) und überprüfen.

Nun werde ich über diese Verbesserungen sprechen, die durch die „dritte Schulter" möglich geworden sind. Ich werde versuchen, nicht zu ausführlich zu werden (das nehme ich mir immer vor und dann hagelt es Seiten und Seiten), aber ich bitte euch, die Einzelheiten in den Berichten der Räte der Guten Regierung nachzulesen, und natürlich die *Caracoles* und die Gemeinden zu besuchen und mit den Compañeros zu sprechen.

Gesundheit und Bildung

Zwei der Fortschritte beziehen sich auf Gesundheit und Bildung. Die „Versäumnisse" der bisherigen Bundesregierungen in diesem Bereich sorgten dafür, daß „Indio" ein Synonym für schlechte Gesundheit und Unwissenheit war.

Dank der Hilfe der „Zivilgesellschaft" hat sich die Gesundheitslage in den Gemeinden radikal geändert. Wo früher Tod war, gibt es nun Leben. Wo Unwissenheit herrschte, ist nun Wissen. Kurz und gut, wo früher Nichts war, gibt es nun nach und nach Gutes.

In Los Altos de Chiapas zum Beispiel liefert das Gesundheitssystem kostenlose medizinische Versorgung und, soweit die Mittel reichen, sind auch die Medikamente kostenlos. Das ist aus zwei Gründen möglich:

Zum einen durch die ökonomische Hilfe der Zivilgesellschaft, die die Ausstattung mit medizinischer Ausrüstung und Medikamenten ermöglicht.

Zum anderen weil das Gesundheitssystem anstelle der Konzentration auf die Behandlung von Krankheiten speziell auf die Präventivmedizin ausgerichtet ist. Das Ziel ist die Verringerung der Krankheiten und dadurch die Verringerung des Medikamentenverbrauchs. Die kostenlose medizinische Versorgung konnte, wenn auch mit einigen Schwierigkeiten, während des ganzen Jahres, das der Rat der Guten Regierung von Los Altos nun existiert, aufrechterhalten werden.

In den fünf Regionen, in denen die Räte der Guten Regierung aktiv sind, werden Hygiene-Kampagnen durchgeführt, die Benutzung von Toiletten und die häusliche Sauberkeit gefördert. Es finden auch Kampagnen zur Bekämpfung chronischer Krankheiten (wie Leshmaniasis oder auch „Kautschukgeschwür"), Epidemien und zur Krebsfrüherkennung bei Frauen statt. Um dies zu erreichen, haben wir außer der ökonomischen Hilfe für Gesundheitsprojekte die solidarische (und in einigen Fällen heroische) Hilfe von spezialisierten Ärztinnen und Ärzten und Krankenschwestern, die in ihrer Freizeit in diese Gegenden fahren und ihre Kenntnisse (als Hebammen, „Knocheneinrenker", Gesundheitsassistenten und Laborarbeiter) und Gesundheit in allen Gemeinden weitergeben.

Die dritte Schulter bringt Leben

Es werden regionale und Bezirkskrankenhäuser gebaut, es werden Compañeros und Compañeras für ihren Einsatz ausgestattet und ausgebildet. In der Tojolabal-Region fand am 1. August der erste chirurgische Eingriff statt, und es wird ein Labor für die Verarbeitung von Heilpflanzen eingerichtet. In allen Regionen gibt es Apotheken, die mit dem Geld der Projekte und mit Spenden finanziert werden.

Im Allgemeinen erreichen die Räte der Guten Regierung, daß jeder autonome Bezirk eine medizinische Grundversorgung hat: Gesundheitsberater, Hygienekampagnen, Präventivmedizin, Mikrokliniken, Apotheken, regionale Krankenhäuser, Ärzte und Spezialisten.

Was die Bildung betrifft, wird so vorgegangen, wie man in der

Politik vorgehen müßte, das heißt von unten nach oben. In allen Gemeinden werden Schulen gebaut (dieses Jahr waren es mehr als 50 in der ganzen Region und es fehlen immer noch welche), es werden Bildungsberater ausgebildet (die sich ständig fortbilden), es werden technische und weiterführende Schulen errichtet (wo die historischen Wurzeln Mexikos gelehrt werden).

Schullehrer und Maurermeister, Pädagogen, Männer und Frauen mit gewöhnlichen Namen und Gesichtern, Indigene mit und ohne Sturmhauben errichten Schulen und Kenntnisse, wo früher nur Unwissenheit herrschte.

Kommt her. So könnt ihr in diversen Gemeinden der verschiedenen Regionen sehen, daß ein Krankenhaus entstanden ist, eine Apotheke, eine Schule, daß viel los ist, weil eine Ärztin die Frauen untersucht, daß „Mariya" schon ihren Namen schreiben und dir erzählen kann, daß die alten Mexikaner eine sehr entwickelte Kultur hatten, und sie jetzt auf die autonome höhere Schule gehen möchte, aber wer weiß, ob man sie läßt, daß im Krankenhaus ein Zahnarzt ist, der Zähne ziehen und flicken wird, daß dort gefeiert wird, weil die Schultafeln, Hefte, Stifte und Bücher gekommen sind, daß Lencho sterben sollte, aber nicht gestorben ist, und daß er-irgendwann-schon-sterben-wird-aber-noch-nicht-jetzt-es-wird-noch-eine-Weile-dauern, daß die Schule jetzt sehr fröhlich ist, daß der Augenarzt schon da war, daß Andulio heult, weil er einen seiner Stifte nicht findet, daß ein Kinderarzt da ist, der einem Compa erklärt, daß seine Arbeit nichts mit Füßeheilen zu tun hat, daß Uber sagt „Ich war's nicht", obwohl niemand ihn gefragt hat, ob er Andulios Stift genommen hat, daß ein Neurologe da ist, der hilft, wenn jemand schlecht denken kann und in Ohnmacht fällt, daß die Kinder geimpft werden sollen, daß diese Lastwagen Berater bringen, die zu einem Kurs ins *Caracol* fahren, wer weiß, ob das ein Kurs zur Gesundheit oder zur Bildung ist, weil „Wissen Sie, hier kommen ständig welche vorbei, und wissen Sie, früher war das nicht so, nein, auf dem Weg traf man früher nur Kühe und Ochsen, Seien Sie nicht beleidigt ... Sie sind nicht von hier, stimmt's? Dann ist es ja kein Wunder, aber Sie müssen sich nicht schlecht dabei fühlen, ich werde Ihnen das gleich erklären, wissen Sie, hier haben sich 1994 alle Indianer, oder das Volk, wie wir hier sagen, erhoben, und die Zapatisten und dann die Zivilgesellschaften ... hören Sie, möchten Sie nicht einen Pozol, denn die Erklärung kann dauern ..."

Ernährung, Land, Wohnung

Vom Dringendsten zum Wichtigen. Das Problem der Vertriebenen (hauptsächlich der von Polhó) ist die vordringlichste Beschäftigung des Rats der Guten Regierung von Los Altos de Chiapas. Von den fast dreieinhalb Millionen Pesos, die Oventic ausgab, waren ungefähr 2,5 Millionen für Polhó bestimmt. Aber nicht nur für Lebensmittel. Es wurde ein kommunaler Lebensmittelladen und eine Kooperative für vertriebene Frauen gebaut und in Betrieb genommen.

Die Gute Regierung ist weitsichtig und macht Fortschritte bei einem Projekt für Zementblöcke („das heißt, um Zementblöcke für Bauarbeiten herzustellen", wird mir erklärt, als ich frage, ob damit Gehirne für Mitglieder der Fox-Regierung gemacht werden, ich sagte ja schon, daß es für die Regierung „Head Hunters" gibt).

Die Zementblockherstellung kann eine Kettenreaktion auslösen. Außer, daß es den Compas ein Einkommen verschafft (die wegen der Bedrohung durch die Paramilitärs nicht zu ihren Arbeitsplätzen gehen können), wird es den Preis für Baumaterial erheblich senken und die Häuser können renoviert werden. Gut, das dauert noch eine Weile, aber die „Zementfabrik" von Polhó ist schon in Betrieb.

Um die Ernährung für alle zu verbessern, hat man angefangen, in den fünf Regionen Kooperativen zu gründen für die Zucht von Schweinen („nein, da werden keine Politiker gezüchtet", wird mir erklärt, bevor ich die obligatorische Frage stellen kann), Hühnern, Schafen („nein, keine PAN-Abgeordnete, die für die Absetzung von López Obrador stimmen", wird mir gesagt, und ich sollte nun wohl besser nichts mehr fragen), Geflügel und Rinder (das heißt Kühe, Maultiere und den einen oder anderen Ochsen – ohne jemanden beleidigen zu wollen), und den Anbau von Obst und Gemüse.

Aus La Garrucha wird berichtet, daß *„in unseren autonomen*

Bezirken Berater für ökologischen Landbau ausgebildet wer-
den, damit sie Erfahrung sammeln im Umweltschutz, in der
Pflege der Tiere, wie man sie impft und wie man auf dem
befreiten Land bessere Erträge bekommt, und deshalb erleben
wir in jedem Bezirk Fortschritte."
Es gibt Projekte für Schuhmacherwerkstätten und Reisentker-
nung, für Schlosser („wir haben schon den Traktor repariert,
jetzt fehlt nur noch Benzin"), in der Region von La Realidad
ein Projekt namens „Angepaßte Technologie, Gesundheit im
Haus, Energiesparen und Schulung", mit dem zusätzlich zur
Aufstellung von Wassertanks energiesparende Holzöfen gebaut werden; in verschiedenen Regionen Schmiedewerkstätten,
Trinkwasserprojekte, Textilwerkstätten und Bau von Bienen-
körben.
Und so werden an verschiedenen Fronten und mit der Unterstützung der „Zivilgesellschaften" Land, Wohnung und Ernährung verbessert.
Mit den Worten des Urwalds: „Bis heute haben wir dank des
Landes, das wir von den großen Fincas bekommen haben, und
dank des ökologischen Landbaus ein wenig unsere Ernährung
verbessern können, denn jetzt ernten wir mehr Mais und Bohnen. Durch unsere Organisation haben wir es geschafft, in
großem Maßstab den Alkoholismus zu senken, was uns ermöglicht hat, die geringen Mittel, die wir haben, in die Ernährung
zu stecken. Auch konnten wir unsere Häuser renovieren, wenn
auch nur gering, aber heute haben wir bessere Dächer, saubere
Häuser, mit mehr Platz für Obstbäume; Gemüsegärten, Blumen
und wir halten die Tiere außerhalb der Häuser."

Zu diesen drei Dingen kommt noch der Vertrieb hinzu.

Mit den regionalen Läden werden die „Koyoten" verdrängt (in
der Gegend von La Realidad heißt ein Laden „Alles für alle" –
was für mich wie eine Aufforderung zum Plündern klingt, ein
anderer „El Caracolito", noch ein anderer „Don Durito"; in der
Region von Morelia nennen sie ihn „Versorgungszentrum" und
dort bekommt man Kaffee, braunen Zucker, Handwerkspro-
dukte, Stickereien, Keramiktöpfe und -teller, Kerzen, Körbe,
Möbel – alles von den Gemeinden hergestellt und billig –, in

Roberto Barrios gibt es drei regionale Läden). Zum Projekt gehört auch die Anschaffung von Lastwagen für den Transport der Waren. So steigt die Anzahl der Kooperativläden und Volksküchen.

Die wichtigsten Fortschritte der zapatistischen Autonomie in der Zeit der Räte der Guten Regierung betreffen die Verbesserung der Lebensbedingungen, aber nicht nur das ...

Regieren und Selbstregieren

Der wichtigste sichtbare Fortschritt liegt vielleicht darin, daß wir lernen eine gute Regierung aufzubauen, natürlich nicht ohne Rückschläge und Fehler.

„Wir haben gelernt, wie wir unsere Probleme lösen können, wie wir mit anderen Organisationen und Behörden, aber auch mit unseren Gemeinden Abkommen schließen können, wir haben viel über das Regieren in jedem Bezirk gelernt und haben so gesehen, daß uns so die schlechten Regierungen nicht einfach korrumpieren kann, denn wir haben durch Rotation unsere Form des Regierens gelernt, mit der Erfahrung von allen und von der Wachsamkeit geleitet."

In diesem Jahr war es eine lehrreiche Erfahrung: daß sie uns nicht so einfach mit einem Erfrischungsgetränk kaufen können. Was wir noch gelernt haben, ist, mit Menschen aus anderen Kulturen und anderen Ländern umzugehen ...

„Wir haben durch die Arbeit gelernt, indem wir Probleme lösten, anfangs waren wir nervös, früher hat man in jedem Bezirk alles so organisiert, wie man wollte, jetzt haben wir gemeinsam gelernt, gerecht zusammenzuarbeiten. Wir haben auch gelernt, mit anderen Menschen zu plaudern, die nicht zu unserer Organisation gehören. Wir wissen jetzt, daß sie nicht unsere Feinde sind. Sie werden getäuscht, aber wir sehen, daß sie nach und nach begreifen und sich uns annähern."

„Jeder Bezirksvertreter bringt alles, was er im Rat gelernt hat, wieder in seinen Bezirk zurück, einige von uns haben gelernt, wie man schriftliche Abkommen aufsetzt, Projekte erarbeitet, Computer, Internet, Fotokopierer, Telefon und andere Geräte benutzt."

„Wir denken, daß wir politische Vorteile haben, wir haben

gelernt diese Arbeit zu machen, indem wir Opfer brachten. Es ist anders als früher, wir haben zwar Fehler gemacht, aber so lernen wir Schritt für Schritt.

Wir sehen folgende Vorteile: Wir waren alle in der Regierung, wir hatten keinen Führer, es war eine kollektive Regierung, so haben wir uns alle gegenseitig das beigebracht, was jeder einzelne wußte, die Projekte wurden gerecht verteilt, wenn soziale Organisationen ihre Probleme nicht lösen können, kommen sie in unser Büro."

„Im Rat der Guten Regierung brauchen wir keinen Dolmetscher, wir sprechen verschiedene Sprachen, so können alle zu uns kommen; ob Tzeltalisch, Tzotzilisch, Tojolabalisch oder Spanisch, wir können uns in unseren Sprachen verstehen ..."

Das waren die Fortschritte, die wir in einem Jahr der Räte der Guten Regierung gesehen und gespürt haben.

Doch was ist, wenn ich euch etwas vorlüge, wenn ich nur davon rede, damit ihr denkt, wir hätten Fortschritte gemacht?

Deshalb sage ich euch, kommt her, geht durch die Dörfer, dann bekommt das Video Bild und Ton ...

Aus den Bergen des mexikanischen Südostens
Subcomandante Insurgente Marcos
Mexiko, August 2004, 20 und 10

Siebter Teil:
Sieben Tage auf zapatistischem Gebiet

Montag: Im *Caracol* von Morelia

Wir trafen die internationalen Beobachter F und W, die hier im Bezirk *Caracol IV* waren; sie erzählten, sie hätten in den Tagen hier viel gelernt und daß sie in ihren Ländern, Italien und Spanien, weiterkämpfen würden; sie loben das Kollektiv in den schönsten Worten.

Dreizehn Lehrer, die in verschiedenen Bezirken tätig sind, versammelten sich hier im *Caracol IV*, wo sie die Konsonanten unterrichteten: L – CH – J – B – K – N – R – W – X – Y. Diese Buchstaben wurden begeistert und mit Hilfe natürlicher und künstlicher Gegenstände, Worten oder Lauten gelernt, um die Silben jedes Wortes zu erkennen, dann wurde die nächste Sitzung für den 20. und 21. im Bezirk Miguel Hidalgo vereinbart.

Drei Compañeros kamen in einer Kommission in den Bezirk Che Guevara, um die schon erwähnten Probleme zu untersuchen, die dort durch Anbau von Marihuana entstanden waren, um zu sehen, ob das tatsächlich am angegeben Ort geschehen war; zwei Compañeros wurden wegen dieser Provokation festgenommen und saßen im Bezirksgefängnis von Che Guevara, um ihren Fehltritt zu büßen. Die Compañeros hielten das Geschehen auf Video fest, welches sie dem Rat übergeben werden. Die Behörden dieses Bezirks werden einen Beschluß über die Haft formulieren und eine Kopie davon an den Rat der Guten Regierung weiterleiten; die Inhaftierten übernehmen die Ausgaben der Rats-Kommission in Höhe von 600 Pesos.

Wir empfingen Herrn I. aus Algerien, der in Begleitung eines Solidaritätskomitees aus Frankreich kam, um uns Cous-Cous zu kochen.

Dienstag: Im *Caracol* von Roberto Barrios

Uns besuchte Schwester N. aus der Schweiz von der Organisation Z und brachte eine Spende von 57.790 Pesos für die bedürftigen Gemeinden in der nördlichen Region und jeder der zehn Bezirke bekam 6.229 Pesos; wenn das rechnerisch nicht stimmt, dann weil wir das mit dem aufstockten, was uns ein Bruder aus Mexiko-Stadt brachte, und dann stimmt es wieder. Sitzung der Kommission, um über das Logo für das Auto zu sprechen: „*Widerständiger Mais*", auf Cholisch *P'atal ba ixim* und auf Tzeltalisch *Tulan ixim*. Die Helfer von Semilla del Sol brachten uns zwei Wörterbücher, zwei Weltkugeln und eine Weltkarte mit.

Es kamen zwei Brüder aus Japan von der zapatistischen Solidaritätsorganisation, die Wandmalereien machen möchten. Ein Brief wurde geschrieben an eine Organisation aus Holland über ein Projekt von neun Apotheken, drei Gesundheitshäusern, Ausbildung und eine Ambulanz.

Mittwoch: Im *Caracol* von La Garrucha

Compañero Benito aus dem Dorf X im Bezirk Francisco Gómez wurde vorstellig. Die Sache: ein Streit um Holz mit der ARIC oficial. Aufgrund dieses Holzproblems stritten sich die Frauen in der Kirche, ein Mann der ARIC schlug eine zapatistische Frau, auch ein Compañero der Basis legte sich mit einem gewissen Artemio von der ARIC oficial an. Mitten in diesem ganzen Streit zog sich eine Frau von der PRI vor allen Anwesenden nackt aus, um zu sehen, ob sie vergewaltigt wird. Daraus entstanden keine weiteren Probleme und Compa Benito rechnete nicht damit, daß der Anführer beim nächsten Treffen kommen würde.

Es kamen Señor B und Señor A aus Ocosingo. Die Sache: ein Bericht über ein beschlagnahmtes Taxi. Der Transportkoordinator der Region von Ocosingo sagte, daß sie das Taxi zwar wieder mitnehmen könnten, aber ein Papier unterschreiben müßten, in dem es heißt, daß sie das Taxi nicht mehr zur Arbeit einsetzen dürften. Die JBG schickte ein weiteres Schreiben an den Koordinator und an den Delegierten der Staatsregierung, daß das Taxi sofort freigegeben werden müsse, denn wenn die ehrliche Arbeit nicht respektiert wird, werden die Leute Kriminelle oder Politiker, oder die Armen schließen sich zusammen und machen einen bewaffneten Aufstand wie die Zapatisten am 1. Januar 1994, und daß sie deshalb die Arbeit der Taxifahrer respektieren sollten.

Zur JBG kamen Leute von der PRD aus Ocosingo, um den Diebstahl von neun Pferden, vier Sätteln und einer Motorsäge anzuzeigen. Die JBG gab die Untersuchung an den Autonomen Zapatistischen Rebellenbezirk Francisco Gómez weiter, und als sie die Diebe ausfindig gemacht hatten, benachrichtigten sie die Eigentümer, um ihnen ihre Tiere und Gegenstände zurückzugeben. Das Geld, das für die Gegenstände angeboten wurde, lehnte man ab, und den Dieben wurde gesagt, sie sollten das nicht wieder tun, denn sonst kämen sie ins Gefängnis.

Zur JBG kam Señora Tránsita. Die Sache: ein Streit mit den Unterstützungsbasen in einem Stadtteil von Ocosingo um ein Grundstück von acht mal fünfzehn Hektar an befreitem Land.

Die JBG bat sie um die Grundstückspapiere und sie antwortete, sie habe dafür keine Dokumente. Die JBG untersuchte den Fall und fand heraus, daß dieses Grundstück von jemandem verkauft worden war, der ebenfalls nicht der Eigentümer war. Deshalb zerstörten die Compas und die anderen im Viertel das Haus, und sie machte vier Klagen beim Ministerium, drei sind gegen die Unterstützungsbasen, und eine gegen den Stadtteildelegierten, der kein Compa ist. Nach mehreren Verhandlungen schlug die JBG vor, das Grundstück und das Material zurückzugeben, wenn sie die Klagen zurückzieht. Ihre Sachen wurden ihr bereits zurückgegeben, aber sie hat eine der Klagen nicht zurückgezogen, nämlich die gegen den Delegierten, der kein Compa ist, weil dieser weiterhin schlecht über sie redet. Die JBG verlangt, daß das Abkommen eingehalten wird, ganz gleich, was der Delegierte sagt oder nicht sagt. Man wartet noch darauf, das dies geschieht.

Es kamen die Verantwortlichen der Organisation X wegen des Problems einer Vergewaltigung und eines Streits um ein Stück Land; ihnen wurden drei Vorschläge gemacht:

1. Um das Problem der Vergewaltigung werden sich die offiziellen Behörden kümmern.
2. Die Vertriebenen sollen an ihre Herkunftsorte zurückkehren.
3. Alle Probleme sollen friedlich beigelegt werden.

Von 21 Fällen wurden 16 gelöst, vier sind noch anhängig und einer wurde nicht gelöst.

Donnerstag: Im *Caracol* von Oventic

Ofelia kam mit einem Doktor und wollte um Erlaubnis bitten, ein paar Öfen vorzuführen, damit kein Holz verschwendet wird, und wir gaben ihr die Erlaubnis.

Es kamen welche von der Zeitschrift *Rebeldía* und von der FZLN[37], um Geld von der Kampagne namens „20 und 10, das Feuer des Worts" zu übergeben, das für die Räte der Guten Regierung bestimmt ist und an die EZLN geschickt worden war, damit sie es gleichermaßen an jeden Rat verteilt. Aus

---

37 *Frente Zapatista de Liberación Nacional* – Zapatistische Front der Nationalen Befreiung; zur Unterstützung der EZLN

demselben Grund kam auch jemand von der Gruppe Jóvenes de Resistencia Alternativa aus Mexiko-Stadt.

Wir trafen die Leute von Enlace Civil[38] wegen des Projekts der Zementherstellung in Polhó.

Der autonome Rat von San Andrés Sakamch'en bat um ein Darlehen von 10.000 Pesos für die Reparatur der Autos der Bezirksregierung.

Wir trafen uns mit den Menschen, die sich um die Vertriebenen von Zinacantán kümmern: von der CIEPAC[39], der DESMI[40], aus Deutschland, aus Granada, von Ärzte ohne Grenzen, von Comunitaria Asociación Civil, von den italienischen Fußballspielern namens Internationale Milano, aus den USA und Einzelpersonen. Insgesamt kamen 616.302, 26 Pesos zusammen.

Freitag: Im *Caracol* von La Realidad

Eine Frau aus Ciudad del Carmen, Campeche, kam zu uns, um von einem Problem zu erzählen, das sie mit einem Herrn aus der Stadt Comitán hat: er hatte ihr versprochen, für sie einen Hypothekenkredit auszuhandeln, und als Garantie für den Vertrag übergab sie der Bank die Besitzurkunde ihres Hauses. Nun stellte sich heraus, daß ihr das Geld nicht ausgezahlt wurde, daraufhin verlangte sie die Urkunde zurück, aber sie bekam sie nicht, weil das Geld zwar an den Vermittler ausgezahlt wurde, aber sie davon nichts bekommen hatte. Die JBG riet ihr, sie solle besser zu einer Menschenrechtsorganisation gehen, denn hier wurden ihre Rechte verletzt. Man empfahl ihr die Frayba[41], aber bisher wissen wir nicht, ob sie hingegangen ist oder nicht.

Die solidarischen Menschen, die die Turbine in La Realidad gebaut haben, kamen, um zu sehen, ob sie weiter funktioniert, und plauderten ein wenig mit der JBG.

---

38 Verbindungsorganisation zwischen „Zivilgesellschaft" und EZLN
39 *Centro de Investigationes Económicas y Políticas de Acción Comunitaria*, ein Forschungszentrum
40 Nichtregierungsorganisation zur sozialökonomischen Entwicklung der indigenen Mexikaner (seit 1969)
41 Katholische Menschenrechtsorganisation *Fray Bartolomé de Las Casas* aus San Cristóbal

Es kamen solidarische Menschen aus Australien und wollten etwas über die Autonomie wissen und was „Gehorchend Regieren" bedeutet. Wir erklärten ihnen alles genau, sie waren sehr erstaunt und sagten, sie würden die Botschaft mitnehmen und in ihrem Land verbreiten.

Es kamen auch welche aus Argentinien, Frankreich, Kanada und Polen, um über die Autonomie zu sprechen.

Leute aus dem Baskenland kamen, um die Projekte zu sehen, die sie unterstützen; sie gingen zufrieden, weil sie sahen, daß die Vereinbarungen eingehalten werden.

Es kamen Studenten der UNAM, der UPN[42] und der Poli[42], um zu plaudern und sich erklären zu lassen, was Gehorchend Regieren und was die Autonomie ist.

Samstag: In einem zapatistischen Dorf

Ich kam mit Rolando, um Doña Julia zu begrüßen. Sie führt mich in ihr Haus-Wohnzimmer-Eßzimmer-Küche-Schlafzimmer. Sie bietet mir Kaffee aus Guinea an. Sie erzählt mir etwas. Von ihren Söhnen, von ihren Enkeln, von ihren Urenkeln, als sie sich vor den Soldaten aufbaute und „ich sah einem direkt in die Augen, so (und sie hob ihre weißen Augenbrauen) und sagte zu ihm: „Los, hol deine Pistole heraus und schieß, los", aber er holte die Pistole nicht heraus, sonst wäre ich jetzt nicht hier und könnte es Ihnen erzählen." Sie erzählt weiter, als ihr Sohn sich versteckt hielt, um den Aufständischen in den Bergen Tortillas zu bringen, als sich die Dörfer zusammenschlossen, als der Krieg beschlossen wurde, als alle zum Kämpfen in die Stadt gingen, als der Widerstand begann, als die autonomen Bezirke und als die *Caracoles* gegründet wurden. Ich wollte gerade meine Pfeife und meinen Tabak herausholen, da hält sie inne und fragt mich: „Erzählen Sie das alles dem Sup?" Ich drehe mich zu Rolando um, der sich den Schnurrbart kratzt, um sein Grinsen zu verbergen. Ich lasse Pfeife und Tabak im Beutel. „Ja", sage ich ihr. „Oh, wenn Sie ihn sehen, dann grüßen Sie ihn von mir und geben Sie ihm meinen Segen, weiß der Teufel, wo er steckt, er war seit Tagen nicht mehr hier" sagt sie und

---

42 pädagogische und polytechnische Universität

gibt mir ein paar Tamales „für den Sup". Wir verabschieden uns. Noch auf der Weide sage ich zu Rolando: „Wenn du lachst, warst du das letzte Mal hier." „Irgendwann müssen wir doch sowieso sterben", sagt er lachend und geht weiter. In sicherem Abstand ruft er mir zu: „Denk' dran, den Sup zu grüßen." Als wir schon in der Hütte der Kommandantur sind, schaue ich in den Spiegel und sage mir: „Wir sind nicht mehr dieselben wie früher", und seufze ... was hätte ich auch sonst tun können.

Sonntag: Irgendwo in den Bergen des mexikanischen Südosten

Morgendämmerung. Ich treffe auf Moy, der auch nicht schlafen kann. Schon seit einer Weile hat sich die Truppe hingelegt. Man kann gerade den Schatten des Wachpostens erkennen. Ich spreche mit Moy über die Toten, über unsere Toten. Ich sage, daß jeder einzelne von ihnen besser war als ich. Daß jetzt auch Eleazar von uns gegangen ist, es sah schon so aus, als würde er noch durchkommen, und dann stirbt er uns plötzlich. Denn hier kommt der Tod nicht langsam, er taucht einfach so auf, mit einem Knall, man sieht ihn nicht einmal kommen und denkt, er hätte besser einen anderen geholt und nicht den da, den Toten. Eleazar war besser als ich, und Pedro und Hugo und Fredy und Alvaro und alle Namen, die ich nicht nenne, warum sollen wir Tote vererben? Eleazar, der noch im Bett stramm stehen und militärisch grüßen und am Morgen Musik hören wollte. Moy sagt mir, daß mein Gesicht feucht ist. Mit der Hand wische ich die Tränen weg und sage: „Das ist der Regen." Moy zündet sich eine Zigarette an, ich meine Pfeife. Der Himmel über uns, betrübt über so viele Sterne, weint nicht, er betrachtet sich nur im dunklen Spiegel des Mondes.

Echtheitsbescheinigung

Alles Vorherige gesagt, gesehen und gehört, nicht im Vollbesitz meiner geistigen Kräfte und mehr oder weniger meiner körperlichen, bestätige ich, daß alles, was in diesem „ganz anderen" Video dargestellt wurde und was ich über die zapatistischen Dörfer erzählt habe, richtig und nachprüfbar ist und gegebenenfalls gegen mich verwendet werden kann. Das einzige, was der Phantasie oder der Einbildung zugeschrieben werden kann, ist das, was sich auf das Leben dessen bezieht, der dieses hier schreibt, denn man weiß ja, daß wir Gespenster nichts anderes sind als ebendieses, bis, wie wer weiß wer sagte, wir sterben, um zu leben. Ich schwör's.

Dieses Video wurde für die ganze Galaxie ausgestrahlt, aus dem südöstlichen mexikanischen Bundesstaat Chiapas, im vierten Jahr des 21. Jahrhunderts, 20 Jahre nach der Geburt und 10 nach dem Beginn, während der August dahingeht und dem Land, das uns umarmt, die Hoffnung schmerzt (weil Bush der Welt im allgemeinen schmerzt).

Achtung: Dieses Video hat kein Copyright und darf vollständig oder teilweise wiedergegeben werden, wo man Lust hat, sooft man Lust hat und mit wem man Lust hat. Wenn ihr dies beachtet und demgemäß handelt, könnt ihr mit Gefängnis bestraft werden, aber das fällt nicht in die Verantwortung des Verleihs der Videos, dem, wie schon gesagt
Intergalaktischen Zapatistischen Fernsehen.

Macht's gut. Salud und fehle, was fehlen mag ... wenn man es braucht.

Aus den Bergen des Südosten Mexikos.
Subcomandante Insurgente Marcos
Mexiko, August 2004, 20 und 10

Achter Teil: *Enter* Durito

Als nach dem Abspann der Bildschirm blau wurde (okay, ich weiß ja, daß es ein Pappschild ist, aber ihr versteht, daß ich weiter so tue, als wäre es ein Video), sind nur noch wenige Leute im Publikum (ihr werdet noch sehen, daß es Videos gibt, bei denen nach dem Ende noch etwas kommt). Doch dann, wenn niemand es mehr erwartet (einschließlich mir), erscheint auf dem Bildschirm (das heißt auf dem Pappschild) ein Käfer mit folgender Ansprache:

„Kommt! Kommt! Kein Applaus. Die Frauen sollen ihre Seufzer unterdrücken und die Männer ihre Eifersucht im Zaum halten, die Kinder kein Insektenspray auf ihre Spiderman-Poster sprühen. Freut euch, denn ich, der große Don Durito de

La Lacandona, werde nur einen Augenblick hier sein, mit dem einzigen Ziel, das ‚Rating' dieses ... Videos zu erhöhen."

In Wahrheit haben wir diesen Teil nur aus Bosheit eingefügt, um die Vorhersagen derer zu versauen, die glauben, es wären nur sieben Teile, wegen der ersten sieben Götter und bla bla bla. Deshalb ist das hier der achte, und es kann gut sein, daß ein anderes Mal hier der sechste kommt (??).

Im Namen des Führungskomitees (das heißt der obersten Chefs) des Intergalaktischen Zapatistischen Fernsehen bitten wir euch nicht um Entschuldigung, daß wir euch unterhalten und belästigt haben. Wir überlassen euch jetzt wieder diesen so „leidenschaftlichen" Sendungen von Absetzungen, durchgeschnittenen Bändern, Silbermedaillen, dem überwältigenden Voranschreiten der „Tribünenpartei des UNAM-Stadions" (sagte der mit dem Schmiergeld) und last but not least, dem Regierungsbericht (ich weiß nicht, warum das noch jemanden interessiert, wenn alle wissen, wie diese Seifenoper ausgeht).

Für den unwahrscheinlichen Fall, daß ihr auf unserem Kanal weitersehen wollt, könnt ihr, live und ungeschnitten erleben: die Zapatooooooona Olympiaaaaaaaaaaaaade! Jawohl, unter der Losung: „Niedriger, langsamer, schwächer" werden die Zapatisten beweisen, warum sie solange trainiert haben, um zu verlieren. Befragt nur euer Gewissen und ihr werdet das Ereignis dort sehen, wo ihr euch befindet. Die ersten Abonnenten erhalten zusätzlich zu unserem ausgewählten Programm ein signiertes Poster (in bescheidenen Maßen, das heißt fünf mal fünf Meter) nur von mir, aber in einer Pose, für die es nicht genug X[43] gibt (der Erwerb ist streng reglementiert).

Schaltet nicht um, wir kommen wieder.

Aus den Bergen des mexikanischen Südostens.
Subcomandante Insurgente Marcos

Der Sup, der wegen ein paar Tamales auf die Toilette läuft, darauf achtend, nicht zu schnell zu laufen, um als zweiter anzukommen (mal sehen, ob ihnen das sogar einen kleinen Hinweis auf der Titelseite wert ist).
Mexiko, August 2004, 20 und 10

43 XXX: Kategorie für pornografische Filme

CHRONIK DER EREIGNISSE

1. Januar 1994: Inkrafttreten des Freihandelsabkommens zwischen den USA, Kanada und Mexiko (NAFTA). Die EZLN besetzt mehrere chiapanekische Bezirkshauptstädte.

2. Januar 1994: Erste *Erklärung aus dem Lakandonischen Urwald* der EZLN.

5. Januar 1994: Intervention der mexikanischen Bundesarmee in Chiapas.

12. Januar 1994: Präsident Salinas ruft einseitigen Waffenstillstand aus.

21. Februar – 2. März 1994: Friedensgespräche zwischen der EZLN und Regierungsvertretern unter Vermittlung von Bischof Samuel Ruiz. Die EZLN befragt die Gemeinden nach ihrem Votum.

Juni 94: Die indianischen Gemeinden haben sich mit großer Mehrheit gegen das Abkommen mit der Regierung entschieden. Die *Zweite Erklärung aus dem Lakandonischen Urwald* wird veröffentlicht.

13. Juni 1994: Die „Karawane der Karawanen" (ein Solidaritätskonvoi aus nicht-staatlichen und studentischen Initiativen) durchbricht den militärischen Absperrgürtel und bringt Lebensmittel, Medikamente u.a. Hilfsgüter in die eingeschlossenen Gemeinden.

6. – 9. August 1994: Erste Sitzung des CND im neu errichteten „Aguascalientes" mit mehr als 6.000 Teilnehmern.

21. August 1994: Präsidentschaftswahlen, Wahlen zum Abgeordnetenhaus und Senat sowie Wahlen im Bundesstaat Chiapas.

10. Oktober 1994: Die EZLN gibt den endgültigen Abbruch der Gespräche mit der Regierung bekannt.

1. Dezember 1994: Zedillo tritt sein Amt als neuer Präsident an.

19. Dezember 1994: Die EZLN durchbricht den militärischen Gürtel und besetzt zeitweilig 34 Ortschaften.

1. Januar 1995: *Dritte Erklärung aus dem Lakandonischen Urwald*

10. Januar 1995: In 5 Regierungsbezirken von Chiapas werden Rathäuser besetzt. Bei Auseinandersetzungen gibt es sieben Tote auf Seiten der Zapatisten.

15. Januar 1995: Erstes Treffen zwischen dem neuen Innenminister Moctezuma, Mitgliedern der CONAI und der EZLN.

9. Februar 1995: Beginn der Militäroffensive der Bundesarmee in Chiapas.

11. Februar 1995: Bei einer Protestdemonstration in Mexiko-Stadt rufen Hunderttausende „Wir sind alle Marcos!"

13. Februar 1995: Die Armee hat weite Teile des „Zapatistischen Gebiets" besetzt und dabei Dörfer zerstört. Die EZLN zieht sich weiter in den Lakandonischen Urwald zurück. Mit ihr fliehen Zehntausende von Zivilisten.

14. März 1995: Die Regierung ordnet einen Teilrückzug der Armee an.

24. März – 2. April 1995: Die internationale Karawane „Für alle alles" bringt 180 Tonnen Hilfsgüter nach Chiapas.

9. April 1995: In San Miguel finden erste Sondierungsgespräche zwischen der EZLN und Regierungsvertretern statt.

1. Mai 1995: Mehrere hunderttausend Menschen demonstrieren in Mexiko-Stadt auf der weltweit größten 1. Mai-Kundgebung gegen die Regierungspolitik, für Solidarität mit den Zapatisten und Freilassung der politischen Gefangenen.

12. – 15. Mai 1995: Zweite Verhandlungsrunde zwischen der EZLN und der Regierung in San Andrés.

7. – 11. Juni 1995: Dritte Verhandlungsrunde zwischen der EZLN und der Regierung. Die EZLN ruft eine nationale (und internationale) Befragung (*Consulta*) über die Zukunft der EZLN aus, an der sich 1,2 Millionen Menschen beteiligen werden.

Juni/Juli 95: Weitere Verhandlungen zwischen Regierung und EZLN.

5. – 11. September 1995: Sechste Verhandlungsrunde zwischen EZLN und Regierung. Es werden konkrete Inhalte der Arbeitsgruppen festgelegt.

15. Oktober 1995: Kommunalwahlen in Chiapas mit einer Wahlenthaltung von 67%.

1. Januar 1996: *Vierte Erklärung aus dem Lakandonischen Urwald*

Januar 1996: 1. Teil-Abkommen zwischen Regierung und EZLN über Autonomie der Indígenas. Es wird nach einer Befragung in den Gemeinden angenommen.
Die FZLN „Frente Zapatista de Liberación Nacional – Zapatistisches Bündnis der Nationalen Befreiung" entsteht als umfassende politische Bewegung „zivilen, friedlichen, unabhängigen und demokratischen" Charakters, die weder als Partei organisiert sein noch die Übernahme der Macht anstreben soll.

4. – 9. Januar 1996: Nationales Indígenaforum in San Cristóbal, auf dem fast die gesamte EZLN-Führung mit 300 Delegierten aus dem ganzen Land diskutiert. Im Mittelpunkt stehen Rechte und Kultur der indigenen Bevölkerung sowie die Autonomie der Völker und Gemeinden.

10. Februar 1996: In vielen Gemeinden finden Protestdemonstrationen und Straßenblockaden gegen die vor einem Jahr begonnene militärische Intervention in der Konfliktzone statt. Ein „Marsch der Dörfer im Widerstand" soll auf die unhaltbare Situation der vertriebenen Bevölkerung hinweisen.

16. Februar 1996: Die EZLN stimmt nach einer Befragung der Bevölkerung in ihren Gebieten den Ergebnissen des Dialogs über indigene Rechte und Kultur zu. Das diesbezügliche Abkommen von San Andrés wird von der mexikanischen Regierung und einer Delegation der EZLN unterzeichnet. Nach unzähligen ergebnislos abgebrochenen Verhandlungsrunden kommt es damit erstmals zu einem Durchbruch, und eine friedliche Lösung scheint nahe zu sein.

8. März 1996: Während die Verhandlungsrunde über „Demokratie und Gerechtigkeit" in San Andrés tagt, demonstrieren mehr als 30.000 Frauen für ihre Rechte.

Mai 1996: Die bei der Februaroffensive 1995 festgenommenen Journalisten und mutmaßlichen Zapatisten Sebastian Entzin und Javier Elorriaga werden zu 6 bzw. 13 Jahren Gefängnis verurteilt. Wegen der offensichtlichen Unvereinbarkeit dieses Urteils mit dem „Gesetz zur Versöhnung und Befriedung", das den Zapatisten während den Verhandlungen Straffreiheit gewährt, erklärt die EZLN in ihrem Gebiet den Ausnahmezustand. Im Juni werden Elorriaga und Entzin nach 16 Monaten Haft angesichts des Mangels an Beweisen und der zahlreichen Proteste entlassen. Die EZLN hebt daraufhin den Alarmzustand wieder auf und erklärt sich zu weiteren Verhandlungen mit der Regierung bereit.

Juli 1996: Eine Woche lang tagen in San Cristóbal 136 zivile Komitees, um über die Reform des Staates zu beraten.

27. Juli – 3. August 1996: Beim „Ersten Interkontinentalen Treffen gegen den Neoliberalismus und für die Menschheit" nehmen in den fünf Aguascalientes ca. 3.000 Menschen aus 54 Ländern teil, um über Themen wie Politikverständnis, Ökonomie, Autonomie und Selbstorganisierung, internationale Koordinierung usw. zu diskutieren.

August 1996: Eine weitere Volksbefragung in den Dörfern ergibt, daß die Delegation der EZLN weitere Verhandlungen bis zur Umsetzung der bereits vereinbarten Punkte von San Andrés und als Protest gegen die stark zunehmende Militarisierung und Repression gegen mutmaßliche Zapatisten durch Gefängnis und Folter aussetzen soll. Gleichzeitig erhält die EZLN den Auftrag, die einseitige Waffenruhe weiterhin aufrechtzuerhalten und Kämpfe zu vermeiden.

10. – 12. Oktober 1996: In Mexiko-Stadt findet das „1. Nationale Indigene Forum" statt, an dem auch Comandante Ramona teilnimmt, die damit als erste Zapatistin offiziell Chiapas verläßt.

November 1996: Die Vermittlungsorganisation COCOPA präsentiert einen Gesetzesentwurf zur Umsetzung der Verhandlungsergebnisse; die Zapatisten stimmen diesem zu. Nach zwei Wochen Bedenkzeit läßt Zedillo einen Gegenvorschlag überbringen. Die Zapatisten weisen diesen als „Hohn" zurück, der die bereits getroffenen Vereinbarungen wieder verleugne.

11. Januar 1997: Ein Treffen zwischen COCOPA, CONAI und EZLN endet nach einer halben Stunde damit, daß die EZLN den Vorschlag der Regierung sowohl in der Form als auch im Inhalt zurückweist. Das

Scheitern der Gesprächsrunde bedeutet die Aussetzung weiterer Verhandlungen und die Verschärfung der Krise des Friedensprozesses.

Juni 1997: Die EZLN hat in 38 offiziellen Gemeinden Parallelregierungen eingerichtet.

6. Juli 1997: Bei den Bürgermeister- und Parlamentswahlen verliert die PRI erstmals seit fast 70 Jahren die absolute Mehrheit im Abgeordnetenhaus und die Kontrolle über einige Bundesstaaten. In Mexiko-Stadt wird Cuauthémoc Cárdenas (PRD) zum Bürgermeister gewählt.

25. Juli – 3. August 1997: Das „Zweite Interkontinentale Treffen gegen den Neoliberalismus und für die Menschheit" findet an fünf verschiedenen Orten in Spanien statt. An die 3.500 Menschen nehmen daran teil.

September 1997: 1.111 Mitglieder der EZLN marschieren zum Gründungskongreß der FZLN nach Mexiko-Stadt, wo sie von mehreren zehntausend Menschen empfangen werden. Nach fast 20-monatiger Vorbereitungszeit diskutieren über 3.000 Delegierte das politische Programm, die geplanten Aktionen sowie die organisatorische Struktur der FZLN. Parallel findet eine bundesweite Versammlung der Delegierten des Nationalen Indígenakongresses (CNI) statt.

Herbst 1997: Das Auftreten paramilitärischer Truppen und deren Einschüchterungsmethoden gegenüber der Bevölkerung nehmen zu. Im Oktober töten „Weiße Garden" im Gebiet von Chenalhó 15 Personen und vertreiben mindestens 4.500 Personen aus ihren Dörfern. Anfang November wird Bischof Samuel Ruiz bei einem Attentat der paramilitärischen Truppe „Paz y Justicia" leicht verletzt.

22. Dezember 1997: Bei einem Überfall auf ein Flüchtlingslager in der Gemeinde Chenalhó in Acteal werden 45 Menschen indigener Abstammung von Mitgliedern einer paramilitärischen Organisation der Regierungspartei regelrecht niedergemetzelt. Unter den Opfern, die gerade einer Messe beiwohnten, sind 21 Frauen, vier davon schwanger, 17 Kinder und ein Säugling. Die örtliche Polizei hat offensichtlich Anweisungen, nicht einzuschreiten und sieht dem Gemetzel nur wenige hundert Meter davon entfernt über fünf Stunden lang zu.

Januar 1998: Als Voraussetzung für die Wiederaufnahme von Friedensgesprächen stellt die EZLN folgende Bedingungen: Auflösung des

Paramilitärs und des Belagerungsrings, Aufklärung des Massakers von Acteal und eine Gesetzesinitiative über die Rechte der indigenen Bevölkerung.

April 1998: Mit der Demontage der Ortschaft „Ricardo Flores Magon" beginnt ein sukzessiver Angriff der Regierungstruppen auf autonome Dörfer.

Juni 1998: Bischof Samuel Ruiz, der bisher die Vermittlerrolle zwischen Regierung und EZLN übernommen hatte, tritt aus Protest gegen die Regierung zurück. Auch die nationale Vermittlungskommission löst sich, enttäuscht über die starre Haltung der Regierung, auf.

Frühjahr/Sommer 1998: Die Militarisierung der südöstlichen Bundesstaaten nimmt weiter zu; Tausende von Indígenas sind auf der Flucht vor den paramilitärischen Truppen, die die Gemeinden terrorisieren.

September 1998: Menschenrechtsbeobachter werden verstärkt aus Mexiko abgeschoben. Ende September wurden bereits 100 Personen (darunter Parlamentarier aus Italien) des Landes verwiesen.

November 1998: Treffen zwischen der Zivilgesellschaft und der EZLN in San Cristóbal und zeitgleich erstes Treffen zwischen Vertretern der EZLN und der COCOPA seit einem Jahr.

22. Dezember 1998: Gedenkveranstaltung an das Massaker von Acteal mit ca. 8.000 Menschen unter Anwesenheit von Bischof Samuel Ruiz. Die Demonstration von Polhó nach Acteal wird von massiven Störungen durch Polizei und Armee begleitet.

6. Januar 1999: Drei Mitglieder der unabhängigen Bauernorganisation CIOAC in der Gemeinde Huitupán im Norden von Chiapas werden ermordet.

10. Januar 1999: Die PRD veröffentlicht eine Studie, die anzeigt, daß Mexiko im Jahre 1999 62 Millionen Dollar für den Kauf von Waffen aus den USA aufwenden wird.

14. Januar 1999: Human Rights Watch bezeichnet Folter, das „Verschwindenlassen" von Personen und außergerichtliche Hinrichtungen als gängige Praktiken in Mexiko.

12. – 14. März 1999: Unter dem Titel „Consulta Nacional por el recibimiento de los derechos de los pueblos indios y por el fin de la guerra del exterminio" ruft die zapatistische Guerilla dazu auf, über die Umsetzung der „Abkommen von San Andrés über Kultur und Rechte der indigenen Bevölkerung" sowie über das Ende des Vernichtungskrieges abzustimmen. 5.000 Zapatistas (je zur Hälfte Männer und Frauen) reisen in alle 32 Bundesstaaten des Landes und begleiten die Kampagne, die eine Unzahl an Organisationen, indigenen Bewegungen, Menschenrechtsgruppen und lokalen Initiativen mobilisiert. An über tausend Abstimmungstischen im ganzen Land beteiligen sich innerhalb von Mexiko fast drei Millionen Menschen – dazu kommen noch ca. 30.000 Mexikaner, die im Ausland leben. Außerhalb Mexikos wurde die *Consulta* in zahlreichen Ländern und insgesamt 156 Städten durchgeführt, vor allem in den USA und in Europa.

Von den abgegebenen Stimmen heißen fast 96% die Anliegen der Indigenen gut und fordern ein Ende des Krieges gegen die Ureinwohner Mexikos. Neben dem eigentlichen Abstimmungsergebnis ist die Reise der 5.000 zapatistischen Delegierten das wichtigste Ereignis der *Consulta*. Die Delegierten sind zwei Wochen unterwegs und sehen ein Land, für dessen grundsätzliche Reform sie kämpfen, das sie und mit ihnen auch ihre Familien und Dorfangehörigen noch kaum gesehen hatten. Nicht zuletzt kommt es dabei zum Zusammentreffen der vermummten Zapatistas mit den Bewohnern der Armutsviertel in der Hauptstadt, mit den Migranten an der Grenze zu den USA, diesem neuen „eisernen Vorhang", mit anderen indigenen Völkern im Kampf wie den Unterstützungsbasen der Guerilla-Bewegungen EPR in Oaxaca und ERPI in Guerrero, mit den Studenten der Hauptstadt oder mit den Komitees gegen die Privatisierung der Elektrizitätswerke.

7. – 8. April 1999: San Andrés Sacamch'en wird von Regierungstruppen „in den gesetzlichen Zustand" zurückversetzt. Damit wird die vierte der insgesamt 37 autonomen Gemeinden angegriffen. 3.000 zapatistische Tzotziles marschieren nach San Andrés und erobern den Ort gewaltlos zurück, der sich seitdem wieder in den Händen der autonomen Verwaltung befindet.

20. April 1999: Studenten besetzen einige Fakultäten der Universität UNAM in Mexiko-Stadt. Aus dem anfänglichen Protest gegen die Einführung von Studiengebühren entwickelt sich schnell eine allgemeine Protestbewegung.

21. April 1999: In Guerrero werden bei einem Überfall des Militärs drei Mixteken getötet und zwei Frauen vergewaltigt.

7. – 10. Mai 1999: Zweites Treffen zwischen der EZLN und der Zivilgesellschaft mit ca. 2.000 Teilnehmern. Marcos tritt erstmals seit zwei Jahren wieder öffentlich in Erscheinung.

Juli – Dezember 2000: Fox übernimmt als erster Kandidat der Opposition nach mehr als 70 Jahren die Präsidentschaft in Mexiko. Der neue Präsident, ehemaliger Coca-Cola-Manager und Kandidat der erzkonservativen Partei der Nationalen Aktion PAN ließ im Wahlkampf verlauten, er würde das „Indianerproblem" in 15 Minuten lösen. Seine Partei wehrt sich aber ebenso wie die PRI gegen die Verabschiedung der Gesetze zu den ausgehandelten indianischen Rechten. Entgegen seinen ausdrücklichen Wahlversprechen ernennt der neue Präsident einen Militärstaatsanwalt zum Generalstaatsanwalt. Darüber hinaus kündigt er an, den Etat der mexikanischen Streitkräfte um zwölf Prozent zu erhöhen und die 12.400 Mann starke Infanterie der Marine in eine mobile schnelle Eingreiftruppe zu verwandeln. Zur selben Zeit stationieren die USA 12.000 bewaffnete Soldaten in Guatemala. In unmittelbarer Grenznähe zu Chiapas sollen diese „Sozialarbeit" leisten und „topographische Messungen" durchführen.

2. Dezember 2000: Die Zapatisten verkünden: „Die Wiederaufnahme der Verhandlungen zwischen der Regierung und der EZLN ist möglich." Vor der Wiederaufnahme des Dialogs verlangen sie allerdings die Erfüllung von drei minimalen Bedingungen als Zeichen für ehrliche Gesprächsbereitschaft von Seiten der Regierung: Die Verabschiedung der COCOPA-Gesetzesinitiative über indigene Rechte und Kultur (Abkommen von San Andrés), die Freilassung der zapatistischen Gefangenen in Chiapas und anderen Bundesstaaten sowie den Rückzug der Bundesarmee aus sieben von insgesamt 259 militärischen Positionen im Konfliktgebiet.

Jahresbeginn 2001: Zapatistische Mobilisierungen erreichen den Rückzug der mexikanischen Bundesarmee aus zwei ihrer 259 Positionen. Fox verkündet seine Teilnahme am Wirtschaftsgipfel in Davos. Eine großangelegte Medienkampagne soll das Image Mexikos vor den europäischen Partnern verbessern.

25. Februar – 28. März 2001: Mit einer spektakulären Reise der EZLN-Führung nach Mexiko-Stadt wird die Umsetzung der 1996 beschlossenen Verträge von San Andrés gefordert. In einer Phase, in der die Regierung auf Propagandaoffensiven, Zermürbung durch scheinheilige Verhandlungen und militärische Repression setzt, wendet sich die EZLN mit diesem Marsch an die Zivilbevölkerung, um den demokratischen Forderungen Nachdruck zu verleihen.

Hunderttausende Menschen begrüßen die Delegation, die auf ihrem Weg durch die massive Anwesenheit in- und ausländischer Friedensbeobachter geschützt wird, immer wieder Halt in indigenen Dörfern macht und auch am „Nationalen Indigenen Kongreß" in Michoacán teilnimmt. Den Abschluß der Reise bildet der Auftritt der zapatistischen Comandantes im mexikanischen Kongreß. Als erste Rednerin betonte Comandante Ester die dreifache Unterdrückung der indigenen Frauen.

April 2001: Als Reaktion auf den zapatistischen Marsch verabschiedet die Regierung ein „Autonomiegesetz". Menschenrechtsgruppen, Indigener Kongreß und EZLN lehnen dieses Gesetz vehement ab, da es die Autonomie beschneidet, anstatt sie zu fördern.

Mai 2001: Weiterhin nimmt die Militärpräsenz in Chiapas zu. Die unter Medienrummel geräumten Kasernen und Stützpunkte sind wieder besetzt, Straßensperren und -kontrollen werden wieder errichtet. Neue Straßen sollen die Militärlager am Rande des Lakandonischen Urwalds miteinander verbinden und so den Belagerungsring rund um das zapatistische Gebiet zuschnüren.
In San Pedro de Michoacán beginnen die Einwohner von Guadalupe Tepeyac in aller Stille die Arbeiten zum Wiederaufbau der Gemeinde, aus der sie vor sechs Jahren von der Armee vertrieben wurden.

Juni 2001: Zum ersten Mal gibt das Militär zu, Spezialtruppen zur Aufstandsbekämpfung durch guatemaltekische Kaibiles ausbilden zu lassen. Die Kaibiles werden für unzählige Verbrechen gegen die Menschenrechte während des 30 Jahre dauernden Bürgerkriegs in ihrem Land verantwortlich gemacht.

Oktober 2001: Bei den Regionalwahlen in Chiapas kommt es zu Stimmenthaltungen von knapp 60%. Beobachter berichten von massiven Wahlrechtsverletzungen, gefälschten und verschwundenen Stimmzetteln, Stimmenkauf und Manipulation. Das offizielle Ergebnis bestätigt die absolute Mehrheit der PRI bei leichten Zugewinnen für die Oppositionsparteien.

19. Oktober 2001: Die Menschenrechtsanwältin Digna Ochoa wird ermordet.

Februar/März 2002: Eine dritte internationale Kommission aus Menschenrechtsbeobachtern reist nach Mexiko. Ihr ernüchterndes Resümee sieht auch nach Fox' Amtsantritt keine Verbesserungen der Situation, andauernde Verletzungen der Menschenrechte und keinerlei

Anzeichen der Regierung, an einer friedlichen Lösung interessiert zu sein.

September 2002: Das höchste mexikanische Gericht, der Suprema Corte de Justicia de la Nacion, schmettert die Einsprachen von 330 indigenen Gemeinden gegen das „Ley Indigena Light" ab. Damit wird auch den neoliberalen Großprojekten im Rahmen des „Plan Puebla-Panama" Tür und Tor geöffnet.

1. Januar 2003: Nach zweijährigem Schweigen meldet sich die EZLN wieder in der Öffentlichkeit. Mehr als 20.000 Indígenas und Campesinos besetzen mit einer Großdemonstration den völlig überfüllten Hauptplatz von San Cristóbal de las Casas.

Januar 2003: 12 nationale und regionale Organisationen land- und forstwirtschaftlicher Produzenten schließen sich zur Bewegung „El Campo no aguanta más" (Mehr erträgt der ländliche Raum nicht) zusammen.

Juli 2003: Die Wahlen zum Abgeordnetenhaus verlaufen einigermaßen regulär, der zapatistische Aufruf zum Wahlboykott senkt die Wahlbeteiligung jedoch auf peinliche 40% (in Chiapas sogar 30%). Das nebensächliche Ergebnis: PAN 31%, PRI 34%, PRD 18%.

9. August 2003: Mehr als 10.000 Zapatisten feiern die Geburt der „Caracoles" als Beginn einer neuen Strategie des Widerstandes und Ausweitung der Autonomie. In den fünf „Caracoles" (dt.: Meeresschnecken), die jeweils sieben municipios umfassen, befinden sich die „juntas de buen gobierno" (dt.: Räte der Guten Regierung). Diese Räte werden durch je zwei „autoridades" (Mandatsträger) der „municipios" (dt. Bezirke) gebildet. Ihre Aufgaben liegen darin, für die Einhaltung der revolutionären Gesetze der EZLN und ihrer Gemeinden zu sorgen, Streitigkeiten zu schlichten, den Austausch mit der Zivilgesellschaft zu koordinieren und eine den eigenen Bedürfnissen entsprechende Verteilung der Hilfsgüter zu erreichen.
Das Bild der Schnecke verdeutlicht die Bemühungen, eine autonome Selbstverwaltung des gehorchenden Regierens zu verwirklichen. Durch den Eingang in das Schneckenhaus, der die Tür zu einer kollektiven Entscheidungsfindung darstellt, und die Spirale des politischen Diskurses sollen alle Stimmen gehört werden, um schließlich im Zentrum zu einem Konsens zusammenzukommen. Umgekehrt werden getroffene Beschlüsse durch die Spirale des Schneckenhauses wieder in die Welt getragen.
Zur gleichen Zeit moderiert Sub Marcos das erste auf Kurzwelle

international gesendete Programm von „Radio Insurgente – die Stimme der EZLN" und verkündet das Ende seiner Sprecherrolle für die Räte der guten Regierung, deren Vertreter nun bei Bedarf selbst sprechen würden.

15. September 2003: Die Gipfelkonferenz der Welthandelsorganisation (WTO) in Cancún scheitert nach einer knappen Woche unter dem Jubel zehntausender Demonstranten. Zum ersten Mal präsentieren sich die Vertreter der „Entwicklungsländer" selbstbewußt und fordern die Berücksichtigung ihrer Interessen.

12. Oktober 2003: Vertreter der Zivilgesellschaft präsentieren das Ergebnis einer Volksbefragung, bei der sich über 100.000 Menschen mit 99% gegen die Freihandelsabkommen NAFTA, ALCA und den Plan Puebla-Panamá aussprachen.

16. Oktober 2003: Bartolomé Salas, Mitglied des „Indigenen Volksrates von Oaxaca – Ricardo Flores Magón" (CIPO-RFM), wird während eines Überfalls von etwa 50 Paramilitärs auf die Gemeindeversammlung des kleinen Ortes Santa María Yavinche getötet, neun weitere Personen durch Schüsse verletzt. Die Angreifer erhielten laut CIPO finanzielle und logistische Unterstützung durch Jose Murat, den Gouverneur von Oaxaca, trugen Armeeuniformen und benutzten Waffen, „die exklusiv der Armee vorbehalten sind".
Kurz vor dem Angriff erst hatte der CIPO-RFM in Santa María Yavinche seine politische Autonomie von staatlichen Strukturen erklärt, „um unsere Erde zu verteidigen und gegen die Megaprojekte des Plan Puebla-Panama und der Freihandelszone ALCA zu kämpfen".
Am 5. Oktober wurde Estela Ambrosio Luna von der „Koordination der Kaffeeproduzenten von Oaxaca" (CEPCO) mit vier Schüssen getötet. Am 17. August hatten „unbekannte Täter" den Rechtsanwalt Carlos Sanchez, Führungspersönlichkeit der lokalen „Arbeiter-, Bauern und Studentenkoalition" (COCEI) brutal erschlagen.

1. Januar 2004: Die EZLN feiert gemeinsam mit Unterstützungsgruppen auf der ganzen Welt den 10. Jahrestag seit Beginn des Aufstands. Paramilitärs drohen mit neuer Gewalt, während die „Räte der Guten Regierung" immer stärker auch von Nicht-Zapatisten anerkannt werden.

GLOSSAR

acahual: Unkrautgestrüpp auf brachliegenden Feldern
Aguascalientes: Im Lakandonischen Urwald von den Zapatisten errichteter Versammlungsort bei Guadalupe Tepeyac. Hier fanden die ersten zwei Versammlungen des CND statt. Historischer Bezug auf den „Konvent von Aguascalientes" im Oktober 1914 während der mexikanischen Revolution. Im Februar 1995 wurde das neue Aguascalientes vom Militär restlos zerstört und ein Militärlager eingerichtet.
ANCIEZ: Alianza Nacional Campesina Independiente Emiliano Zapata, unabhängige Bauernorganisation
San **Andrés Larráinzar:** Auch San Andrés Sakamch'en oder San Andrés de los Pobres genannt, Ort in Chiapas, wo 1995-1996 der Dialog zwischen der EZLN und der Regierung geführt wurde.
Artikel 27 der mexikanischen Verfassung: Legte die kollektive Ejido-Bewirtschaftung und das Recht auf Land fest. Mit der Revision dieses Artikels im Februar 1992 wurde die Privatisierung des bis dahin unveräußerlichen Ejido-Landes ermöglicht, was Vorausbedingung für den Eintritt Mexikos in die NAFTA war. Für die Indigenen und Campesinos ist die Wiederherstellung des Artikels 27 eine zentrale Forderung.
atole: Getränk aus Maismehl, Wasser, Milch und Zucker
Amado **Avendaño** *Figueroa*: Rechtsanwalt, Journalist, Herausgeber der einzigen unabhängigen Tageszeitung von San Cristóbal de Las Casas; leitete als (Gegen-)Gouverneur die „Regierung in Rebellion" von Chiapas. Die PRI-Regierung hat seinen Wahlsieg zum Gouverneur 1994 nicht anerkannt.

Fray (Pater) **Bartolomé de Las Casas:** Priester, der im 16. Jahrhundert mit seinen Berichten an die spanische Krone die Mißhandlung und Versklavung der Indígenas durch die Konquistadoren geißelte. Verfaßte diverse Werke zu Leben und Kultur der indigenen Bevölkerung. Nach ihm ist die chiapanekische Stadt San Cristóbal de Las Casas benannt.
El Barzón: Von Bauern gegründete Selbsthilfeorganisation zum Kampf gegen die Blutsaugermethoden der Banken gegenüber Schuldnern. Mit der Abwertung des mexikanischen Pesos um etwa 50% zum Jahreswechsel 1994/95 wurden in der Folge 1995 1,2 Millionen

Mexikaner zusätzlich arbeitslos, gleichzeitig verdoppelten sich die Schuldzinsen. Nunmehr haben sich mehr als 1 Million Mexikaner aller Schichten in El Barzón zusammengeschlossen und fordern einen Schuldenerlaß und eine Änderung der Wirtschaftspolitik der Regierung.

Mario **Benedetti:** uruguayischer Schriftsteller

John **Berger:** Englischer Maler, Schriftsteller und Kunsthistoriker, lebt heute in den französischen Alpen.

Bundesdistrikt: siehe D.F.

Manuel **Camacho** *Solís*: Führte als „Friedensbeauftragter" der Regierung die Gespräche mit der EZLN im Februar 1994.

Cuauthémoc **Cárdenas** *Solórzano*: Präsidentschaftskandidat der PRD 1988 und 1994, hat beide Wahlen durch Wahlfälschung der PRI „verloren". Ist der Sohn des noch heute populären Präsidenten Lázaro Cárdenas (1934–1940).

CCRI – CG: Comité Clandestino Revolucionario Indígena – Comandancia General, Geheimes Revolutionäres Indigenes Komitee – Generalkommandantur; oberstes Entscheidungsgremium der EZLN.

Ceuisten: Angehörige des Comité Estudiantil Universitario (CEU), das 1986 entstand, um die geplante Umwandlung der staatlichen UNAM in eine Eliteuniversität zu verhindern. Hunderttausende Studenten verhinderten die „Reform".

Chinameca: Hacienda im Bundesstaat Morelos, auf der Emiliano Zapata am 10. April 1919 in einen Hinterhalt gelockt und ermordet wurde.

CND: Convención Nacional Democrática, Nationaler Demokratischer Konvent

COBA: Comitato di base, italienische Basiskomitees

COCOPA: Comisión de Concordia y Pacificación, parlamentarische Kommission für Versöhnung und Frieden

Coletos: So nennt sich selber die herrschende, alteingesessene, weiße Ober- und Mittelschicht in San Cristóbal de Las Casas, die sich durch ihre rassistische und verächtliche Haltung gegenüber Indígenas auszeichnet.

Luis Donaldo **Colosio** *Murieta*: Der von der Regierungspartei PRI ernannte Präsidentschafts„kandidat" wurde im April 1994 während der Wahlkampagne ermordet. Es gilt als sicher, daß die Auftraggeber aus der PRI kommen.

Compa: umgangssprachlich für Compañera/Compañero

CONAI: Comisión Nacional de Intermediación, Nationale Vermittlungskommission für den Dialog zwischen Regierung und EZLN

Cristiani: ehemaliger Regierungschef in El Salvador

Cuauthémoc: letzter indigener Herrscher Mexikos, von Cortés 1525 ermordet

Jorge **Del Valle:** Regierungsvertreter beim Dialog. War in früheren Jahren Guerillero. Heute sehr bestrebt, die Indígenas und die EZLN zu demütigen.

Dinosaurier: Die alte Politikergarde der PRI

D.F.: Distrito Federal, Bundesdistrikt, offizielle Bezeichnung von Mexiko-Stadt (im Gegensatz zum angrenzenden Bundesstaat Mexiko). Erst seit 1997 wird der Bürgermeister direkt gewählt, bis dahin wurde er vom Präsidenten ernannt.

Ejido: unveräußerliches Gemeindeland, das – in der Regel kollektiv – bewirtschaftet wird; siehe auch „Artikel 27"

EZLN: Ejército Zapatista de Liberación Nacional, Zapatistische Armee der Nationalen Befreiung

Farabundos: Mitglieder der FMLN (Frente Farabundo Martí de Liberación Nacional) aus El Salvador

Pedro **Ferriz de Con:** dümmlicher, aber regierungstreuer Radio- und TV-Kommentator

Fonapo: Fondo Nacional de Población, Regierungsinstitution angeblich zur Erforschung und Verbesserung der Lebensbedingungen mexikanischer Familien

Carlos **Fuentes:** mexikanischer Schriftsteller

Eduardo **Galeano:** uruguayischer Schriftsteller; u.a. Autor des Standardwerks über die Kolonisierung: *Die offenen Adern Lateinamerikas.*

José Patrocinio **González Garrido:** Einer der größten Landbesitzer Mexikos; Gouverneur des Bundesstaates Chiapas 1988–1993, danach zeitweilig Innenminister unter Salinas de Gortari.

Guadalupe Tepeyac: Zapatistisches Dorf im Lakandonischen Urwald, das einzige Dorf, in das die Bewohner nach ihrer Vertreibung im Februar 1995 durch die mexikanische Armee jahrelang nicht zurückkehrten, weil dort ein Armeelager installiert war.

Vicente **Guerrero:** mexikanischer Freiheitskämpfer im Unabhängigkeitskrieg (1810–1821)

Miguel Ángel **Gurría:** Mexikanischer Außenminister unter Salinas de Gortari, wegen seiner „Yes, Sir"-Haltung gegenüber den USA und den internationalen Multis auch „Engel (*Ángel*) der Abhängigkeit" genannt.

Carlos **Hank** *González:* Einer der Mächtigsten und Reichsten Mexikos; in allen Wirtschaftszweigen aktiv, gehört seit vielen Jahren zur entscheidenden Führungsgarde der PRI.

Miguel **Hidalgo y Costilla:** Pater, Freiheitskämpfer; rief am 16. September 1810 zur Unabhängigkeit von der spanischen Herrschaft auf.

Indígena, indigen: Moderne Bezeichnung für die indianische Bevölkerung; im Gegensatz zu dem meist verächtlichen Gebrauch des Wortes *Indio*.
INEGI: Instituto Nacional de Estadística Geográfica e Informática, Staatliches Statistikinstitut
INI: Instituto Nacional Indígena, staatliches Nationales Indianerinstitut
IWF: Internationaler Währungsfond

La Jornada: Dt.: Der Arbeitstag. Eine der ganz wenigen regierungskritischen Tageszeitungen Mexikos; berichtet sehr ausführlich über die Situation in Chiapas, veröffentlicht fast alle Kommuniqués der EZLN im Wortlaut. Seit 1995 im Internet.
Benito **Juárez:** 1806–1872, ist als einziger Indígena – er ist Zapoteke – in der Geschichte Mexikos Präsident geworden (1858–1862 und 1867–1872). Reformer, der die Kirche entmachtete und enteignete, die Religionsfreiheit einführte und die Macht von Militär und Adel einschränkte.

Kaziken: Die *caciques* sind die örtlich Mächtigen, wie Großgrundbesitzer, Bürgermeister oder Ortsvorsteher.
Koyoten: Die *coyotes* sind fliegende Zwischenhändler, die den Bauern ihre Produkte mit betrügerischen Methoden zu diktierten Preisen „abkaufen". Da die Bauern fast nie eigene Transport- oder Lagermöglichkeiten haben, sind sie den Koyoten ausgeliefert.

Ladinos: zur spanischsprachigen und kulturell gesehen „weißen" Schicht gehörend
Andrés Manuel **López Obrador:** abgekürzt AMLO, von der PRD, seit 2000 gewählter Bürgermeister von Mexiko-Stadt
Antonio **Lozano Gracía**: Justizminister und Generalstaatsanwalt; als einziges PAN-Mitglied (der damaligen rechten „Oppositions"partei) im Kabinett von Zedillo.

Roberto **Madrazo Pintado**: 1995 durch Wahlbetrug zum Gouverneur vom Bundesstaat Tabasco geworden
Mapuchen: Eigentlich ein Indianerstamm aus Chile; in Chiapas werden die historischen Anhänger des Revolutionärs Francisco (Pancho) Villa so bezeichnet.
Mejía *Barón*: War Trainer der mexikanischen Fußballmannschaft, die dann fast alle Spiele verlor. Er ist das Synonym für Unfähigkeit.

México desconocido: Mexikanische Monatszeitschrift mit farbigen Reiseberichten.

José María **Morelos y Pavón:** 1765–1815, Priester, Freiheitskämpfer und General; führte mehrere Feldzüge für die mexikanische Unabhängigkeit, berief 1813 den 1. Nationalkongreß in Chilpancingo ein und proklamierte die Charta der Menschenrechte.

PAN: Partido Acción Nacional – Partei der Nationalen Aktion, repräsentiert die alte, vorrevolutionäre Oligarchie, ist rechts und will den Einfluß der katholischen Kirche in Staat und Gesellschaft wiederherstellen. Seit 2000 ist Vicente Fox von der PAN Präsident Mexikos – und damit der erste, der nicht zur PRI gehört –, aber seine Partei hat nicht die Mehrheit im Parlament und verbündet sich deshalb oft mit der PRI.

Pantaleon: Hauptfigur aus dem Roman *Der Hauptmann und sein Frauenbataillon* von M. Vargas Llosa

pasamontañas: Ski- oder Motorradmütze bzw. Sturmhaube; das Gesicht ist bis auf die Augen verdeckt.

Pemex: Petróleos Mexicanos, (noch) staatliche Erdölgesellschaft, Förderung und Verarbeitung

Jacinto **Pérez:** Um die Jahrhundertwende versuchte die Oligarchie des Hochlandes von Chiapas, diverse Indianergruppen für ihren Kampf gegen die Tieflandoligarchie einzusetzen, wobei dann einer der Indianerführer, Jacinto Pérez, den Krieg in einen gegen die Weißen verwandelte, was die beiden Oligarchien einen generellen Indígena-Aufstand befürchten ließ, so daß sie gemeinsam Tausende Indígenas niedermetzelten.

pinole: Getränk aus Kakao und Maismehl mit Vanille und anderen Gewürzen

Los Pinos: der Sitz des mexikanischen Präsidenten in Mexiko-Stadt

Elena **Poniatowska:** engagierte mexikanische Schriftstellerin

Porfirismus: Die durch Terror, Stagnation und Vetternwirtschaft gekennzeichnete Diktatur von Porfirio Díaz (1886–1911); Porfirio Díaz wurde durch die Revolution gestürzt.

Juán Jesús **Posadas** *Ocampo*: Kardinal von Guadalajara, der zweitgrößten Stadt Mexikos; wurde 1993 auf offener Straße erschossen, vermutlich aus PRI- oder Drogenhändlerkreisen.

pozol: Getränk aus Maismehl und Wasser

PRD: Partido de la Revolutión Democrática, Partei der demokratischen Revolution; eigentlich ein Bündnis verschiedenster Strömungen zur Ablösung der PRI-Herrschaft. An der Parteispitze – die sich oft aus ehemaligen Priisten zusammensetzt – wird gelegentlich mit der PRI gekungelt. Die Basis – besonders in ländlichen Regionen, wo die PRD

oft die einzige organisatorische Möglichkeit für eine legale opposi-
tionelle Tätigkeit darstellt – ist wesentlich radikaler.
PRI: Partido Revolucionario Institucional, Partei der Institutionellen
Revolution; über 70 Jahre lang Regierungspartei in Mexiko, bis 2000.
Girolamo **Prigione:** Apostolischer Nuntius; drohte 1993 während
eines Mexikobesuchs dem Bischof von San Cristóbal de Las Casas,
Samuel Ruiz, die Strafversetzung an. „Prigione dixit": Prigione hat
gesprochen.
Pronasol: Programa Nacional de Solidaridad, von Salinas de Gortari
eingeführtes Programm zur Elendsbekämpfung, effektiv nur Almo-
senverteilung, Werbung für die Regierung und das Malen riesiger
„Solidarität"-Schriftzüge in allen Dörfern.

Querétaro, Ultimatum: Im Februar 1995 fand das 3. Treffen des
CND in Querétaro statt, parallel dazu am gleichen Ort zur gleichen
Zeit ein Regierungstreffen, in dem Zedillo den Zapatisten ein Ultima-
tum für die Einwilligung in seine Verhandlungslösung stellte.
La Quina: Chef der Pemex-Gewerkschaft in den 1980ern; unterstütz-
te Cárdenas, wurde dann von der PRI entmachtet und verfolgt.

La Realidad: Dt.: Die Wirklichkeit, ein zapatistisches Dorf
Antonio **Robledo** *Rincón*: Nach Wahlbetrug (der wirkliche
Wahlsieger war Amado Avendaño) 1994 von der PRI eingesetzter
Gouverneur im Bundesstaat Chiapas. 1995 durch den Priisten Julio
César Ruiz Ferro abgelöst.
Samuel **Ruiz:** Mehr als 30 Jahre lang bis 1998 Bischof von San
Cristóbal de Las Casas; unterstützte die Ziele der EZLN, lehnte jedoch
deren Methoden ab; fungierte oft als Vermittler zwischen Regierung
und EZLN.
Ruta-100: Staatliche Busgesellschaft in Mexiko-Stadt, wurde im
Frühjahr 1995 bestreikt und dann von der Regierung geschlossen.

Carlos **Salinas de Gortari:** Urheber des Salinismus, der mexikani-
schen Variante des Neoliberalismus (Ausverkauf aller Staatsbetriebe,
Abschaffung von Sozialleistungen, Preiserhöhungen), 1988–1994 Prä-
sident Mexikos, vorher Finanzminister; lebt seit Amtsende abwechsel-
nd in Irland oder Kuba.
Sánchez *Mejía*: Berühmter spanischer Stierkämpfer, über den García
Lorca geschrieben hat; starb vor 60 Jahren.
Schule der Amerikas: Militärschule der USA zur Ausbildung auch
lateinamerikanischer Militärs in Antiguerilla-, Counterinsurgency-,
Aufstandsbekämpfungs- und Foltertechniken. Offenbar hat Mexiko
Militärs dort hingeschickt und um Hilfe gegen die EZLN gebeten.
Sc.I.: Subcomandante Insurgente

Sechsjahresmoden: Die Amtszeit des mexikanischen Präsidenten beträgt sechs Jahre. Er kann nicht wiedergewählt werden. Es gibt nur geringe Unterschiede in der Politik der Präsidenten, dafür aber jedesmal große personelle Änderungen: Familienangehörige und Freunde bringt man in lukrative und einflußreiche Stellen, damit sie sich in sechs Jahren ihre „Rente" für sich und die Familie zusammenraffen, sie könnten ja danach ihre Pöstchen verlieren.

Serpiente 12: Rock-Festival gegen die Repression und zur Unterstützung verschiedener Hilfsprojekte in Chiapas, von der Caravana Ricardo Pozas im Stadion der Universität UNAM organisiert. Der Name nimmt Bezug auf das entsprechende Datum im Maya-Kalender.

SHCP: Secretaría de Hacienda y Crédito Público; Finanzministerium

SUTAUR-100: radikale Betriebsgewerkschaft der Busgesellschaft Ruta-100

UNAM: Universidad Nacional Autónoma de México, staatliche Universität von Mexiko-Stadt

Mario **Vargas Llosa:** peruanischer Schriftsteller

Fidel **Velázquez:** Bis zu seinem Tod 1997 war er 56 Jahre lang Chef des mexikanischen Gewerkschaftsdachverbandes CTM, der der verlängerte Arm der PRI, also der Regierung war. Velázquez gehörte zur einflußreichsten Führungsgarde der PRI.

Francisco (Pancho) **Villa:** Mexikanischer Revolutionär, der sich mit der Umverteilung „beschlagnahmter Güter" einen Namen machte. 1923 ermordet.

Tamales: traditionelle mexikanische Speise aus Maisgrieß

Televisa: privater Fernsehkonzern

Ya basta! Es reicht! Schluß damit!

Jacobo **Zabludovski:** Sprecher und Kommentator in seiner Nachrichtensendung „24 horas" der TV-Kette Televisa, die in ganz Amerika Radio- und TV-Programme verbreitet. Der erzreaktionäre Zabludovski war das Sprachrohr der Regierung von Salinas de Gortari. In seiner Sendung wurde wenig aus dem Ausland berichtet und nichts aus dem Inland – außer den Erklärungen der Regierung.

Emiliano **Zapata:** (1877–1919) mexikanischer Revolutionär

Ernesto **Zedillo Ponce de León:** Präsident Mexikos von Dezember 1994 bis Dezember 2000; galt als Strohmann für Salinas, in dessen Kabinett er schon Minister war.

Zócalo: Hauptplatz von Mexiko-Stadt

INHALT

Aus unserem Verlagsprogramm

Subcomandante Marcos, Laura Castellanos
KASSENSTURZ. Interviews mit Laura Castellanos
Deutsche Erstausgabe / Übers. v. Horst Rosenberger
Broschiert / 160 Seiten / ISBN 978-3-89401-590-9

Was passiert in Chiapas, in den Gebieten, die zwar vom Militär
umstellt, nicht aber besiegt wurden, bei den Menschen, die die »erste
Revolution des 21. Jahrhunderts« initiiert haben? Im Gespräch mit der
Journalistin Laura Castellanos analysiert Marcos, was die zapatistische
Bewegung seit ihrem Anfang, dem Aufstand vom 1. Januar 1994,
gewonnen und was sie verloren hat.

Paco Ignacio Taibo II
CHE. Die Biographie des Ernesto Guevara
Deutsche Erstausgabe / Übers. v. Horst Rosenberger u. Andreas Löhrer
Broschiert / Großformat / 66 S-W-Fotos / 704 Seiten
ISBN 978-3-89401-392-9

»Taibos Biographie ist mit heißem Herzen geschrieben, voller
Sympathie für die kubanische Revolution und ihre Protagonisten,
ohne dass der Autor in den Fehler verfällt, den zahlreichen
offiziellen Hagiographien eine weitere hinzuzufügen.« *Die Zeit*
»Taibos Buch macht den Menschen Che verständlich.«
Berliner Zeitung

Horst Stowasser
ANARCHIE!
Idee – Geschichte – Perspektiven
Broschiert / reichhaltig illustriert / 512 Seiten
ISBN 978-3-89401-537-4

»›Anarchie ist machbar, Herr Nachbar!‹ Wer erinnerte sich nicht dieses
schönen Spruchs aus dem Schatzkästlein der 68er-Poesie. Doch die
Geschichte des Anarchismus ist, Bakunin sei's geklagt, viel zu wenig
bekannt. Deshalb greife, wer immer sich darüber informieren möchte,
sogleich zu der großartigen Einführung von Horst Stowasser.«
Volker Ullrich, Die Zeit

----

www.edition-nautilus.de

Aus unserem Verlagsprogramm

Notes from Nowhere (Hg.)
WIR SIND ÜBERALL
weltweit. unwiderstehlich. antikapitalistisch
Mit einem Vorwort von Naomi Klein / Deutsche Erstausgabe
Broschiert / 554 Seiten / 150 S-W-Fotos / ISBN 978-3-89401-536-7

»Das erste Buch, das die sprudelnde Kreativität und das
radikale Denken der weltweiten Protestbewegungen wahrhaftig
einfängt und darstellt.« *Naomi Klein*
»Für alle, die sich nach Alternativen sehnen oder
Lösungen für gesellschaftliche Probleme suchen, bietet
›Wir sind überall‹ Anregungen.« *Frankfurter Rundschau*

Christoph Twickel
HUGO CHAVEZ. Eine Biografie
Broschiert / 352 Seiten / ISBN 978-3-89401-493-3

»Wie der Sohn eines Dorfschullehrers zum wichtigsten Mann der
neuen lateinamerikanischen Linken aufstieg, erzählt Christoph Twickel
in seiner spannenden, akribisch recherchierten Biografie.« *Stern*
»Twickel beschreibt mit einem Detailwissen, das bislang in Buchform
auch auf Spanisch so nicht vorliegt.« *die tageszeitung*

Lutz Schulenburg
SEIEN WIR REALISTISCH, VERSUCHEN
WIR DAS UNMÖGLICHE
Rebellische Widerworte
Broschiert / 160 Seiten / ISBN 978-3-89401-437-7

Die handliche subversive Fibel für eine menschliche Alternative
zu den globalen politischen und sozialen Verhältnissen. Polemisches,
Kritisches und Ironisches – aus Aufrufen, Erinnerungen, Liedern,
Berichten und Erzählungen. Der Band präsentiert das aufrührerische
Denken bis in die jüngste Gegenwart: rebellische Vorstellungen, die sich
der Selbstgefälligkeit widersetzen und alternative Sichtweisen zu den
herrschenden Verhältnissen propagieren.

----

www.edition-nautilus.de